NACHTRAG
„Gesamtvollstreckungsordnung“
zum
Insolvenzrechts-Handbuch

von

Hans Arnold, Dieter Eickmann, Gerrit Frotscher,
Walter Gerhardt, Peter Gottwald, Meinhard Heinze,
Michael Huber, Onno Klopp, Manfred Obermüller,
Wolfram Timm, Wilhelm Uhlenbruck

Herausgegeben von
Peter Gottwald

C. H. BECK'SCHE VERLAGSBUCHHANDLUNG
MÜNCHEN 1993

Die Deutsche Bibliothek – CIP-Einheitsaufnahme

Insolvenzrechts-Handbuch / von Hans Arnold . . . Hrsg. von Peter Gottwald. – München : Beck.
NE: Arnold, Hans; Gottwald, Peter [Hrsg.]
Nachtr. Gesamtvollstreckungsordnung. – 1993
ISBN 3 406 37089 6

ISBN 3 406 370896 6

Satz und Druck: C. H. Beck'sche Buchdruckerei, Nördlingen
Gedruckt auf säurefreiem, aus chlorfrei gebleichtem Zellstoff hergestelltem Papier

Vorwort

Seit der Herstellung der deutschen Einheit am 3. 10. 1990 ist im Beitrittsgebiet (der ehemaligen DDR) ein wirtschaftlicher Strukturwandel größten Ausmaßes im Gange. Denn der Umstellung der Staatswirtschaft auf eine Marktwirtschaft und dem Zusammenbruch des COMECON-Marktes waren sehr viele (vordem) volkseigene Betriebe nicht gewachsen. Die Treuhandanstalt, deren Aufgabe die Privatisierung und Reorganisation dieser Unternehmen ist, hat die Mehrzahl von ihnen als Inhaber aller Anteilsrechte „still", dh außerhalb eines formellen Insolvenzverfahrens abgewickelt. Unternehmensfortführungen und Sanierungen wurden direkt aus Mitteln der Treuhandanstalt finanziert, so daß auch das Gesetz über die Unterbrechung von Gesamtvollstreckungsverfahren (GUG) kaum praktisch geworden ist.

Dennoch wurden in den beiden letzten Jahren zahlreiche formelle Insolvenzverfahren nach der Gesamtvollstreckungsordnung beantragt und abgewickelt. Gerade in jüngster Zeit ist es zu einem rasanten Anstieg der Konkurse gekommen, weil sich privatisierte Unternehmen oder Neugründungen, vor allem in den Bereichen Dienstleistungen, Handel und Baugewerbe am Markt nicht behaupten können.

Aufgrund der vielfältigen Belastung der Mitautoren ist es erst jetzt möglich, diesen Nachtrag zur Gesamtvollstreckungsordnung vorzulegen. Die zwischenzeitlichen Erfahrungen, die mit dieser Ordnung und ihrem Zusammenspiel mit dem im Beitrittsgebiet fortgeltenden Sonderrecht gemacht wurden, konnten auf diese Weise aber voll berücksichtigt werden, so daß eine dem Handbuch entsprechende, vertiefte Darstellung der Besonderheiten des Insolvenzrechts im Beitrittsgebiet vorgelegt werden kann. Der Nachtrag ist im Aufbau und Darstellung auf das Hauptwerk bezogen und mit ihm als Einheit zu sehen. Ein Überblick über die spezifisch betriebswirtschaftlichen Fragen der Sanierung ehemals volkseigener Unternehmen hat sich letztlich leider nicht verwirklichen lassen. Herrn Burkhard Stangl danke ich für die Erstellung des Sachregisters.

Regensburg, im März 1993 — Peter Gottwald

Verzeichnis der Bearbeiter

Dr. Hans Arnold Ministerialdirigent a. D., Bonn	Kapitel XI
Dieter Eickmann Professor an der Fachhochschule für Verwaltung und Rechtspflege, Berlin	Kapitel III 9., 10. und 11. Abschnitt
Dr. Gerrit Frotscher Rechtsanwalt, Hamburg	Kapitel IX
Dr. Walter Gerhardt ordentlicher Professor, Universität Bonn	Kapitel III 4. Abschnitt
Dr. Peter Gottwald ordentlicher Professor, Universität Regensburg	Einführung, Kapitel III 6. Abschnitt
Dr. Meinhard Heinze ordentlicher Professor, Universität Münster	Kapitel VII
Dr. Michael Huber Richter am Landgericht, Passau	Kapitel III 5. und 7. Abschnitt
Dr. Onno Klopp Rechtsanwalt, Vereidigter Buchprüfer, Düsseldorf	Kapitel III 1. Abschnitt
Dr. Manfred Obermüller Rechtsanwalt, Syndikus, Frankfurt	Kapitel VI
Dr. Wolfram Timm ordentlicher Professor, Universität Münster, unter Mitarbeit von Dr. Torsten Schöne, Universität Münster	Kapitel IV und V
Dr. Wilhelm Uhlenbruck Professor, Richter am Amtsgericht Köln	Kapitel II

Inhaltsübersicht

Übersicht

Inhaltsverzeichnis

Kapitel III. Die Gesamtvollstreckung

Inhalt

Abkürzungs- und Literaturverzeichnis

(als Ergänzung zum Verzeichnis des Hauptbandes)

Bichlmeier/Oberhofer . .	Das Gesamtvollstreckungsverfahren in Ostdeutschland, 1991
BMF	Bundesministerium der Finanzen
BMWi	Bundesministerium für Wirtschaft
Budde/Forster	DM-Bilanzgesetz, 1990, mit Ergänzungsband 1991
DMBilG	Gesetz über die Eröffnungsbilanz in Deutscher Mark und die Kapitalneufestsetzung (D-Mark Bilanzgesetz), Anlage II Kapitel III Sachgebiet D Abschnitt I des Einigungsvertrages, BGBl 1990 II 889
DtZ	Deutsch-deutsche Juristenzeitung (Beilage zur NJW)
EV	Einigungsvertrag (Vertrag zwischen der Bundesrepublik Deutschland und der Deutschen Demokratischen Republik über die Herstellung der Einheit Deutschlands vom 31. 8. 1990, BGBl II 889)
GesO	Gesamtvollstreckungsordnung vom 6. 6. 1990 (GBl-DDR I Nr 32, 285) idF der Bekanntmachung vom 23. 5. 1991 (BGBl I 1185)
GesVVO	Gesamtvollstreckungsverordnung vom 18. 12. 1975 (GBl-DDR 1976 I S. 5)
GUG	Gesetz über die Unterbrechung von Gesamtvollstreckungsverfahren vom 25. 7. 1990 (GBl-DDR I S. 782)
Haarmeyer/Wutzke/Förster	Gesamtvollstreckungsordnung, 2. Aufl. 1992
Hdb.	Gottwald, Insolvenzrechts-Handbuch 1990
Hess/Binz	Gesamtvollstreckungsordnung, Kommentar, 1991
HGrG	Haushaltsgrundsatzgesetz
InsO	Insolvenzordnung, Entwurf einer Insolvenzordnung vom 15. 4. 1992, BT-Drucks 12/2443
PrHBG	Gesetz zur Beseitigung von Hemmnissen bei der Privatisierung von Unternehmen und zur Förderung von Investitionen – Privatisierungshemmnisbeseitigungsgesetz vom 22. 3. 1991 (BGBl I 766)
Smid	Gesamtvollstreckungsordnung, Kommentar, 1991
SpTrUG	Gesetz über die Spaltung der von der Treuhandanstalt verwalteten Unternehmen vom 5. 4. 1991 (BGBl 1991 I 854)
THA	Treuhandanstalt
Thomas/Putzo, 18. Aufl.	Zivilprozeßordnung, 18. Aufl. 1993
TreuhandG/THG	Treuhandgesetz vom 1. 7. 1990 (GBl-DDR 1990 I Nr. 33, S. 300)
UmwVO	Umwandlungsverordnung vom 1. 3. 1990 (GBl-DDR I Nr 19 S. 107)

Einführung

1. Die Gesamtvollstreckungsverordnung der früheren DDR vom 18. 12. 1975 (GBl-DDR 1976 I S. 5) idF vom 6. 6. 1990 (GBl-DDR I Nr 32, S. 285) ist im Einigungsvertrag vom 31. 8. 1990 (BGBl II 889) modifiziert und als im Beitrittsgebiet fortgeltendes Recht der früheren DDR aufrecht erhalten worden (Einigungsvertrag Anlage II Kapitel III Sachgebiet A: Rechtspflege Abschnitt II Nr 1). Diese Lösung ist an sich überraschend, da das materielle Zivil-, Handels- und Wirtschaftsrecht sowie das Einzelvollstreckungsrecht teilweise bereits mit dem Vertrag über die Währungs- und Wirtschaftsunion, endgültig aber mit dem Einigungsvertrag im Beitrittsgebiet übernommen wurde.

Die Fortgeltung der Gesamtvollstreckungsordnung war aber bereits im Vertrag über die Währungsunion so vorgesehen; sie ist im Einigungsvertrag beibehalten worden. Zur Begründung hat die Bundesregierung ausgeführt, die knappe Regelung des Gesamtvollstreckungsrechts sei leichter zu handhaben als das stark reformbedürftige Insolvenzrecht der Bundesrepublik. Das bisherige DDR-Insolvenzrecht genüge bereits marktwirtschaftlichen Anforderungen; durch seine Beibehaltung werde eine Überforderung der Gerichte vermieden.[1]

2. Um den besonderen Übergangsschwierigkeiten der Unternehmen der DDR gerecht zu werden, wurde auch die Zweite Verordnung über die Gesamtvollstreckung – Unterbrechung des Verfahrens – vom 25. 7. 1990 (GBl-DDR I Nr 45, S. 782) als „Gesetz über die Unterbrechung von Gesamtvollstreckungsverfahren"[2] modifiziert und aufrecht erhalten.

Freilich erwies sich die Regelung des Gesamtvollstreckungsrechts dann doch als zu knapp geraten. Durch das Hemmnisbeseitigungsgesetz vom 22. 3. 1991 (BGBl I 766) wurde die Gesamtvollstreckungsordnung daher geändert und ergänzt.

Das Gesetz über die Spaltung von Treuhandunternehmen vom 5. 4. 1991 (BGBl I 854) hat die Anwendung von § 613a BGB im Gesamtvollstreckungsverfahren (befristet) ausgesetzt.

Die Rechtseinheit soll erst demnächst durch die neue Insolvenzordnung[3] hergestellt werden.

3. Jedoch ist das westdeutsche Insolvenzrecht bereits jetzt zur Auslegung und Lückenfüllung des Gesamtvollstreckungsrechts heranzuziehen. Denn nach Anlage II Kapitel III Sachgebiet A: Rechtspflege Abschnitt II Nr 3 gelten die in Anlage I Kapitel III Sachgebiet A Abschnitt III Nr. 28 aufgeführten allgemeinen Maßgaben entsprechend. Nach Nr. 28a S. 2 sind anstelle nicht bestehender Vorschriften die Vorschriften der Konkursordnung anzuwenden. Soweit die Gesamtvollstreckungsordnung auf nicht mehr fortgeltende Bestimmungen des DDR-Rechts verweist, gelten die Bestimmungen der Konkursordnung ebenfalls entsprechend (Maßgabe Nr 28b).

Als Folge davon ist etwa § 12 GesO iS der §§ 43, 47ff KO auszulegen, weil das materielle Recht der Mobiliarsicherheiten voll übernommen wurde. Die Erläute-

---

[1] Unterrichtung durch die Bundesregierung, Erläuterungen zu den Anlagen zum Einigungsvertrag, BT-Drucks 11/7817 vom 10. 9. 1990, S. 8.

[2] Einigungsvertrag Anlage II Kapitel III Sachgebiet A: Rechtspflege Abschnitt II Nr 2.

[3] Gesetzentwurf der Bundesregierung, Entwurf einer Insolvenzordnung (InsO) vom 15. 4. 1992, BT-Drucks 12/2443.

rungen der Bundesregierung verweisen ausdrücklich darauf, daß die §§ 214ff KO über den Nachlaßkonkurs entsprechend heranzuziehen seien.[4]

4. Das reine Gesamtvollstreckungsrecht gibt aber die Insolvenzwirklichkeit im Beitrittsgebiet nicht voll wieder. Denn einmal waren die allermeisten Wirtschaftsunternehmen nach ihrer Umwandlung zu volkseigenen Betrieben in Kapitalgesellschaften Gesellschaften im Alleineigentum der Treuhandanstalt. Die Treuhandanstalt hat nun die große Mehrzahl insolventer und nicht sanierungsfähiger Unternehmen selbst außergerichtlich nach Gesellschaftsrecht liquidiert.[5]

Die Bundesstatistik für 1991 enthält 401 Gesamtvollstreckungsverfahren, davon sind 132 Treuhandunternehmen. Dagegen hat die Treuhandanstalt knapp 1500 Unternehmen selbst still liquidiert.[6] Geraten nicht sanierungsfähige Treuhandunternehmen zudem in ein Gesamtvollstreckungsverfahren, so hat die Treuhandanstalt gegen das Unternehmen einen Anspruch auf Rückübertragung von Beteiligungen sowie von Grund und Boden gegen Schadloshaltung von Neugläubigern aus der Zeit nach der Privatisierung (su Kap III 6 A Rdn 16ff).

Weitere Besonderheiten ergeben sich aus den Ansprüchen entschädigungslos Enteigneter auf Rückübertragung nach dem Vermögensgesetz und dem Vorrang von besonders wichtigen Investitionen nach dem Investitionsvorranggesetz.

5. Der Name Gesamtvollstreckungsordnung legt nahe, daß nur eine Liquidation des Schuldnervermögens vorgesehen ist. Dies ist jedoch nicht der Fall. Die Gesamtvollstreckungsordnung schließt vielmehr eine Sanierung des insolventen Unternehmensträgers nicht aus[7] (su Kap III 11; Kap IV C).

6. Einzelne Regelungen der Gesamtvollstreckungsordnung werden auch als beispielhafte, teilweise Vorwegnahmen der Reform des Insolvenzrechts angesehen. Und zwar handelt es sich

a) um die veränderte Rangfolge der Masseverbindlichkeiten in § 13 I Nr 1 GesO (su Kap III 9 A Rdn 2ff);
b) die Integration des Vergleichsrechts in das einheitliche Gesamtvollstreckungsverfahren, da es neben dem Zwangsvergleich nach § 16 GesO kein weiteres Vergleichsrecht mehr gibt (su Kap III 11);
c) die Beschränkung der Vollstreckung wegen nichterfüllter Forderungen durch § 18 II S. 3 GesO (su Kap III 10 E). Hierin wird eine partielle Vorwegnahme der Regeln über die Restschuldbefreiung[8] (§§ 235ff E-InsO) gesehen; schließlich
d) um die Regeln über die generelle Anerkennung der Universalität eines ausländischen Konkursverfahrens (§ 22 I GesO) (su Kap XI A).

7. Nach einer offiziösen Stellungnahme hat sich das Gesamtvollstreckungsrecht in den neuen Bundesländern als praktikables Konkursrecht bewährt; die Probleme der Anwendung haben sich in Grenzen gehalten.

Inwieweit für Treuhandunternehmen und die Abwicklung der Restitutionsansprüche auch bei einer Insolvenzrechtsreform noch Sonder- bzw Überleitungsregeln notwendig sein werden, ist derzeit noch nicht abzusehen.[9]

---

[4] Erläuterungen (Fn 1), S. 60, 61.
[5] Vgl. „Lukratives Sterben", Wirtschaftswoche Nr 29 vom 10. 7. 1992, S. 117, 119.
[6] Vgl. *Wagner,* Eine Bilanz zum besonderen Konkursrecht in den neuen Bundesländern, NJ 1992, 250; *Schwenn,* Der Endspurt der Treuhand, FAZ v 21. 7. 1992, Nr 167, S. 9.
[7] *Smid* Einl Rdn 8.
[8] Vgl. Begründung zum Entwurf einer InsO, BT-Drucks. 12/2443, S. 100.
[9] Vgl. *Wagner* NJ 1992, 250, 251.

Kapitel I. *(kein Beitrag im Nachtrag)*

Kapitel II. Das Gesamtvollstreckungseröffnungsverfahren

Übersicht

A. Die Gesamtvollstreckungsfähigkeit

I. Der Begriff der Gesamtvollstreckungsfähigkeit

Wie die Eröffnung des Konkurses die Konkursfähigkeit erfordert, so ist Voraussetzung für die Eröffnung der Gesamtvollstreckung die Gesamtvollstreckungsfä- 1 higkeit des Schuldners. Gesamtvollstreckungsfähig sind nach § 1 I 1 GesO alle natürlichen und juristischen Personen sowie nicht rechtsfähige Personengesellschaften oder Nachlässe. Bei den nicht rechtsfähigen Personengesellschaften handelt es sich überwiegend um Unternehmen der früher volkseigenen Betriebe, die gem § 11 II TreuhandG[1] in Kapitalgesellschaften umgewandelt worden sind. Entsprechend der Regelung in § 1 III GesO entspricht die Gesamtvollstreckungsfähigkeit weitgehend der passiven Parteifähigkeit nach § 50 ZPO.[2] Konkursfähig sind nicht nur natürliche Personen, sondern auch juristische Personen des Privatrechts, wie zB die AG, KGaA, die GmbH, die Genossenschaft, der nicht rechtsfähige Verein, die oHG und die KG sowie ein Nachlaß. Die gesetzliche Regelung in § 1 I 1 GesO entspricht weitgehend der Konkursfähigkeit, wie sie in den §§ 207 ff KO sowie in den einzelnen gesellschaftsrechtlichen Vorschriften betreffend die Konkursantragspflicht geregelt sind.

2 Im Vorgriff auf eine geplante Insolvenzrechtsreform (§ 12 II Ziff 1 E–InsO)[3] ist die Gesellschaft bürgerlichen Rechts gesamtvollstreckungsfähig.

Zu den gesamtvollstreckungsfähigen Personengesellschaften gehören die oHG, die KG und die Partenreederei. Gesamtvollstreckungsfähig sind auch Vorgesellschaften, nicht dagegen Vorgründungsgesellschaften.[4] Nicht gesamtvollstreckungsfähig ist die stille Gesellschaft. Nach § 236 I HGB steht dem stillen Gesellschafter wegen der Einlage, soweit sie den Betrag des auf ihn fallenden Anteils am Verlust übersteigt, eine Forderung als Konkursgläubiger zu, die er zur Tabelle anzumelden hat. Ist die Einlage rückständig, so hat sie der stille Gesellschafter bis zu dem Betrag, der zur Deckung seines Anteils am Verlust erforderlich ist, zur Gesamtvollstreckungsmasse einzuzahlen. Die Auseinandersetzung zwischen dem stillen Gesellschafter und dem Geschäftsinhaber findet, da sich eine Regelung in der GesO nicht findet, entsprechend § 16 KO statt.[5]

II. Besonderheiten für LPGs, FPGs, PGHs und AWGs

3 Besonderheiten gelten für die Gesamtvollstreckungsfähigkeit von Landwirtschaftlichen Produktionsgenossenschaft (LPG), Produktionsgenossenschaften des Handwerks (PGH), Einkaufs- und Liefergenossenschaften des Handwerks (ELG), Gemeinnützigen Wohnungsbaugenossenschaften (GWG), Arbeiterwohnungsbaugenossenschaften (AWG) sowie Volkseigene Güter (VEG). Soweit diese nicht in juristische Personen umgewandelt worden sind, handelt es sich um organisierte rechtsfähige Personen, die hinsichtlich der Konkursfähigkeit den juristischen Personen gleichzustellen sind.[6]

B. Örtliche und sachliche Zuständigkeit des Insolvenzgerichts

I. Örtliche Zuständigkeit

1 Nach § 1 Abs. 2 GesO ist für die Gesamtvollstreckung das Kreisgericht bzw. Amtsgericht zuständig, in dessen Bereich der Schuldner seinen Wohnsitz oder Sitz

[1] Vom 17. 6. 1990 (GBl DDR I, S. 300).

[2] Vgl. *Uhlenbruck* in Hdb § 8 Rdn 2; *Smid* § 1 Rdn 4; *Haarmeyer/Wutzke/Förster* § 1 Rdn 7 ff.; *Hess/Binz* § 1 Rdn 5–9; *Schmidt-Räntsch* DtZ 1990, 199; *Strohbach,* Insolvenzrecht in der ehemaligen DDR, ZAP-DDR 1990 Fach 14, S. 4.

[3] Vgl den Regierungsentwurf einer Insolvenzordnung, BT-Drucks 12/2443 vom 15. 4. 1992. S. auch *Hess/Binz* § 1 Rdn 10–17; *Haarmeyer/Wutzke/Förster* § 1 Rdn 21–23; *Smid* § 1 Rdn 10.

[4] Vgl *Uhlenbruck* in Hdb § 8 Rdn 8–11; *Smid* § 1 Rdn 6.

[5] Vgl. *Haarmeyer/Wutzke/Förster* §1 Rdn 25; *Hess/Binz* § 1 Rdn 47.

[6] Einzelheiten bei *Haarmeyer/Wutzke/Förster* § 1 Rdn 26–38; *Smid* § 1 Rdn 7.

hat. Anders als in § 71 Abs. 1 KO kommt es somit nicht auf die gewerbliche Niederlassung an.[1] Entscheidend ist in der Regel der im Handelsregister eingetragene Sitz, der durch die Satzung bestimmt wird. Die örtliche Zuständigkeit für die Durchführung des Verfahrens richtet sich nach der 1. Durchführungsverordnung über die Gesamtvollstreckung vom 31. 07. 1990 (DDR-GBl I 1152), die gem. § 21 Abs. 2 GesO weitergilt.[2] Nach § 21 Abs. 2 GesO können die Länder durch RechtsVO die Zuständigkeit für die Verfahren bei jeweils einem Gericht konzentrieren. Die Entscheidung über die gerichtliche Zuständigkeit wird von der richterlichen Unabhängigkeit des Art 97 GG erfaßt. Deshalb können die Justizminister keine bindenden Beschlüsse fassen über die Zuständigkeiten (BGH Rpfleger 1991, 34,35). Ein Weisungsrecht steht den Justizverwaltungsbehörden nicht zu. Das Übereinkommen unter den Justizministern für die neuen Bundesländer ist für die Gerichte nicht bindend (BGH Rpfleger 1993, 34). Für den Ostteil von Berlin ist das AG Charlottenburg zuständig.

II. Funktionelle Zuständigkeit

Für das Verfahren der Gesamtvollstreckung ist nach § 3 Nr 2e RpflG iVm Anlage I Kap III A Abschn III Nr 3 EinigungsV der Rechtspfleger auch für die Verfahren nach der GesO zuständig. Dessen Aufgaben können aber gem Anl I Kap III A Abschn III Nr 3a Abs. 1 von Richtern oder von den Gerichtssekretären wahrgenommen werden, wenn den Sekretären entsprechende Aufgaben bereits nach dem Recht der früheren DDR übertragen worden waren. In die Zuständigkeit des Insolvenzrichters fallen die Anhörung der Verfahrensbeteiligten, die Entgegennahme von Erklärungen, Bekanntmachungen, Einberufung der Gläubigervesammlung (§ 15 Abs 2 S. 1 GesO), die Leitung der Gläubigerversammlung (§ 15 Abs 4 S. 1 GesO), der Verfahrenseröffnungsbeschluß (§ 5 GesO), die Abberufung und Neubestellung des Verwalters (§ 8 Abs 3 S. 1 GesO), die Bestellung eines vorläufigen Gläubigerausschusses (§ 15 Abs 2 S. 3 GesO), die Bestätigung eines gerichtlichen Vergleichs (§ 16 Abs 5 S. 1 GesO) und des Verteilungsvorschlags (§ 18 Abs 1 S 2 GesO), der Einstellungsbeschluß (§ 19 Abs 1 S. 1 GesO) sowie die Anordnung vorläufiger Maßnahmen im Eröffnungsverfahren (§ 2 Abs 3 InsO). 2

Gerichtssekretäre und Rechtspfleger können für die Wahrnehmung der Rechtspflegeraufgaben im Rahmen des § 18 RpflG in der Gesamtvollstreckung zuständig sein.[3] Gemäß § 18 Abs. 2 RpflG kann sich der Richter weitere Aufgaben und Entscheidungen auch nach Eröffnung des Verfahrens vorbehalten. Eine Rückübertragung auf den Rechtspfleger ist jederzeit möglich. Nicht dagegen kann der Richter Angelegenheiten ähnlich wie nach § 1 Abs 2 GesVVO 1990 auf den Gerichtssekretär oder Rechtspfleger delegieren.[4] Im übrigen finden die Vorschriften des RpflG auf die Gesamtvollstreckung nicht uneingeschränkt Anwendung, da sie auf das Konkursverfahren bezogen sind.[5] 3

---

[1] Str aA *Haarmeyer/Wutzke/Förster* § 1 Rdn 144, der ebenso wie § 71 KO auf den „Mittelpunkt seiner geschäftlichen Tätigkeit" abstellt.

[2] Vgl BGH Rpfleger 1993, 34; *Hess/Binz* § 1 Rdn 221; *Smid* § 1 Rdn 40; *ders.* GesO S. 14.

[3] Einzelheiten bei *Smid* § 1 Rdn 44; *ders* GesO S. 15; *Haarmeyer/Wutzke/Förster* § 1 GesO Rdn 147ff.

[4] Zutreffend *Smid* GesO S. 16; str aA *Schmidt-Räntsch* DtZ 1990, 344, 345. Nach § 1 Abs 3 GesVVO 1990 war der Sekretär für die Abwicklung der Gesamtvollstreckung allein zuständig. Vgl *Haarmeyer/Wutzke/Förster* § 1 Rdn 147 und dort Fn 137.

[5] Einzelheiten bei *Haarmeyer/Wutzke/Förster* § 1 Rdn 149.

III. Bestimmung der örtlichen Zuständigkeit

4 Herrscht Streit über die örtliche Zuständigkeit, so wird der Zuständigkeitskonflikt nicht durch das Prioritätsprinzip entschieden, sondern das nächsthöhere Gericht hat das zuständige Insolvenzgericht nach Maßgabe des § 26 ZPO zu bestimmen.[6] Streiten sich mehrere Kreisgerichte bzw. Amtsgerichte aus unterschiedlichen Bezirken hinsichtlich der örtlichen Zuständigkeit, so entscheidet der BGH.[7]

C. Verfahrensauslöser für die Gesamtvollstreckung

1 Nach § 1 I 1 GesO erfolgt die Gesamtvollstreckung bei Zahlungsunfähigkeit sowie bei einer juristischen Person oder einem Nachlaß auch im Fall der Überschuldung.

I. Zahlungsunfähigkeit

2 Ebenso wie in der KO hat der Gesetzgeber in der GesO von einer Definition der Verfahrensauslöser abgesehen. Deshalb ist es gerechtfertigt, für den Begriff der Zahlungsunfähigkeit auf die Grundsätze zurückzugreifen, die zu § 102 Abs I/II KO entwickelt worden sind.[1] Zahlungsunfähigkeit ist nach herkömmlicher Definition das auf dem Mangel an Zahlungsmitteln beruhende andauernde Unvermögen eines Schuldners, seine fälligen und ernstlich angemahnten Geldverbindlichkeiten im Wesentlichen zu berichtigen.[2] Zahlungsunfähigkeit liegt insb vor, wenn der Schuldner seine Zahlungen eingestellt hat. Zahlungsstockung ist gegeben, wenn der Schuldner innerhalb eines vorübergehenden Zeitraums durch den Eingang von Außenständen voraussichtlich zur Begleichung seiner Verbindlichkeiten in der Lage sein wird. Für die Beurteilung, ob dieser Zeitraum vorübergehend ist, kommt es auf die Auffassung der beteiligten Verkehrskreise an.[3] Bei der Feststellung der Zahlungsunfähigkeit ergeben sich für die Kreisgerichte als Insolvenzgerichte die gleichen Probleme wie für die Konkursgerichte der alten Bundesländer. Die Merkmale der „Dauer“ und der „Wesentlichkeit“ bedürfen der Feststellung durch den Richter. Entgegen der Regelung in § 22 E-InsO reicht eine drohende Zahlungsunfähigkeit für die Eröffnung nicht aus. Festzustellen ist, daß Zahlungsunfähigkeit immer Geldilliquidität ist. Das Merkmal der „Dauer“ weist darauf hin, daß es sich um eine Zeitraum-, nicht dagegen um eine Zeitpunktilliquidität handelt. Für die Feststellung der Illiquidität iS einer Zahlungsunfähigkeit wird das Gericht regelmäßig einen Sachverständigen einschalten müssen.

3 Zweifelhaft ist, ob den Besonderheiten in den neuen Bundesländern bei der Prüfung der Zahlungsunfähigkeit Rechnung zu tragen ist. Grundsätzlich ist aber festzustellen, daß eine Liquidierbarkeit zB von Grundstücken die Zahlungsunfähigkeit nicht ausschließt.[4]

---

[6] Anders als *Smid,* Kommentar § 1 Rdn 48, ist § 71 Abs 2 KO nicht anwendbar. Wie hier *Haarmeyer/Wutzke/Förster* § 1 Rdn 150.

[7] BGH Rpfleger 1993, 34.

[1] Zutreffend *Schmidt-Räntsch* DtZ 1990, 199, 200; *Uhlenbruck* BB 1990 Beilage 26 zu Heft 21, S. 1, 2; *Smid* § 1 Rdn 17; *Hess/Binz* § 1 Rdn 103ff; *Vortmann,* Gesamtvollstreckungsrecht in den neuen Bundesländern, KTS 1991, 237, 238f; *Haarmeyer/Wutzke/Förster* § 1 Rdn 45ff.

[2] Einzelheiten bei *Uhlenbruck* in Hdb § 9 Rdn 3–13; BGH DB 1975, 1974; *Stürner* ZIP 1982, 761; *K. Schmidt* ZGR 1986, 195; *Kuhn/Uhlenbruck* § 102 Rdn 2ff.

[3] Einzelheiten bei *Uhlenbruck* in Hdb § 9 Rdn 8; *Smid* § 1 Rdn 18; *Vortmann* KTS 1991, 237, 238.

[4] Einschränkend *Haarmeyer/Wutzke/Förster* § 1 Rdn 45–58, die auf die Besonderheiten in den neuen Bundesländern hinweisen. Nach ihrer Auffassung soll für den Geltungsbereich der GesO Zahlungsunfä-

II. Überschuldung

1. Begriff. Eine Definition der Überschuldung findet sich in der GesO nicht. Deshalb ist auf die gesellschaftsrechtlichen Vorschriften der §§ 92 II 2 AktG, 64 I GmbHG, 130a I 1 HGB, 98 I Nr 2 GenG zurückzugreifen.[5] Ob die Überschuldung Insolvenzgrund ist, bestimmt sich nach § 1 I 1 GesO. Was die Überschuldung ist, richtet sich nach den gesellschaftsrechtlichen Vorschriften. Danach liegt Überschuldung vor, wenn das Vermögen des Schuldners die bestehenden Verbindlichkeiten nicht mehr deckt. 4

Maßgeblich ist also ein Vergleich des Aktivvermögens, das im Falle einer Eröffnung des Gesamtvollstreckungsverfahrens als Insolvenzmasse zur Verfügung stünde, mit den Verbindlichkeiten, die im Fall der Verfahrenseröffnung gegenüber den Insolvenzgläubigern bestehen würden. Dabei sind die durch die Verfahrenseröffnung entstehenden Verbindlichkeiten wie zB Sozialplanverbindlichkeiten und aus der vorzeitigen Vertragsbeendigung entstehende Schadensersatzansprüche von Vertragspartnern nicht einzubeziehen. Oder anders: Die Gesamtvollstrekkung darf bei der Überschuldungsprüfung nicht Prämisse sein.

Überschuldung bei der AG oder GmbH liegt regelmäßig vor, wenn Verluste in größerem Umfang das Eigenkapital aufgezehrt haben und als Korrekturposten auf der Aktivseite der Bilanz ausgewiesen werden.[6] Rechnerische Überschuldung liegt vor, wenn das Vermögen des Schuldners bei Ansatz von Liquidationswerten die bestehenden Verbindlichkeiten nicht decken würde. Rechtliche Überschuldung als eigentlicher Verfahrensauslöser ist dagegen gegeben, wenn wegen des negativen prognostischen Elements oder trotz Going-Concern-Bewertung immer noch eine Überschuldung vorliegt.[7] 5

2. Die Feststellung der Überschuldung. Die Feststellung der Überschuldung macht in der Praxis den neuen Bundesländer erhebliche Schwierigkeiten, weil eine abschließende Bewertung des Anlage- und Umlaufvermögens derzeit nur schwer möglich ist. Als nachteilig erweist sich vor allem, daß die schuldhafte Verletzung der Insolvenzantragspflicht nicht nur zu Schadensersatzansprüchen der Gläubiger führt, sondern zugleich auch strafbewehrt ist. Für die Anwendung der §§ 130b HGB, 84 GmbHG, 401 AktG und § 148 GenG ist zwar durch die gesetzliche Neuregelung in § 56d DMBilG die Insolvenzantragspflicht bei GmbH's Aktiengesellschaften sowie Erwerbs- und Wirtschaftsgenossenschaften zeitweise suspendiert worden. Die Suspendierung greift jedoch nur ein, wenn sich bei Aufstellung der Eröffnungsbilanz eine Überschuldung ergibt und die unterkapitalisierte Gesellschaft oder Genossenschaft die Möglichkeit hat, Mängel in der Kapitalausstattung zu beseitigen.[8] Werden Ausgleichsforderungen nach §§ 24ff DMBilG endgültig abgelehnt oder tritt die Überschuldung aus sonstigen Gründen ein, die nicht 6

---

higkeit iS von § 1 I GesO bereits dann vorliegen, wenn der Schuldner außerstande ist, „jederzeit die zu bestimmten Zeitpunkten fälligen und fällig werdenden Zahlungsverpflichtungen uneingeschränkt zu erfüllen." Läuft bei der Bank ein Kreditantrag, wird man in der Regel mit dem Begriff der Zahlungsstockung helfen können. Die Einführung des Konkursgrundes der „drohenden Zahlungsunfähigkeit" würde im Hinblick auf die rechtlichen Folgen einer Insolvenzantragspflicht die meisten Unternehmen überfordern. Vgl. auch *Haarmeyer,* DDR spezial 13/92, S. 6ff.

[5] Vgl auch die Definition der Überschuldung in § 23 II InsO. Da § 209 S. 3 KO in den neuen Bundesländern nicht gilt, muß der Konkursgrund der Überschuldung für die GmbH & Co. KG aus den §§ 177a, 130a HGB hergeleitet werden. Vgl. Haarmeyer/Wutzke/Förster § 1 Rdn 60.

[6] BGH NJW 1992, 2891; *Vortmann* KTS 1991, 237, 239; weitergehend *Smid* § 1 Rdn 21, der offenbar 209 I 3 KO unmittelbar anwenden will.

[7] Einzelheiten bei *Uhlenbruck* in Hdb § 9 Rdn 14–16.

[8] Einzelheiten bei *Uhlenbruck* ZIP 1991, 561ff; *Haarmeyer/Wutzke/Förster* § 1 Rdn 64ff.

über eine Kapitalneufestsetzung beseitigt werden können, so liegt eine „endgültige Überschuldung" vor, die zum unverzüglichen Insolvenzantrag verpflichtet.[9]

7 **3. Überschuldungsprüfung.** Für die Auslösung eines Gesamtvollstreckungsverfahrens bestehen die gleichen Schwierigkeiten hinsichtlich der Überschuldungsfeststellung wie nach der KO.[10] Festzustellen ist, daß jeden einzelnen organschaftlichen Vertreter einer antragspflichtigen Gesellschaft, also jeden Geschäftsführer einer GmbH oder jedes Vorstandsmitglied einer AG die Pflicht zur ständigen Eigenprüfung trifft, ob Überschuldung vorliegt. Die Prüfung hat der organschaftliche Vertreter in zwei Stufen vorzunehmen:[11] zunächst ist unter Auflösung der stillen Reserven die rechnerische (formelle) Überschuldung zu prüfen (Exekutorisches Element). Diese ist gegeben, wenn bei Ansatz von Liquidationswerten auf der Aktivseite des Status die Verbindlichkeiten größer sind als die Aktiva.

8 Die vorhandene rechnerische (formelle) Überschuldung führt jedoch nicht ohne weiteres zur Verpflichtung, einen Antrag auf Gesamtvollstreckung zu stellen, denn die Liquidationswerte sind aufgrund einer Ertragsprognose der Gesellschaft möglicherweise zu berichtigen. Ergibt sich nämlich aufgrund eines Finanzplans oder einer Kostendeckungsbeitragsrechnung (prognostisches Element) daß die Unternehmung durchaus lebensfähig ist, also ihre Verbindlichkeiten zu den jeweiligen Fälligkeiten aus den laufenden Einnahmen zu berichtigen vermag, so ist die Geschäftsführung bzw. der Vorstand berechtigt, von den Liquidationswerten abzugehen und nach Going-Concern-Werten zu bewerten. Für die Eröffnungsbilanz ergibt sich das Recht zur Going-Concern-Bewertung unmittelbar aus § 6 I DMBilG. Ergibt die Bewertung der Aktiva nach Going-Concern-Werten immer noch eine Überschuldung, die nicht durch den Ansatz von Ausgleichsforderungen beseitigt werden kann, so liegt rechtliche (materielle) Überschuldung vor und hat der organschaftliche Vertreter unverzüglich, spätestens aber innerhalb von drei Wochen, das Gesamtvollstreckungsverfahren zu beantragen. Die Handelsbilanz ist regelmäßig ungeeignet, eine Überschuldung festzustellen. Vielmehr ergibt sich die Überschuldung aus einem gesondert aufzustellenden Überschuldungsstatus.[12]

9 Folgt man der von *Karsten Schmidt* entwickelten „neuen zweistufigen Überschuldungsprüfung" (modifizierte zweistufige Überschuldungsprüfung),[13] der sich inzwischen auch andere Autoren angeschlossen haben,[14] so stehen das exekutorische und das prognostische Element selbständig nebeneinander. Dem Schuldner bleibt es im Rahmen der Eigenprüfung überlassen, welches Element er zuerst prüft. Kommt er aufgrund der Prüfung des prognostischen Elements (Fortbestehensprognose) aufgrund positiver Prognose zu dem Ergebnis, daß die Gesellschaft ihre Verbindlichkeiten künftig zu den Fälligkeitszeitpunkten voraussichtlich zu berichtigen vermag, so kann er von der Prüfung der rechnerischen Überschul-

---

[9] Vgl. *Uhlenbruck,* BB 1990, Beilage 26 zu Heft 21 S. 1, 2.

[10] Einzelheiten bei *Uhlenbruck* in Hdb § 9 Rdn 19ff; *Uhlenbruck* KTS 1986, 27ff; *Bähner* KTS 1988, 443ff.; *Haarmeyer/Wutzke/Förster* § 1 Rdn 64ff

[11] Zur zweistufigen Überschuldungsprüfung vgl *Uhlenbruck* KTS 1986, 27; *Kuhn/Uhlenbruck* § 102 Rdn 6b–e; *Baumbach/Hueck* § 63 GmbHG Rdn 8; *KölnerKomm/Mertens* § 92 AktG Rdn 29; vgl auch BGH NJW 1992, 2891; BGH ZIP 1987, 509; BGH ZIP 1982, 1435; *Bähner* KTS 1988, 443ff.

[12] Zu den einzelnen Posten der Überschuldungsbilanz vgl. *Uhlenbruck* in Hdb § 9 Rdn 21ff.

[13] Vgl *K. Schmidt* AG 1978, 337; *ders,* Gutachten zum 54. DJT 1982, S. D 63; *ders* Gesellschaftsrecht 2. Aufl 1991, S. 280, 281; *ders* ZIP 1980, 233 u ZIP 1985, 713, 719; *ders* JZ 1982, 168; ZGR 1986, 192; *ders* Wege zum Insolvenzrecht der Unternehmen, 1990, S. 46ff.

[14] Vgl *Ulmer* KTS 1981, 469, 473; *Baumbach/Hueck/Schulze-Osterloh* § 63 GmbHG Rdn 8; *Lutter/Hommelhof* § 63 GmbHG Rdn 7; *Hachenburg/Ulmer* § 63 GmbHG Rdn 30ff.; *Meyer-Landrut* § 63 GmbHG Rdn 4; *Rowedder/Rasner* § 63 GmbHG Rdn 10.

dung absehen.[15] Letztere Auffassung hat den Vorzug, daß der Überschuldungsbegriff dynamisch auszulegen ist, andererseits aber auch den Nachteil, daß der Schuldner mit unrichtigen Finanzplänen manipulieren kann.

4. Besonderheiten bei der Überschuldung von Treuhandunternehmen. Für die Beurteilung der Überschuldung bei früheren volkseigenen Unternehmen (VEB, VEK, VPG etc) gelten Besonderheiten.[16] Aufgrund des TreuhandG sind mit Wirkung zum 1. Juli 1990 die Kombinate in Aktiengesellschaften und die Kombinatsbetriebe in GmbH's umgewandelt worden. Ergibt sich bei Treuhandunternehmen die Aufstellung der Eröffnungsbilanz eine Überschuldung, so ist das Unternehmen berechtigt, in Höhe des nicht durch Eigenkapital gedeckten Fehlbetrages eine Ausgleichsforderung in den Überschuldungsstatus bzw. die Eröffnungsbilanz einzustellen (§ 24 I 1 DMBilG).[17] Wird seine Ausgleichsforderung nach § 24 I 2 DMBilG abgelehnt, so sind die organschaftlichen Vertreter des Unternehmens verpflichtet, Antrag auf Eröffnung des Gesamtvollstreckungsverfahrens zu stellen.[18] So ist die Ausgleichsforderung abzulehnen, wenn das Unternehmen nicht sanierungsfähig ist (§ 24 I 2 DMBilG).[19] Die Treuhandanstalt, Treuhand-AktG oder die Treuhandunternehmen sind als Anteilseigner Schuldner der Ausgleichsforderung (§ 24 III DMBilG). Die Anteilseigner haben das Recht, die Übernahme der Ausgleichsforderung innerhalb der Feststellungsfrist gem § 35 I 2 DMBilG abzulehnen und das Unternehmen zu liquidieren (§ 24 I 2 DMBilG). 10

D. Der Antrag auf Eröffnung des Gesamtvollstreckungsverfahrens

I. Antragsberechtigung

Nach § 2 I 2 GesO sind antragsberechtigt der Schuldner und jeder Gläubiger. 1
Die Regelung entspricht § 103 KO. Der Gläubiger hat in seinem Antrag die Zahlungsunfähigkeit oder Überschuldung des Schuldners glaubhaft zu machen (§ 2 I 3 GesO iVm § 294 ZPO). Diese Regelung entspricht § 105 I KO. Anders als in § 3 II KO sieht die GesO keine Einschränkung des Antragsrechts hinsichtlich der Unterhaltsforderungen vor.

---

[15] Vgl *Uhlenbruck* ZIP 1991, 561, 566.

[16] Vgl *Budde/Foster/Müller,* D-Mark-Bilanzgesetz, 1991, § 24 Rdn 46 ff; *Smid* § 1 Rdn 25 ff; *Haarmeyer/Wutzke/Förster* § 1 Rdn 64 ff; *Uhlenbruck* ZIP 1991, 561 ff; *Smid* WM 1991, 1621, 1623, 1624.

[17] *Smid* (§ 1 Rdn 25): „Mit dem Übergang zur Marktwirtschaft wird das Verhältnis von Eigen- zum Fremdkapital wieder zum Maßstab bei der Beurteilung von Unternehmen. Würden die bisherigen bundesdeutschen Maßstäbe zur Anwendung gebracht, müßte in vielen Fällen aufgrund des Fremdkapitalanteils der Unternehmen deren Liquidierung wegen Überschuldung eingeleitet werden. Überschuldung ist in diesem Zusammenhang statisch zu verstehen, da es in diesem Zusammenhang noch nicht um die Feststellung der Voraussetzungen der Eröffnung des Gesamtvollstreckungsverfahrens geht, sondern um die Feststellung des zu Lasten des beherrschenden Unternehmens bei der Gesellschaft zu bilanzierenden Forderungsbetrages."

[18] Vgl aber § 56 d DMBilG.

[19] Zur Beurteilung der Sanierungsfähigkeit hat die Treuhandanstalt (TA) eine Sanierungsrichtlinie (Leitfaden der Treuhandanstalt für die Ausgestaltung von Sanierungskonzepten) erarbeitet. Vgl hierzu Wirtschaftsprüfer-Kammer-Mitteilungen, Sonderheft September 1990 zum Thema „Sanierung und Konsolidierung der Wirtschaft in der DDR. Herausforderung für Prüfer und Berater. Mit Schreiben vom 19. 9. 1990 hat der Präsident des Vorstandes der TA alle Vorstände bzw. Geschäftsführer der Unternehmen in den neuen Bundesländern gebeten, das Sanierungskonzept für ihre Unternehmen durch einen Wirtschaftsprüfer vor Einreichung an die TA Begutachten und befürworten zu lassen. Vgl auch das Arbeitspapier des IDW-Arbeitskreises „Sanierung und Insolvenz" zu den Anforderungen an Sanierungskonzepte. Vgl *Keller,* Sanierungsrichtlinie, WPK-Mitt. 1990, 171 ff. Leitfaden der Treuhandanstalt v 15. Juli 1990 = WPK-Mitteilungen 1990, 179 ff.

II. Insolvenzantragspflicht

2 Die Insolvenzantragspflicht der organschaftlichen Vertreter juristischer Personen, einer nicht rechtsfähigen Personengesellschaft oder bei einem Nachlaß ergibt sich aus den gesellschaftsrechtlichen Vorschriften (§§ 42 II, 48, 53, 86, 88, 89 II, 130a, 177a HGB, 92 II, 268 II, 278 III, 283 Nr 14 AktG, 64, 71 IV, 84 GmbHG, 99 GenG) und aus dem allgemeinen Recht (§§ 1980, 1985 BGB).[1] Es gelten insoweit die Grundsätze, wie sie für die Konkursantragspflicht in Rechtsprechung und Literatur entwickelt worden sind.[2] Dies folgt aus § 1 IV 1 GesO: „Soweit in Vorschriften des Handels- und Wirtschaftsrechts für Personen- und Kapitalgesellschaften besondere Bestimmungen über Konkursverfahren enthalten sind, ergänzen diese für ihren Bereich die Vorschriften der vorliegenden Gesamtvollstreckungsordnung."[3] Unterläßt der organschaftliche Vertreter schuldhaft die rechtzeitige Stellung eines Antrags auf Eröffnung des Gesamtvollstreckungsverfahrens, greifen sowohl die haftungsrechtlichen als auch die strafrechtlichen Folgen wegen Konkursverschleppung ein.[4]

III. Die Besonderheiten des § 56d DMBilG

3 Die Vorschrift des § 56d DMBilG ist an die Stelle derjenigen Bestimmungen getreten, die früher in § 5 GUG enthalten waren und durch Art 6 des Gesetzes zur Beseitigung von Hemmnissen bei der Privatisierung von Unternehmen und zur Förderung von Investitionen vom 22. März 1991 (BGBl I 766, 784) aufgehoben worden sind. Nach § 56d DMBilG sind Vorstand und Geschäftsführung bis zur Beschlußfassung über die Kapitalneufestsetzung durch das dafür zuständige Organ nicht verpflichtet, wegen einer bei Aufstellung der Eröffnungsbilanz sich ergebenden Überschuldung nach den §§ 92 II 1 AktG, 64 I 2 GmbHG oder § 99 I 2 GenG die Eröffnung des Gesamtvollstreckungsverfahrens zu beantragen. Die gesetzliche Insolvenzantragspflicht wird für die Fälle der Überschuldung bis zur Beschlußfassung über eine Kapitalneufestsetzung suspendiert. Diese hatte gem § 57 I 1 DMBilG bis zum 31. Dezember 1991 zu erfolgen. Vor dem 31. 12. 1990 bestand eine uneingeschränkte Antragspflicht, wenn ein Insolvenzgrund gegeben war. Insolvenzanträge galten nur dann als nicht verzögert iS von §§ 92 II 1, 2 AktG, 64 I 1, 2 GmbHG, wenn die antragspflichtigen Unternehmen den Insolvenzgrund der Treuhandanstalt offengelegt, von dieser Unterstützung verlangt und das Unternehmen weiter mit der Sorgfalt eines ordentlichen und gewissenhaften Geschäftsmannes betrieben hatten.[6]

---

[1] Bei Überschuldung einer Vereinigung trifft die Vorstandsmitglieder die Antragspflicht (vgl § 10 II des Gesetzes über Vereinigungen vom 21. 2. 1990 (GBl. DDR I, 75)). Obwohl nach dem Wortlaut des § 1 I GesO die Überschuldung nur bei juristischen Personen Eröffnungsgrund ist, wird man aus den Bestimmungen des HGB (§§ 130a, 177a) herleiten müssen, daß die Überschuldung auch bei nicht rechtsfähigen Personengesellschaften zur Eröffnung der Gesamtvollstreckung führt, wenn kein persönlich haftender Gesellschafter eine natürliche Person ist. Vgl *Lübchen/Landfermann* ZIP 1990, 829, 833 Fn 24.

[2] Einzelheiten bei *Uhlenbruck* in Hdb § 11 Rdn. 1–36.

[3] Vgl *Smid* § 1 Rdn 56–58; *ders* WM 1991, 1621, 1624.

[4] Vgl *Deutler* GmbHR 1990, 341, 342; *Uhlenbruck,* Haftungstatbestände bei Konkursverursachung und -verschleppung, DStR 1991, 351ff; *K. Schmidt,* Konkursverschleppungshaftung und Konkursverursachungshaftung, ZIP 1988, 1497ff; *Uhlenbruck,* Die GmbH & Co KG in Krise, Konkurs und Vergleich, 2. Aufl 1988, S. 22, 23; *ders* BB 1985, 1277ff; *Stapelfeld,* Die Haftung des GmbH-Geschäftsführers für Fehlverhalten in der Gesellschaftskrise, 1990, S. 4; *Richter* GmbHR 1984, 113, 115.

[5] Zur Suspendierung der Antragspflichten vgl *Uhlenbruck* ZIP 1991, 561ff; *Budde/Forster,* D-Mark-Bilanzgesetz, Nachtrag 1991, § 56d Rdn 1; *Smid* WM 1991, 1621, 1624; *Haarmeyer/Wutzke/Förster* § 1 Rdn 64–68.

[6] Vgl *Smid* Anh zu § 2 Rdn 58; *ders* WM 1991, 1621, 1624.

Die Suspendierung der Antragspflicht betrifft nur den Tatbestand der Überschuldung. Sie umfaßt auch die Pflicht, eine Gesellschafter- bzw. Aktionärsversammlung bei Verlust der Hälfte des Kapitals nach den §§ 49 III GmbHG, 92 I AktG einzuberufen. 4

Die Suspendierung nach § 56d DMBilG greift nicht ein, wenn die Überschuldung durch Vorgänge herbeigeführt wird, die sich nicht auf die Eröffnungsbilanz auswirken. So zB wenn die Überschuldung durch Aufnahme neuer Kredite herbeigeführt wird oder durch Verluste, die nicht durch eine Ausgleichsforderung gedeckt werden. Auch wenn die Augleichsforderung abgelehnt wird, kann die Überschuldung und damit die Antragspflicht eintreten.[7] 5

Treuhandgesellschaften sind meist seit dem 1. 7. 1991 gem. § 22 THG aufgelöst, weil die nach den §§ 19, 21 THG erforderlichen Maßnahmen bis zum 30. Juni 1991 nicht durchgeführt worden sind. Die Frist des § 57 Abs 1 DMBilG ist bis zum 31. 12. 1993 verlängert worden durch Art 3 des Gesetzes zur Änderung von Gesetzen auf dem Gebiet des Rechts der Wirtschaft v. 21. 12. 1992 (BGBl I S. 2133). Die Änderung ist am 25. 12. 1992 in Kraft getreten. Nach Auffassung der Bundesministerin der Justiz in einem Schreiben vom 19. Januar 1993 soll gem. Regierungsbegründung vom 8. 2. 1991 zu § 56d DMBilG bis zum Zeitpunkt, zu dem die Eröffnungsbilanz festgestellt wird, dem Unternehmen die Möglichkeit gegeben werden, eine evtl. Überschuldung oder unzureichende Kapitalausstattung auszugleichen. Diese Regelung gilt nicht nur für Treuhand-Unternehmen, sondern für alle Kapitalgesellschaften und Genossenschaften, denen das DMBilG die Neufestsetzung des Kapitals vorschreibt. Die Aussetzung der Insolvenzantragspflicht durch § 46 DMBilG wurde nicht von der Ablehnung einer gegen die Treuhandanstalt nach § 24 DMBilG gerichteten Ausgleichsforderung oder davon abhängig gemacht, daß die Treuhandanstalt beabsichtigt, das Unternehmen fortzuführen. Der Entscheidung der THA, das Unternehmen durch einen von ihr bestellten Liquidator aufzulösen, kommt für die Anwendung von § 56d DMBilG nach dem ausdrücklichen Willen des Gesetzgebers keine Bedeutung zu. Die Versäumung der Feststellungsfristen ist ohne Sanktion und wird durch eine spätere Feststellung geheilt. Auch ist nach Auffassung der Ministerin die Aufschiebung der Feststellung der DM-Eröffnungsbilanz nicht zu beanstanden, wenn diese aus sachlichen Gründen erfolgt, wie zB die Durchführung einer stillen Liquidation unter Wahrung von Fortführungschancen. 6

Nach Auffasung des BMJ waren sich die Bundesregierung und der Gesetzgeber bei der Schaffung des § 56d DMBilG und bei der im Dezember 1992 erfolgten Fristverlängerung in § 57 DMBilG darüber im klaren, daß der Gläubigerschutz hierdurch eingeschränkt wird. Wörtlich die Ministerin: „Die Öffentlichkeit, insbesondere Gläubiger, müssen aufgrund dieser Regelung bei ihren Entscheidungen berücksichtigen, daß Kapitalgesellschaften und Genossenschaften, die zur Aufstellung einer DMarkeröffnungsbilanz und damit zur Kapitalneufestsetzung verpflichtet sind, bis zur Neufestsetzung des Kapitals überschuldet sein können und dennoch nicht verpflichtet sind, die Eröffnung der Gesamtvollstreckung zu beantragen." Bis zum Widerruf der Ausgleichsforderung besteht nach Auffassung des Ministeriums die Ausgleichsforderung auch während der Liquidation fort. Wird

---

[7] Einzelheiten bei *Uhlenbruck* ZIP 1991, 561, 563; *Budde/Forster/Müller* Nachtrag zu § 56d DMBilG Rdn 3, 4; *Smid* WM 1991, 1621, 1624. Das Problem der Überschuldung kann auch durch Schuldenerlaß gem VO über Maßnahmen zur Entschuldung bisher volkseigener Unternehmen von Altgeräten (Entschuldungsverordnung) v 5. 9. 1990 (abgedr bei *Kübler,* Das Gesamtvollstreckungsrecht in den neuen Bundesländern. RWS-Dokumentation 9, 1991 Nr 9.3 gelöst werden. Hierzu auch *Bichlmeier/Oberhofer,* § 1 GesO, S. 49.

die Ausgleichsforderung von der THA nicht schriftlich abgelehnt, steht sie dem Unternehmen auch bei Liquidation zu.

E. Vorläufige Sicherungsmaßnahmen des Gerichts

1 Nach § 2 II 2 GesO hat das Gericht zunächst alle Umstände zu ermitteln, die für die Gesamtvollstreckung von Bedeutung sind. Es kann insbesondere Zeugen und Sachverständige vernehmen und den Schuldner hören (§ 2 II 3 GesO). Diese Regelung entspricht weitgehend derjenigen in § 105 II KO.[1]

2 Entscheidungen des Gerichts können ohne mündliche Verhandlung ergehen (§ 2 II 4 GesO). Die Regelung betrifft nicht nur unanfechtbare Maßnahmen der Verfahrensvorbereitung wie zB die Gutachterbestellung, sondern alle verfahrensleitenden und verfahrensabschließenden Entscheidungen wie vorläufige Maßnahmen (§ 2 III GesO), die Ablehnung der Verfahrenseröffnung (§ 4 II GesO), die Eröffnung (§ 5 GesO), Abberufung und Neubestellung des Verwalters (§ 8 III 2 GesO), Bestellung eines vorläufigen Gläubigerausschusses (§ 15 II 3 GesO), Bestätigung des Vergleichs (§ 16 V 1 GesO) und den Einstellungsbeschluß nach § 19 I GesO.

Neben den Amtsermittlungen trifft das Gericht die Pflicht, die künftige Haftungsmasse vor Vermögensverschiebungen und Manipulationen durch vorläufige Maßnahmen zu sichern (§ 2 III 1 GesO). Deshalb kann das Gericht durch Beschluß vorläufige Maßnahmen zur Sicherung der Gesamtvollstreckung, insbesondere der Sicherung einzelner Vermögenswerte, Guthaben oder Forderungen des Schuldners anordnen sowie die Verfügungsbefugnis des Schuldners von der Zustimmung des Gerichts abhängig machen oder auf andere Weise beschränken (§ 2 III GesO).

I. Verfügungsverbot

3 Als wirksamstes Sicherungsmittel gegen Verfügungen des Schuldners zum Nachteil der Haftungsmasse erweist sich in der Regel ein Verfügungsverbot. Das Verfügungsverbot unterfällt den Vorschriften der §§ 135, 136 BGB.[2] Bei Anordnung vorläufiger Sicherungsmaßnahmen bedarf es keiner vorherigen Anhörung des Schuldners, da ansonsten der Zweck der Maßnahme verfehlt würde.[3]

II. Sequestration

4 **1. Begriff.** Ebensowenig wie in § 106 KO ist der Begriff der Sequestration in § 2 III GesO definiert oder umschrieben. Anhaltspunkte für den Aufgabenbereich des Sequesters in den neuen Bundesländern gibt allenfalls § 9 I 3 GUG, wonach bei Unterbrechung des Verfahrens das Gericht Verfügungsbefugnisse auf einen vorläufigen Verwalter übertragen kann, „wenn Anhaltspunkte dafür bestehen, daß die Ausübung dieser Befugnisse durch den Vorstand oder die Geschäftsführer des Schuldners das Unternehmen oder die Durchführung der Gesamtvollstrekkung gefährden würde und dies nach Lage des Unternehmens angemessen ist."[4] Ebenso wie zu § 106 KO[5] ist festzustellen, daß auch die Sequestration im Rahmen

[1] Vgl *Smid* § 2 Rdn 25 ff; *Haarmeyer/Wutzke/Förster* § 2 Rdn 57 ff; *Hess/Binz* § 2 Rdn 61 ff.
[2] Vgl BGHZ 19, 355; *Kuhn/Uhlenbruck* § 106 Rdn 4; *Kilger* § 106 Rdn 3; *Hess/Kropshofer* § 106 Rdn 4; *Hess/Binz* § 2 Rdn 96; *Smid* § 2 Rdn 40. Einzelheiten bei *Uhlenbruck* in Hdb § 14 Rdn 2–7.
[3] Zutreffend *Haarmeyer/Wutzke/Förster* § 2 Rdn 61 S. 112.
[4] Vgl *Haarmeyer/Wutzke/Förster* § 2 Rdn 71 ff.
[5] Vgl *Uhlenbruck* in Hdb § 14 Rdn 8–21.

der Gesamtvollstreckung primär Sicherungsfunktionen hat. Die Anordnung dient dazu, die künftige Haftungsmasse vor massemindernden Verfügungen des Schuldners und der Gläubiger zu schützen. Die Sequestration ist noch keine Gesamtvollstreckung. Sie verbietet daher, wenn nicht vom Gericht etwas anderes angeordnet wird, grundsätzlich Verwertungsmaßnahmen.[6]

2. Befugnisse des Sequesters. Der Sequester hat die Aufgabe, das Vermögen 5
des Schuldners – soweit Haftungsmasse – zu sichern, vermögensschädigende Maßnahmen von Schuldnern und Gläubigern zu verhindern und erforderlichenfalls die Sequestrationsmasse in Besitz zu nehmen. Bei Weigerung des Schuldners ist der Sequestrationsbeschluß Vollstreckungstitel iS von § 794 Nr 3 ZPO.[7] Im einzelnen sind die Kompetenzen des Sequesters umstritten. Festzustellen ist, daß der Sequester kein „Vorkonkursverwalter" ist und lediglich Sicherungsbefugnisse hat. Nur bei dringendem Erfordernis kann das Gericht die Befugnisse im Sequestrationsbeschluß oder nachträglich durch besonderen Beschluß erweitern.[8] So kann es ihm gestatten, das Geschäft des Schuldners zu schließen oder zeitweilig Geschäftsführungsbefugnisse zu übernehmen, wenn der Schuldner hierzu außerstande ist.[9] Streitig ist, ob die Prozeßführungsbefugnis des Sequesters unter Vorwegnahme der Insolvenzrechtsreform in entsprechender Anwendung der §§ 25 II, 91, 92 InsO angeordnet werden kann.[10] Ist die Verfügungsbefugnis über das Vermögen des Schuldners auf einen vorläufigen Insolvenzverwalter übergegangen, so gelten nach § 25 II InsO für die Aufnahme anhängiger Rechtsstreitigkeiten §§ 91 I, 92 entsprechend. Nach geltendem Recht löst die Anordnung einer Sequestration jedoch nicht die Unterbrechungswirkungen des § 240 ZPO aus. Prozesse werden also nicht unterbrochen.[11] Der Sequester ist nicht befugt, Prozesse kraft Amtes mit Wirkung für und gegen die Masse zu führen.[12] Unzulässig ist es, einem Sequester durch gerichtlichen Beschluß die Befugnisse eines Verwalters zu übertragen.[13]

3. Aufsicht und Haftung. Der Sequester untersteht in entsprechender Anwen- 6
dung des § 8 III 1 GesO der Aufsicht des Gerichts. Bei vorliegen eines wichtigen Grundes kann das Gericht den Sequester abberufen und einen anderen Sequester einsetzen (§ 8 III 2 GesO entspr.). Auch für die Haftung des Sequesters gilt § 8 I 2 GesO entsprechend. Danach ist er für die Erfüllung der ihm obliegenden Pflichten allen Beteiligten verantwortlich.[14] Der Sequester ist nicht berechtigt, Sozialpläne abzuschließen. Begründet er Verbindlichkeiten, so sind diese nicht nach § 13 GesO bevorrechtigt. Besonderheiten gelten im Hinblick auf § 9 I GUG: Hat das Gericht im Rahmen der Unterbrechung Verfügungsbefugnisse auf einen vorläufi-

[6] Vgl BGH ZIP 1993, 48, 49; *Hess/Binz* § 2 Rdn 102, 103; *Smid* § 2 Rdn 42; *Haarmeyer/Wutzke/Förster* § 2 Rdn 77–87.

[7] Vgl *Kuhn/Uhlenbruck* 106 Rdn 8a; *Jaeger/Weber* § 106 Rdn 12; *Hess/Binz* § 2 Rdn 105; *Smid* § 2 Rdn 43.

[8] Vgl *Uhlenbruck* KTS 1982, 201; *Haarmeyer/Wutzke/Förster* § 2 Rdn 74.

[9] Vgl *Uhlenbruck* KTS 1990, 15, 18ff.

[10] So *Haarmeyer/Wutzke/Förster* § 2 Rdn 76.

[11] Vgl BGH ZIP 1987, 1195; *Smid* § 2 Rdn 47; *Hess/Binz* § 2 Rdn 110.

[12] Anders unter Berufung auf OLG Hamburg ZIP 1982, 860 *Hess/Binz* § 2 Rdn 111. Ähnlich *Haarmeyer/Wutzke/Förster* § 2 Rdn 76; wie hier *Smid* § 2 Rdn 47; *Bichlmeier/Oberhofer* § 2 S. 59.

[13] *Haarmeyer/Wutzke/Förster* § 2 Rdn 75–78.

[14] Vgl BGH ZIP 1993, 48 = EWiR § 106 KO 1/93, 71 *(Onusseit)*. Nach der Rechtsprechung des BGH haftet der Sequester grundsätzlich analog § 82 KO persönlich, wenn er konkursspezifische Pflichten verletzt. Spielt der Sequester planmäßig Gestaltungsmöglichkeiten zu Lasten des Fiskus aus, so daß die Umsatzsteuer statt als Masseverbindlichkeit nur als Konkursforderung entsteht, so begründet dies allein kein sittenwidriges Handeln iS von § 826 BGB. Auch haftet der Sequester nicht für einen möglichen Ausfall der durch ihn zum Entstehen gebrachten Umsatzsteuer.

gen Verwalter übertragen, der mit dem Sequester identisch ist, so reichen die Befugnisse des Sequesters soweit, wie es die Sanierung des notleidenden Unternehmens erfordert.[15]

7 **4. Vergütung des Sequesters.** Die Vergütung des Sequesters ist gesetzlich nicht geregelt. Der Sequester erhält für seine Tätigkeit eine Vergütung. Berechnungsgrundlage ist das sequestrierte Vermögen. Die Sequestervergütung beträgt grundsätzlich die einfache Regelvergütung des Verwalters oder von der „regelmäßigen Vergütung" 25%.[16]

III. Rechtsmittel

8 Gegen die gerichtliche Anordnung vorläufiger Maßnahmen zu Sicherung einer Gesamtvollstreckung steht dem Schuldner und allen Betroffenen das Rechtsmittel der sofortigen Beschwerde nach § 20 GesO zu. Zur Begründung der Beschwerde kann nur angeführt werden, daß der Gesamtvollstreckungsantrag unzulässig ist oder ein Sicherungsbedürfnis nicht besteht. Die Behauptung, die Forderung werde beglichen oder der Antrag sei unbegründet, reicht nicht aus. Der dem Antrag eines Garantiegebers auf Unterbrechung stattgebende Beschluß und der Aufhebungsbeschluß sind gem. §§ 3 Abs 1 S. 2, 8 Abs 1 S. 2 GUG unanfechtbar. Zutreffend der Hinweis von *Smid,*[17] daß diese Regelung jedenfalls im Falle des stattgebenden Unterbrechungsbesdchlusses Bedenken begegnet, soweit den übrigen Gläubigern nach § 2 Abs 4 GesO oder § 9 Abs 1 GUG der Zugriff auf das Schuldnervermögen blockiert wird. Nach richtiger Meinung ist die sofortige Beschwerde gegen den Unterbrechungsbeschluß zulässig.

IV. Einstellung anderweitiger Vollstreckungsmaßnahmen

9 Nach § 2 IV GesO sind gegen den Schuldner eingeleitete anderweitige Vollstreckungsmaßnahmen vorläufig einzustellen. Die Regelung entspricht dem Grundsatz der par condicio creditorum. Kein Gläubiger soll in der Krise und nach Einleitung des Gesamtvollstreckungsverfahren Sondervorteile durch Vollstrekkungsmaßnahmen erlangen können.[18] Zweifelhaft ist, ob das Gericht sämtliche Einzelzwangsvollstreckungsmaßnahmen generell durch Beschluß einstellen kann. Dies würde die praktische Handhabung wesentlich erleichtern. Da aber die vorläufige Einstellung gem § 20 GesO beschwerdefähig ist, wird man wohl Einzelbeschlüsse verlangen müssen.[19]

V. Vorläufige Maßnahmen und Verfahrensunterbrechung

10 Wird ein Antrag auf Unterbrechung des Gesamtvollstreckungsverfahrens nach dem GUG gestellt, so kann die Unterbrechung zur Gefährdung der Gläubigerinteressen führen. Nach § 9 I GUG ordnet das Gericht, soweit dies noch nicht geschehen war, für die Dauer der Unterbrechung die vorläufige Einstellung von

---

[15] Vgl *Lübchen,* Erläuterungen zur GesO; in: Das fortgeltende Recht der DDR, 1990, § 2 GesO Anm 10; *Smid* § 2 Rdn 43.

[16] Einzelheiten bei *Delhaes* in Hdb § 120 Rdn 20 ff; *Eickmann,* Kommentar zur Vergütung im Insolvenzverfahren, § 1 VergütVO Rdn 13 ff.

[17] BB 1992, 2090, 2091.

[18] Die Vorschrift entspricht den §§ 13 VglO, 22 II Nr 3 InsO. Die Regelung erfordert jeweils die Einstellung durch beschwerdefähigen Beschluß, was die Gerichte vor allem in Großverfahren überfordern dürfte. Praktisch sinnvoller wäre es gewesen die in § 14 KO angeordnete Vollstreckungssperre auf das Eröffnungsverfahren auszudehnen.

[19] Vgl *Smid* § 2 Rdn 51, 52; *Haarmeyer/Wutzke/Förster* § 2 Rdn 94–97; *Hess/Binz* § 2 Rdn 120–124.

Zwangsmaßnahmen an und überträgt die Verfügungsbefugnis auf einen vorläufigen Verwalter, wenn Anhaltspunkte dafür bestehen, daß die Ausübung dieser Befugnisse durch den Vorstand oder den Geschäftsführer des Schuldners das Unternehmen oder die Durchführung der Gesamtvollstreckung gefährden würden, und dies nach Lage des Unternehmens angemessen ist. Nach richtiger Meinung[20] sind die einstweiligen Maßnahmen nicht erst nach Anhörung der Treuhandanstalt anzuordnen. In der Regel hat das Gericht bereits einstweilige Anordnungen nach § 2 III 4 GesO getroffen, so daß sich weitere Maßnahmen erübrigen. Nur wenn Anhaltspunkte dafür bestehen, daß die Ausübung der Verfügungsbefugnis durch den Vorstand oder die Geschäftsführer des Schuldnerunternehmens die Durchführung der Gesamtvollstreckung gefährden würde, überträgt das Gericht diese Befugnisse auf einen vorläufigen Verwalter. Diese Möglichkeit ist aber schon im Rahmen der Sequestration gegeben. Demgemäß kommt § 9 GUG nur zur Anwendung, wenn nicht bereits einstweilige Maßnahmen nach § 2 III 4 GesO getroffen worden sind.[21]

F. Pflichten des Schuldners bei Eigenantrag

Nach § 3 I GesO hat der Schuldner dem Gericht ein vollständiges Verzeichnis 1
seines Vermögens, ein Verzeichnis seiner Gläubiger unter Angabe der bestehenden Verpflichtungen sowie ein Verzeichnis seiner Schuldner unter Angabe der bestehenden Forderungen vorzulegen. Der Schuldner hat die Richtigkeit und Vollständigkeit des Verzeichnisses nach Belehrung über die strafrechtlichen Folgen einer wissentlich falschen Versicherung zu versichern (§ 3 II GesO). Die Vorschrift entspricht dem Regelungsgehalt der §§ 104, 125 KO.[1] In der Literatur[2] wird teilweise aus der Regelung in § 3 II eine allgemeine Auskunftspflicht des Schuldners entsprechend § 100 KO hergeleitet.[3] Nach § 24 E-InsO hat der Schuldner dem Insolvenzgericht bei Zulässigkeit des Antrags die Auskünfte zu erteilen, die zur Entscheidung über den Antrag erforderlich sind. Eine solche Regelung findet sich in § 3 GesO nicht. Auch ist auf die §§ 104, 110 E-InsO nicht Bezug genommen. Richtig ist nur, daß laut *Begründung zu* § 24 E-InsO[4] durch § 24 E-InsO die Regelung in § 104 KO verallgemeinert werden soll. So kann zB „die Eröffnung eines massearmen Verfahrens dadurch ermöglicht werden, daß durch Auskünfte des Schuldners Anfechtungsansprüche oder sonstige Vermögensgegenstände erschlossen werden." Wie nach § 104 KO hat der Schuldner im Falle des Eigenantrags deshalb lediglich Angaben in Bezug auf die Richtigkeit und Vollständigkeit der Verzeichnisse zu machen. Eine unbeschränkte Auskunftspflicht im Eröffnungsverfahren entsprechend § 24 E-InsO ist damit nicht verbunden.[5]

---

[20] *Smid* § 2 Rdn 50.

[21] Allgemein auch *Schmidt-Räntsch* ZIP 1990, 1045, 1047f.

[1] Vgl *Uhlenbruck* in Hdb § 12 Rdn 2–7.

[2] Vgl *Smid* § 3 Rdn 2, 4.

[3] *Smid* (§ 3 Rdn 3): Im RefEInsO entsprechen der Vorschrift des § 3 GesVollO die Regelungen in § 21a und den §§ 104–110."

[4] Begründung zu den weiteren Vorschriften S. 21.

[5] Einzelheiten bei *Haarmeyer/Wutzke/Förster* § 3 Rdn 2ff; *Smid* § 3 Rdn 4ff; *Hess/Binz* § 3 Rdn 10ff.

G. Die Unterbrechung des Verfahrens

2 Der Ministerrat der DDR hat am 25. Juli 1990 die „Zweite Verordnung über die Gesamtvollstreckung – Unterbrechung des Verfahrens“[1] beschlossen. Die gesetzliche Regelung gilt nunmehr als „Gesetz über die Unterbrechung von Gesamtvollstreckungsverfahren (Gesamtvollstreckungsunterbrechungsgesetz – GUG) in der Fassung der Bekanntmachung vom 23. Mai 1991 (BGBl. I S. 1191).[2] Das GUG dient dazu, lebensfähige Unternehmen zu erhalten und nach Möglichkeit zu sanieren.[3] Die Gesamtvollstreckungsordnung sieht lediglich einen Vergleich zur Beendigung des Gesamtvollstreckungsverfahrens in § 16 vor. Die Möglichkeit einer Sanierung und damit Abwendung des zerschlagenden Gesamtvollstreckungsverfahrens schafft das GUG. Dem Schuldner wird die Stellung des Eigenantrags erleichtert und es werden Möglichkeiten eröffnet, durch Sanierungsmaßnahmen die Liquidität wiederzugewinnen oder eine Überschuldung zu beseitigen. Damit wird eine übereilte Zerschlagung lebensfähiger Unternehmen vermieden.

Einzelheiten zum Verfahren der Unterbrechung des Geamtvollstreckungsverfahrens zwecks Unternehmenssanierung unten in Kapitel IV.

H. Die erweiterte Anhörung nach § 4 I GesO

I. Die Anhörung des Schuldners

1 Anders als nach § 105 II KO ist der Schuldner vor der Entscheidung über die Eröffnung der Gesamtvollstreckung mündlich oder schriftlich zu hören (§ 4 I GesO). Wird der Schuldner als juristische Person von mehreren organschaftlichen Vertretern vertreten, so sind sämtliche Organe zu hören, wenn ein Gläubiger den Antrag gestellt hat. Wird beim Eigenantrag der Antrag nicht von sämtlichen organschaftlichen Vertretern gestellt, so sind die übrigen zu hören (§§ 208 II 2 KO, 63 II GmbHG).[1] Für die Anhörung gelten im übrigen die gleichen Grundsätze wie sie zu § 105 II, III KO entwickelt worden sind.[2]

II. Anhörung Dritter

2 § 4 I 2 GesO sieht eine erweiterte Anhörung vor. Soweit der Schuldner ein Unternehmen betreibt, kann das Gericht die zuständige Wirtschafts- und Finanzbehörde sowie Banken, mit denen der Schuldner in Verbindung steht, zur Verfahrenseröffnung hören (§ 4 I 2 GesO). Die Vorschrift gilt für alle Personen, die unternehmerisch tätig sind.[3] Durch die Anhörung Dritter soll diesen die Möglichkeit gegeben werden, vor Verfahrenseröffnung den Schuldner zu sanieren oder die

---

[1] Abgedruckt in ZIP 1990, 1032.

[2] Einzelheiten bei *Schmidt-Räntsch,* Die zweite Verordnung über die Gesamtvollstreckung der DDR, ZIP 1990, 1045 ff *Bichlmeier/Oberhorfer* S. 116 ff; *Hess/Binz,* Anh. II; *Vortmann,* Gesamtvollstreckung der neuen Bundesländer, KTS 1991, 237, 252 f. *Smid,* Probleme von Unternehmenssanierung und Gesamtvollstreckung, WM 1991, 1621, 1625 ff; *Kübler,* Die Gesamtvollstreckung als Instrument zur Sanierung insolventer Unternehmen, in: Hommelhoff (Hrsg), Treuhandunternehmen im Umbruch, RWS-Forum 7, 1991, S. 79, 85 ff; *Haarmeyer/Wutzke/Förster* S. 213 ff; *Smid* Anh zu § 2.

[3] *Schmidt-Räntsch* ZIP 1990, 1045; *Smid* Anh Rdn 55, 56.

[1] Vgl *Haarmeyer/Wutzke/Förster* § 4 Rdn 3; *Smid* § 4 Rdn 4.

[2] Vgl hierzu Einzelheiten bei *Uhlenbruck* in Hdb § 13 Rdn 34 ff; auch *Haarmeyer/Wutzke/Förster* § 4 Rdn 3 ff; *Smid* § 4 Rdn 4.

[3] *Haarmeyer/Wutzke/Förster* § 4 Rdn 10–12.

Gewähr zu schaffen für die Beseitigung des Insolvenzgrundes (§ 4 II GesO). Bei Treuhandunternehmen ist die Treuhandanstalt zur Verfahrenseröffnung zu hören. Gleichzeitig wird durch die Anhörung die Möglichkeit eröffnet, daß Banken oder die Treuhandanstalt als Garantiegeber iS von § 3 GUG einen Antrag auf Unterbrechung der Gesamtvollstreckung stellen.[4]

I. Verfahrensabschließende Entscheidungen des Gerichts

Hat das Kreisgericht bzw. Amtsgericht als Insolvenzgericht nach Eingang des Antrags auf Einleitung der Gesamtvollstreckung alle das Verfahren betreffenden Umstände ermittelt und ist eine Verfahrensunterbrechung nach dem GUG beendet oder ein Antrag nicht gestellt, so findet das Eröffnungsverfahren durch gerichtliche Entscheidung seinen Abschluß. Folgende Entscheidungen kommen in Betracht: 1

I. Zurückweisung des Antrags als unzulässig

Fehlt es an der örtlichen Zuständigkeit des Kreisgerichts bzw. Amtsgerichts als Insolvenzgericht, am Rechtschutzinteresse für den Antrag, an der Konkursfähigkeit des Schuldners, an der Gläubigerstellung des Antragstellers oder an der Glaubhaftmachung des Insolvenzgrundes, so hat das Insolvenzgericht den Antrag auf Gesamtvollstreckung als unzulässig auf Kosten des Antragstellers zurückzuweisen. Sind die Mängel behebbar, ist vor Erlaß des zurückweisenden Beschlusses dem Antragsteller Gelegenheit zu geben, die Zulässigkeitsvoraussetzungen nachzuholen. 2

II. Abweisung des Antrags als unbegründet

Der Antrag eines Gläubigers auf Eröffnung des Gesamtvollstreckungsverfahrens ist als unbegründet zurückzuweisen, wenn der Insolvenzgrund iS des § 1 I 1 GesO nicht vorliegt. Die Verfahrenseröffnung setzt voraus, daß sich das Insolvenzgericht vom Vorliegen der Zahlungsfähigkeit und/oder Überschuldung die notwendige Überzeugung verschafft hat. Im Gegensatz zur Glaubhaftmachung iS der §§ 2 I 2 GesO, 294 ZPO bedarf es nach eingehenden Amtsermittlungen (§ 2 II 2 GesO) der richterlichen Überzeugung vom Vorliegen eines Insolvenzgrundes. Ist das Gericht trotz Amtsermittlungen außerstande, sich die notwendige Überzeugung zu verschaffen, geht dies zu Lasten des Antragstellers und ist der Antrag als unbegründet abzuweisen.[1] Lediglich beim Eigenantrag des Schuldners sind geringere Anforderungen an die richterliche Überzeugungsbildung zu stellen als in den Fällen, in denen der Gläubiger den Antrag stellt und der Schuldner das Vorliegen eines Insolvenzgrundes bestreitet. 3

III. Ablehnung mangels Masse

Kommt das Gericht aufgrund der Anhörung des Schuldners und der amtswegigen Vorprüfung zu dem Ergebnis, daß das Vermögen des Schuldners so gering ist, daß die Kosten des Verfahrens nicht gedeckt werden können, so lehnt es durch Beschluß die Eröffnung des Gesamtvollstreckungsverfahrens ab (§ 4 II GesO). Zu den Kosten gehören nicht nur die eigentlichen Verfahrenskosten einschließlich der 4

---

[4] *Smid* § 4 Rdn 8, 9.

[1] Vgl *Uhlenbruck* in Hdb § 17 Rdn 3.

Verwaltervergütung, sondern auch die nach § 13 I Nr 1 GesO vorrangig zu berichtigenden Verbindlichkeiten wie zB die durch die Verwaltung entstehenden notwendigen Ausgaben einschließlich derjenigen, die durch den Abschluß und die Erfüllung von Verträgen, Führung von Prozessen oder Geltendmachung von Forderungen und Rechnungen des Schuldners wie durch Ablösung von Pfandrechten entstehen.[2] Gedeckt sein müssen entweder durch die freie Masse oder den Massekostenvorschuß alle vorab zu begleichenden Ansprüche nach § 13 I Nr 1, 2 GesO, nicht dagegen die Ansprüche nach § 13 I Nr 3 GesO. Demgemäß ist das Gesamtvollstreckungsverfahren auch durchzuführen, wenn auf die nachrangigen Verbindlichkeiten des § 13 I Nr 3 GesO keine oder nur eine geringe Quote entfällt.[3] Der Beschluß über die Ablehnung des Antrags ist dem Schuldner und dem antragstellenden Gläubiger zuzustellen (§ 4 III GesO). Gegen die Entscheidung steht dem Schuldner und allen Betroffenen das Rechtsmittel der sofortigen Beschwerde zu (§ 20 GesO).

IV. Ablehnung wegen Gewährleistung der Zahlungsfähigkeit

5 Die Gesamtvollstreckung ist ebenfalls abzulehnen, wenn durch Erklärung der in § 4 I 2 GesO genannten Stellen die Gewähr für die Beseitigung der Zahlungsunfähigkeit gegeben ist. Gleiches muß gelten, wenn die zuständige Wirtschafts- und Finanzbehörde oder eine solvente Bank erklärt, daß eine Überschuldung beseitigt wird.[4] Der Gewährleistende hat dem Gericht gegenüber glaubhaft zu machen, daß der Schuldner seine Verbindlichkeiten künftig erfüllt. Die bloße Übernahme einer Bürgschaft reicht nicht aus.[5] Der Ablehnungsfall der Gewährleistung durch Dritte kommt in der Praxis selten vor, da die Möglichkeit der Unterbrechung nach dem GUG besteht.

V. Die Eröffnung der Gesamtvollstreckung

6 **1. Der Eröffnungsbeschluß.** Nach § 5 GesO ist die Gesamtvollstreckung durch Beschluß zu eröffnen (Eröffnungsbeschluß). Die Vorschrift des § 5 GesO entspricht den §§ 6, 78, 108, 110, 118, 119, 120, 128 KO. Der notwendige Inhalt des Eröffnungsbeschlusses ergibt sich aus allgemeinen prozessualen Gesichtspunkten (§ 313 ZPO) sowie aus der Funktion für die Abwicklung der Gesamtvollstrekkung.[6] So hat der Eröffnungsbeschluß den Schuldner genau zu bezeichnen. Bei Kaufleuten ist die Firma anzugeben. Bei Insolvenz einer BGB-Gesellschaft muß jeder einzelne Gesellschafter namentlich bezeichnet werden.[7] Ob bei der oHG sämtliche Gesellschafter als Schuldner namentlich aufzuführen sind,[8] dürfte zu verneinen sein. Anzugeben ist auch der Wohnsitz bzw der Sitz der gewerblichen Niederlassung des Schuldners (§§ 13ff ZPO). Ob allerdings im Eröffnungsbeschluß der Name bzw die Person des Antragstellers anzugeben ist,[9] dürfte zumin-

---

[2] Vgl *Schmidt-Räntsch* DtZ 1990, 199, 200; *Vortmann* KTS 1991, 237, 243; *Haarmeyer/Wutzke/Förster* § 4 Rdn 13; *Smid* § 4 Rdn 11.

[3] So zutreffend *Haarmeyer/Wutzke/Förster* § 4 Rdn 16ff, die Rdn 19 zutreffend darauf hinweisen, daß für den Massekostenvorschuß trotz fehlender Regelung das gleiche gilt. Der Massekostenvorschuß eines Antragstellers hat sich demgemäß an § 13 I Nr 1, 2 GesO zu orientieren.

[4] So zutreffend *Lübchen/Landfermann* ZIP 1990, 829, 833; *Haarmeyer/Wutzke/Förster* § 4 Rdn 29ff; *Hess/Binz* § 4 Rdn 33; *Uhlenbruck* BB 1990, Beil 26, 2; *Smid* § 4 Rdn 12.

[5] Zutreffend *Smid* § 4 Rdn 13.

[6] So zutreffend *Smid* § 5 Rdn 10; *Haarmeyer/Wutzke/Förster* § 5 Rdn 3ff; *Hess/Binz* § 5 Rdn 2.

[7] *Smid* § 5 Rdn 11.

[8] So *Smid* § 5 Rdn 11.

[9] Ablehnend *Haarmeyer/Wutzke/Förster* § 5 Rdn 7; *Smid* § 5 Rdn 13.

dest zweifelhaft sein.[10] Für die Verfahrenseröffnung und die Abwicklung der Gesamtvollstreckung ist die Person des Antragstellers ohne Belang.

Das Insolvenzgericht ist verpflichtet, im Beschluß den Zeitpunkt der Verfahrenseröffnung anzugeben. Dies folgt aus § 7 I GesO, wonach die Pfändung des Vermögens des Schuldners mit dem im Eröffnungsbeschluß genannten Zeitpunkt bewirkt wird. Streitig ist, ob die Vorschrift des § 108 II KO entsprechende Anwendung findet, wonach bei Versäumung der genauen Angabe die Mittagsstunde des Tages gilt, an dem der Beschluß erlassen wird.[11] Geht man davon aus, daß nach Maßgabe des Einigungsvertrages und seinen Anlagen keine Generalverweisung auf die Vorschriften der KO zum Zwecke der „Lückenausfüllung" normiert ist, findet § 108 II KO keine entsprechende Anwendung. Unterläßt der Richter die Angabe des genauen Eröffnungszeitpunktes, so tritt wegen hieraus entstehender Schäden die Staatshaftung ein.[12]

Nach § 5 GesO hat der Eröffnungsbeschluß zwingende Anordnungen zu erhalten: Dem Schuldner ist die Verfügung über sein Vermögen zu verbieten. Die Verwaltung des Schuldnervermögens ist anzuordnen und eine geschäftskundige, vom Schuldner und von den Glaübigern unabhängige Person als Verwalter zu bestellen. Weiterhin ist allen Gläubigern des Schuldners aufzugeben, innerhalb einer Anmeldefrist ihre Forderungen beim Verwalter (nicht beim Kreisgericht) anzumelden, andernfalls sie bei der Erlösverteilung unberücksichtigt bleiben können. Denjenigen, die ein Eigentums- oder Pfandrecht an einer im Vermögen des Schuldners befindlichen beweglichen Sache beanspruchen, ist aufzugeben, dieses Recht innerhalb der Anmeldefrist beim Verwalter geltend zu machen, da andernfalls die Gefahr besteht, daß dieses Recht in Folge der Verwertung erlischt. Schließlich ist allen denjenigen, die eine zum Vermögen des Schuldners gehörende Sache besitzen oder dem Schuldner zu einer Leistung verpflichtet sind, die Leistung an den Schuldner zu verbieten und aufzugeben, nur noch an den Verwalter zu leisten.[13] 7

Umstritten ist, ob das Gericht im Eröffnungsbeschluß zugleich eine Postsperre verhängen kann.[14] Für die Zulässigkeit einer Postsperre spricht die Regelung in § 6 II Ziff 2 GesO, wonach der Eröffnungsbeschluß dem Zustellpostamt für den Fall zu übersenden ist, daß die Entgegennahme der Sendungen nur durch den Verwalter erfolgen soll. Die Postsperre verhindert vor allem Vermögensverschiebungen zu Lasten der Gläubiger oder deckt solche oftmals auf. 8

2. Wirksamwerden des Eröffnungsbeschlusses. Der Eröffnungsbeschluß des Kreisgerichts wird wirksam, wenn er aufhört, eine innere Angelegenheit des Gerichts zu sein.[15] Dies ist regelmäßig der Fall, wenn der Richter den Beschluß 9

---

[10] Anders wohl *Hess/Binz* § 5 Rdn 2.

[11] Bejahend *Haarmeyer/Wutzke/Förster* § 5 Rdn 11; *Hess/Binz* § 5 Rdn 3; verneinend *Smid* § 5 Rdn 15–17.

[12] *Smid* § 5 Rdn 17.

[13] Einzelheiten bei *Hess/Binz* § 5 Rdn 6ff; *Smid* § 5 Rdn 21ff; *Vortmann* KTS 1991, 237, 243; *Lübchen/Landfermann* ZIP 1990, 829, 833; *Strohbach* ZAP-DDR 1990 Fach 14, S. 1, 5; *Haarmeyer/Wutzke/Förster* § 5 Rdn 30–31; *Bichlmeier/Oberhofer* S. 65. 66.

[14] Verneinend *Haarmeyer/Wutzke/Förster* § 5 Rdn 85; bejahend *Hess/Binz* § 5 Rdn 5; dagegen hält *Smid* (§ 5 Rdn 7) eine Postsperre für unzulässig, da sie in der GesO ebensowenig vorgesehen wie Zwangsmaßnahmen gegen den Schuldner. Vgl auch *Smid* DtZ 1991, 207, 208; unveröffent Beschluß LG Halle – 2 T 97/92 – v 18. 12. 1992 in Bestätigung eines Beschlusses des AG Halle-Saalkreis. Nach LG Halle ermächtigt § 2 Abs 3 GesO das Gericht zwar zur Anordnung vorläufiger Maßnahmen zur Sicherung einer Gesamtvollstreckung, sagt aber anders als § 121 KO nichts darüber, ob und in welchem Umfang und mit welchen Maßgaben vom Vollstreckungsgericht eine Postsperre als Eingriff in das durch Art 10 Abs 1 GG geschützte Grundrecht des Briefgeheimnisses angeordnet werden darf.

[15] Vgl *Smid* § 5 Rdn 14; *Haarmeyer/Wutzke/Förster* § 5 Rdn 10; *Hess/Binz* § 5 Rdn 4.

unterschrieben und in den Geschäftsgang gegeben hat. Für das Wirksamwerden genügt auch die Mitteilung an einen Verfahrensbeteiligten, daß das Verfahren eröffnet worden sei.

10 **3. Zustellungen und Bekanntmachungen.** Die Eröffnung der Gesamtvollstreckung ist in einer Tageszeitung und auszugsweise im Bundesanzeiger öffentlich bekanntzumachen (§ 6 I 1 GesO). Daraus folgt, daß die Veröffentlichung des vollständigen Eröffnungsbeschlusses in der Tageszeitung erforderlich ist. Aber auch die auszugsweise Veröffentlichung im Bundesanzeiger und/oder Amtsblatt erfordert die Angabe der wesentlichen mit der Eröffnung getroffenen gerichtlichen Entscheidungen wie zB Verfügungsbeschränkung etc.[16] Ein der gesonderten Zustellung an die Gläubiger bedarf es nicht, da die öffentliche Bekanntmachung des Eröffnungsbeschlusses dessen Zustellung ersetzt. § 76 KO findet keine entsprechende Anwendung. Vielmehr gilt nach § 206 I ZPO die Zustellung einen Monat nach der letzten Einrückung in die Publikationsorgane als bewirkt. Erst dann beginnen die Rechtsmittelfristen des § 20 GesO zu laufen. § 206 II ZPO ist dagegen nicht anzuwenden.[17]

11 **a) Zustellung.** Nach § 6 I 2 GesO ist der Eröffnungsbeschluß an den Schuldner und an den vom Gericht bestellten Verwalter zuzustellen. Das Gericht hat die Wahl, wie es im Einzelfall die Zustellung bewirkt. Im Hinblick auf die Regelung in § 77 I KO genügt in der Regel die Zustellung durch Aufgabe zur Post. Die Vorschriften der §§ 190–196 ZPO finden entsprechende Anwendung.[18] Eine Zustellung an den antragstelllenden Gläubiger erfolgt nicht, da dieser durch die Eröffnung nicht beschwert ist.[19] Nicht zwingend ist auch eine Zustellung an Kreditinstitute des Schuldners,[20] da § 6 II Nr 3 GesO eine einfache Übersendung vorsieht.

12 **b) Übersendung.** Der Eröffnungsbeschluß ist zu übersenden an die zuständige Industrie- und Handelskammer bzw Handwerkskammer, das Zustellpostamt für den Fall, daß die Entgegennahme der Sendungen durch den Verwalter erfolgen soll, die Kreditinstitute des Schuldners und an die registerführenden Behörden mit dem Ersuchen um Eintragung der Eröffnung der Gesamtvollstreckung in das Register, soweit das Unternehmen oder Grundstücke oder Gebäude des Schuldners in einem Register eingetragen sind (§ 6 II GesO). Die Regelung dient der Benachrichtigung, die bei registerführenden Behörden mit einem Eintragungsersuchen verbunden wird. Schließlich hat der Verwalter denjenigen den Eröffnungsbeschluß zu übersenden, von denen bis zum Ablauf der Anmeldefrist bekannt wird, daß ihnen Forderungen oder sonstige Rechte gegen den Schuldner zustehen oder daß sie dem Schuldner zu einer Leistung verpflichtet sind (§ 6 III GesO). Die formlose Übersendung dient vor allem der Einhaltung der Anmeldefrist nach § 5 Ziff 3 GesO.[21]

13 **4. Pfändungswirkung des Eröffnungsbeschlusses.** Nach § 7 I GesO wird die Pfändung des Vermögens des Schuldners mit dem im Eröffnungsbeschluß ge-

[16] *Haarmeyer/Wutzke/Förster* § 6 Rdn 7–10.

[17] Einzelheiten bei *Smid* § 6 Rdn 7, 8.

[18] *Smid* § 6 Rdn 10; *Haarmeyer/Wutzke/Förster* § 6 Rdn 11, 12.

[19] Str; aA *Smid* § 6 Rdn 12. Bei *Lübchen/Landfermann* (ZIP 1990, 833) heißt es sogar: „Der Eröffnungsbeschluß wird dem Schuldner, dem Verwalter und von diesem allen bekannten Gläubigern und Schuldnern zugestellt."

[20] Anders *Smid* § 6 Rdn 13.

[21] Zweifelhaft ist aber, ob der Eröffnungsbeschluß diesen Personen bereits zugestellt werden mußte, wie es von *Smid* (§ 7 Rdn 23) angenommen wird. Die Veröffentlichung des Eröffnungsbeschlusses dient gerade dazu, eine Vielzahl kostenaufwendiger Zustellungen an die einzelnen Gläubiger zu verhindern.

nannten Zeitpunkt bewirkt. Der Pfändung unterliegen das gesamte pfändbare Vermögen des Schuldners und alle im Besitz des Schuldners befindlichen Sachen sowie vom Schuldner genutzten Grundstücke oder Gebäude (§ 7 II GesO). Die Beschlagswirkung entspricht umfangmäßig derjenigen des § 1 KO. Zur Pfändungsmasse gehört nicht nur das dem Schuldner gehörige Inlands-, sondern auch ein Auslandsvermögen.[22]

VI. Rechtsmittel

Gegen den Eröffnungsbeschluß steht dem Schuldner und allen Betroffenen die sofortige Beschwerde nach § 20 GesO zu. Eine Einschränkung des Beschwerderechts wie in § 109 KO sieht die GesO nicht vor. Der Beschwerdeführer muß aber durch die Entscheidung beschwert sein. Die Beschwerdefrist beträgt 2 Wochen seit Zustellung des Eröffnungsbeschlusses. Zuständig ist das Bezirksgericht bzw Landgericht. Die Beschwerde kann durch Schriftsatz, telegraphisch oder durch Telefax eingelegt werden. Sie hat keine aufschiebende Wirkung (§ 572 ZPO). Das Gericht kann jedoch durch einstweilige Anordnungen die Vollziehung des Beschlusses nach § 572 II, III ZPO aussetzen. 14

Gegen die Entscheidung des Bezirksgerichts bzw. Landgerichts als Beschwerdegericht ist eine weitere Beschwerde nicht zulässig. Dies gilt auch dann, wenn ein neuer selbständiger Beschwerdegrund iS von § 568 II ZPO vorliegt.[23] 15

---

[22] Vgl *Smid/Zeuner* § 7 Rdn 13.
[23] *Haarmeyer/Wutzke/Förster* § 20 Rdn 15.

Kapitel III. Die Gesamtvollstreckung

1. Abschnitt. Die Verfahrensbeteiligten

Übersicht

Schrifttum: *Lübchen/Landfermann,* Das neue Insolvenzrecht der DDR, ZIP 1990, 829ff; *Maser/Wittig,* Neues Insolvenzrecht in der bisherigen DDR, DB 1990, 3134ff; *Obermüller,* Auswirkungen einer Gesamtvollstreckung auf Kreditgeschäft und Kreditsicherheiten, WM 1991, 305ff; *Schmidt-Räntsch,* Das Insolvenzrecht nach dem Einigungsvertrag, DtZ 1990, 344ff; *ders,* Die neue Verordnung über die Gesamtvollstreckung in der DDR, DtZ 1990, 199ff; *Smid,* Änderungen des Insolvenzrechts der fünf neuen Bundesländer und Ostberlins durch das Hemmnisbeseitigungsgesetz, DtZ 1991, 207ff; *ders,* Behandlung verspätet angemeldeter Forderungen im Gesamtvollstreckungsverfahren, ZIP 1991, 981ff; *ders,* Post- und Telegrafensperre im Gesamtvollstreckungsverfahren, BB 1991, Beilage Nr 9, 11ff; *ders.,* Die Gesamtvollstreckung und die Reform des Insolvenzrechts, AnwBl 1992, 154ff; *Timm,* Wirtschaftsprüfer und vereidigte Buchprüfer als Unternehmenssanierer, WPK-Mitt/Sonderheft 9/1991, 1ff; *Uhlenbruck,* Neuordnung des Insolvenzrechts in der DDR, Betriebsberater 1990, Beilage 26 zu Heft 21 S. 1ff; *Vortmann,* Gesamtvollstreckungsrecht in den neuen

Bundesländern, KTS 1991, 237ff; *Wenzel,* Die Geltendmachung der Gesamtvollstreckungsverlustforderung gem § 18 II 3 GesO, ZIP 1991, 425ff.

A. Das Gesamtvollstreckungsgericht

I. Richter, Rechtspfleger, Gerichtssekretär

1 Auch nach der Gesamtvollstreckungsordnung kommt dem Richter nur eine Leitungs- und Überwachungsfunktion zu. Wegen des derzeitigen Fehlens von Rechtspflegern übt der Richter aber auch die nach der Konkursordnung den Rechtspflegern zugewiesene Tätigkeit aus.

2 Verschiedene Tätigkeiten, die nach der Konkursordnung dem Konkursgericht zufallen, sind auf den Verwalter übertragen worden: Der Verwalter hat gemäß § 6 III GesO denjenigen den Eröffnungsbeschluß zu übersenden, von denen ihm bekannt wird, daß ihnen Forderungen oder sonstige Rechte gegen den Schuldner zustehen; gemäß § 5 I 3 GesO sind Forderungen beim Verwalter anzumelden; nach § 11 I GesO hat der Verwalter das Vermögensverzeichnis aufzustellen und nach § 11 II 3 GesO die angemeldeten Forderungen und sonstigen Rechte im Umfang des Anerkenntnisses in das Verzeichnis aufzunehmen.

3 Aufgabe des Richters nach der Gesamtvollstreckungsordnung ist nicht nur die Behandlung des Verfahrens bis zur Eröffnung (§§ 2, 4 Gesamtvollstreckungsordnung), als sog Vorbehaltsaufgabe, § 18 I RPflG, § 1 DRiG, einschließlich der Unterbrechung des Verfahrens gemäß § 3 GUG, und der Entscheidung über vorläufige Sicherungsmaßnahmen; daneben kann er auch zuständig sein für die Leitung des Prüfungstermins, § 11 II GesO, die Leitung der Gläubigerversammlung, § 15 GesO, die Einwilligung zur Begleichung von Masseschulden vorab, § 13 I GesO, die Bestätigung des Vergleichs gemäß § 16 V GesO, die Bestätigung des Verteilungsvorschlages gemäß § 18 II GesO, die Einstellung des Verfahrens gemäß § 19 I GesO.

4 Nach den derzeitigen tatsächlichen Gegebenheiten in den neuen Bundesländern – Mangel an Rechtspflegern – werden somit zum Teil die nach der Gesamtvollstreckungsordnung dem Gericht obliegenden Aufgaben ausschließlich vom Richter wahrgenommen.

5 Zwar ist auch nach der Gesamtvollstreckungsordnung gemäß § 3 Nr 2e RpflG iVm dem Einigungsvertrag, Anlage I Kap III, Sachgebiet A, Abschnitt III Nr 3a Abs 1, funktional der Rechtspfleger zuständig. Der Einigungsvertrag trägt aber dem Fehlen von Rechtspflegern in den fünf neuen Bundesländern dadurch Rechnung, daß Rechtspflegeraufgaben von Richtern wahrgenommen werden oder dann Gerichtssekretären zugewiesen werden können, wenn diesen entsprechende Aufgaben bereits nach dem Recht der früheren DDR oblagen. Danach sind Richter am Kreisgericht für die Wahrnehmung aller Aufgaben (Anhörung der Verfahrensbeteiligten, Entgegennahme von Erklärungen, Bekanntmachungen, Einberufung der Gläubigerversammlung, § 15 I 1. Halbsatz GesO, Leitung der Gläubigerversammlung gemäß § 15 IV 1 GesO, zur Vornahme aller in Betracht kommenden Entscheidungen, § 2 III GesO, vorläufige Maßnahmen, die Ablehnung der Verfahrenseröffnung gemäß § 4 II GesO, § 5 GesO, Eröffnungsbeschluß, Abberufung und Neubestellung des Verwalters, § 8 III 2 GesO, Bestellung eines vorläufigen Gläubigerausschusses, § 15 II 3 GesO, Bestätigung des Vergleichs, § 16 V 1 GesO und des Schlußberichts, § 18 I 2 GesO, Einstellungsbeschluß, § 19 I 1 GesO sowie entsprechend § 204 KO gemäß § 19 I Nr 3 GesO für die Einstellung der Gesamtvollstreckung mangels Masse) zuständig.

Gerichtssekretäre können dementsprechend für die Wahrnehmung aller Rechtspflegeraufgaben im Rahmen des § 18 RPflG in der Gesamtvollstreckung zuständig sein. Auch wenn § 18 I RPflG den Richtervorbehalt postuliert für das Verfahren bis zur Entscheidung über die Eröffnung unter Einschluß des Eröffnungsbeschlusses, namentlich der Bestellung des Verwalters, (§ 5 2 Nr 2 GesO), so kann nach § 18 II RPflG der Richter sich Entscheidungen vorbehalten, also Aufgaben des Rechtspflegers bzw Gerichtssekretärs an sich ziehen, aber auch wieder zurückübertragen.[1] 6

II. Zuständigkeit

Für die Gesamtvollstreckungsordnung ist das Kreisgericht örtlich zuständig, in dessen Bereich der Schuldner seinen Wohnsitz oder Sitz hat, § 1 II GesO. Nach der ersten Durchführungsverordnung zur Gesamtvollstreckungsordnung vom 31. 7. 1990 (GBl I Nr 54, 1152) ist die Zuständigkeit nachfolgender Kreisgerichte für bestimmte Bezirke festgelegt worden: 7

Berlin	Stadtbezirksgericht Berlin-Treptow
Chemnitz	Kreisgericht der Stadt Chemnitz
Cottbus	Kreisgericht Cottbus-Stadt
Dresden	Kreisgericht der Stadt Dresden
Erfurt	Kreisgericht der Stadt Erfurt
Frankfurt a. d. Oder	Kreisgericht Frankfurt a. d. Oder
Gera	Kreisgericht Gera-Stadt
Halle	Kreisgericht der Stadt Halle
Leipzig	Kreisgericht der Stadt Leipzig
Magdeburg	Kreisgericht der Stadt Magdeburg
Neubrandenburg	Kreisgericht des Stadt- und Landkreises Neubrandenburg
Potsdam	Kreisgericht Potsdam-Stadt
Rostock	Kreisgericht Rostock-Stadt
Schwerin	Kreisgericht Schwerin-Stadt
Suhl	Kreisgericht des Stadt- und Landkreises Suhl

III. Rechtsmittel

Gegen Entscheidungen des Gerichts steht dem Schuldner und allen Betroffenen die sofortige Beschwerde zu, § 20 GesO. Soweit eine Entscheidung des Rechtspflegers bzw des Gerichtssekretärs vorliegt, ist die Erinnerung in der Zweiwochenfrist des § 577 ZPO einzulegen, § 11 I RPflG. 8

Keine Entscheidungen im Sinne des § 20 GesO sind: richterliche Tätigkeiten, die bloß vorbereitenden Charakter haben, also beispielsweise die Zulassung des Antrags gemäß § 2 GesO; die Bestellung eines Gutachters zum Zweck der Überprüfung, ob die Voraussetzungen für die Eröffnung, also Hinlänglichkeit der Masse, Zahlungsunfähigkeit, Überschuldung gegeben sind; Anordnung von Amtsermittlungen nach § 2 II GesO.[2] 9

Auch Beschlüsse der Gläubigerversammlung und des Gläubigerausschusses sind keine Entscheidungen im Sinne des § 20 GesO.[3] 10

---

[1] *Smid* § 1 Rdn 42ff.
[2] *Haarmeyer/Wutzke/Förster* § 20 Rdn 3; *Hess/Binz* § 20 Rdn 10; *Smid* § 20 Rdn 10.
[3] *Haarmeyer/Wutzke/Förster* § 20 Rdn 3.

11 Beschwerdeberechtigt ist jeder, der durch die Entscheidung beschwert ist.

12 Die Beschwerde kann sowohl beim Kreisgericht als auch beim Bezirksgericht als Beschwerdegericht gemäß § 577 II 2 ZPO eingelegt werden.

13 Gegen Entscheidungen des Bezirksgerichts als Beschwerdegericht ist eine weitere Beschwerde nicht zulässig. Der Rechtsweg ist gegenüber der Konkursordnung also eingeschränkt (vgl. Einigungsvertrag Anlage I, Kapitel III, Sachgebiet A – Rechtspflege – Abschnitt III Nr 5d).

B. Der Gemeinschuldner

I. Rechtsstellung

1 Gemäß § 5 GesO[1] ist im Eröffnungsbeschluß unter anderem zwingend dem Schuldner die Verfügung über sein Vermögen zu verbieten (§ 5, 2 Nr 1 GesO,[2] die Verwaltung des Vermögens anzuordnen und sie einem vom Schuldner und Gläubiger unabhängigen Verwalter zu übertragen (§ 5, 2 Nr 2 GesO).[3]

2 Nach dem Wortlaut des § 7 I iVm § 5, 2 Nr 1 GesO verliert der Schuldner nicht schon mit Eröffnung des Gesamtvollstreckungsverfahrens von Gesetzes wegen die Befugnis, sein zur Konkursmasse gehörendes Vermögen zu verwalten und darüber zu verfügen (so § 6 I KO). Die Pfändung wird gemäß § 7 I GesO erst mit dem im gerichtlichen Eröffnungsbeschluß genannten Zeitpunkt bewirkt.[4] Die Verfahrenseröffnung bewirkt nach Smid[5] nur die Pfändung des gesamten pfändbaren Schuldnervermögens, sowie der in seinem Besitz befindlichen beweglichen Sachen und der von ihm benutzten Grundstücke und Gebäude (§ 7 I u II GesO).

3 Nach Ansicht desselben Autors[6] wird die Verfügungsgewalt des Schuldners über sein Vermögen nur dann aufgehoben, wenn im Eröffnungsbeschluß dem Schuldner gemäß § 5, 2 Nr 1 GesO die Verfügung über sein Vermögen ausdrücklich verboten ist. Dieser Unterschied zur Konkursordnung wird von Smid mit der Herkunft des Verfahrens der GesO aus dem allgemeinen zivilprozessualen Vollstreckungsverfahren erklärt. Nach anderer Ansicht[7] verliert der Schuldner die Verwaltungs- und Verfügungsbefugnis kraft Gesetzes[8] und nicht aufgrund der Anordnung des Gerichtes. Hierfür spricht auch, daß mit der Aufhebung oder Einstellung des Gesamtvollstreckungsverfahrens der Schuldner seine Verwaltungs- und Verfügungsbefugnis automatisch zurückerlangt. Auch insoweit kennt die Gesamtvollstreckungsordnung keine den § 206 KO entsprechende ausdrückliche Regelung. Die Regelung des § 7 I GesO entspricht nach Sinn und Zweck dem Inhalt des § 6 I KO, auch wenn anders formuliert.

4 Darüber hinaus wird bereits im Eröffnungsbeschluß angeordnet, daß nicht mehr mit befreiender Wirkung an den Gemeinschuldner geleistet werden kann (§ 5, 2 Nr 5 GesO).[9] An ihn nach öffentlicher Bekanntmachung des Eröffnungsbeschlusses bewirkte Leistungen sind unwirksam, wenn sie nicht in die verwaltete Vermögensmasse gelangen (§ 7 IV GesO).

---

[1] Gesamtvollstreckungsordnung, BGBl I 1991, 1185.
[2] *Lübchen/Landfermann* ZIP 1990, 833; *Schmidt-Räntsch* DtZ 1990, 201.
[3] *Smid* § 7 Rdn 8.
[4] *Lübchen/Landfermann* ZIP 1990, 833; *Vortmann* KTS 1991, 249.
[5] *Smid* § 5 Rdn; 14ff.
[6] *Smid* § 7 Rdn 8; § 5 Rdn 19/20.
[7] *Hess/Binz* § 7 Rdn 3.
[8] *Obermüller,* WM 1991, 309; *Schmidt-Räntsch* DtZ 1990, 210.
[9] *Uhlenbruck* BB 1990, Beilage Nr. 26, 3; s o Fn 2.

Der Gemeinschuldner bleibt Inhaber der Rechte und Eigentümer der Sachen.[10] In öffentlichen Registern wird lediglich der Vollstreckungsvermerk eingetragen. Die notwendige Publizität der Verfahrenseröffnung soll durch die zwingende Übersendung des Eröffnungsbeschlusses an die registerführenden Behörden mit dem Ersuchen um Eintragung der Gesamtvollstreckung in das Register (§ 6 II Nr 4 GesO) sichergestellt werden.[11] 5

II. Postsperre

Neben der Beschränkung in der Verfügung über sein Vermögen hat der Schuldner weitere Beschränkungen in seiner persönlichen Freiheit durch die Eröffnung des Gesamtvollstreckungsverfahrens hinzunehmen. Eine solche Beschränkung liegt in der „faktischen" Anordnung der Postsperre, ohne daß diese von der Gesamtvollstreckungsordnung als solche bezeichnet würde.[12] Sie erfolgt aber durch Übersenden des Eröffnungsbeschlusses an das Zustellamt des Schuldners „für den Fall, daß die Entgegennahme der Sendungen nur durch den Verwalter erfolgen soll" (§ 6 II Nr 2 GesO). Die gerichtliche Anordnung der Postsperre allein aufgrund dieser Vorschrift wird für zulässig gehalten.[13] Bedenken ergeben sich aber daraus, daß durch den staatlichen Zwangsakt in das gemäß Art 10 GG geschützte Grundrecht des Gemeinschuldners eingegriffen wird. Eine dem § 121 KO vergleichbare Regelung findet sich nicht in der GesO. Durch die Verweisungsregelung im Einigungsvertrag wird auch nicht die Möglichkeit des Rückgriffs auf § 121 KO eröffnet.[14] Als Grundrechtseingriff bedarf es hierzu einer ausdrücklichen gesetzlichen Regelung. § 6 II Nr 2 GesO allein genügt dem Gesetzesvorbehalt des Art 10 II GG gerade nicht, er ist also verfassungswidrig.[15] Damit fehlt die gesetzliche Grundlage für die Ermächtigung des Verwalters zur Öffnung der Post des Gemeinschuldners. 6

Zwar ist die Anordnung der Post- und Telegrafensperre nach der GesO sinnvoll, damit der Konkursverwalter seine Aufgaben erfüllen kann.[16] Diese Anordnung läßt sich aber nicht schon als notwendiger Akt zur Erzwingung oder Ersetzung der Mitwirkungspflichten des Gemeinschuldners rechtfertigen.[17] Der Gesetzgeber ist gefordert, dieses abzuändern. Bei der Korrektur des Gesetzes sollte auch die gesetzliche Grundlage für die mit der Postsperre verbundenen Eingriffe in die Telekommunikationsmittel (Telex, Telefax etc) des Gemeinschuldners berücksichtigt werden. 7

III. Pflichten

Für das Gesamtvollstreckungsverfahren sind nur wenige Schuldnerpflichten normiert; so die Pflicht zur Erstellung von Verzeichnissen des Vermögens (§ 3 I Nr 1 GesO), der Gläubiger (§ 3 I Nr 2 GesO), und der Schuldner (§ 3 I Nr 3 GesO), deren Richtigkeit und Vollständigkeit der Schuldner an Eides Statt zu versichern hat (§ 3 II GesO), sowie die Pflicht zur Erklärung zu den angemeldeten Forderungen im Prüfungstermin (§ 11 II 2 GesO). 8

---

[10] *Kilger* § 6 Anm 3; *Vortmann,* KTS 1991, 249.
[11] *Vortmann,* KTS 1991, 243.
[12] *Smid,* BB 1991, Beilage Nr. 9, 11.
[13] BVerfG, ZIP 1986, 1336, 1337.
[14] *Smid* BB 1991, Beilage Nr 9, 12; *Smid* § 6 Rdn 21.
[15] *Smid,* DtZ 1991, 208; *ders,* BB 1991, Beilage Nr 9, 13.
[16] *Haarmeyer/Wutzke/Förster,* § 5 Rdn 6.
[17] so Fn 15.

9 Diese Pflichten treffen den Gemeinschuldner persönlich.[18] Bei juristischen Personen und Sondermassen des Nachlasses, des Vereins und der rechtsfähigen Personengesellschaften sind die gesetzlichen Vertreter verpflichtet. Da § 1 I 1 GesO die Gesamtvollstreckung über die BGB-Gesellschaft zuläßt, ist fraglich, ob die Schuldnerpflichten nur die Vertretungsberechtigten oder jeden einzelnen Gesellschafter treffen. Die GesO regelt dies nicht. Da alle BGB-Gesellschafter wie die OHG-Gesellschafter uneingeschränkt im Außenverhältnis persönlich haften, wird man die Rechtsprechung und Kommentierung zu § 209 KO[19] insoweit entsprechend anwenden können. Danach ist jeder Gesellschafter allein zur Auskunft und zur Abgabe der eidesstattlichen Versicherung verpflichtet, jeder hat ein eigenes Bestreitensrecht im Prüfungstermin.[20]

10 **1) Vermögensverzeichnis.** Der Schuldner hat die Pflicht, dem Gericht ein vollständiges Verzeichnis seines Vermögens vorzulegen (§ 3 I Nr 1 GesO). Welche Angaben dieses Vermögensverzeichnis enthalten soll und wie es aufzustellen ist, sagt die GesO nicht.[21] Die Regelung der Gesamtvollstreckungsordnung ist dem § 104 KO nachgebildet.[22] Vom Schuldner wird daher wie nach der Konkursordnung ein Vermögensstatus zu Liquidationsansätzen zu fordern sein. Die GesO sieht als weiteres Ziel[23] aber auch die Sanierung der Unternehmen vor, so daß die Wertansätze in der Bilanz aufgrund der Prognose über den Fortbestand des Unternehmens ggf zu korrigieren sind. Umstritten ist, ob der Schuldner auch einen Liquidationsstatus und einen Finanzplan beibringen muß. Dies wurde schon für die Schuldnerverpflichtung nach § 104 KO, wonach der Schuldner nur eine Übersicht über sein Vermögen vorzulegen hat, von einem Teil der Literatur gefordert.[24] Nur so ließe sich nach dieser Ansicht ein Überblick über die wirtschaftliche Lage des Schuldners gewinnen. Der Wortlaut des § 3 I Nr 1 GesO, wonach der Schuldner ein vollständiges Vermögensverzeichnis zu erstellen hat und damit mehr als die nach § 104 geforderte Vermögensübersicht, spricht für diese Ansicht.[25] Es kommt hinzu, daß der Schuldner gemäß § 3 II GesO die Richtigkeit und Vollständigkeit des Verzeichnisses zu versichern hat. Die GesO stellt insoweit höhere Anforderungen an die Mitwirkungspflicht des Schuldners als die Konkursordnung.[26] Anhand des Vermögensstatus kann der Richter lediglich feststellen, ob Überschuldung vorliegt.[27] Behauptet der Antragsteller Zahlungsunfähigkeit, muß auch ein Liquiditätsstatus mit Finanzplan erstellt werden, um einen entsprechenden Überblick zu gewinnen. Außerdem ist die Vorlage der entsprechenden Verzeichnisse binnen einer kurzen Frist geschuldet,[28] einzelne Autoren[29] beschränken die Frist auf zwei Wochen. Eine Vielzahl der Schuldner wäre mit der Aufstellung eines die Überschuldungsbilanz ergänzenden Liquidationsstatus und Finanzplan überfordert, so daß dies gemäß § 3 I Nr 1 GesO nicht in jedem Fall gefordert werden kann.[30] Schließlich behebt das Gericht in vielen Fällen diese Schwierigkeit

---

[18] *Smid* § 3 Rdn 4.
[19] *Kilger,* § 209 Anm 4; *Kuhn/Uhlenbruck,* § 209 Rdn 22.
[20] *Kuhn/Uhlenbruck* § 209 Rdn 23.
[21] *Haarmeyer/Wutzke/Förster* § 3 Rdn 2.
[22] *Timm* WPK-Mitt Sonderheft 1991, 26.
[23] so Fn 22.
[24] so Fn 21; *Hess/Binz* § 3 Rdn 3, 4.
[25] so Fn 21.
[26] *Haarmeyer/Wutzke/Förster* § 3 Rdn 2.
[27] *Hess/Binz* § 3 Rdn 3.
[28] *Smid* § 3 Rdn 14.
[29] *Hess/Binz* § 3 Rdn 14.
[30] *Smid* § 3 Rdn 7.

durch die Bestellung eines Gutachters, der eventuell auch zum Sequester eingesetzt wird, und sich die notwendigen Informationen beim Schuldner und Dritten beschaffen kann.[31]

2. Gläubigerverzeichnis. Der Schuldner hat außerdem ein Verzeichnis seiner Gläubiger unter Angabe der bestehenden Verpflichtungen zu erstellen (§ 3 I Nr 2 GesO).[32] Die Gläubiger sind einzeln je mit ladungsfähiger Anschrift anzugeben. Jede Verbindlichkeit ist der Höhe nach auszuweisen, hieran bestellte Sicherheiten oder sonstige Nebenrechte sind zu benennen, der Schuldgrund ist offenzulegen.[33] Ergänzend wird man auf die Rechtsprechung und Kommentierung zum Inhalt des Gläubigerverzeichnisses nach der KO verweisen können. 11

3. Schuldnerverzeichnis. Im Verzeichnis der Schuldner unter Angabe der bestehenden Forderungen (§ 3 I Nr 3 GesO) sind auch die vollständigen Anschriften der Schuldner, die Höhe einer jeden Forderung und der jeweilige Schuldgrund anzugeben. Soweit die Forderungen streitig oder rechtshängig sind, ist dies ebenfalls zu vermerken.[34] Auch hier ergeben sich keine Änderungen zur Aufstellung des Schuldnerverzeichnisses nach der KO. 12

4. Eidesstattliche Versicherung. Die Vollständigkeit und Richtigkeit der Angaben in den Verzeichnissen hat der Schuldner an Eides Statt zu versichern (§ 3 II GesO). Nach dem Gesetzeswortlaut besteht kein Antragsrecht einzelner Verfahrensbeteiligter auf Abgabe der eidesstattlichen Versicherung. Den Schuldner trifft diese Pflicht nicht nur bei einem Eigenantrag, sondern auch beim Antrag eines Gläubigers.[35] Da er die Vollständigkeit seiner Verzeichnisse zu versichern hat, dies aber in einzelnen Fällen schon wegen des Bestreitens einzelner Forderungen fraglich ist, hat der Schuldner auch auf bestehende Unvollständigkeiten in den Verzeichnissen hinzuweisen und diese kenntlich zu machen.[36] Der Wortlaut der eidesstattlichen Versicherung ist den jeweiligen Verhältnissen des Einzelfalles anzupassen.[37] 13

Zuständig zur Abnahme der eidesstattlichen Versicherung ist das Kreisgericht als Vollstreckungsgericht im Insolvenzverfahren.[38] Gemäß § 1 II GesO richtet sich das Verfahren selbst nach den §§ 807, 900ff ZPO. 14

5. Erklärungspflicht im Prüfungstermin. Der Schuldner hat sich weiterhin im Prüfungstermin zu einzelnen Forderungen zu erklären (§ 11 II 2 GesO). Dies wird zT als eine höchst persönliche Pflicht angesehen. Die Erklärungspflicht setzt zwar auch die Anwesenheit im Prüfungstermin voraus, eine den §§ 100, 101 KO entsprechende Regelung fehlt aber in der GesO. Das Gericht kann und sollte daher gemäß § 141 ZPO iVm § 1 III GesO das persönliche Erscheinen des Schuldners anordnen. Der Schuldner hat dann allerdings auch die Möglichkeit, gem § 141 VII 2 ZPO einen Vertreter zu entsenden, der zur Aufklärung des Tatbestandes und zur Abgabe der gebotenen Erklärungen in der Lage ist. § 11 II GesO sieht darüber hinaus eine Stellungnahme der Gläubiger und des Verwalters im Termin zu den angemeldeten Forderungen vor, so daß eine Erörterung zum einzelnen Schuldgrund im Termin erfolgen soll. Ziel kann hier nur eine abschließende Klärung 15

---

[31] *Hess/Binz* § 3 Rdn 9.
[32] *Smid* § 3 Rdn 11.
[33] *Hess/Binz* § 3 Rdn 11–13.
[34] *Haarmeyer/Wutzke/Förster* § 3 Rdn 5.
[35] *Smid* § 3 Rdn 6.
[36] *Smid* § 3 Rdn 17.
[37] *Haarmeyer/Wutzke/Förster* § 3 Rdn 7.
[38] *Hess/Binz* § 3 Rdn 21.

einer jeden Forderung im Prüfungstermin sein. Es dürfte daher die Anwesenheit des Schuldners oder seiner Vertretung gem § 141 ZPO geboten sein.

16 Lediglich durch die Verweisung auf die ZPO sind die Anwesenheits- und Erklärungspflichten im Prüfungstermin ggf mit Zwangsmitteln durchsetzbar, also mit zwangsweiser Vorführung und Anordnung eines Zwangsgeldes oder der Zwangshaft gem § 888 ZPO. Außerdem könnte dem Schuldner der Verlust der Rechte aus § 18 II 3 GesO drohen.

IV. Sonstige Pflichten

17 Es ist fraglich, ob den Schuldner weiter eine allgemeine Auskunftspflicht zu allen das Verfahren betreffenden Verhältnissen (so § 100 KO), eine Residenzpflicht entsprechend § 101 KO oder die Pflicht zur Erteilung einer Vollmacht für das im Ausland belegene Vermögen trifft.

18 **1. Allgemeine Auskunftspflicht des Schuldners.** Die Gesamtvollstreckungsordnung regelt dies nicht.[39] Fraglich ist, ob man aus der Auslegung des § 3 GesO eine allgemeine Erklärungspflicht des Schuldners ableiten kann. Ohne eine solche Mitwirkungspflicht des Schuldners wird es dem Verwalter schwer möglich sein, seine Aufgaben zu erfüllen. Dieses spricht für eine solche Mitwirkungspflicht. Die herrschende Meinung[40] zu § 100 KO geht allerdings so weit, daß diese Mitwirkungspflichten nicht nur den organschaftlichen Vertreter einer Gesellschaft treffen, sondern auch den bloß faktischen Vertreter. § 3 GesO sieht die Mitwirkungspflicht nur im Zusammenhang mit der Prüfung der Voraussetzungen für die Verfahrenseröffnung durch das Gericht. Die Pflicht zur Aufstellung des Verzeichnisses endet aber nicht mit dem Erlaß des Eröffnungsbeschlusses. Gem § 3 I Nr 1 GesO hat der Schuldner dem Gericht ein vollständiges Verzeichnis vorzulegen. Dies legt nahe, daß der Schuldner sich auch während des laufenden Verfahrens zu einzelnen Vermögenspositionen zu erklären und sie auf Anforderung des Verwalters zu erläutern hat.[41] Den Schuldner trifft damit im Ergebnis dieselbe Auskunftspflicht, wie sie in § 100 KO normiert ist. Diese Pflicht ist mit den oben erwähnten Zwangsmitteln durchsetzbar, §§ 807, 900 II u IV, 903, 914 u 915 ZPO sind entsprechend anwendbar. Das Gericht kann gemäß §§ 901, 913 ZPO zur Erzwingung der Abgabe der eidesstattlichen Versicherung Haft anordnen.

19 Konsequenterweise wird von dem Schuldner die eidesstattliche Erklärung auf die Richtigkeit der gemachten Angaben und die Vollständigkeit der Inventarerstellung durch den Verwalter verlangt, auch wenn nach dem Wortlaut des § 3 II GesO nur die vom Schuldner selbst abgegebenen Erklärungen erfaßt werden.[42]

20 **2. Residenzpflicht.** Eine Residenzpflicht trifft den Schuldner nach der GesO nicht. Die Einschränkung des Grundrechtes auf Freizügigkeit, Art 11 GG, darf nur durch Gesetz oder aufgrund eines Gesetzes erfolgen. Mangels entsprechender Regelung in der GesO kann die Residenzpflicht vom Schuldner also nicht gefordert werden. Die Erfahrung in anderen Verfahren zeigt auch die Entbehrlichkeit einer solchen Pflicht.

21 **3. Pflicht zur Vollmachtserteilung über im Ausland belegenes Vermögen.** Der Gemeinschuldner ist zur Erteilung einer Vollmacht zur Verfügung über sein im Ausland belegenes Vermögen verpflichtet.[43] Hier sind die Überlegungen des

---

[39] BVerfG ZIP 1986, 1336, 1337.
[40] *Kuhn/Uhlenbruck* § 100 Rdn 2a–3b.
[41] *Haarmeyer/Wutzke/Förster* § 3 Rdn 10.
[42] S Fn 41; *Smid* § 3 Rdn 16, 17, 20.
[43] *Schmidt-Räntsch* DtZ 1990, 202; *Uhlenbruck* BB 1990, Beilage Nr 26, 4.

Bundesverfassungsgerichtes[44] zur Zulässigkeit der Erzwingung einer solchen Vollmachtserteilung auf die Pflicht des Verwalters, das Vermögen des Gemeinschuldners in Besitz zu nehmen und zu verwalten (§ 8 II GesO) entsprechend anzuwenden. Die GesO hat sich in der Frage der Auslandsberührung auch für das Universalitätsprinzip entschieden (§ 22 GesO). Praktisch durchgesetzt werden kann dies nur, wenn der Gemeinschuldner auch zur Vollmachtserteilung für sein im Ausland belegenes Vermögen verpflichtet werden kann.

V. Rechte

Die Gesamtvollstreckungsordnung sieht ausdrücklich zahlreiche Mitwirkungsrechte des Schuldners im Rahmen des Verfahrens vor.[45] Der Schuldner kann selbst die Eröffnung des Verfahrens beantragen (§ 2 I GesO). Er ist vor Verfahrenseröffnung anzuhören, § 4 I 1 GesO, siehe aber auch § 2 II 3 GesO.[46] 22

Gegen den Schuldner eingeleitete anderweitige Vollstreckungsmaßnahmen sind vorläufig einzustellen, § 2 IV GesO. Der Beschluß über die Ablehnung des Antrages auf Eröffnung des Gesamtvollstreckungsverfahrens ist unter anderem dem Schuldner zuzustellen, § 4 III GesO. 23

Der Schuldner ist berechtigt, Antrag auf Abschluß eines Vergleiches zu stellen, § 16 I GesO. 24

Gemäß § 19 I Nr 4 GesO kann auf Antrag des Schuldners die Gesamtvollstreckung eingestellt werden, wenn entweder alle Gläubiger zustimmen oder der Eröffnungsgrund (§ 1 I GesO) beseitigt ist. 25

Der Schuldner hat das Recht, gegen alle Entscheidungen des Gerichtes die sofortige Beschwerde einzulegen, § 20 GesO. 26

In diesem Zusammenhang ist auch auf die ansatzweise in der Gesamtvollstreckungsordnung verwirklichte „Restschuldbefreiung“ gemäß § 18 II 3 GesO hinzuweisen.[47] Nach Abschluß des Gesamtvollstreckungsverfahrens erhält jeder Gläubiger gemäß § 18 II GesO eine vollstreckbare auszugsweise Ausfertigung aus dem bestätigten Verzeichnis der Forderungen. Hieraus kann der Gläubiger grundsätzlich 30 Jahre gegen den Schuldner vollstrecken, soweit er durch die Verteilung keine vollständige Befriedigung erlangt hat. Die Vollstreckung findet aber nur statt, soweit der Schuldner über ein angemessenes Einkommen hinaus zu neuem Vermögen gelangt ist (§ 18 II 3, 1. Halbsatz GesO).[48] Bei dieser Art Restschuldbefreiung muß allerdings der Schuldner durch Einlegung der Erinnerung gegen Zwangsvollstreckungsmaßnahmen aktiv werden. Das freie Nachforderungsrecht der Gläubiger wird nach Beendigung der Gesamtvollstreckung erst auf Antrag des Schuldners beschränkt. Wenn auch der Gläubiger nach § 18 II 1 GesO jederzeit die Einzelzwangsvollstreckung nach Einstellung der Gesamtvollstreckung gem § 19 GesO gegen den Schuldner betreiben kann, kann sich der Schuldner gegen die Zwangsvollstreckung mit der Erinnerung gem § 766 ZPO wehren. 27

Ein Anspruch des Schuldners und seiner Familie auf „notdürftigen Unterhalt“, wie ihn § 129 I KO gibt oder eine von der Gläubigerversammlung dem Schuldner und dessen Familie zu bewilligende Unterstützung, § 132 I KO, sieht die Gesamtvollstreckungsordnung nicht vor.[49] Lediglich in § 17 III Nr 2 sind Forderungen 28

---

[44] BVerfG, ZIP 1986, 1336.
[45] *Vortmann* KTS 1991, 242.
[46] *Hess/Binz* § 4 Rdn 1.
[47] *Timm* WPK-Mitt/Sonderheft 9/1991, 27; *Wenzel* ZIP 1991, 430; *Schmidt-Räntsch* DtZ 1990, 204.
[48] *Wenzel* ZIP 1991, 426.
[49] *Smid* § 17 Rdn 25.

auf Zahlung von Unterhalt oder Familienaufwand für einen länger als 12 Monate vor der Eröffnung der Gesamtvollstreckung zurückliegenden Zeitraum als an zweiter Stelle bevorrechtigte Forderungen ausgewiesen. Eine weitergehende Regelung erscheint allerdings auch nicht notwendig, da auch nach der Gesamtvollstreckungsordnung Neuerwerb nicht dem Konkursbeschlag unterliegt, im übrigen der Schuldner und seine Familie nach den Grundsätzen des Sozialstaates abgesichert sind.

C. Die Gläubigerversammlung

I. Einberufung

1 Die Gesamtvollstreckungsordnung hat den Grundsatz der Gläubigerautonomie klarer als die Konkursordnung verwirklicht, dabei aber gleichzeitig die Stellung des Gerichtes auf eine leitende bzw überwachende Funktion begrenzt.[1]

2 Die Gläubigerversammlung kann nur durch das Gericht von Amts wegen oder auf Antrag einberufen werden.[2] Es hat die Gläubigerversammlung einzuberufen, wenn dies vom Verwalter, dem Gläubigerausschuß oder von Gläubigern verlangt wird, deren Forderung mindestens ⅕ der Schuldenmasse umfaßt (§ 15 I GesO). Das Gericht muß nicht bereits mit dem Eröffnungsbeschluß eine Gläubigerversammlung einberufen, wenn dieses auch tunlich wäre, sondern nur, wenn es dies für erforderlich hält.[3]

3 Anders als nach § 93 I 2 KO hat das Gericht bei einem Antrag auf Einberufung von seiten der Gläubiger nicht zu schätzen, ob der Antrag von mindestens fünf Konkursgläubigern gestellt worden ist, deren Forderung den fünften Teil der Schuldenmasse erreicht. Die Einberufung hängt lediglich davon ab, daß die beantragenden Gläubiger 20% der angemeldeten Forderungen vertreten (§ 15 I 2 GesO) und der Verwalter dies dem Gericht mitgeteilt hat.[4]

4 Die Ladung erfolgt zweckmäßigerweise durch öffentliche Bekanntmachungen, §§ 203, 206 I ZPO, zusammen mit dem Eröffnungsbeschluß.[5] Die dem Gericht mit Namen und ladungsfähigen Anschriften bekannten Gläubiger sind außerdem durch Zustellung auf dem Postwege nach §§ 192ff ZPO unter Angabe von Ort und Zeit und einer Tagesordnung zu laden. Die Ladungsfristen sind einzuhalten, §§ 217, 219, 227 ZPO.[6]

II. Leitung und Beschlußfassung

5 Die Gläubigerversammlung findet unter der Leitung des Gerichtes statt. Die Aufgabe der Sitzungspolizei obliegt dem Richter, § 176 GVG. Die Verhandlung ist nicht öffentlich, obwohl eine ausdrückliche Regelung in der GesO nicht vorgesehen ist.[7]

6 Teilnahmeberechtigt sind die Gläubiger, Massegläubiger, bzw deren Vertreter (§ 80ff ZPO), und Beistände (§ 90ff ZPO), der Verwalter, die Mitglieder des Gläubigerausschusses, und die vom Gericht zugelassenen Personen, zB Pressevertreter.[8]

---

[1] *Haarmeyer/Wutzke/Förster* § 15 Rdn 1.
[2] *Haarmeyer/Wutzke/Förster* § 15 Rdn 2.
[3] *Hess/Binz* § 15 Rdn 2.
[4] *Haarmeyer/Wutzke/Förster* § 15 Rdn 3.
[5] *Haarmeyer/Wutzke/Förster* § 15 Rdn 4.
[6] *Smid* § 15 Rdn 7.
[7] *Smid* § 15 Rdn 31.
[8] *Haarmeyer/Wutzke/Förster* § 15 Rdn 13.

Die Beschlüsse werden mit einfacher Mehrheit der anwesenden Gläubiger gefaßt. Neben der Kopfmehrheit der erschienenen Gläubiger müssen sie auch die Mehrheit der Forderungsbeträge dieser Gläubiger darstellen, § 15 IV 2 GesO.[9] Ist kein Gläubiger erschienen, ist hierin ein Verzicht der Gläubiger, einen anderen Verwalter zu wählen und über die Bestellung eines Gläubigerausschusses zu beschließen, zu sehen. 7

Gegen die Beschlußfassung der Gläubigerversammlung findet keine sofortige Beschwerde statt, da es sich hierbei nicht um eine gerichtliche Entscheidung handelt, sondern um eine Mehrheitsentscheidung der Gläubiger. 8

Eine § 99 KO entsprechende Regelung ist in der GesO nicht vorgesehen, wohl kann das Gericht aber die Bestellung des Verwalters versagen, wenn er nicht geeignet erscheint (§ 15 III 2 GesO). 9

III. Aufgaben der Gläubigerversammlung

1. Wahl eines anderen Verwalters. In der ersten auf die Ernennung des Verwalters folgenden Gläubigerversammlung können die Gläubiger einen neuen Verwalter wählen, § 15 III 1 GesO, den das Gericht zu ernennen hat, wenn keine Versagungsgründe vorliegen. Das Gericht kann die Bestellung des gewählten Verwalters versagen, wenn er aus triftigen Gründen, die in der Person des Verwalters liegen, nicht geeignet scheint, § 15 III 2 GesO[10] (bezüglich der Eignung so Gesamtvollstreckungsverwalter I). Gegen den Versagungsbeschluß steht sowohl dem Schuldner, als auch den Gläubigern, insofern sie für den Gewählten gestimmt haben, das Recht der sofortigen Beschwerde zu. Das Gericht sollte daher den Versagungsbeschluß begründen. 10

2. Beschluß über Fortführung und Schließung des Unternehmens – Vergleich. Die Gläubigerversammlung beschließt über die Fortführung oder Schließung des Unternehmens des Schuldners und berät über den Abschluß eines Vergleiches (§ 15 V GesO). Die Gläubigerversammlung kann diese Befugnisse auf den Gläubigerausschuß und auch auf den Verwalter übertragen.[11] Schließlich kann die Gläubigerversammlung auch noch bestimmen, in welchem Umfang ihr oder dem Gläubigerausschuß durch den Verwalter Bericht zu erstatten oder Rechnung zu legen ist. 11

Praktischerweise sollten bei Erscheinen eines Gläubigers bereits in der ersten Gläubigerversammlung alle Genehmigungen erteilt werden bzw das Gericht ermächtigt werden, anstelle der Gläubigerversammlung die erforderlichen Zustimmungserklärungen abzugeben. Auch die Stärkung des Grundsatzes der Gläubigerautonomie durch die GesO bewirkt nicht automatisch ein höheres Interesse der Gläubiger an der Abwicklung des Verfahrens und damit deren Teilnahme an den Gläubigerversammlungen. 12

D. Der Gläubigerausschuß

I. Bestellung und Zusammensetzung

Bereits nach der Konkursordnung ist der Gläubigerausschuß ein wichtiges Organ der Selbstverwaltung der Gläubiger, sofern die Gläubiger in einem Insolvenz- 1

---

[9] *Haarmeyer/Wutzke/Förster* § 15 Rdn 12; *Uhlenbruck* BB 1990, Beilage Nr. 26, 4. *Vortmann* KTS 1991, 241.

[10] *Vortmann* KTS 1991, 240.

[11] *Hess/Binz* § 15 Rdn 34.

verfahren an der Mitwirkung interessiert sind. Auch nach der Gesamtvollstreckungsordnung ist es Aufgabe des Gläubigerausschusses, die Tätigkeit des Verwalters zu unterstützen und zu überwachen (§ 15 VI 1 GesO). Der Gläubigerausschuß steht – anders als die Gläubigerversammlung § 15 IV 1 GesO – nicht unter der Leitung des Gerichtes, hat aber auch kein Weisungsrecht gegenüber dem Verwalter.[1] Ob ein Gläubigerausschuß eingesetzt werden soll, entscheidet bis zur ersten Gläubigerversammlung das Gericht, dann die Gläubigerversammlung selbst.

2 Der Gläubigerausschuß soll aus mindestens zwei natürlichen oder juristischen Personen bestehen. Zu Mitgliedern können Gläubiger, aber auch andere sachkundige Personen gewählt werden. Die Gesamtvollstreckungsordnung unterscheidet nicht mehr zwischen der Bestellung des Gläubigerausschusses durch das Gericht und der Bestellung durch die Gläubigerversammlung. Nach der Konkursordnung darf das Gericht nur Konkursgläubiger in den vorläufigen Gläubigerausschuß berufen. Erst die Gläubigerversammlung ist frei in der Auswahl, kann also auch Nichtkonkursgläubiger in den Gläubigerausschuß wählen. Nach der Gesamtvollstreckungsordnung kann vom Konkursgericht und der Gläubigerversammlung jede sachkundige Person in den Gläubigerausschuß gewählt werden (§ 15 II 2 GesO).

3 Eine Pflicht zur Bestellung eines Gläubigerausschusses besteht mit Ausnahme bei der Genossenschaftsinsolvenz (§ 103 Genossenschaftsgesetz) nicht.

4 Die Anzahl der Mitglieder ist nicht vom Gesetz vorgeschrieben. Zweckmäßig ist eine ungerade Zahl der Mitglieder, um Mehrheitsentscheidungen zu erleichtern.

II. Aufgabe des Gläubigerausschusses

5 Aufgabe des Gläubigerausschusses ist es, den Verwalter bei seiner Geschäftsführung zu unterstützen und zu überwachen (§ 15 VI 1 GesO). Nach der Regelung der Gesamtvollstreckungsordnung wird die Stellung und Bedeutung des Gläubigerausschusses bereits nach dem Gesetzeswortlaut gestärkt. Der Gläubigerausschuß wird vom Gesetz nicht nur ermächtigt, vom Verwalter Berichterstattung zu verlangen, und Rechnungslegung zu fordern, sondern auch ermächtigt, unmittelbare Kontrollen vorzunehmen (§ 15 VI GesO; nach § 132 II KO beschließt demgegenüber die Gläubigerversammlung, in welcher Weise und in welchen Zeiträumen der Verwalter ihr oder einem Gläubigerausschuß über die Verwaltung und Verwertung der Masse Bericht zu erstatten hat und Rechnung legen soll).[2]

6 Allerdings hat der Gläubigerausschuß auch nach der Gesamtvollstreckungsordnung grundsätzlich kein Weisungsrecht gegenüber dem Verwalter. Gem § 15 VI 4 GesO bedürfen aber bedeutsame Rechtsgeschäfte des Verwalters der Zustimmung des Gläubigerausschusses, soweit ein solcher bestellt ist.

7 Das Gesetz nennt beispielhaft folgende zustimmungsbedürftige Geschäfte: Kreditaufnahme, Übernahme von Verbindlichkeiten, Erwerb und Veräußerung von Rechtsgeschäften, Rechtshandlungen, die erhebliche Auswirkungen auf den Bestand des verwalteten Vermögens haben.

8 Bedeutsame Rechtsgeschäfte dürften auch sein:
Aufnahme und Anhängigmachen von Rechtsstreiten, wie auch deren Ablehnung, Freigabe eines Anspruches, Abschluß eines gerichtlichen oder außergerichtlichen Vergleiches, Anerkennung von Aus- und Absonderungsansprüchen sowie Masseansprüchen.

---

[1] *Smid* § 15 Rdn 14ff, 44.

[2] *Haarmeyer/Wutzke/Förster* § 15 Rdn 18; *Uhlenbruck* BB 1990, 3.

Zwar ist die Veräußerung von Grundstücken ausdrücklich zustimmungsbedürftig. Der Verwalter dürfte die Veräußerung von Früchten und Zubehör, den Antrag der Zwangsversteigerung und der freiwilligen öffentlichen Versteigerung von Grundstücken jedoch auch ohne Zustimmung des Gläubigerausschusses vornehmen können, soweit darin nicht Rechtshandlungen zu sehen sind, die erhebliche Auswirkungen auf den Bestand des verwalteten Vermögens haben.[3] 9

Im Zweifel ist der Verwalter gut beraten, die Zustimmung des Gläubigerausschusses einzuholen.[4] Ein ohne Zustimmung des Gläubigerausschusses vom Verwalter eigenmächtig abgeschlossenes, zustimmungsbedürftiges Rechtsgeschäft ist wirksam, kann jedoch Schadensersatzansprüche gegen den Verwalter auslösen. Insofern ist die Haftungsproblematik die gleiche wie nach der Konkursordnung. 10

III. Vergütung und Versicherung der Mitglieder des Gläubigerausschusses

Die Gesamtvollstreckungsordnung verweist in § 21 I ausdrücklich auf die Verordnung über die Vergütung des Konkursverwalters, des Vergleichsverwalters, der Mitglieder des Gläubigerausschusses und der Mitglieder des Gläubigerbeirates in der im Bundesgesetzblatt Teil III, Gliederungs-Nr. 311–6 veröffentlichten bereinigten Fassung, zuletzt geändert durch Verordnung vom 11. 6. 1979 in der jeweils geltenden Fassung. Die Mitglieder haben somit einen Anspruch auf Vergütung und Erstattung von Auslagen, soweit nicht die Unentgeltlichkeit der Tätigkeit vereinbart wurde. Soweit eine Vermögenshaftpflichtversicherung für die Mitglieder des Gläubigerausschusses abgeschlossen wird, können die Prämien als Auslagen erstattet werden (vgl. im einzelnen die Kommentierung zu § 13 Vergütungsverordnung). 11

E. Der Gesamtvollstreckungsverwalter

Während in den §§ 9–12 GesO bestimmte Einzelbereiche der Tätigkeit des Verwalters konkretisiert werden, werden Stellung und Aufgaben des Verwalters in § 8 GesO geregelt. Durch § 8 GesO werden die Regelungen der §§ 81, 82, 83, 84, 117 und 127 KO zusammengefaßt.[1] Lediglich die jederzeitige Abberufungsmöglichkeit durch das Gericht in § 8 II GesO stellt insoweit eine Abänderung zur KO dar. 1

Dennoch hat die Stellung des Verwalters im Gesamtvollstreckungsverfahren in der praktischen Abwicklung eine noch größere Bedeutung gewonnen als in der KO. Routineverwaltungsaufgaben, die nach der Konkursordnung von dem Urkundsbeamten der Geschäftsstelle oder dem Rechtspfleger wahrgenommen werden, sind in der Gesamtvollstreckungsordnung dem Verwalter übertragen. Nach § 5, 2 Nr 3 haben die Gläubiger ihre Forderungen beim Verwalter anzumelden. § 6 III GesO überträgt dem Verwalter die Aufgabe, denjenigen den Eröffnungsbeschluß zu übersenden, von denen bis zum Ablauf der Anmeldefrist bekannt wird, daß ihnen Forderungen oder sonstige Rechte gegen den Schuldner zustehen oder daß sie dem Schuldner zu einer Leistung verpflichtet sind. 2

Gem § 11 I GesO hat der Verwalter ein Verzeichnis des Vermögens und der Verpflichtungen des Schuldners aufzustellen und angemeldete Forderungen oder sonstige Rechte im Umfang des Anerkenntnisses in das Verzeichnis aufzunehmen 3

---

[3] *Hess/Binz* § 15 Rdn 4.
[4] *Haarmeyer/Wutzke/Förster* § 15 Rdn 9.
[1] *Haarmeyer/Wutzke/Förster* § 8 Rdn 1.

und den Anmeldenden mitzuteilen. Die sog Konkurstabelle ist vom Verwalter zu führen. Im praktischen Ablauf eines Gesamtvollstreckungsverfahrens sind diese Aufgaben durchaus von Bedeutung, zeitraubend und stellen die Tätigkeit des Verwalters in den Mittelpunkt.

I. Berufung

4 Die Bestellung des Verwalters im Gesamtvollstreckungsverfahren erfolgt durch das Gericht bei Eröffnung des Verfahrens (§ 5 Nr 2 GesO). In der ersten Gläubigerversammlung, die nach der Bestellung des Verwalters stattfindet, kann ein anderer Verwalter gewählt werden.

5 Der Verwalter soll geschäftskundig, vom Schuldner und von den Gläubigern unabhängig sein[2] (§ 5, 2 Nr 2 GesO). Mangel der Eignung dürfte vorliegen bei Unzuverlässigkeit oder bei Besorgnis fehlender Objektivität bei Ausübung des Amtes. Das Gericht kann die Bestellung des neu gewählten Verwalters versagen, wenn er nicht geeignet erscheint (§ 15 III GesO).[3] Bei Nichtbestellung des gewählten Verwalters dürfte eine Begründung für diesen Beschluß im Hinblick auf das Recht der sofortigen Beschwerde (§ 20 GesO) notwendig sein.

6 **1. Geschäftskundigkeit.** Geschäftskundigkeit kann bei Personen der Berufe Rechtsanwälte, Wirtschaftsprüfer, vereidigte Buchprüfer, Steuerberater, vorausgesetzt werden. Man wird aber heute auch eine gewisse Erfahrung in der Behandlung von Insolvenzen voraussetzen müssen. Das Gericht sollte auch, soweit die Sanierungsziele der GesO ernst genommen werden, gewisse Branchenkenntnisse als Auswahlkriterien verlangen.[4]

7 **2. Unabhängigkeit.** Zur Unabhängigkeit hat sich in der Praxis der Gerichte der neuen Bundesländer die Frage gestellt, ob ein für die Treuhandanstalt tätiger Gutachter oder Liquidator als Gesamtvollstrecker bestellt werden kann. So allgemein wird man die Frage nicht stellen können. Unabhängigkeit dürfte auch bei einem Angehörigen der in Frage kommenden Berufe selbst dann noch gegeben sein, wenn er ua für die Treuhandanstalt in anderen Verfahren als Gutachter oder Liquidator tätig ist. War der Betreffende jedoch im gleichen Verfahren etwa als Liquidator tätig, ist er wegen Interessenkollision[5] zur Ausübung des Amtes als Gesamtvollstrecker unfähig.[6] Eine Tätigkeit beispielsweise als Gutachter der Treuhandanstalt in demselben Verfahren könnte wegen der gegebenen Vorkenntnisse, Ersparung einer längeren Einarbeitungszeit für den Gesamtvollstrecker etc nur nützlich sein, soweit im übrigen die Unabhängigkeit gegeben ist.[7] Der Gutachter hat keine Organstellung und behält daher die Fähigkeit, zum Verwalter bestellt zu werden, soweit die sonstigen Bedingungen gegeben sind.

II. Beginn und Ende des Amtes

8 Im Vergleich zur Konkursordnung ist die Stellung des Verwalters in der GesO weiter herausgehoben. Der Gesetzestext beschreibt die Rechte und Pflichten des Verwalters in § 8 I 2, II.

9 Das Amt beginnt mit der Annahme durch den Ernannten.[8] Eine Pflicht zur

---

[2] *Kuhn/Uhlenbruck* § 78 Rdn 2a; *Schmidt-Räntsch* DtZ 1990, 201.
[3] *Hess/Binz* § 8 Rdn 3; *Kuhn/Uhlenbruck* § 80 Rdn 2; *Lübchen/Landfermann* ZIP 1990, 834.
[4] *Timm* WPK-Mitt/Sonderheft 9/1991, 28.
[5] *Kuhn/Uhlenbruck* § 78 Rdn 2c.
[6] *Heilmann/Klopp* in Hdb § 23 Rdn 2; OLG München ZIP 1987, 656, 657; *Hess/Binz* § 8 Rdn 10.
[7] AA *Haarmeyer/Wutzke/Förster* § 5 Rdn 9.
[8] *Heilmann/Klopp* in Hdb § 23 Rdn 5; OLG Düsseldorf KTS 1973, 270, 272.

Annahme besteht nicht. Das Amt endet mit dem Tode, mit der Abberufung (§ 8 III GesO), der Wahl eines anderen Verwalters und deren Bestätigung durch das Gericht (§ 15 III GesO), und mit der Beendigung des Gesamtvollstreckungsverfahrens (§ 19 I GesO), soweit nicht zur Masse gehörige Gegenstände für eine Nachtragsverteilung vorbehalten sind.

Anders als nach der Konkursordnung (§ 84 I 2 KO) kann das Gericht bei Vorliegen eines wichtigen Grundes den Verwalter in jedem Stadium des Verfahrens abberufen (§ 8 III 2 GesO). Wichtige Gründe sind zB Verhinderung zur Ausübung des Amtes wegen Krankheit, Zerstörung des Vertrauensverhältnisses mit Gläubiger und Gericht. Vor seiner Abberufung ist der Verwalter zu hören. Gegen den Abberufungsbeschluß kann der Verwalter Beschwerde einlegen (§ 20 GesO). 10

Der entlassene Verwalter hat Anspruch auf Vergütung für seine bisherige Tätigkeit unter Berücksichtigung des Verfahrensstandes zum Zeitpunkt seiner Entlassung im Verhältnis zur Gesamtvergütung.[9] 11

III. Verwaltung der Masse – Inbesitznahme der Masse

Gem § 8 II GesO ist der Verwalter berechtigt und verpflichtet, das der Pfändung unterliegende Vermögen unverzüglich in Besitz zu nehmen, zu verwalten und durch Verkauf oder in anderer Weise darüber zu verfügen.[10] Schwierigkeiten könnte dabei die Erfassung der Geschäftsbücher bereiten. Gem §§ 1 III, 117, 122 II KO gehören die Geschäftsbücher des Gemeinschuldners auch zur Konkursmasse, sind von dem Urkundsbeamten der Geschäftsstelle zu schließen und dürfen nur mit dem Geschäft im Ganzen und nur insoweit veräußert werden, als sie zur Fortführung des Geschäftsbetriebes unentbehrlich sind. Eine entsprechende Regelung fehlt in der Gesamtvollstreckungsordnung. Folgt man dem Gesetzeswortlaut des § 1 III GesO iVm § 811 Nr 11 ZPO, unterlägen die Geschäftsbücher also nicht dem Beschlag der Gesamtvollstreckung, da sie nicht pfändbar sind. Andererseits widerpräche eine solche Regelung der nach der Gesamtvollstreckungsordnung für den Beginn des Verfahrens strenger geregelten Auskunftspflicht des Gemeinschuldners. Nach § 3 GesO hat der Schuldner ein vollständiges Verzeichnis seines Vermögens, ein Verzeichnis seiner Gläubiger unter Angabe der bestehenden Verpflichtungen und ein Verzeichnis seiner Schuldner unter Angabe der bestehenden Forderung vorzulegen und die eidesstattliche Versicherung hierauf abzuleisten.[11] Dieser Auskunftspflicht des Schuldners entspricht der Anspruch des Verwalters auf Einsicht und Herausgabe der Geschäftsbücher auch im Rahmen der Gesamtvollstreckung.[12] 12

IV. Besonders geregelte Aufgaben des Verwalters nach der GesO

1. Aufstellen der Verzeichnisse, Führen der Tabelle. Der Verwalter hat ein Verzeichnis des Vermögens und der Verpflichtungen des Schuldners aufzustellen (§ 11 I GesO). Dazu gehört die Erstellung eines Masseschuldverzeichnisses, das Inventar und eine Eröffnungsbilanz. Diese Verpflichtung besteht für den Verwalter auch dann, wenn der Schuldner seinen Mitwirkungspflichten gemäß § 3 GesO nachgekommen ist.[13] Der Verwalter hat insoweit die Aufgabe, aufgrund seiner eigenen Sachkunde und Objektivität eine Übersicht über das für die Gläubiger 13

---

[9] *Haarmeyer/Wutzke/Förster* GesO § 8 Rdn 8; *Hess/Binz* GesO § 8 Rdn 39; *Vortmann* KTS 1991, 241.
[10] *Lübchen/Landfermann* ZIP 1990, 834.
[11] *Hess/Binz* GesO § 3 Rdn 2.
[12] *Smid* DtZ 1991, 208.
[13] *Hess/Kropshofer* § 104 Rdn 8; *Smid* § 3 Rdn 13.

verwertbare Vermögen herzustellen.[14] Anders als nach der Konkursordnung verpflichtet der Wortlaut des § 3 II GesO den Schuldner nicht, die eidesstattliche Versicherung auf das vom Verwalter aufzustellende Inventar zu leisten (§ 125 KO).[15] Nach hM ist der Schuldner aber dennoch hierzu verpflichtet (So B III Rdn 13).

14 Im Unterschied zur Konkursordnung hat der Verwalter die Führung der Tabelle der Verpflichtungen des Schuldners (Konkurstabelle) zu übernehmen, und nicht das Insolvenzgericht (§ 11 I GesO).[16] Die Verbindlichkeiten sind entsprechend der einzelnen Rangklassen gemäß den §§ 13, 17 GesO zuzuordnen. Maßgeblich für den Abschluß der Tabelle ist der vom Insolvenzgericht nach § 5, 2 Nr 3 GesO bestimmte Zeitpunkt.[17] Nach diesem Zeitpunkt können vom Verwalter nur noch Forderungen unter Angabe von Wiedereinsetzungsgründen gemäß den §§ 233 ff ZPO wegen unverschuldeter Verspätung mit Zustimmung des Gerichtes berücksichtigt werden. Der Verwalter haftet den Gläubigern für die ordnungsgemäße Führung der Tabelle.[18]

15 **2. Gegenseitige Verträge.** Der Verwalter hat über die Beendigung oder Erfüllung gegenseitiger Verträge zu entscheiden (§ 9 GesO).[19] Eine speziellere Regelung einzelner Rechtsverhältnisse mit Ausnahme der Arbeitsverhältnisse, § 9 II GesO, kennt die Gesamtvollstreckungsordnung nicht. § 9 I faßt die Regelungen der §§ 17 bis 21, § 23 II bis 26 KO zusammen. § 9 II entspricht dem Regelungsbereich des § 22 KO.

16 **3. Anfechtung.** Auch nach der GesO gehört es zu den Aufgaben des Verwalters, benachteiligende Rechtshandlungen anzufechten (§ 10 GesO). Er hat das Anfechtungsrecht im Interesse aller Gläubiger auszuüben. Gegenüber der Konkursordnung ist die Anfechtungsfrist nach § 10 II GesO auf zwei Jahre ausgedehnt.[20]

17 **4. Befriedigung, Teilnahme.** Der Verwalter hat über die Herausgabe von Gegenständen aufgrund geltend gemachten Eigentums oder Pfandrechts zu entscheiden, § 12 GesO. Des weiteren hat er von Amts wegen die vorab zu begleichenden Forderungen zu befriedigen, und zwar mit der Masse, die ihm nach Abzug der aufrechenbaren Ansprüche und unter Berücksichtigung der Rechte nach § 12 I GesO verbleibt. Die nach der Konkursordnung Masseschulden oder Massekosten genannten Ansprüche sind in der vom Gesetz festgelegten, nicht abänderbaren Reihenfolge vorab unabhängig von einem Verteilungsverfahren und vor allen Gläubigern aus der Masse zu befriedigen.[21] Nach dem Wortlaut des Gesetzes bedarf der Verwalter zur Begleichung der gesetzlich abschließend aufgezählten Verbindlichkeiten der Einwilligung des Gerichtes. Zu Recht wird das Einwilligungserfordernis im Sinne eines generellen Abstimmungskonsenses verstanden.[22] Die Zustimmung des Gerichtes kann auch noch im nachhinein erteilt werden, zB durch Genehmigung der Schlußrechnung, in der die Masseverbindlichkeiten ausgewiesen sind.

---

[14] *Smid* § 8 Rdn 31–35.
[15] *Hess/Binz* § 3 Rdn 16.
[16] *Vortmann* KTS 1991, 244.
[17] *Hess/Binz* § 3 Rdn 7; *Schmidt-Räntsch* DtZ 1990, 203.
[18] *Schmidt-Räntsch* DtZ 1990, 202.
[19] *Lübchen/Landfermann* ZIP 1990, 834; *Schmidt-Räntsch* DtZ 1990, 347; *Uhlenbruck* BB 1990, Beilage Nr 26, 3.
[20] *Maser/Wittig* DB 1990, 3135.
[21] *Maser/Wittig* DB 1990, 3135; *Uhlenbruck* BB 1990, Beilage Nr 26, 4.
[22] *Haarmeyer/Wutzke/Förster* § 13 Rdn 5; *Smid* § 13 Rdn 7.

Nach der gesetzlichen Regelung hat der Gesamtvollstreckungsverwalter darüber hinaus 18

an der Gläubigerversammlung, § 15 IV GesO,
am Prüfungstermin, § 11 II GesO,
am Vergleichstermin, § 16 IV GesO,
am Schlußtermin, § 18 I GesO,

teilzunehmen. Des weiteren hat er ein Schlußverzeichnis aufzustellen, § 17 GesO, die Tabelle, § 8 I, § 5 Ziff 3 GesO, zu führen und nach Bestätigung des Verteilungsvorschlages die Verteilung vorzunehmen, § 18 II 1 GesO.

V. Überwachung durch das Gericht

Der Gesamtvollstrecker ist in der Verwaltung und Verwertung des dem Beschlag unterliegenden Vermögens freier als der Konkursverwalter nach der Konkursordnung. § 8 II GesO berechtigt und verpflichtet ihn, das der „Pfändung" unterliegende Vermögen unverzüglich in Besitz zu nehmen, zu verwalten und durch Verkauf oder in anderer Weise darüber zu verfügen, ohne daß es der Genehmigung des Gerichtes bedarf. Hingegen hat er für die Bezahlung von Masseschulden (vorab zu begleichende Ansprüche, § 13 GesO) die Einwilligung des Gerichtes einzuholen. Der Verwalter unterliegt bei seiner gesamten Tätigkeit der Aufsicht des Gerichtes, auch wenn § 8 III GesO lediglich von der Vermögensverwaltung spricht.[23] Dafür spricht schon die Möglichkeit des Gerichtes, bei Vorliegen eines wichtigen Grundes den Verwalter abzuberufen und einen anderen Verwalter zu bestellen.[24] Dieses bezieht sich auf die gesamte Tätigkeit des Verwalters. Ein Zwangsgeld wie in § 84 KO kann nach der Gesamtvollstreckungsordnung nicht gegen den Verwalter erlassen werden.[25] 19

VI. Genehmigungspflichtige Geschäfte

Sonstige Änderungen gegenüber der Konkursordnung bei der Ausübung der Tätigkeit ergeben sich nicht. Die Beschränkungen der §§ 133, 134, 135 KO für die Tätigkeit des Konkursverwalters sind in die GesO im wesentlichen übernommen worden. Zwar beschließt die Gläubigerversammlung nach § 15 V über die Fortführung oder Schließung des Unternehmens des Schuldners. Bis zur Beschlußfassung der Gläubigerversammlung dürfte aber bereits die tatsächliche Entscheidung gefallen sein, so daß, wie auch nach der Konkursordnung, der Verwalter nur noch bemüht sein dürfte, sein tatsächliches Vorgehen von der Gläubigerversammlung bestätigen zu lassen. Diese große Entscheidungsfreiheit und Verantwortlichkeit des Verwalters wird ähnlich den §§ 133, 134, 135 KO eingeschränkt durch § 15 VI GesO, wonach bedeutsame Rechtsgeschäfte der Zustimmung des Gläubigerausschusses bedürfen, soweit ein solcher bestellt ist, und durch die Pflicht nach § 13 I GesO, vor Begleichung von Masseschulden die Einwilligung des Gerichtes einzuholen.[26] 20

VII. Verhältnis zur Gläubigerversammlung

Gem § 15 V 2 GesO beschließ die Gläubigerversammlung, wieweit die Berichts- und Rechnungslegungspflicht des Verwalters ihr (der Gläubigerversammlung) oder dem Gläubigerausschuß gegenüber reicht. 21

---

[23] *Hess/Binz* § 8 Rdn 21.
[24] *Lübchen/Landfermann* ZIP 1990, 832; *Schmidt-Räntsch* DtZ 1990, 201.
[25] *Haarmeyer/Wutzke/Förster* § 8 Rdn 3.
[26] *Schmidt-Räntsch* DtZ 1990, 201.

VIII. Verwertung und Verteilung des Vermögens

22 § 17 I GesO gibt dem Verwalter auf, das gepfändete Vermögen des Schuldners zu verwerten und den Erlös der Verteilung zuzuführen. Es kann insoweit auf die Regelungen der Konkursordnung verwiesen werden.[27]

23 Bei der Verteilung der Masse ist der Verwalter an die Vorschriften des § 17 GesO und an die darin getroffene Rangfolge gebunden. Nur dem Gesetzgeber[28] ist es gestattet, neue Vorrechte zu schaffen und vorhandene zu erweitern oder Vorrechte abzuschaffen.

24 Grundlage für die Verteilung ist der vom Verwalter erstellte Verteilungsvorschlag, der mit den Gläubigern in einem Schlußtermin zu erörtern ist (§ 18 I 2 GesO).[29] Auch in diesem Zusammenhang hat die GesO dem Verwalter eine entscheidende und verantwortungsreiche Tätigkeit überbürdet, die im Rahmen der Konkursordnung aufgrund des gesetzlichen Zusammenspiels der §§ 151, 152, 153 sowie 154 II und §§ 168, 169 KO unbekannt ist. Der Verwalter ist nach der einfachen Regelung des § 18 II GesO gezwungen, sich einen vollständigen Überblick darüber zu verschaffen, welche weiteren Forderungen auf die Masse ggf bis zur Schlußverteilung zukommen. Die Gesamtvollstreckungsordnung kennt lediglich die Sperrwirkung des § 14 I 2, wonach eine Anerkennung verspätet angemeldeter Forderungen nach Bestätigung des Verteilungsvorschlages nicht mehr zulässig ist.[30] Andererseits kann der Verwalter den Verteilungsvorschlag im Schlußtermin nach Erörterung mit den Gläubigern ändern oder ergänzen und erst danach bestätigen lassen (§ 13 I 2 GesO).[31] Diese Gesamtregelung sollte dem Zweck der Beschleunigung der Abwicklung des Gesamtvollstreckungsverfahrens dienen,[32] erhöht aber sicher auch die Verantwortlichkeit des Verwalters und hebt nicht nur den Grundsatz der Gläubigerautonomie hervor,[33] indem sie die Gläubiger anhält, gemeinsam mit dem Verwalter bezüglich der weiteren Ansprüche, die vor einer Schlußverteilung zu berücksichtigen sind, Vereinbarungen zu treffen und die damit zusammenhängenden Fragen zu erörtern.

2. und 3. Abschnitt *(kein Beitrag im Nachtrag)*

---

[27] *Heilmann/Klopp* in Hdb § 23 Rdn 33f; *Hess/Binz* § 8 Rdn 33; *Maser/Wittig* DB 1990, 3136.
[28] BVerfGE 65, 182.
[29] *Lübchen/Landfermann* ZIP 1990, 836.
[30] *Vortmann* KTS 1991, 244.
[31] *Vortmann* KTS 1991, 247.
[32] *Smid* ZIP 1991, 984.
[33] *Haarmeyer/Wutzke/Förster* § 18 Rdn 5.

4. Abschnitt. Auswirkungen auf schwebende Prozesse und Vollstreckungsmaßnahmen

Übersicht

A. Unterbrechung von Zivilprozessen bei Eröffnung eines Gesamtvollstreckungsverfahrens

Die GesO enthält ebenso wie ihre Vorgängerin, die Gesamtvollstreckungsverordnung von 1975, keinerlei Regelung hinsichtlich der Unterbrechung anhängiger Zivilprozeßverfahren. Wie nach § 240 ZPO eine Konkurseröffnung zur Unterbrechung schwebender Zivilprozesse führt, trat nach § 71 der in der früheren DDR geltenden ZPO vom 19. 6. 1975 dieselbe Rechtsfolge ein, nämlich die Verfahrensunterbrechung, „wenn eine Partei das Recht zur Verfügung über ihr Vermögen verliert". Hierzu zählte auch die Eröffnung eines Gesamtvollstreckungsverfahrens (vgl Kommentar zur ZPO, 1. Aufl 1987, Staatsverlag der DDR, § 71 Anm 1.4). 1

I. Anwendbarkeit von § 240 ZPO

Nach der durch die heute in den Beitrittsländern aufgrund der GesO geregelten Rechtslage führt die Eröffnung eines Gesamtvollstreckungsverfahrens gemäß § 240 ZPO zur Unterbrechung schwebender Zivilprozesse: Die (westdeutsche) ZPO gilt lt Einigungsvertrag (Anlage I Kap III, Sachgebiet A, Abschnitt III Nr 5) nunmehr auch im Beitrittsgebiet. Da in diesem jedoch die in § 240 ZPO genannte Eröffnung des „Konkurses" unbekannt ist, vielmehr die Eröffnung des „Gesamtvollstreckungsverfahrens" an dessen Stelle tritt, ist § 240 ZPO so zu verstehen, daß die Unterbrechungswirkung im Beitrittsgebiet in entsprechender Anwendung dieser Vorschrift durch die Eröffnung des dort vorgesehenen Gesamtvollstreckungsverfahrens ausgelöst wird.[1] Die Auslegungsregel des Einigungsvertrags Anlage I Kap. III; Sachgebiet A, Abschnitt III Nr. 28a S. 1 ist für diesen Fall 2

[1] BGH ZIP 1992, A 57. Nr 142 = DtZ 1992, 282 mwN.

folgendermaßen zu lesen: In der in den Beitrittsländern in Kraft gesetzten ZPO (§ 240) wird mit dem Hinweis auf die „Eröffnung des Konkurses" auf Recht der Bundesrepublik Deutschland, die KO, verwiesen, das in den Beitrittsländern keine Anwendung findet; die Rechtsfolge, nämlich die Anwendung der entsprechenden Vorschriften der DDR, führt dazu, daß insofern die GesO und also die dort geregelte Eröffnung des Gesamtvollstreckungsverfahrens Anwendung findet.[1a]

II. Maßgeblicher Zeitpunkt

3 Die Verfahrensunterbrechung tritt mit der *Eröffnung* des Gesamtvollstreckungsverfahrens ein. Daß nach § 2 IV GesO das *Vollstreckungsverbot* bereits an die Antragstellung anknüpft, hat keinen Einfluß auf die Behandlung schwebender Erkenntnisverfahren.

III. Betroffenes Vermögen

4 Wie nach Eröffnung eines Konkursverfahrens (vgl dazu Hdb § 33 Rdn 8 und 9) tritt eine Verfahrensunterbrechung nur ein, soweit sich die Prozesse auf der Gesamtvollstreckung unterliegendes Vermögen, § 1 I 2 GesO, beziehen. Hierbei kann es dann darauf ankommen, ob auch der pfändbare Teil des *Neuerwerbs* zur Masse zu rechnen ist oder ob sich der Massebegriff an § 1 KO orientiert und also nur das dem Schuldner zur Zeit der Verfahrenseröffnung gehörende Vermögen umfaßt. Praktisch bedeutsam kann diese unterschiedliche Beurteilung in diesem Zusammenhang beispielsweise dann werden, wenn – unter den Voraussetzungen des § 259 ZPO – um künftigen Arbeitslohn prozessiert wird. Sachgerecht erscheint es, mit der hM[2] den pfändbaren Teil des Neuerwerbs nicht der Masse zuzuordnen, sondern ihn auszugrenzen. Dafür spricht schon der Wortlaut des § 18 I 3 GesO, der sich im Unterschied zu §§ 1 I 2, 3 I Nr 1 GesO ausdrücklich auf „neues Vermögen" bezieht. Zudem erscheint es vorzugswürdig, die GesO grundsätzlich, sofern nicht konkrete Hinweise entgegenstehen, unter Anlehnung an die KO auszulegen und im Interesse der Einheit unserer Rechtsordnung die Lücken in der Regelung der GesO grundsätzlich durch Heranziehung von KO und VglO auszufüllen.[3] Für die Frage nach dem betroffenen Vermögen kann somit auf die Ausführungen im Insolvenzrechts-Handbuch aaO verwiesen werden.

IV. Verfahrensfortsetzung

5 Für die Aufnahme eines durch Einleitung der Gesamtvollstreckung unterbrochenen Verfahrens sieht die GesO keine besonderen Vorschriften vor. Hier ist über die Auslegungsregel des Einigungsvertrages (Anl I Kap III, Sachgebiet A Abschnitt 3 Nr 28a, nunmehr *Satz 2*) der Rückgriff auf die entsprechenden Vorschriften der KO geboten. Es besteht angesichts der Entstehungsgeschichte und auch der Auslegungsregel in der o a Vorschrift Nr 28a Anlaß, zur Lückenfüllung die §§ 10–12 KO entsprechend heranzuziehen;[4] dieses Ergebnis steht auch im

---

[1a] Ebenso *Zöller/Vollkommer* ZPO, Beiheft zur 16. Aufl 1990, zu Anlage I Rdn 34, jetzt auch *Thomas/Putzo*, 18. Aufl, § 240 ZPO Rdn 2.

[2] So *Smid/Zeuner* § 7 Rdn 10ff; aA *Smid/Smid* § 1 Rdn 38ff; *Lübchen* § 1 Anm; *Haarmeyer/Wutzke/Förster* § 1 Rdn 136ff; *Zeuner* GesO 1992, S. 101; so Kap II Rdn 13; offenbar auch *Lübchen/Landfermann* ZIP 1990, 829ff, 830f sub II bei Fn 13 und 14 und sub III.

[3] *Schmidt-Räntsch* DtZ 1990, 344ff, 346 sub III 2; ebenso *Smid* BB 1991, Beilage 9 zu Heft 12, S. 11ff, 12 sub II 1; *Uhlenbruck*, Die Insolvenzsituation in den Ländern der früheren DDR, Mitteilungen des Kreditschutzverbandes 1991, S. 42ff, 44.

[4] Ebenso *Lübchen/Landfermann* ZIP 1990, 829ff, 834 sub VII 3 und Fn 35; *Schmidt-Räntsch* DtZ 1990,

Einklang mit dem Reformanliegen, da §§ 96–98, 212 RegE eine den §§ 10–12 KO entsprechende Regelung vorsehen. Somit kann grundsätzlich hinsichtlich der Aufnahme unterbrochener Verfahren auf die Ausführungen im Insolvenzrechts-Handbuch zu §§ 10–12 KO (§ 33 Rdn 16ff) verwiesen werden.

V. Dauer

Der in § 240 ZPO verwendete Begriff „Aufhebung" des Konkursverfahrens 6
(dazu Hdb § 33 Rdn 20) ist im Zusammenhang mit der Gesamtvollstreckung als „Einstellung" im Sinne von § 19 I 1 GesO zu verstehen. Darunter sind grundsätzlich alle für § 240 ZPO relevanten Fälle zu fassen.[5]

B. Zwangsvollstreckungen im Gesamtvollstreckungsverfahren

I. Überblick

Zwangsvollstreckungen einzelner Gläubiger werden vom Gesamtvollstrek- 1
kungsverfahren ungleich härter betroffen als vom Konkursverfahren nach der KO. Verbietet § 14 KO lediglich Beginn und Fortführung der Einzelzwangsvollstreckung für die Dauer des Konkursverfahrens, so erweitert § 2 IV GesO den Verbotszeitraum um die Zeit zwischen Eröffnungsantrag und Verfahrenseröffnung. Selbst davor eingeleitete Vollstreckungsmaßnahmen verlieren mit der Verfahrenseröffnung ihre Wirksamkeit, wenn die Vollstreckung bis dahin nicht abgeschlossen ist (§ 7 III 1 GesO). Mit diesen – wörtlich aus der DDR-GesVVO 1975 übernommenen – Regelungen wird der Grundsatz der Gläubigergleichbehandlung zwar in an sich begrüßenswerter Weise stärker zur Geltung gebracht als dies in der geltenden KO der Fall ist; vgl (im gleichen Sinne) auch §§ 25 II Nr 3, 99 RegE sowie bisher schon § 28 VglO. Die Regelung schießt jedoch insofern über das Ziel hinaus, als die objektive Rückschlagsperre zeitlich unbegrenzt (anders § 99 RegE und § 28 iVm §§ 87, 104 VglO: 1 Monat bzw 30 Tage) zurückwirkt und daher, sofern die Zwangsvollstreckung nicht abgeschlossen ist, auch vollstreckungsrechtlichen Rechtserwerb erfaßt, der lange vor der Krise erfolgte; dies erscheint insbesondere bei der Liegenschaftsvollstreckung, die sich ohne Verschulden des Gläubigers ggf jahrelang hinziehen kann, problematisch. Zu kurz greift die Regelung wiederum insoweit, als die durch Vollstreckungsmaßnahmen bereits erzielte Befriedigung von der Rückschlagsperre ausgenommen ist (anders erneut § 28 iVm §§ 87, 104 VglO, übereinstimmend allerdings § 99 RegE; die Befriedigung wird hier lediglich der Anfechtungsmöglichkeit nach § 146 unterstellt, vgl dazu Begründung zu § 99). Hinsichtlich der verfahrenstechnischen Regelungen („Einstellung" und „Verweisung" des „Vollstreckungsverfahrens" durch das Gericht) passen die Vorschriften schließlich nicht zum Zwangsvollstreckungsverfahren der ZPO, die nur Anträge an einzelne Vollstreckungsorgane auf Vornahme bestimmter Vollstreckungshandlungen kennt, jedoch kein umfassendes gerichtliches und insoweit „amtswegiges" Vollstreckungsverfahren. Auch hier wird also wieder deutlich, wie problematisch es war und ist, den Fremdkörper DDR-GesVVO mit nur geringen Änderungen in das Rechtssystem der Bundesrepublik zu implantieren.

344, 346 sub II 2c; vgl auch *Smid/Smid* § 11 Rdn 34 am Ende, der zur Lückenfüllung des § 11 III GesVO ohne weiteres auf § 144 Abs 2 (Druckfehler dort: § 146) KO zurückgreift.

[5] Vgl dazu Hdb § 33 Rdn 19 sowie *Thomas/Putzo,* 18. Aufl, § 240 ZPO Rdn 7.

Im Zusammenhang mit einer Gesamtvollstreckung stellen sich hinsichtlich der Zwangsvollstreckungsmaßnahmen insbesondere zwei Fragen, nämlich die nach einem Vollstreckungsverbot (sub 2.) und die nach einer Rückschlagsperre (sub 3.).

II. Vollstreckungsverbot

2 **1. Voraussetzungen des Verbots. a) Zeitliche Grenzen. Rechtslage zwischen Antragstellung und Verfahrenseröffnung.** Nach § 2 IV GesO sind „gegen den Schuldner eingeleitete ... Vollstreckungsmaßnahmen ... vorläufig einzustellen". Die Vorschrift setzt den Eingang des Antrags auf Eröffnung des Gesamtvollstreckungsverfahrens (§ 2 II GesO) voraus. Sie richtete sich in der GesVVO-Fassung von 1975, aus deren § 2 I 2 sie wörtlich übernommen ist, an das Kreisgericht, unter dessen Herrschaft das Vollstreckungsverfahren stand. Heute ist unter den geänderten Umständen anzunehmen, daß sich die Vorschrift nicht an das Vollstreckungsgericht oder unmittelbar an das Vollstreckungsorgan (zB den Gerichtsvollzieher) richtet, sondern an das Insolvenzgericht, wie sich aus dem Zusammenhang des § 2 IV mit § 2 III GesO ergibt.[6] Das Vollstreckungsorgan hat die Zwangsvollstreckung also nicht von sich aus einzustellen, sondern nur, wenn das Insolvenzgericht dies durch Beschluß (vgl erneut § 2 III GesO) anordnet. Die Entscheidung des Gerichts ergeht von Amts wegen. Sie unterbleibt, wenn der Antrag den Anforderungen des § 2 I GesO nicht genügt und daher nicht zuzulassen ist (ebenso wie bei Maßnahmen nach § 106 KO); anderenfalls würde ungerechtfertigt in Rechte Dritter eingegriffen. Die Entscheidung kann daher nicht sofort nach Antragseingang ergehen, sondern erst nach Prüfung der genannten Voraussetzungen.[7] Sie kann mit sofortiger Beschwerde nach § 20 GesO angefochten werden. Hieraus ist jedoch nicht zu schließen, daß es hinsichtlich jeder Einzelvollstreckungsmaßnahme eines gesonderten Einstellungsbeschlusses bedürfte (so aber *Uhlenbruck* oben Kap II F Rdn 9 m Nachw); die Entscheidung kann vielmehr in einem einheitlichen Beschluß mit Wirkung für alle anhängigen und zukünftig eingeleiteten Vollstreckungsverfahren ergehen.

3 **Rechtslage nach Verfahrenseröffnung.** Eine Regelung über ein Vollstreckungsverbot für die Zeit *nach* Verfahrenseröffnung fehlt; § 2 IV GesO gilt seinem Wortlaut nach nur für den Zeitraum bis zur Eröffnung („vorläufig"),[8] ebenso § 7 III 1 GesO („vor Eröffnung..."). Indes dürfte insoweit ein Erst-recht-Schluß zulässig sein (bzw eine Ausfüllung dieser Lücke durch § 14 I KO), da das Gesetz ersichtlich dem Gleichbehandlungsgrundsatz Geltung verschaffen will.[9] Bezieht sich mithin die Unwirksamkeit von Vollstreckungsmaßnahmen gemäß § 7 III GesO auch auf die Zeit nach Verfahrenseröffnung, so sind nach der Eröffnung Vollstreckungsakte ohne weiteres, insbesondere ohne gerichtliche Anordnung verboten und materiellrechtlich wirkungslos (s u 2. b, bb); Anträge auf Vornahme von Vollstreckungshandlungen sind mangels Rechtsschutzbedürfnisses unzulässig.

4 **b) Betroffene Vollstreckungsmaßnahmen.** Unzulässig sind wie nach § 14 I KO (dazu Hdb § 34 Rdn 2ff) Vollstreckungsakte jeder Art. Wie in § 12 RegE

---

[6] Ebenso *Smid/Smid* § 2 Rdn 52; *Haarmeyer/Wutzke/Förster* § 2 Rdn 94.

[7] Ebenso auch *Haarmeyer/Wutzke/Förster* § 2 Rdn 94.

[8] AA offenbar *Haarmeyer/Wutzke/Förster* § 2 Rdn 97, nach denen der Einstellungsbeschluß bis zur Beendigung des Gesamtvollstreckungsverfahrens wirkt. Das Vollstreckungsverbot kann jedoch nach Verfahrenseröffnung nicht von der Existenz eines Einstellungsbeschlusses abhängig sein, wie auch § 7 III GesO zeigt.

[9] Ebenso *Smid/Zeuner* § 7 Rdn 30.

klargestellt, wird auch für die GesO davon auszugehen sein, daß der Begriff „Zwangsvollstreckung" auch die Vollziehung von Arresten und einstweiligen Verfügungen einschließt; diese sind daher auch ohne eine dem § 14 I KO entsprechende Vorschrift unzulässig. Vorbereitende Maßnahmen und Zustellungen, die *keine* unmittelbare Vollstreckungswirkung haben, sind auch hier nicht betroffen.

c) Betroffene Gläubiger. Das Vollstreckungsverbot aufgrund gerichtlicher An- 5
ordnung für die Zeit *vor* Verfahrenseröffnung (§ 2 IV GesO) betrifft alle Gläubiger, wenn nicht das Gericht in seinem Einstellungsbeschluß Abweichendes bestimmt. Dies erscheint gerechtfertigt, da während der Prüfungsphase nicht hinreichend schnell und sicher geklärt werden kann, ob ein Gläubiger Masse- oder Insolvenzgläubiger ist, und das Interesse an der Masseerhaltung hier überwiegt.

Problematisch erscheint, ob das nach den Ausführungen oben sub aa (Rdn 2) 6
auch auf die Zeit *nach* der Verfahrenseröffnung zu erstreckende Vollstreckungsverbot gleichfalls für alle Gläubiger gelten soll, also insbesondere auch für Aus- und Absonderungsberechtigte und Massegläubiger. Das würde eine erhebliche Ausweitung gegenüber der Regelung des § 14 I KO darstellen, es stände allerdings im Einklang mit den Vorstellungen der Insolvenzrechtsreform-Kommission, jedenfalls was die Massegläubiger anlangt, vgl Erster Bericht Leitsatz 1.2.10 Abs 5, und im Zweifel auch den Intentionen der ursprünglichen Gesamtvollstreckungsverordnung: Letztere sah die Gesamtvollstreckung als ein gewissermaßen staatliches Verfahren ohne Gläubigerautonomie und ohne ein unserem Konkursverwalter gleich zu erachtendes selbständiges „Organ der Rechtspflege". Dieses Leitbild ist ohnehin nicht mehr verbindlich. Die Vorstellung der Insolvenzrechtsreform-Kommission beruhte auf dem Leitbild, die Konkursverwaltung tunlichst von Vollstreckungsmaßnahmen der Massegläubiger freizuhalten, was gerechtfertigt erschien, weil der Insolvenzverwalter als selbständiges Rechtspflegeorgan unter Aufsicht des Insolvenzgerichtes fungiert. Als Regulativ wurde dem Insolvenzgericht allerdings die Befugnis zuerkannt, im Interesse der Massegläubiger ggf eine Vollstreckung gegen die Masse durch besondere vollstreckbare Beschlüsse zu ermöglichen.[10] Eine derartige Regelung, die auch nicht mehr Gegenstand des RegE ist, vgl § 101, ist in die GesO nicht hinein zu interpretieren. Insgesamt erscheint es darum sachgerecht, für das Vollstreckungsverbot nach der Verfahrenseröffnung gleichfalls (s o sub I 3. und 4.) inhaltlich auf die Eingrenzung des § 14 KO zurückzugreifen und insoweit sowohl den Aus- und Absonderungsberechtigten als auch den Massegläubigern[11] die Vollstreckung gegen den Verwalter zu gestatten.[11a] Daß derartige Gläubiger den Verwalter auch durch das Gericht zur Erfüllung anhalten lassen können, gewährt keinen hinreichenden Schutz. Drohen unangemessene Nachteile für die Masse, kann der Verwalter ggf nach § 765a ZPO um Vollstreckungsschutz für die Masse nachsuchen. Nach Verfahrenseröffnung gilt das Vollstreckungsverbot daher nur für Insolvenzgläubiger, die folglich auf die Anmeldung ihres titulierten Anspruches zur Tabelle beschränkt sind.

d) Betroffenes Vermögen. Das *vor* Verfahrenseröffnung ausgesprochene Voll- 7
streckungsverbot des § 2 IV GesO betrifft das gesamte Schuldnervermögen. *Nach* Verfahrenseröffnung kann (natürlich) nicht in Massebestandteile, wohl aber in

---

[10] Vgl. die Begründung zum o a Leitsatz 1.2.10 Abs 5, RWS-Verlag S. 120.

[11] Für Massegläubiger iS von § 13 I Nr 3 GesO, die den Massegläubigern iS von § 59 I Nr 3 KO in etwa entsprechen, gilt allerdings das Vollstreckungsverbot; vgl insoweit Hdb § 34 Rdn 13.

[11a] Ebenso *Hess/Binz* § 7 Rdn 31; aA wohl *Smid/Smid* § 2 Rdn 53; differenzierend *Braun/Bußhardt* ZIP 1992, 906f. Zu beachten ist allerdings, daß Pfändungspfandgläubiger hiervon nur bis zur Verfahrenseröffnung profitieren können, da dann ihr Pfandrecht unwirksam wird (vgl unten Rdn 12f).

freigegebene Gegenstände vollstreckt werden. Auch hier stellt sich wieder das Problem der Einbeziehung des Neuerwerbs (vgl dazu bereits oben sub I Rdn 3.). Ein Vollstreckungsverbot muß jedenfalls bejahen, wer den pfändbaren Teil des Neuerwerbs zur Masse rechnet.[12] Lehnt man das indessen im Interesse einer möglichst weitgehenden inhaltlichen Angleichung von KO und GesO ab (so oben aaO), ist § 14 I KO insoweit zumindest seiner inhaltlichen Ausgestaltung nach heranzuziehen: Das Vollstreckungsverbot ist somit einerseits nur auf die im Verfahren zu befriedigenden Gläubiger zu beziehen, andererseits jedoch auch auf den Neuerwerb zu erstrecken.

8 Zu *Sonderkonkursen* vgl meine Ausführungen Hdb § 34 Rdn 15 mit der Besonderheit, daß die Gesellschaft bürgerlichen Rechts nach § 1 I GesO selbständig gesamtvollstreckungsfähig ist (ebenso LPG, GPG, PGH, ELG, GWG, AWG und VEG). Das Vollstreckungsverbot gilt bei Gesamtvollstreckungsverfahren im Beitrittsgebiet nach dem Universalitätsprinzip auch für das außerhalb des Geltungsbereichs der GesO, d h in den alten Bundesländern oder im Ausland belegene Vermögen (vgl i e Hdb § 34 Rdn 16). Bei *Auslandskonkursen* und Konkursen im Geltungsbereich der KO (alte Bundesländer) gilt das Vollstreckungsverbot idR auch für das im Geltungsbereich der GesO belegene Vermögen, es sei denn, das ausländische Verfahren ist ausnahmsweise nicht anerkennungsfähig (§ 22 I, IV GesO); die gegenteilige Regelung des § 237 I KO; wonach Vollstreckungen zulässig bleiben, findet in der GesO keine Parallele.[13]

9 **2. Wirkungen des Verbots. a) Von Amts wegen zu beachtendes Vollstrekkungshindernis.** Das Vollstreckungsverbot ist von allen in Betracht kommenden Vollstreckungsorganen von Amts wegen zu beachten (s Hdb § 34 Rdn 17). Jedoch ist hier erneut darauf hinzuweisen, daß nur das Vollstreckungsverbot *nach* Verfahrenseröffnung ex lege gilt, während es für die Zeit zwischen Antragstellung und Verfahrenseröffnung eines die Vollstreckung einzustellenden Gerichtsbeschlusses bedarf. Das Verbot führt dazu, daß neue eingehende Vollstreckungsanträge nicht weiter bearbeitet werden dürfen (§ 775 Nr 2 ZPO): Bereits eingeleitete Vollstrekkungsmaßnahmen sind zwar nicht fortzuführen, jedoch keinesfalls aufzuheben (§ 776 S. 2 iVm § 775 Nr 2 ZPO).

10 **b) Rechtsfolgen des Verstoßes.** Werden Vollstreckungsmaßnahmen *vor* Verfahrenseröffnung entgegen der durch das Insolvenzgericht ausgesprochenen Einstellung der Zwangsvollstreckung (§ 2 IV GesO) begonnen oder fortgeführt, so entsteht zwar wegen des Verstoßes gegen § 775 Nr 2 ZPO kein Pfändungspfandrecht, wohl aber die öffentlich-rechtliche Verstrickung; die Maßnahme ist also nicht nichtig (dazu Hdb § 34 Rdn 18f). Der Schuldner (nach Verfahrenseröffnung: der Verwalter) kann den Verstoß mit der Erinnerung[14] rügen und so die Aufhebung der Maßnahme erreichen; unterbleibt dies und erfolgt die Verwertung, so erlangt der Ersteigerer wirksames Eigentum und der Schuldner bzw die Masse ist auf einen Bereicherungsanspruch gegen den Gläubiger beschränkt (s Hdb § 34 Rdn 21ff, 24).

11 Dasselbe gilt in der Zeit *nach* Verfahrenseröffnung. Da die Rückschlagsperre des § 7 III GesO dahin zu verstehen ist, daß nur die materiell-rechtlichen Wirkungen der Vollstreckungsmaßnahme entfallen, nicht dagegen die öffentlich-rechtliche

---

[12] *Smid/Zeuner* § 7 Rdn 10ff; aA *Smid/Smid* § 1 Rdn 38ff; *Lübchen* § 1 Anm; *Haarmeyer/Wutzke/Förster* § 1 Rdn 136ff.

[13] Ebenso *Smid/Zeuner* § 22 Rdn 19 aE.

[14] *Haarmeyer/Wutzke/Förster* § 7 Rdn 31; nicht gegeben ist indessen die Drittwiderspruchsklage; so jedoch *Smid/Zeuner* § 7 Rdn 27.

Verstrickung (s u sub Rdn 14), muß dies auch für die Anwendung des § 7 III GesO auf Vollstreckungsmaßnahmen nach Verfahrenseröffnung gelten.

III. Rückschlagsperre

1. Voraussetzungen. a) Betroffene Maßnahmen. Betroffen sind alle „eingeleiteten" Vollstreckungsmaßnahmen. Bloße Vorbereitungsmaßnahmen (etwa Klauselerteilung, Zustellungen ohne Vollstreckungswirkung) bleiben daher unberührt, ebenso bereits abgeschlossene Maßnahmen.[15] Insoweit ist auf die einzelne Vollstreckungsmaßnahme abzustellen; sie ist (erst) mit der Auskehr des jeweiligen Erlöses an den Gläubiger abgeschlossen.[15a] Problematisch ist dies bei der *Sicherungshypothek;* da sich hier der Gläubiger typischerweise mit der Sicherung begnügt, erscheint es gerechtfertigt, die Vollstreckung mit der Eintragung der Hypothek (keine analoge Anwendung des § 878 BGB, s Hdb § 34 Rdn 3) als abgeschlossen anzusehen. Anders dürfte dagegen bei *Arresthypotheken* oder bei aufgrund *einstweiliger Verfügung* eingetragenen Vormerkungen zu entscheiden sein, da diese Maßnahmen nur einen *vorläufigen* Charakter haben. Abweichend von § 28 VglO werden auch Maßnahmen wirkungslos, die keinen unmittelbaren Sicherungs- oder Befriedigungszweck haben, etwa Widersprüche, Veräußerungsverbote, persönliche Arreste, eidesstattliche Versicherungen nach § 807 ZPO etc. 12

Maßgeblicher Zeitpunkt für die Beurteilung, ob die Vollstreckungsmaßnahme abgeschlossen ist, ist die im Eröffnungsbeschluß angegebene Stunde der Eröffnung.

b) Betroffene Gläubiger. Nach ihrem Wortlaut gilt die Regelung des § 7 III 1 GesO für alle Gläubiger einschließlich der Massegläubiger und der Aus- und Absonderungsberechtigten. Dies widerspricht der Regelung der §§ 28, 87, 104 VglO sowie des § 94 E-InsO und läßt sich auch nicht mit dem Gedanken der Gläubigergleichbehandlung rechtfertigen, zumal Aus- und Absonderungsberechtigte sowie Massegläubiger die vor Verfahrenseröffnung eingeleitete Vollstreckungsmaßnahme nach Verfahrenseröffnung gegen den Verwalter wiederholen dürften (s oben Rdn 6). Die Rückschlagsperre würde also nicht der Masse nützen, sondern nur (wegen des Rangverlustes) anderen Massegläubigern oder Aus- bzw Absonderungsberechtigten; sie kann daher in diesem Fall nicht angewendet werden, so daß nur die Insolvenzgläubiger von ihr betroffen werden, diese allerdings auch dann, wenn sie bereits ein Pfändungspfandrecht erlangt hatten, das „an sich" zur Aussonderung berechtigte (so Rdn 6, 12). 13

2. Rechtsfolgen. a) Unwirksamkeit der betroffenen Vollstreckungsmaßnahme. Nach § 7 III 1 GesO „verlieren" die betroffenen Vollstreckungsmaßnahmen „ihre Wirksamkeit". Sie sind daher ex tunc materiellrechtlich unwirksam, so daß kein Pfändungspfandrecht, keine Zwangshypothek (auch nicht als Eigentümerrecht, s Hdb § 34 Rdn 19) etc entstanden ist. Wie bei § 28 iVm §§ 87, 104 VglO ist trotz des insoweit nicht eindeutigen Wortlauts davon auszugehen, daß die öffentlich-rechtliche Verstrickung hiervon nicht unmittelbar betroffen ist; jedoch ist das jeweilige Vollstreckungsorgan von Amts wegen zur Aufhebung der Vollstreckungsmaßnahme verpflichtet, was nötigenfalls mit der Erinnerung gem § 766 14

---

[15] Ebenso *Haarmayer/Wutzko/Förster* § 7 Rdn 27; *Smid/Zeuner* § 7 Rdn 23 unter Hinweis auf einen Umkehrschluß, weil § 7 nur vor der Verfahrenseröffnung eingeleitete Maßnahmen betreffe, die bereits abgeschlossenen jedoch nicht erfasse.

[15a] Vgl Fn 15; aA *Braun/Bußhardt* ZIP 1992, 904f; *Hess/Binz* § 7 Rdn 31: § 7 III ist unanwendbar, sobald die Zwangsvollstreckung zur Entstehung eines Pfändungspfandrechts geführt hat.

ZPO durchzusetzen ist.[16] Wenn *nach* Verfahrenseröffnung[17] noch Verwertungserlöse an den Gläubiger ausgekehrt worden sind, kann der Verwalter diese kondizieren, da der Rechtsgrund in Gestalt des Pfändungspfandrechts entfallen ist. Hiergegen kann der Gläubiger nicht gem § 7 V GesO aufrechnen, da der Bereicherungsanspruch erst mit Empfang des Erlöses und somit nach Verfahrenseröffnung entstanden ist.[18]

15 **b) Verweisung an das Insolvenzgericht.** Nach § 7 III 2 GesO (ebenfalls unverändert aus der DDR-GesVVO 1975 übernommen) sind Vollstreckungsverfahren, soweit sie bei anderen Gerichten als dem Gericht der Gesamtvollstreckung (Insolvenzgericht) geführt werden, an jenes zu verweisen. Da sich die Zwangsvollstrekkung nun auch im Beitrittsgebiet nach der (westdeutschen) ZPO richtet, paßt die Vorschrift nicht mehr recht: die ZPO kennt nur Anträge an einzelne Vollstrekkungsorgane (zu denen auch das Vollstreckungsgericht gehört) auf Vornahme bestimmter Vollstreckungshandlungen, keine „gerichtlichen Vollstreckungsverfahren". Soweit das Vollstreckungsgericht (Kreisgericht) als Vollstreckungsorgan tätig wird (§§ 829ff, 864ff iVm ZVG, 888ff ZPO), läßt sich die Verweisung an das als Insolvenzgericht zuständige Kreisgericht immerhin noch sinnvoll durchführen; sie erfolgt von Amts wegen durch Beschluß, der mit der Beschwerde nach § 793 ZPO[19] anfechtbar ist. Soweit die Grundbuchämter (die im Beitrittsgebiet zunächst nicht beim (Kreis-)Gericht angesiedelt sind) oder der Gerichtsvollzieher als Vollstreckungsorgan mit der Vollstreckung befaßt waren, kommt nur eine formlose Abgabe iS einer Aktenversendung an das Insolvenzgericht in Frage; hiergegen kann sich der Gläubiger mit der Erinnerung nach § 766 ZPO wehren.

Wird das Gesamtvollstreckungsverfahren (vorzeitig) eingestellt, § 19 I Nr 3, 4 GesO, sind die Vollstreckungsverfahren zurückzuverweisen; die Zuständigkeitsregelung des § 7 III 2 GesO kann für diesen Fall zweckmäßigerweise nicht als endgültig angesehen werden.

---

[16] Vgl BGH NJW 1960, 435, 436; BGH ZIP 1980, 24; OLG Celle KTS 1962, 112, 114, jew zu §§ 28, 104 VglO.

[17] Auskehr des Erlöses *vor* Verfahrenseröffnung führt zur Beendigung der betreffenden Vollstrekkungsmaßnahme und damit zur Unanwendbarkeit des § 7 III 1 GesO (zumindest mißverständlich insoweit *Smid/Zeuner* § 7 Rdn 28f).

[18] Unrichtig daher wohl *Smid/Zeuner* § 7 Rdn 29.

[19] Nicht § 20 GesO (so aber *Smid/Zeuner* § 7 Rdn 31), der im Hinblick auf seine Stellung in der GesO nur für Entscheidungen des Insolvenzgerichts gelten kann; im übrigen muß es bei den Rechtsbehelfen des 8. Buchs der ZPO bleiben.

5. Abschnitt. Auswirkungen auf Verträge

Übersicht

A. Grundlagen der Abwicklung schwebender Rechtsgeschäfte

I. Ausgangspunkte

Erst mit der Eröffnung der Gesamtvollstreckung verliert der Schuldner die Befugnis, sein zur Insolvenzmasse gehöriges Vermögen (§ 1 I 2 GesO) zu verwalten und darüber zu verfügen, § 5 Nr 1, 2 GesO. Die noch *vor diesem Zeitpunkt abgeschlossenen Rechtsgeschäfte* sind mithin grundsätzlich wirksam und vom Verwalter – vorbehaltlich einer Anfechtung nach § 10 GesO – hinzunehmen. Daraus folgt: Ist ein solches Geschäft bereits vollständig abgewickelt, so hat es dabei wegen der schon eingetretenen Erfüllungswirkung sein Bewenden (§ 362 I BGB). Sind die gegen den Schuldner begründeten Vermögensansprüche aber noch nicht befriedigt, so können sie ab Verfahrenseröffnung nur noch nach den Vorschriften der GesO verfolgt werden (vgl §§ 7 III, 11 II, III; 12ff GesO); der Gläubiger muß sich dann mit der Quote, also einer lediglich teilweisen Befriedigung abfinden (vgl §§ 17, 18 GesO). 1

Diese Grundsätze gelten auch für *vor Verfahrenseröffnung von beiden Seiten oder von einer Seite vollständig erfüllte Verträge* (näher Hdb § 35 Rdn 4ff); hatte in der zuletzt genannten Abwicklungslage erst der (später von der Gesamtvollstreckung betroffene) Schuldner die ihm obliegende Leistung erbracht, so darf sie der Vertragspartner – vorbehaltlich einer Anfechtung – behalten, muß aber seinerseits in die Insolvenzmasse leisten, §§ 5 Nr 5, 7 IV GesO. 2

II. Der vor Verfahrenseröffnung von keiner Seite vollständig erfüllte gegenseitige Vertrag

3 In einem solchen Falle ergäbe sich nach den dargestellten Regeln: Der Verwalter könnte den vom Schuldner erworbenen Anspruch einziehen mit der Folge, daß der andere Teil seine Leistung voll zu erbringen, gleichzeitig aber nur eine teilweise Befriedigung zu erwarten hätte. Das widerspräche aber gerade der gegenseitigen Verknüpfung der Leistungspflichten bei vollkommen zweiseitig verpflichtenden Verträgen; denn danach muß jede Partei grundsätzlich nur erfüllen, wenn sie zugleich die Gegenleistung voll und nicht bloß teilweise erhält (sog funktionelles Synallagma, vgl §§ 320ff BGB, § 756 ZPO; Hdb § 35 Rdn 3, 8–10).

4 Diese Problemlage löst § 9 GesO. Der Verwalter kann danach entscheiden, ob der gegenseitige Vertrag erfüllt oder nicht erfüllt wird (s u B Rdn 1ff). Wählt er ersteres, so muß er allerdings auch die Gegenleistung vollständig erbringen (§ 13 I Nr 1 GesO), womit der vereinbarte Leistungsaustausch in vollem Umfang sichergestellt ist. In dem zuletzt genanten Falle braucht zwar der andere Teil nicht mehr zu erfüllen, kann aber Schadensersatz nur mit einer nicht bevorrechtigten Forderung geltend machen (§§ 9 I 2, 17 III Nr 4 GesO).

III. Anwendungsbereich des § 9 GesO

5 Die Vorschrift betrifft, wie dargelegt, nur gegenseitige – insbesondere also nicht einseitig verpflichtende oder unvollkommen zweiseitige – Verträge, die vor Verfahrenseröffnung von noch keiner Seite vollständig erfüllt worden sind. Sie deckt sich also insoweit mit § 17 KO, der Vorbild ist.[1] Die dort zum Anwendungsbereich entwickelten Grundsätze gelten deshalb entsprechend; darauf wird wegen der Einzelheiten, insbesondere auch zur Frage der Vollständigkeit der Erfüllung, verwiesen (Hdb § 35 Rdn 13–16, 19–29). Zu Besonderheiten bei einzelnen Vertragstypen s u Rdn.

6 Während die KO darüber hinaus aber noch mehrere, zum Teil ausführliche Sondervorschriften enthält (vgl § 18 bis 25 KO), begnügt sich die GesO mit einer einzigen recht knappen Bestimmung: § 9 I 1 GesO ist dabei die *Grundnorm,* während § 9 I 3 GesO *vorgemerkte Ansprüche* und § 9 III GesO *Miet- und Pachtverhältnisse* betreffen; § 9 II GesO regelt schließlich noch die Beendigung von *Arbeitsverhältnissen* (dazu s u Kap VII B). Auslegung des Gesetzes und Lückenausfüllung (grundsätzlich dazu s o Einf 3) bereiten deshalb auch hier manchmal Schwierigkeiten, auf die bei den jeweiligen Sachfragen hingewiesen wird.

B. Erfüllung und Ablehnung der Erfüllung durch den Verwalter nach § 9 I 1 GesO

I. Begriff des Wahlrechts

1 Für § 17 I KO gilt dazu nach der neuen höchstrichterlichen Rechtsprechung des für das Insolvenzrecht zuständigen IX. Zivilsenats des BGH:[2] Ist ein vor Konkurseröffnung geschlossener Vertrag weder vom Gemeinschuldner noch von seinem Vertragspartner erfüllt, so fällt der ursprüngliche Erfüllungsanspruch mit der Konkurseröffnung weg. Das Rechtsverhältnis wird also umgestaltet; anstelle des gegenseitigen Schuldverhältnisses tritt der einseitige Anspruch des Vertragspart-

---

[1] *Lübchen/Landfermann* ZIP 1990, 829, 834.

[2] BGHZ 103, 249 = NJW 1988, 1790; BGHZ 106, 236 = NJW 1989, 1282; BGH NJW 1992, 507 = JZ 1992, 424 mAnm *Uhlenbruck* = JR 1992, 423 mAnm *Häsemeyer.*

ners des Gemeinschuldners auf Schadensersatz wegen Nichterfüllung, der nur als Konkursforderung geltend gemacht werden kann. Allein die Willensentscheidung des Verwalters, den Vertrag zu erfüllen oder – was dem gleichsteht – Erfüllung zu verlangen, läßt den untergegangenen Anspruch wieder entstehen und begründet ihn aus dem Schuldverhältnis – mit dem bisherigen Inhalt – neu (ausführlich zum ganzen Hdb § 35 Rdn 30ff). Der Begriff des Wahlrechts besagt deshalb nur, daß der Konkursverwalter wählen kann, ob er den Vertrag anstelle des Gemeinschuldners erfüllen und Erfüllung von dem anderen Teile verlangen will, oder, ob er es bei den durch die Konkurseröffnung schon ausgelösten Rechtsfolgen, also dem an die Stelle des ehemals gegenseitigen Schuldverhältnisses getretenen Schadensersatzanspruch des Vertragspartners belassen will. Ein echtes Wahlrecht der Nichterfüllung gibt es danach nicht.

Ebenso ist § 9 I GesO zu verstehen.[3] Denn diese Vorschrift wurde, wie bereits bemerkt (s o A Rdn 5) § 17 I KO nachgebildet; schon die Entstehungsgeschichte spricht also dafür, § 9 I 1 GesO im Lichte von Rechtsprechung und Schrifttum zur entsprechenden Bestimmung in der Konkursordnung auszulegen.[4] Außerdem entspricht die GesO in der hier maßgeblichen Systematik der KO. In beiden Fällen kann der andere Teil seinen Anspruch ab und wegen der Verfahrenseröffnung grundsätzlich nur als nicht bevorrechtigte Schadensersatzforderung weiter verfolgen (vgl § 3, 26 S. 2, 61 Nr 6 KO und §§ 9 I 2, 17 III Nr 4 GesO), während erst das Erfüllungsverlangen des Verwalters den ursprünglich erloschenen Erfüllungsanspruch wieder aufleben läßt und ihn zur Masseschuld aufwertet, die vorweg zu befriedigen ist (vgl § 59 I Nr 2 KO und § 13 I Nr 1 GesO); folgerichtig spricht auch § 13 I Nr 1 GesO von den „durch" die Erfüllung „entstandenen" Ausgaben. 2

Nicht aussagekräftig ist demgegenüber der Hinweis im Schrifttum,[5] § 9 I 1 GesO erfordere nach seinem Wortlaut eine ausdrückliche Wahl zwischen Erfüllung und Ablehnung der Erfüllung, während nach § 17 I 1 KO der Verwalter lediglich die Erfüllung verlangen könne. Denn die genannte Bestimmung der KO setzt die Nichterfüllung als umgekehrte Abwicklungsalternative gerade voraus (Hdb § 35 Rdn 30), weshalb auch schon in der Begründung des Entwurfs zur KO vom „Wahlrecht des Verwalters" die Rede ist.[6] 3

II. Ausübung des Wahlrechts

Das Wahlrecht nach § 17 I KO kann nach höchstrichterlicher Rechtsprechung[7] und hM im Schrifttum (Hdb § 36 Rdn 2 mwNachw) *nur vom Verwalter, nicht etwa auch schon vom Sequester* ausgeübt werden; begründet wird das mit deren unterschiedlichen Aufgaben und Funktionen sowie damit, daß die genannte Bestimmung in ihren Rechtsfolgen an die Eröffnung des Konkursverfahrens selbst anknüpfe. Für die GesO gilt nichts anderes. Es mag zwar sein, daß dort mit Blick auf die geplante Insolvenzrechtsreform die Stellung des Sequesters gestärkt werden sollte;[8] § 9 I 3 GUG spricht auch schon vom „vorläufigen Verwalter". Im Vordergund stehen aber gleichwohl der Sicherungszweck und die Vorläufigkeit der Maßnahme (vgl § 2 III GesO). Außerdem knüpft auch § 9 I 1 GesO nach seinem klaren Wortlaut an die Eröffnung der Gesamtvollstreckung an, setzt diese also voraus. 4

---

[3] So offenbar auch *Hess/Binz* § 9 Rdn 54; aA *Smid/Zeuner* § 9 Rdn 10.

[4] *Landfermann* FS Merz S. 367, 380f.

[5] *Smid/Zeuner* aaO, die im übrigen die angeführte BGH-Rechtsprechung außer acht lassen; *Haarmeyer/Wutzke/Förster* § 9 Rdn 9.

[6] *Musielak* AcP 179 (1979), 188, 193 mwNachw.

[7] BGHZ 97, 78, 90 = NJW 1986, 1496.

[8] So *Haarmeyer/Wutzke/Förster* § 2 Rdn 75.

Erklärt also der Sequester seine Zustimmung zur Fortsetzung eines Schuldverhältnisses, so liegt darin kein Erfüllungsverlangen nach § 9 I 1 GesO. Die dabei begründeten Verbindlichkeiten werden demzufolge später auch nicht vorab nach § 13 I Nr 1 GesO bedient;[9] für den Ersatzanspruch des Garantiegebers aus einer Inanspruchnahme durch einen Gläubiger des Schuldners während der Unterbrechung des Gesamtvollstreckungsverfahrens ordnet das § 7 I 3, 4 GUG im übrigen ausdrücklich an. Der Sequester sollte allerdings, um dem Einwand eines treuwidrigen Verhaltens (§ 242 BGB) vorzubeugen, den anderen Teil darauf hinweisen, daß er Erklärungen zur Weiterführung eines Vertrages unbeschadet der Rechte eines Verwalters abgibt (Hdb § 36 Rdn 2).

5 Anders als die Erfüllungsablehnung, der lediglich bestätigende Bedeutung zukommt, beinhaltet das Erfüllungsverlangen ein echtes Gestaltungsrecht; es wird demzufolge durch eine einseitige, empfangsbedürftige, bedingungsfeindliche und unwiderrufliche Willenserklärung ausgeübt (Hdb § 36 Rdn 3). Die Einhaltung einer bestimmten *Form* für die Erklärung, ob Erfüllung verlangt oder abgelehnt wird, schreibt das Gesetz nicht vor; sie kann mithin auch schlüssig erfolgen. Wird sie mit Vorbehalten oder Einschränkungen versehen, so liegt darin grundsätzlich eine Erfüllungsablehnung (Hdb § 36 Rdn 5). Der Verwalter trifft seine Entscheidung alleine danach, was für die Masse günstig ist (zur Anfechtung der Willenserklärung nach §§ 119ff BGB vgl Hdb § 36 Rdn 8); im Einzelfall kann das Wahlrecht aber ausgeschlossen oder beschränkt sein (Hdb § 36 Rdn 11).

6 Nach § 9 I GesO „kann" der Verwalter wählen, ist also zu einer Erklärung nicht verpflichtet, weshalb das Gesetz folgerichtig hierfür keine *Frist* bestimmt. Allerdings kann der andere Teil die Ungewißheit beenden und eine Entscheidung verlangen;[10] § 17 II KO (siehe dazu Hdb § 36 Rdn 8ff) gilt dann entsprechend; die dem Verwalter dabei zur Verfügung stehende Überlegungszeit darf jedoch gerade wegen der wirtschaftlichen Besonderheiten in den neuen Bundesländern nicht zu kurz bemessen werden. Verhalten sich beide Teile untätig, so bleibt es bei den schon mit Verfahrenseröffnung eingetretenen Rechtsfolgen (s o Rdn 1, 2).

7 Abzulehnen ist nach alledem die im Schrifttum vertretene Auffassung,[11] der Verwalter sei in jedem Falle von sich aus verpflichtet, dem Vertragspartner gegenüber eine Erklärung abzugeben, wenn er sich keiner Haftung nach § 8 I 2 GesO aussetzen wolle. Denn eine solche Pflicht begründet § 9 I 1 GesO gerade nicht. Im übrigen ist die Ungewißheit über das weitere Schicksal des Vertrages eine notwendige Folge der Verfahrenseröffnung. Der andere Teil muß jetzt von vornherein damit rechnen, daß ihm nur ein Schadensersatzanspruch wegen Nichterfüllung nach § 9 I 2 GesO verbleibt. Schweigt also der Verwalter, so beläßt er es lediglich bei der schon von Gesetzes wegen eingetretenen Rechtslage; darin kann keine Pflichtverletzung liegen.

III. Erfüllungsverlangen des Verwalters

8 Mit dem Erfüllungsverlangen tritt der Verwalter in den Vertrag anstelle des Schuldners ein, der jetzt mit dem anderen Teile fortgesetzt wird; für den Inhalt des Schuldverhältnisses ist dabei die Rechtslage bei Verfahrenseröffnung maßgeblich (so A Rdn 1; Hdb § 36 Rdn 20). Auch der Vertragspartner hat nunmehr einen Anspruch auf Erfüllung, der vorab zu begleichen ist, § 13 I Nr 1 GesO (so A Rdn 4). Zur Abwicklung des Vertrages und zur Behandlung von Teilleistungen siehe Hdb § 36 Rdn 22–24.

---

[9] *Hess/Binz* § 2 Rdn 112.
[10] Ebenso *Hess/Binz* § 9 Rdn 57.
[11] *Smid/Zeuner* § 9 Rdn 10; *Haarmeyer/Wutzke/Förster* § 9 Rdn 8, 9.

IV. Ablehnung der Erfüllung und unterlassene Wahlrechtsausübung durch den Verwalter

Lehnt der Verwalter die Erfüllung ab oder unterläßt er eine Wahlrechtsausübung, so hat es bei der schon mit Verfahrenseröffnung eingetretenen Rechtslage sein Bewenden (so B Rdn 1, 2): Der Erfüllungsanspruch ist erloschen und das Schuldverhältnis in einem gegenseitigen Anspruch des Vertragsgegners auf *Schadensersatz wegen Nichterfüllung* umgewandelt, der nur als gewöhnliche Forderung befriedigt wird (§§ 9 I 2, 17 III Nr 4 GesO). Diese Umgestaltung erfaßt alle Ansprüche des anderen Teils, mithin auch etwaige Gewährleistungsrechte, und macht sie zu bloßen Rechnungsposten der Schadensersatzforderung (Hdb § 36 Rdn 26–28); zu Anspruchsumfang und Schadensberechnung siehe Hdb § 36 Rdn 32–41. 9

Die GesO äußert sich nicht zur Frage der *Rückgabepflicht* des Verwalters. § 26 S 1 KO bestimmt dazu, daß der Vertragspartner nicht berechtigt ist, eine Leistung zurückzuverlangen, die bereits in das Eigentum des Schuldners übergegangen war. Der Begriff des Eigentumserwerb meint dabei nicht nur Sachen, sondern auch Forderungen oder sonstige Rechte, setzt aber stets einen Vollerwerb voraus (Hdb § 36 Rdn 29); eine bloß aufschiebende bedingte Übertragung genügt nicht (zum Kauf unter Eigentumsvorbehalt s u D Rdn 6, 7). Diese Vorschrift beinhaltet einen ganz wichtigen Grundsatz zugunsten der Gläubigergemeinschaft, weil sie verhindert, daß ein Gläubiger lediglich infolge der Nichterfüllung seiner Ansprüche oder der Aufhebung des Rechtsverhältnisses mit dem Schuldner seine Leistung der Masse wieder entziehen kann; § 26 S 1 KO ist demzufolge auch zwingendes Recht,[12] das auch die geplante Insolvenzrechtsreform übernimmt (§ 113 S 2 RefE InsO). Nach den allgemeinen Regeln zur Auslegung der GesO[13] muß diese Vorschrift deshalb zur Lückenausfüllung herangezogen werden.[14] 10

Wegen der Umgestaltung des Vertragsverhältnisses (s o Rdn 9), das die gegenseitigen Ansprüche zu bloßen Rechnungsposten macht, ist in aller Regel auch die *Verrechnung* des Schadensersatzanspruchs des Vertragspartners mit einer Forderung des Schuldners möglich, die dieser vor Verfahrenseröffnung ihm gegenüber erworben hat. Besteht also beispielsweise zugunsten des Schuldners als Bauunternehmer gegenüber dem Besteller ein noch offener Vergütungsanspruch für die Fertigstellung eines bestimmten Bauabschnitts aus der Zeit vor Verfahrenseröffnung und verlangt jetzt der Gläubiger (Besteller) Schadensersatz, weil der Verwalter die (vollständige) Erfüllung des Werkvertrages ablehnt, so gilt: In dem an die Stelle des Vertrages getretenen Abrechnungsverhältnis sind die schon erbrachten Leistungen des Schuldners lediglich Rechnungsposten bei der Ermittlung des dem anderen Teile entstandenen Schadens. Der Verwalter kann deshalb nur dann etwas zur Masse zurückverlangen, wenn dem Gläubiger durch die Erfüllungsverweigerung kein oder nur ein geringerer Schaden als der Wert der vom Schuldner erbrachten Leistungen entstanden ist; übersteigt deren Wert den Schaden nicht, so besteht kein Anspruch.[15] 11

Schwierig wird es aber, wenn man in dem genannten Beispiel oder in sonstigen Fällen eine Aufspaltung des Vertragsverhältnisses in einen erfüllten und einen nicht erfüllten Teil annimmt. Denn dann kommt es wegen der Selbständigkeit der Forderung darauf an, ob eine *Aufrechnung* i S des materiellen Rechts (§§ 387 ff 12

[12] *Kuhn/Uhlenbruck* § 26 Rdn 1.
[13] *Landfermann* FS Merz S. 367, 379 ff.
[14] AA *Smid/Zeuner* § 9 Rdn 11.
[15] BGHZ 68, 379 = NJW 1977, 1345.

BGB) möglich ist. Im Bereich der KO wird das bejaht; denn der Schadensersatzanspruch ist schon vor Eröffnung des Konkursverfahrens aufschiebend bedingt entstanden und § 54 I KO läßt auch für diesen Fall die Aufrechnung ausdrücklich zu (Hdb § 36 Rdn 36). Eine solche Sondervorschrift fehlt in der GesO jedoch. § 7 V GesO bestimmt nämlich, daß nur derjenige Gläubiger noch aufrechnen kann, der dazu schon im Zeitpunkt der Verfahrenseröffnung berechtigt war; letzteres wäre aber gemäß § 387 BGB nicht der Fall, weil nach dieser Bestimmung nur voll wirksame und fällige Forderungen aufrechenbar sind (Hdb § 47 Rdn 23).

13 Ob § 54 I KO entsprechend angewendet werden kann, wird im Schrifttum zwar bezweifelt,[16] ist aber jedenfalls in dem hier erörterten Zusammenhang zu bejahen. § 9 I 1 GesO dient, wie § 17 I KO nach Sinn und Zweck auch dem Schutz des anderen Teils gerade wegen der Besonderheiten eines von noch keiner Seite vollständig erfüllten gegenseitigen Vertrages (s o A Rdn 2, 3). Danach wäre es unangemessen, wenn der Vertragspartner die vom Schuldner vor Verfahrenseröffnung erbrachten Teilleistungen voll vergüten müßte, mit seiner Schadensersatzforderung aber auf die Quote verwiesen würde.[17] Ebenso wäre die Rechtslage nach § 102 S 2 RefE InsO.[18] Das hier gefundene Ergebnis läßt sich auch noch anders rechtfertigen. Denn nach der neuen Rechtsprechung des BGH (s o B Rdn 1) entfällt die aufschiebende Bedingung des Schadensersatzanspruches mit der Verfahrenseröffnung, die folglich gleichzeitig die Aufrechnungslage begründet. Auf diesen Fall kann wegen der genannten Gründe § 7 V GesO ausgedehnt werden.

14 Für die Behandlung von *Teilleistungen* gelten nach alledem die nach § 17 KO entwickelten Grundsätze entsprechend (Hdb § 36 Rdn 37 ff).

C. Miet- und Pachtverhältnisse, § 9 III GesO

I. Anwendungsbereich

1 Er entspricht dem der KO, umfaßt also neben Miete und Pacht auch ähnliche Schuldverhältnisse (Hdb § 38 Rdn 1–4), wobei der Einfachheit halber im folgenden stets nur von „Miete“ usw gesprochen wird. Eine Unterscheidung zwischen beweglichen und unbeweglichen Sachen trifft das Gesetz nicht (ebenso §§ 115, 116 RefE InsO, anders §§ 122, 123 RegE InsO). Voraussetzung ist aber, daß der Vertrag zur Zeit der Verfahrenseröffnung besteht; wurde er schon vorher beendet, so gelten die für den jeweiligen Vertragstyp einschlägigen Bestimmungen des materiellen Rechts.

2 § 9 III GesO faßt sich sehr kurz. S 1 ordnet als Grundsatz den Fortbestand des Schuldverhältnisses an, während S 2 dem Verwalter ein Kündigungsrecht gewährt, falls der Schuldner der Mieter oder Pächter ist. Weitere Regeln fehlen, was zu Schwierigkeiten bei der Auslegung führt. So ist insbesondere nicht danach unterschieden, ob die Gebrauchsüberlassung (zum Begriff vgl Hdb § 38 Rdn 11) vor oder nach Eröffnung der Gesamtvollstreckung stattgefunden hat. Beide Fälle können aber nicht gleich behandelt werden. Deshalb empfiehlt es sich, die verschiedenen *Abwicklungslagen* nach der Systematik in der KO (§§ 18–21) im einzelnen zu betrachten.

---

[16] *Landfermann,* FS Merz S. 367, 385 f; *Haarmeyer/Wutzke/Förster* § 7 Rdn 48 ff; *Smid/Zeuner* § 7 Rdn 39, 40. Ausführl u 6. Abschnitt B Rdn 4–6

[17] BGHZ 68, 379 = NJW 1977, 1345.

[18] Anders freilich nach § 107 RegE InsO; vgl dazu *Landfermann* ZIP 1991, 1661 f.

II. Gesamtvollstreckung gegen Mieter vor Gebrauchsüberlassung

War dem Schuldner die Sache vor Verfahrenseröffnung noch nicht überlassen, 3
die tatsächliche Gebrauchsmöglichkeit also noch nicht verschafft, so greift § 9 III GesO nicht ein. Denn sonst müßte der Verwalter den Vertrag zunächst stets, jedenfalls bis zum Ablauf der Kündigungsfrist, durchführen, was die Masse unnötig belasten würde; Mietzinsansprüche wären sogar vorab zu befriedigen (§ 13 I Nr 1 GesO). Folglich muß die Möglichkeit zur Ablehnung der Erfüllung nach § 9 I 1 GesO bestehen. Zwar kann dann der andere Teil Schadensersatz fordern, jedoch nur, wenn er einen Schaden tatsächlich erleidet. Im übrigen ist es dem Verwalter unbenommen, zunächst die Durchführung des Vertrages zu verlangen, wenn das für die Masse günstiger ist, und erst dann nach den Vorschriften des materiellen Rechts zu kündigen; beides hat miteinander nichts zu tun. Andererseits gibt es aber auch keinen Grund, dem Vermieter den Rücktritt vom Vertrag zu verweigern. Denn dazu wäre er auch nach allgemeinen Regeln berechtigt[19] und – trotz des Dauerschuldverhältnisses – nicht etwa nur auf ein Kündigungsrecht beschränkt, weil die Sache noch nicht übergeben ist.

Daß § 9 III GesO diese Grundsätze außer Kraft setzen wollte, läßt sich weder aus 4
der Vorschrift selbst noch aus der Entstehungsgeschichte, auch nicht im Hinblick auf die geplante Insolvenzrechtsreform entnehmen. Im Ergebnis ist die erörterte Abwicklungslage mithin entsprechend § 20 KO zu behandeln (siehe dazu Hdb § 38 Rdn 6ff).

III. Gesamtvollstreckung gegen Mieter nach Gebrauchsüberlassung

Nur wenn die Sache dem Schuldner vor Verfahrenseröffnung schon überlassen 5
war, gilt § 9 III GesO.[20] Das Schuldverhältnis besteht mithin fort, die Mietzinsansprüche müssen jetzt gem § 13 I Nr 1 GesO bedient werden; Rückstände aus der Zeit vor Verfahrenseröffnung sind freilich nur einfache Forderungen (§ 17 III Nr 4 GesO). Der Verwalter kann aber den Vertrag, unabhängig von einer vereinbarten, unter Einhaltung der gesetzlichen Frist gem § 9 III 2 GesO kündigen; letztere ist bei Kündigungen von Mietverträgen vor dem 1. 1. 1994 um 3 Monte verlängert (Art 232 § 2 VII EGBGB). Eine vertragliche Kündigungsfrist gilt folglich nur, wenn sie kürzer ist.[21]

Dem *Vermieter* steht – im Gegensatz zu § 19 S 3 KO – wegen der Aufhebung des 6
Vertrages kein Schadensersatzanspruch zu. Er hat auch – anders als nach § 19 S 1 KO – selbst kein Kündigungsrecht. Insoweit enthält § 9 III 2 GesO einen echten Vorgriff auf die geplante Insolvenzrechtsreform (vgl § 123 I RegE InsO); die Fortführung des insolventen Unternehmens soll nicht dadurch erschwert werden, daß gemietete Gegenstände vor Ablauf der vereinbarten Zeit hinausgegeben werden müssen.[22]

Eine *fristlose Kündigung* nach den Vorschriften des BGB bleibt für jeden Ver- 7
tragsteil möglich (Hdb § 38 Rdn 13); das gilt also auch zugunsten des Vermieters, der aber aus der Tatsache der Verfahrenseröffnung selbst kein außerordentliches Kündigungsrecht herleiten kann (vgl § 9 III 1 GesO). Möglich ist schließlich eine sog. *Freigabe* durch den Verwalter, allerdings nur mit Zustimmung des anderen Teils, solange das Schuldverhältnis noch besteht (Hdb § 38 Rdn 18).

---

[19] §§ 321, 342 BGB; vgl *Palandt/Heinrichs* § 321 Rdn 5.

[20] So offenbar auch *Hess/Binz* § 9 Rdn 60, die allerdings andere Abwicklungslagen nicht erörtern.

[21] *Smid/Zeuner* § 9 Rdn 16; undeutlich *Hess/Binz* § 9 Rdn 61, 62, 66.

[22] *Landfermann* FS Merz S. 378.

8 Bei der Abwicklung muß beachtet werden, daß dem Vermieter wegen seiner Ansprüche ein gesetzliches *Pfandrecht* im Rahmen der §§ 5 Nr 4, 12 I GesO zusteht (vgl Hdb § 38 Rdn 17).

9 Für *Leasingverträge,* die nach hM Miete sind (Hdb § 38 Rdn 20), gelten vorstehende Erörterungen entsprechend; daraus folgt insbesondere, daß der Leasinggeber kein Kündigungsrecht hat[23] (zur Problemlage in der KO vgl Hdb § 38 Rdn 21).

IV. Gesamtvollstreckung gegen Vermieter vor Gebrauchsüberlassung

10 Hatte der Schuldner dem Mieter die Sache vor Verfahrenseröffnung noch nicht überlassen, so greift § 9 III GesO ebenfalls nicht ein. Warum der Verwalter in einem solchen Fall an einer für die Masse günstigen Verwertung der Sache gehindert sein sollte, ist nicht einzusehen. Das gilt um so mehr, als der Vertrag, falls er gemäß § 9 III 1 GesO Bestand hätte, nicht nach S 2 der genannten Vorschrift gekündigt werden könnte (s u Rdn 11). Der Verwalter müßte also – vorbehaltlich einer Anfechtung nach § 10 GesO – das Schuldverhältnis in seinem Bestand hinnehmen (s o A Rdn 1), wäre mithin auch an eine zwischen den Vertragspartnern vereinbarte, möglicherweise recht lange Kündigungsfrist gebunden. Zur Verwirklichung des Zwecks der Gesamtvollstreckung ist deshalb geboten, § 9 I 1 GesO anzuwenden.[24] Die Abwicklung entspricht folglich der Lage in der KO (Hdb § 38 Rdn 22–24).

V. Gesamtvollstreckung gegen Vermieter nach Gebrauchsüberlassung

11 Hatte der Schuldner dem Mieter die Sache vor Verfahrenseröffnung bereits überlassen, so besteht das Schuldverhältnis wegen § 9 III 1 GesO fort. Der Verwalter kann auch nicht nach § 9 III 2 GesO kündigen, wie im Umkehrschluß aus der genannten Vorschrift folgt. Beide Seiten müssen deshalb den Vertrag jedenfalls zunächst einmal durchführen. Der Verwalter hat die einem Vermieter, der andere Teil die einem Mieter obliegenden Verpflichtungen zu erfüllen. Für eine spätere Kündigung gelten die Vorschriften des BGB oder – vorbehaltlich einer Anfechtung nach § 10 GesO – vertragliche Vereinbarungen. Von diesen Grundsätzen gibt es auch für den Fall einer freiwilligen Veräußerung – im Unterschied zu § 21 IV KO – keine Ausnahme.

12 Die GesO enthält – anders als § 21 II KO – keine Sondervorschrift für *Vorausverfügungen* (zum Begriff Hdb § 38 Rdn 33). Allerdings kann bei einem Mietvertrag § 573 BGB entsprechend herangezogen werden[25]; anstelle des dort genannten Eigentumsübergangs tritt die Verfahrenseröffnung. Bei anderen Vertragstypen muß der Verwalter ein solches Rechtsgeschäft jedoch – vorbehaltlich einer Anfechtung nach § 10 GesO – hinnehmen. Für eine *Aufrechnung* des Mieters gilt § 7 V GesO, weil auch insoweit – im Gegensatz zu § 21 III KO – nichts anderes bestimmt ist.

13 Für *Leasingverträge* (s o Rdn 9) gelten auch hier die vorstehenden Erörterungen entsprechend. Zur Behandlung einer sog Kaufoption s Hdb § 38 Rdn 34.

---

[23] Vgl auch *Smid,* Gesamtvollstreckung S. 102; *Haarmeyer/Wutzke/Förster* § 9 Rdn 47 ff.
[24] Ebenso offenbar *Smid,* Gesamtvollstreckung S. 101; *Haarmeyer/Wutzke/Förster* § 9 Rdn 54.
[25] *Smid/Zeuner* § 9 Rdn 18.

D. Sonstige Rechtsverhältnisse

I. Vorgemerkte Ansprüche, § 9 I 3 GesO

Für das Verständnis der Vorschrift bedarf es folgender Vorbemerkung: Zur Einräumung oder Aufhebung eines Grundstücksrechts ist die Einigung der Vertragsparteien und die Eintragung der Rechtsänderung im Grundbuch erforderlich, § 873 I BGB. Erst wenn beide Merkmale erfüllt sind, wird das dingliche Rechtsgeschäft wirksam. Bis zu diesem Zeitpunkt kann mithin der zugrundeliegende schuldrechtliche Anspruch beispielsweise auf Eigentumsverschaffung (§ 433 I 1 BGB) noch vereitelt oder beeinträchtigt werden, weil der Veräußerer wegen des im BGB herrschenden Abstraktionsprinzips vor der Eigentumsumschreibung grundsätzlich noch anderweit wirksam verfügen, also einem Dritten das Eigentum verschaffen kann. Anders liegt es, wenn das Grundbuch zugunsten des anderen Teils (Käufers) eine Vormerkung (§ 823 I BGB) enthält; denn dann ist die spätere Verfügung grundsätzlich unwirksam (§ 883 II 1 BGB). 1

In Ergänzung dieser Regeln sorgt § 9 I 3 GesO dafür, daß sich die beschriebene Sicherungsfunktion einer *Vormerkung auch in der Gesamtvollstreckung* durchsetzt. Nach dieser Bestimmung kann nämlich der Vormerkungsberechtigte vom Verwalter Erfüllung in derselben Art und Weise verlangen, wie er sie außerhalb der Gesamtvollstreckung vom Schuldner hätte beanspruchen können. Der gesicherte, aber noch nicht verwirklichte Anspruch erlischt folglich mit der Verfahrenseröffnung nicht, sondern hat weiter Bestand; eine Ablehnung der Erfüllung durch den Verwalter nach § 9 I 1 GesO ist nicht möglich. Das gilt auch dann, wenn der Schuldner dem Gläubiger gegenüber weitere Verpflichtungen übernommen hat (beispielsweise das Grundstück samt einem darauf zu bauenden Haus zu übertragen) und diese (im Beispiel: die Herstellung des Gebäudes) nicht oder nicht vollständig erfüllt sind, § 9 I 3 a E GesO. 2

Die genannten Regelungen der GesO entsprechen § 24 KO. Wegen der Einzelheiten zu *Voraussetzungen und Rechtsfolgen* vorgemerkter Ansprüche wird deshalb auf die Darstellung dort verwiesen (Hdb § 39 Rdn 11 bis 19). 3

II. Sukzessivlieferungsvertrag und Wiederkehrschuldverhältnis

Als *Sukzessivlieferungsvertrag* bezeichnet man denjenigen Kauf- oder Werklieferungsvertrag, bei dem die Leistung in Teilen nach Bedarf und auf Abruf erbracht und bezahlt wird, während im Gegenstaz dazu das *Wiederkehrschuldverhältnis* aufgrund einer, auch stillschweigenden, Wiederholung des Vertragsschlusses bei jedem Leistungsbezug oder für einzelne Abrechnungszeiträume von Fall zu Fall neu entsteht; diese Unterscheidung ist wichtig für die Anwendung des § 9 I 1 GesO. Da die Rechtslage mit der in der KO übereinstimmt, wird darauf verwiesen (Hdb § 37 Rdn 1 bis 5). 4

Für die Praxis besonders wichtig sind *Energielieferungsverträge,* weil auch derjenige Betrieb, der von einer Gesamtvollstreckung betroffen wird, in aller Regel bis zur Stillegung oder Veräußerung auf die Versorgung mit Strom, Wasser, Gas und sonstige Energie angewiesen ist. Insoweit gelten wegen der Monopolstellung der Versorgungsunternehmen wichtige Besonderheiten für die Ausübung des Wahlrechts nach § 9 I 1 GesO. So kann der Verwalter insbesondere die Erfüllung des bisherigen Schuldverhältnisses mit der Folge ablehnen, daß Rückstände nur nach § 17 III Nr 4 GesO gedeckt werden müssen, gleichzeitig aber den Abschluß eines neuen Bezugsvertrages verlangen; nur der Neuverbrauch muß dann gemäß § 13 I Nr 1 GesO voll befriedigt werden. Einzelheiten siehe Hdb § 37 Rdn 6 bis 12. 5

III. Kauf unter Eigentumsvorbehalt

6 Behält sich der Verkäufer einer beweglichen Sache das Eigentum bis zur Zahlung des Kaufpreises vor, so bedeutet das: Der Kaufvertrag selbst ist unbedingt geschlossen, der Verkäufer also schuldrechtlich zur Übergabe der Sache und zu ihrer allerdings nur bedingten Übereignung sowie zur Stundung des Kaufpreises verpflichtet. Das dingliche Rechtsgeschäft steht demgegenüber unter einer Bedingung, und zwar im Zweifel (vgl § 455 BGB) unter der aufschiebenden Bedingung vollständiger Kaufpreiszahlung (§§ 929, 158 I BGB); der Verkäufer bleibt mithin (Vorbehalts-) Eigentümer, während der Käufer zunächst nur ein Anwartschaftsrecht erlangt, das erst mit Bedingungseintritt zum Vollrecht erstarkt.[26]

7 Ein solcher Vertrag ist nach hM erst dann voll erfüllt, wenn das Eigentum auf den Käufer übergeht (Hdb § 37 Rdn 16). Wird vorher über das Vermögen des Käufers oder des Verkäufers die Gesamtvollstreckung eröffnet, so greift folglich § 9 I 1 GesO ein. *Verlangt der Verwalter Erfüllung,* so ergeben sich keine Probleme: Bei der Gesamtvollstreckung gegen den Käufer muß der Kaufpreis – entsprechend den vertraglichen Vereinbarungen – nach § 13 I Nr 1 GesO beglichen werden und fällt sodann das Eigentum in die Masse; bei der Gesamtvollstreckung gegen den Verkäufer werden die Raten eingezogen und erwirbt sodann der andere Teil Eigentum (Hdb § 37 Rdn 17–19). *Lehnt der Verwalter Erfüllung ab,* so ist die Rechtslage schwieriger. Sie stimmt aber mit der bei § 17 KO überein, weshalb die ausführliche Darstellung dort entsprechend gilt (Hdb § 37 Rdn 20–29). Zu *Sonderformen des Eigentumsvorbehalts* siehe Hdb § 37 Rdn 30–35.

IV. Fixgeschäft

8 Soll bei einem gegenseitigen Vertrag die Leistung des einen Teils genau zu einer festbestimmten Zeit oder binnen einer fest bestimmten Frist bewirkt werden, tritt der Termin aber erst nach Verfahrenseröffnung ein und hat auch der andere Geschäftspartner noch nicht vollständig erfüllt, so gilt an sich ebenfalls § 9 I 1 GesO. Dessen uneingeschränkte Anwendung würde freilich stets zu einer Ungewißheit über das Schicksal des Vertrages und zu einer Verzögerung bei der Abwicklung führen. Denn der Verwalter darf für die Ausübung des Wahlrechts eine angemessene Überlegungsfrist in Anspruch nehmen (s o B Rdn 6). Im Gegensatz dazu steht allerdings die Verknüpfung der Leistungspflichten mit bestimmten Terminen als wesentlicher Inhalt des Schuldverhältnisses.

9 Die *KO* löst dieses Problem auf unterschiedliche Weise: Es ordnet in der Ausnahmevorschrift des § 18 KO zwar nicht für alle, wohl aber für bestimmte Rechtsgeschäfte solchen Typs an, daß Erfüllung nicht verlangt werden kann, entscheidet sich also grundsätzlich für die Nichterfüllung. Soweit die Voraussetzungen dieser Bestimmung nicht vorliegen, verbleibt es bei der Grundregel (§ 17 I KO).

10 Eine solche Bestimmung fehlt in der *GesO*. Die Praxis bedarf aber dringend einer Ausnahmeregelung im Interesse beider Seiten. Gerade wegen der wirtschaftlichen Besonderheiten von Fixgeschäften muß schon bei Verfahrenseröffnung Klarheit darüber herrschen, ob Erfüllung verlangt werden kann oder nicht, weil nur dann sowohl der Verwalter wie der andere Teil unverzüglich anderweit disponieren können. Auch die Insolvenzrechtsreform hält daran fest (vgl § 112 RefE InsO; § 118 RegE InsO). Das gebietet die *entsprechende Anwendung von § 18 KO* für den Bereich der GesO.[27]

---

[26] BGH NJW 1984, 1184, 1185.

[27] Ebenso *Hess/Binz* § 9 Rdn 80; *Haarmeyer/Wutzke/Förster* § 9 Rdn 60; einschränkend *Smid/Zeuner* § 9 Rdn 15.

Voraussetzungen sind: Fixgeschäft im Sinn der §§ 361 BGB, 376 HGB, 50ff BörsG, also ein Vertrag, der mit der Einhaltung oder Versäumung der verabredeten Leistungszeit bzw -frist steht oder fällt, sowie die Lieferung von Waren mit einem Markt- oder Börsenpreis (Hdb § 39 Rdn 3–5). *Rechtsfolge* ist dann, daß nicht Erfüllung verlangt, sondern nur eine Forderung wegen Nichterfüllung geltend gemacht werden kann. Das Recht des Verwalters, die Erfüllung des Vertrages zu wählen, ist mithin ausgeschlossen. Das ursprüngliche Fixgeschäft wird in ein sog. Differenzgeschäft umgewandelt, so daß jetzt nur noch Zahlung des Preisunterschiedes gefordert werden kann, wobei dieser Anspruch beiden Seiten zusteht (Hdb § 49 Rdn 6–8). 11

V. Auftrag und Geschäftsbesorgung

Keine insolvenzrechtlichen Besonderheiten ergeben sich, wenn der *Schuldner der Beauftragte oder Geschäftsbesorger* ist. Denn diese Fälle werden sich in der Praxis meist dadurch lösen, daß – gerade wegen der Verfahrenseröffnung – der Auftraggeber von seinem jederzeitigen Widerrufsrecht (§ 671 I 1 BGB) bzw der Geschäftsherr von seinem Kündigungsrecht (§§ 675, 649, 626 BGB) Gebrauch macht. 12

Ist der *Schuldner aber der Auftraggeber oder Geschäftsherr,* so gilt für den Bereich der KO eine wichtige Sondervorschrift: Auftrag und Geschäftsbesorgung (zur Abgrenzung vgl Hdb § 37 Rdn 37) erlöschen schon alleine durch die Verfahrenseröffnung, § 23 I 1 KO. Damit wird sichergestellt, daß die Verwaltung und Verwertung der Masse ausschließlich durch den Verwalter erfolgt und nicht durch die Tätigkeit Dritter beeinträchtigt wird, die noch vom Schuldner mit der Besorgung von Geschäften betraut worden sind; die Vorschrift ist deshalb zwingend (Hdb § 37 Rdn 41). Auch die Insolvenzrechtsreform hält daran fest (§§ 123, 124 RefE InsO). Auftrag und Geschäftsbesorgung bestehen also nur fort, wenn sie das sog konkursfreie Vermögen betreffen, insbesondere persönliche oder familienrechtliche Verhältnisse des Schuldners (Hdb § 37 Rdn 36). 13

Eine solche Ausnahmevorschrift fehlt in der GesO. Diese Lücke muß durch eine *entsprechende Anwendung des § 23 I 1 KO* geschlossen werden,[28] um nachteilige Wirkungen von der Masse fernzuhalten und die Durchführung der Gesamtvollstreckung durch den Verwalter zu sichern. Beides läßt sich auf andere Weise nicht erreichen. Denn sonst hätte der Verwalter nur die Möglichkeit die Erfüllung eines Geschäftsbesorgungsvertrages nach § 9 I 1 GesO abzulehnen sowie einen Auftrag – für den als nur unvollkommen zweiseitig verpflichtenden Vertrag diese Vorschrift nicht gilt (s o A Rdn 5) – nach § 671 I 1 BGB zu widerrufen. Erst mit dem Zugang solcher Willenserklärungen (§ 130 I BGB) würde aber die mit Auftrag und Geschäftsbesorgung regelmäßig verbundene Vollmacht erlöschen (§ 168 S 1 BGB); ein Dritter könnte folglich bis zu diesem Zeitpunkt Verwaltung und Verwertung der Masse beeinträchtigen. Gerade das muß aber zur Verwirklichung der Verfahrenszwecke verhindert werden. Mit § 23 I 1 KO gelingt das; denn danach erlischt auch die Vollmacht bereits im Zeitpunkt der Verfahrenseröffnung infolge des Erlöschens des zugrundeliegenden Rechtsverhältnisses (Auftrag/Geschäftsbesorgung; Hdb § 37 Rdn 47–49). 14

Zum *Schutz des Beauftragten bzw. Geschäftsbesorgers* ist dann aber auch § 23 I 2, II KO iVm § 674 BGB anzuwenden, die den Fortbestand des Vertrages solange fingieren, bis dieser von der Verfahrenseröffnung, also dem Erlöschenstatbestand Kenntnis erlangt oder dieses Ereignis kennen muß (vgl § 122 II BGB; Hdb § 37 Rdn 45). 15

[28] AA *Haarmeyer/Wutzke/Förster* § 9 Rdn 61.

6. Abschnitt. Aussonderung, Absonderung, Aufrechnung

Übersicht

A. Aussonderung und Absonderung

I. Allgemeines

1 § 12 GesO gibt dem Eigentümer wie dem Pfandgläubiger einen Herausgabeanspruch gegen den Verwalter. Die Bestimmung entspricht im wesentlichen § 10 I GesVO vom 18. 12. 1975 (GBl-DDR 1976, S. 7). Durch den Einigungsvertrag ist sie neu gefaßt worden. Dabei wurde der Begriff „Sache" durch den des „Gegenstandes" ersetzt, um Pfandrechte an Forderungen zweifelsfrei mit einzubeziehen.[1] Mit diesem *Herausgabeanspruch neutralisiert* die GesO die Pfändungswirkung *(Beschlagnahmewirkung)* an allen im Besitz des Schuldners befindlichen Sachen sowie an den vom Schuldner genutzten Grundstücken oder Gebäuden gemäß § 7 II GesO.

2 § 12 I GesO entspricht hinsichtlich der *Aussonderung* den §§ 43f KO,[2] hinsichtlich der *Absonderung* §§ 4 II, 47ff, 127 KO bzw de lege ferenda hinsichtlich der Aussonderung §§ 54f E-InsO, hinsichtlich der Absonderung den §§ 56ff E-InsO.

[1] *Lübchen,* Erläuterungen zur Gesamtvollstreckungsordnung, in: Das fortgeltende Recht der DDR (Loseblatt, Stand 1991), III A 13 S. 20; *Schmidt-Räntsch* DtZ 1990, 344, 346.

[2] *Zeuner* S. 131; *Haarmeyer/Wutzke/Förster* § 12 Rdn 3.

Aussonderung und Absonderung werden nach § 12 GesO aber nur scheinbar gleich behandelt. Denn bei Pfandrechten besteht der Herausgabeanspruch nur, wenn das Pfandrecht nicht durch Zahlung abgelöst wird. In welchen Fällen Dritten ein Eigentums- oder Pfandrecht zusteht, regelt *§ 12 GesO* nicht selbst, sondern *verweist* insoweit *auf* das *materielle Recht*. 3

II. Herausgabeanspruch des Eigentümers

1. Allgemeines. § 12 I GesO gibt dem Dritteigentümer, dessen Eigentum von der Pfändungswirkung des Eröffnungsbeschlusses erfaßt wird, einen Herausgabeanspruch gegen den Verwalter. In der Sache wird damit geltend gemacht, daß der Gegenstand nicht zu dem der Gesamtvollstreckung unterliegenden Vermögen gehört. Der Herausgabeanspruch nach § 12 I entspricht daher der Aussonderung nach § 43 KO.[3] 4

Wie bei der Aussonderung kann der Dritte seinen Herausgabeanspruch „außerhalb" der Gesamtvollstreckung geltend machen und braucht sein Recht zwar nicht gemäß § 5 Nr 3 GesO beim Verwalter zur Eintragung in das Vermögensverzeichnis (§ 11 I GesO) anzumelden,[4] wohl aber hat er sein Eigentum an einer beweglichen Sache *innerhalb der* (gerichtlich bestimmten) *Anmeldefrist beim Verwalter* gemäß § 5 Nr 4 GesO *geltend zu machen*. Andernfalls kann der Verwalter die Sache ohne Rücksicht auf das Fremdrecht verwerten. Nach § 5 Nr 4 GesO erlischt das Fremdrecht mit der Verwertung (teilweise abweichend von § 1247 BGB). Nach der ursprünglichen Fassung des § 11 III (u § 5 – Spiegelstrich 4) GesVVO (vor der Neufassung durch den Einigungsvertrag) erloschen Eigentums- und Pfandrechte an beweglichen Sachen bereits, wenn nicht innerhalb eines Monats nach Bestreiten des Rechts Herausgabeklage erhoben war.[5] Diese Regelung ist aber aufgehoben worden und nunmehr nicht mehr in § 12 GesO vorgesehen.[6] 5

§ 12 I GesO spricht vom *Eigentumsrecht an Gegenständen*. Jedoch ist diese Formulierung auch in der Neufassung zu eng geraten. Denn jeder Drittberechtigte kann Herausgabe seines Vermögenswertes verlangen. Das „Herausgabe"-Begehren kann also auch auf Fremdforderungen jeder Art, auf Besitz oder ein beschränktes dingliches Recht gestützt werden.[7] 6

Im einzelnen kann der Herausgabeanspruch auf dieselben Rechte gestützt werden, die nach § 43 KO die Aussonderung rechtfertigen (s Hdb § 41 Rdn 4 ff; § 45 Rdn 1 ff).

2. Eigentum. Bei einer Gesamtvollstreckung gegen den Besitzer kann der Eigentümer einer Sache Herausgabe nach § 985 BGB verlangen.[8] Ob man den Anspruch direkt auf § 12 I GesO stützt,[9] ist letztlich gleichgültig. Zu beachten ist dabei, daß vor dem Beitritt begründetes Gebäudeeigentum und dingliche Nutzungsrechte nach §§ 312 ff ZGB-DDR aufrechterhalten geblieben sind (Art 231 § 5; Art 233 §§ 2–5 EGBGB idF des Einigungsvertrages). Nach Art 233 § 2b EGBGB wird (klarstellend) festgelegt, daß Gebäude und Anlagen landwirtschaftlicher Produktionsgenossenschaften sowie Gebäude und Anlagen von Arbeiter-Wohnungsbaugenossenschaften auf ehemals volkseigenen Grundstücken grund- 7

---

[3] *Hess/Binz* § 12 Rdn 12.
[4] *Hess/Binz* § 12 Rdn 14.
[5] Hierfür auch für die Neufassung *Lübchen/Landfermann* ZIP 1990, 829, 835.
[6] Ungenau *Smid* § 5 Rdn 36.
[7] *Hess/Binz* § 12 Rdn 15; *Smid/Zeuner* § 12 Rdn 6; *Zeuner* S. 132, 133.
[8] *Hess/Binz* § 12 Rdn 16; *Haarmeyer/Wutzke/Förster* § 12 Rdn 8.
[9] So *Smid/Zeuner* § 12 Rdn 5.

sätzlich Eigentum des Nutzers unabhängig vom Grundstückseigentum sind.[10] Insoweit steht also abweichend von §§ 93, 94 BGB eine selbständige Herausgabepflicht unabhängig von der Pflicht zur Herausgabe des Grundstücks.

8 Bei landwirtschaftlichen Produktionsgenossenschaften ist zudem das Bodenneuordnungsverfahren gemäß §§ 53ff LwAnpG zu beachten. Kann danach eine rechtliche Einheit von Grundstückseigentum und Gebäudeeigentum wieder hergestellt werden, so kann der Eigentümer des Grundstücks von der Genossenschaft gemäß § 12 GesO Aussonderung auch der der LPG übereigneten Wirtschaftsgebäude verlangen.[11]

Inventarbeiträge der Mitglieder der LPG sind zwar bei Beendigung der Mitgliedschaft zurückzugewähren. Da sie aber als Anteile des Eigenkapitals der LPG zu behandeln sind (§ 44 I 2 LwAnpG), kann das Mitglied seinen Beitrag im Konkurs der LPG nicht aussondern.[11a]

9 **3. Miteigentum, Besitz etc.** Wie nach § 43 KO können auch Miteigentum, der Besitz, der Erbschaftsanspruch, beschränkte dingliche Rechte, Forderungen und obligatorische Herausgabeansprüche von dem Inhaber herausverlangt werden (s Hdb § 41 Rdn 6–22).

10 **4. Eigentumsvorbehalt. a)** Herausverlangt werden kann auch Eigentum, über das bereits durch Vereinbarung eines einfachen Eigentumsvorbehalts (gemäß §§ 929, 158 I BGB) verfügt wurde (s Hdb § 41 Rdn 5; § 45 Rdn 1 ff). Der Vorbehaltsverkäufer kann daher Herausgabe in der Insolvenz des Käufers verlangen, sofern dessen Verwalter nicht gemäß § 9 I 1 GesO Erfüllung des Kaufvertrages wählt.[12]

11 **b)** Der *erweiterte Eigentumsvorbehalt* (s Hdb § 45 Rdn 12ff) berechtigt vor Eintritt des „Erweiterungsfalles" zur Aussonderung, gibt also wie der einfache Eigentumsvorbehalt einen Herausgabeanspruch. Mit dem Eintritt des Erweiterungsfalles liegt wirtschaftlich dagegen eine Verpfändung vor; der Gläubiger kann nur absondern (s u Rdn 13).

12 **c)** Der *verlängerte Eigentumsvorbehalt* (s Hdb § 45 Rdn 18ff) wird nach Verarbeitung und/oder Weiterveräußerung mit Vorausabtretung dem Sicherungseigentum und damit einem Pfandrecht gleichgestellt (s u Rdn 13).

13 **5. Die Sicherungsübereignung.** Sicherungseigentum ist in der GesO nicht besonders erwähnt. Seit der Übernahme des BGB im Beitrittsgebiet ist dies auch nicht mehr nötig,[13] vielmehr müssen die im alten Bundesgebiet anwendbaren Grundsätze entsprechend gelten.

a) Wie nach der KO hat der Sicherungseigentümer in der *Insolvenz des Sicherungsgebers* kein Aussonderungsrecht, sondern nur ein Absonderungsrecht (s Hdb § 45 Rdn 34), da sich der Sicherungseigentümer aus dem Sicherungsgut nur wegen der bestehenden persönlichen Forderung befriedigen darf[14] (s u Rdn 28).

---

[10] IdF des 2. VermRÄndG v 14. 7. 1992 (BGBl I 1257); vgl. auch BT-Drucks 12/2480 vom 28. 4. 1992, S. 24; BezG Dresden VIZ 1992, 164; *Horn* DWiR 1992, 309, 312ff; *Lehmann/Zisowski* DtZ 1992, 375.

[11] *Wagner* NJ 1992, 250, 251.

[11a] *Haarmeyer/Wutzke/Förster* § 12 Rdn 33ff.

[12] *Hess/Binz* § 12 Rdn 32, 33; *Haarmeyer/Wutzke/Förster* § 12 Rdn 11.

[13] AA wohl *Becker* ZIP 1991, 783ff.

[14] *Hess/Binz* § 12 Rdn 87ff; *Smid/Zeuner* § 12 Rdn 19; *Zeuner* S. 135.

b) In der *Insolvenz des Sicherungsnehmers* hat der Sicherungsgeber dagegen ein Aussonderungsrecht, wenn er die gesicherte Forderung tilgt (s Hdb § 45 Rdn 33).[15] 14

c) Entsprechendes gilt für die *Sicherungsabtretung.*[16]

6. Die Treuhand. a) Bei einer echten Treuhand (s Hdb § 41 Rdn 25) kann der Treugeber in der *Insolvenz des Treuhänders* Herausgabe des Treugutes verlangen.[17] 15

b) Im *Konkurs des Treugebers* gehört das Treugut dagegen zur Masse (s Hdb § 41 Rdn 33).

7. Rückübertragung von Vermögenswerten nach dem Vermögensgesetz. 16
Nach § 3 I VermG[18] hat ein Berechtigter einen Anspruch auf Rückübertragung entschädigunglos enteigneter und in Volkseigentum überführter Vermögenswerte. Hat er diesen Anspruch wirksam angemeldet, so ist der (jetzt) Verfügungsberechtigte verpflichtet, den Abschluß dinglicher Rechtsgeschäfte oder die Eingehung langfristiger vertraglicher Verpflichtungen in bezug auf diese Vermögenswerte zu unterlassen (§ 3 III VermG). In das Eigentum des Berechtigten gehen die Vermögenswerte aber erst mit Unanfechtbarkeit der Entscheidung über die Rückübertragung über (§ 34 I, IV VermG).

Findet gegen den Verfügungsberechtigten[18a] ein Gesamtvollstreckungsverfahren statt, so folgt daraus, daß die rückzuübertragenden Gegenstände bis zu diesem Zeitpunkt Bestandteil der Masse sind.[18b] Erst danach kann der „Wieder-Eigentümer" Herausgabe vom Verwalter nach § 12 I GesO verlangen. Nach § 3b I VermG (idF des 2. VermRÄndG v 14. 7. 1992) ist der Restitutionsanspruch aber gesamtvollstreckungsfest (ist also ein gleichsam aussonderungsfähiger Verschaffungsanspruch), sofern er nicht ein Unternehmen zum Gegenstand hat.[19] 17

Bei einem Unternehmen hat der Verfügungsbefugte die Gesamtvollstreckung abzuwenden. Er ist zur Liquidation berechtigt und zur Abwendung der Gesamtvollstreckung nicht verpflichtet, wenn der Berechtigte trotz Aufforderung keinen Antrag auf vorläufige Einweisung stellt oder ein solcher Antrag abgelehnt wird. Die Treuhandanstalt ist zur Abwendung der Gesamtvollstreckung nicht verpflichtet, wenn der Berechtigte bis 1. 9. 1992 keinen vorläufiger Einweisungsantrag gestellt hat oder wenn über den Antrag bis 1. 12. 1992 nicht entschieden worden ist. Wird danach ein Gesamtvollstreckungsverfahren eröffnet, so erlischt der Rückgabeanspruch und hat der Berechtigte nur noch einen Anspruch gegen den Entschädigungsfonds nach § 6 VII VermG.[20] 18

Wird durch einen Investitionsvorrangbescheid festgestellt, daß § 3 III VermG nicht gilt (§ 2 InVorG v 26. 6. 1992), so erhält der Berechtigte nach Veräußerung, Vermietung oder Verpachtung von Grundstücken oder Gebäuden keine Restitution, sondern hat lediglich nach § 16 InVorG Anspruch auf den Gegenwert des Vermögensgegenstandes. Eine Gesamtvollstreckungsfestigkeit dieses Anspruchs in einem Gesamtvollstreckungsverfahren gegen den Verfügungsberechtigten ist nicht besonders angeordnet. 19

---

[15] *Hess/Binz* § 12 Rdn 90f; *Smid/Zeuner* § 12 Rdn 20; *Haarmeyer/Wutzke/Förster* § 12 Rdn 18.
[16] *Smid/Zeuner* § 12 Rdn 22.
[17] *Hess/Binz* § 12 Rdn 103; *Smid/Zeuner* § 12 Rdn 23.
[18] IdF v 18. 4. 1991 (BGBl I 957); vgl *Keil*, Ungeklärte Eigentumsverhältnisse als praktische Probleme bei der Privatisierung, VIZ 1992, 121.
[18a] Zum Begriff vgl *Wente* VIZ 1992, 125.
[18b] *Haarmeyer/Wutzke/Förster* § 12 Rdn 37.
[19] Vgl *Wagner* NJ 1992, 250, 251; zur Unternehmensrückgabe s *Messerschmidt* VIZ 1992, 417.
[20] Vgl *Wagner* NJ 1992, 250, 251.

20 Findet gegen den Restitutionsberechtigten ein Gesamtvollstreckungsverfahren statt, so gehört der Rückübertragungsanspruch (als sogleich abtretbarer Anspruch) zur Gesamtvollstreckungsmasse (§ 3 I 1, 2 VermG).[19]

21 **8. Verfolgungsrecht.** Anders als nach § 44 KO (s Hdb § 42) hat der Gläubiger nach der GesO kein Verfolgungsrecht. Sobald er bei einer Warenversendung sein Eigentum durch Übergabe von Traditionspapieren etc vorzeitig verloren hat, besteht kein Herausgabeanspruch mehr; er kann Ansprüche aus dem Vertrag nur als Insolvenzforderung zur Tabelle anmelden.[21]

22 **9. Ersatzaussonderung.** Nach § 46 KO hat der Gläubiger bei Vereitelung des Aussonderungsrechts die Möglichkeit der Ersatzaussonderung (s Hdb § 43). Die Ersatzaussonderung ist auch in § 55 E-InsO vorgesehen. Dagegen kennt die GesO keine Ersatzaussonderung. Hierin liegt nach einer Ansicht eine durch nichts gerechtfertigte Regelungslücke, die durch eine entsprechende Anwendung des § 46 KO zu füllen sei.[22]

Dem ist jedoch nicht zu folgen. Denn über die Frage, inwieweit „Rechtsfortwirkungsansprüche" Aussonderungskraft zukommen soll, kann man durchaus unterschiedlicher Auffassung sein. Bei Verfügungen des Schuldners ist der Gläubiger daher auf die Konkursquote eines Bereicherungsanspruchs oder eines Deliktsanspruchs beschränkt.[23] Bei Verfügungen des Verwalters ist der Bereicherungsanspruch nach § 13 I Nr 1 GesO vorab voll (als Masseschuld) zu begleichen.[24]

23 **10. Durchsetzung des Herausgabeanspruchs. a)** Der Verwalter ist befugt, über das gepfändete Vermögen zu verfügen (§ 8 II GesO); er hat daher begründete Herausgabeansprüche zu erfüllen. Nach § 15 VI GesO hat er vor der Anerkennung von Aussonderungen von „erheblicher Auswirkung auf den Bestand des verwalteten Vermögens" die Zustimmung des Gläubigerausschusses einzuholen.[25]

24 **b)** Die *Auskunftspflicht des Verwalters* über Verbleib von Fremdeigentum und entstandene Surrogate richtet sich wie nach der Konkursordnung nach den §§ 260, 242 BGB (s Hdb § 41 Rdn 67).[26]

25 **c)** Verweigert der Verwalter die Herausgabe des Gegenstandes, kann der Berechtigte nach § 12 I 2 GesO auf Herausgabe oder Feststellung seines Rechts klagen. Der konkrete Klageantrag richtet sich nach der Art des herauszugebenden Rechts, kann etwa bei Grundstücken auch auf Grundbuchberichtigung (§ 894 BGB) lauten. Im übrigen richtet sich der *Aussonderungs-Rechtsstreit* nach den allgemeinen Regeln (s Hdb § 41 Rdn 57–64). Eine Klagefrist von einem Monat nach Verweigerung der Herausgabe, wie sie nach § 11 III GesVVO 1990 bestand,[27] gibt es in der Neufassung durch den Einigungsvertrag nicht mehr.

Soweit das Gericht nach § 2 III GesO einen Sequester bestellt hat, ist dieser bereits zur Herausgabe verpflichtet.

26 Eine *Zuständigkeitskonzentration,* wie sie für die Feststellung zur Tabelle in § 11 III 3 GesO am Kreisgericht der Gesamtvollstreckung vorgesehen ist, besteht für Herausgabestreitigkeiten nicht mehr.[28]

---

[21] *Smid/Zeuner* § 12 Rdn 27.
[22] *Hess/Binz* § 12 Rdn 209, 210.
[23] *Smid/Zeuner* § 12 Rdn 28.
[24] Vgl *Smid/Zeuner* § 13 Rdn 8.
[25] *Hess/Binz* § 12 Rdn 126, 273; § 15 Rdn 48.
[26] Vgl *Hess/Binz* § 12 Rdn 126–133.
[27] Vgl *Schmidt/Räntsch* DtZ 1990, 199, 202; *Uhlenbruck* BB 1990, Beil 26, S. 1, 4.
[28] *Haarmeyer/Wutzke/Förster* § 12 Rdn 47 ff.

III. Herausgabeanspruch des Pfandgläubigers

1. Allgemeines. Der Pfandberechtigte hat nach § 12 I 1 GesO ebenfalls einen Herausgabeanspruch gegen den Verwalter, sofern dieser das Pfandrecht nicht ablöst. Diese Regelung entspricht damit sachlich der Absonderung nach §§ 4 II, 127 II KO. In beiden Fällen steht dem Dritten, nicht dem Verwalter die Verwertungsbefugnis zu. Das Wort „Herausgabe" ist nicht notwendig rechtstechnisch zu verstehen, soweit der Verwalter den Gegenstand nicht real in Besitz hat.[29] 27

Während der Verwalter aber dem Gläubiger nach § 127 II 1 KO eine *Frist zur eigenen Verwertung* setzen und nach Fristablauf selbst verwerten kann (§ 127 II 2, I KO), besteht eine solche Befugnis nach der GesO nicht. Der Verwalter kann nicht hinterlegungsfähige Sachen nur nach Androhung gemäß §§ 383, 384 BGB versteigern lassen; lediglich Sachen mit Börsen- und Marktpreis darf er freihändig veräußern. 28

In allen Fällen, in denen ein Dritter ein Pfandrecht beansprucht, hat der Verwalter die *Verwertung des Gegenstandes* bis zur Entscheidung über das Bestehen des Pfandrechts auszusetzen (§ 12 II GesO). Eine pflichtwidrige Veräußerung durch den Verwalter ist wirksam, doch haftet er dem Berechtigten dann persönlich für einen entstehenden Schaden (§ 8 I 2 GesO).[29a] § 12 II GesO schließt jedoch nicht aus, daß sich Gläubiger und Verwalter einverständlich über Art und Zeit der Pfandverwertung einigen.[30] 29

2. Grundpfandrechte. Über die Realisierung eines Grundpfandrechts enthält § 12 GesO keine Regelung, vermutlich weil die Beleihung privaten Grundvermögens in der früheren DDR nicht sonderlich üblich war. Nach dem Einigungsvertrag bleiben aber Grundpfandrechte nach dem ZGB der DDR bestehen (Art 233 § 3 I EGBGB). Seit dem 3. 10. 1990 werden neue Grundpfandrechte nach dem BGB bestellt. Es ist daher davon auszugehen, daß Grundpfandrechte in der Insolvenz des Schuldners vom Gläubiger nach allgemeinen Regeln durch Zwangsversteigerung oder Zwangsverwaltung zu realisieren sind[31] (s Hdb § 44 Rdn 4ff, 64ff). 30

Seit dem Beitritt gilt im Beitrittsgebiet auch das ZVG für neu einzuleitende Verfahren. Daher kann auch der Verwalter selbst eine *Zwangsversteigerung gemäß §§ 172ff ZVG* beantragen (s Hdb § 44 Rdn 66ff). 31

3. Pfandrechte an beweglichen Sachen und Forderungen. § 12 I GesO unterscheidet nicht nach dem Gegenstand des Pfandrechts, bezieht sich also auf bewegliche Sachen wie Forderungen. Da das BGB im Beitrittsgebiet insoweit ohne Maßgaben gilt, kommen alle rechtsgeschäftlichen und gesetzlichen Pfandrechte in Betracht (s Hdb § 44 Rdn 24ff, 36ff). 32

Auch ein vor Verfahrenseröffnung bzw vor Anordnung einer Verfügungsbeschränkung nach § 2 III GesO erlangtes *Pfändungspfandrecht* (§ 804 ZPO) berechtigt den Inhaber, vom Verwalter Herausgabe zu verlangen.[32] 33

4. Mobiliarsicherheiten. a) Wie im übrigen Bundesgebiet berechtigen erweiterter und verlängerter Eigentumsvorbehalt nach Eintritt des Erweiterungs- bzw Verlängerungsfalles sowie die Sicherungsübereignung nur zur Absonderung (s Hdb § 45 Rdn 12ff, 18ff, 28ff), dh zur Herausgabe zur Befriedigung wegen der 34

---

[29] Vgl *Obermüller* WM 1991, 305, 310.
[29a] *Haarmeyer/Wutzke/Förster* § 12 Rdn 43.
[30] *Hess/Binz* § 12 Rdn 27.
[31] *Hess/Binz* § 12 Rdn 245ff, 254ff.
[32] *Smid/Zeuner* § 12 Rdn 36.

gesicherten Forderung.[33] Durch den Einsatz von Mitteln der Treuhandanstalt haben Mobiliarsicherheiten im Beitrittsgebiet aber (noch) nicht die Bedeutung wie im übrigen Bundesgebiet erlangt.[34]

35 **b)** Bringen Gläubiger ihre Sicherungsrechte in einen *Sicherheiten-Pool* ein (s Hdb § 46), so kann dieser ebenfalls nur Pfandherausgabe verlangen, soweit nicht (unüblicherweise) einfaches, vorbehaltenes Eigentum mit in den Pool eingebracht wird.

36 **5. Zurückbehaltungsrechte.** Das Zurückbehaltungsrecht wegen Verwendungen (§ 1000 BGB) und die handelsrechtlichen Zurückbehaltungsrechte (§§ 369ff HGB) berechtigten im Konkurs zur Absonderung gemäß § 49 I Nr 3 und 4 KO (s Hdb § 44 Rdn 42ff). Dementsprechende Absonderungsrechte kennt die Gesamtvollstreckungsordnung jedoch nicht.[35] Diese Entscheidung ist zu respektieren.

37 **6. Absonderungsrechte und gegenständlich beschränkte Vorrechte außerhalb der GesO. a)** Soweit bei der Versicherung für fremde Rechnung und bei Haftpflichtansprüchen Befriedigungsrechte des Versicherungsnehmers bzw des Geschädigten nach dem VVG bestehen (s Hdb § 44 Rdn 46f), gelten diese mit dem VVG auch im Beitrittsgebiet.[36]

38 **b)** Gleiches gilt für *gegenständlich beschränkte Vorrechte* nach dem DepotG, dem HypothekenbankG und dem VersicherungsaufsichtsG (s Hdb § 44 Rdn 52), die bereits mit der Wirtschafts- und Währungsunion im späteren Beitrittsgebiet übernommen wurden.[37]

39 **7. Zölle und Steuern.** Ein Absonderungsrecht für Zölle und Steuern, wie es § 49 I Nr 1 KO vorsieht (s Hdb § 44 Rdn 51) kennt die GesO nicht.[38] Da bei den privilegierten Forderungen ein Fiskusprivileg in § 17 I Nr 3 GesO vorgesehen ist, ist davon auszugehen, daß es sich bei der Lücke in § 12 um eine bewußte Entscheidung des Gesetzgebers handelt, die zu respektieren ist.

40 **8. Ersatzabsonderung.** In Analogie zur Ersatzaussonderung nach § 46 KO (s o I 9) hat der Gläubiger im Konkursverfahren ein Recht zur Ersatzabsonderung (s Hdb § 44 Rdn 91ff). Da das Gesamtvollstreckungsverfahren aber bereits kein Ersatzaussonderungsrecht kennt, entfällt auch die Möglichkeit der Ersatzabsonderung.

41 **9. Die Ablösung des Pfandrechts.** Der Verwalter kann die Herausgabe aller verpfändeten Gegenstände nach § 12 I 2 GesO abwenden, indem er das Pfandrecht ablöst, also die gesicherte Forderung einschließlich Kosten, Zinsen und sonstiger Nebenforderungen tilgt. Dies gilt auch bei Sicherungsübereignungen und Sicherungsabtretungen.[39] Dies ist möglicherweise wirtschaftlich sinnvoll, wenn der Wert des Pfandgegenstandes deutlich höher ist als der der gesicherten Forderung.[40] Die Ablösungspflicht besteht stets in Höhe der gesicherten Forderung, auch wenn diese den Wert des Pfandgegenstandes übersteigt.[41]

---

[33] *Vortmann* KTS 1991, 237, 251.

[34] *Zeuner* S. 142.

[35] *Smid/Zeuner* § 12 Rdn 37; für entsprechende Anwendung dagegen *Hess/Binz* § 12 Rdn 202ff, 205f.

[36] *Smid/Zeuner* § 12 Rdn 38.

[37] Anlage II Nr II 3, 7, 8 zum Vertrag über die Wirtschafts- und Währungsunion vom 18. 5. 1990, BGBl 1990 II 537, 552.

[38] *Smid/Zeuner* § 12 Rdn 34.

[39] *Becker* ZIP 1991, 783, 785.

[40] *Haarmeyer/Wutzke/Förster* § 12 Rdn 5.

[41] *Obermüller* WM 1991, 305, 310.

10. Die Befriedigung des Pfandberechtigten. Kann der Verwalter das Pfandrecht nicht ablösen, so hat er dem Berechtigten den verpfändeten Gegenstand „herauszugeben" (§ 12 I 1 GesO). 42

a) Bei *unbeweglichen Sachen* hat er danach die Zwangsversteigerung bzw Zwangsverwaltung des Grundstücks zu dulden (so Rdn 1ff).

b) *Bewegliche Sachen* sind (entsprechend § 1231 BGB) dem Berechtigten tatsächlich zum Zwecke des Pfandverkaufs herauszugeben (§§ 1233ff BGB).[42] Dem Pfandgläubiger steht aber nur der Erlös in Höhe der gesicherten Forderung einschließlich Kosten, Zinsen etc zu. Im übrigen tritt der Erlös im Wege dinglicher Surrogation an die Stelle des Pfandes (§ 1247 S. 2 BGB), so daß ein Mehrerlös an die Masse abzuliefern ist. 43

c) *Verpfändete Forderungen* sind freizugeben; ggf hat der Verwalter zu erklären, daß er keine eigenen Rechte daran beansprucht.[43] 44

11. Verhältnis dinglicher und persönlicher Haftung. Als Inhaber einer persönlichen Forderung hat der Gläubiger seine gesamte Forderung beim Verwalter zur Eintragung in das Verzeichnis anzumelden und feststellen zu lassen. Unabhängig davon kann der Pfandgläubiger den Gegenstand herausverlangen, ihn veräußern (§ 1234 BGB) und sich aus dem Erlös befriedigen (§ 1247 S. 1 BGB). An der Verteilung des verwerteten Vermögens nimmt der Gläubiger nur mit seinem Ausfall teil (s Hdb § 44 Rdn 56ff). Die GesO enthält jedoch keine den §§ 64, 153 KO entsprechende Regelung. Der Verwalter kann dem Gläubiger daher keine Ausschlußfrist setzen, um seinen Ausfall oder seinen Verzicht auf sein Pfandrecht mitzuteilen. 45

IV. Der Übertragungsanspruch der Treuhandanstalt nach § 25 V DMBilG

1. Der Rückübertragungsanspruch. Mit der Herstellung der Währungs- und Wirtschaftsunion mit der ehemaligen DDR wurden Unternehmen, die bisher volkseigene Vermögen der Treuhandanstalt oder eines ihrer Tochterunternehmen waren, auf einen anderen Vermögensträger unentgeltlich übertragen (s § 24 DMBilG). Ergab bzw ergibt sich bei Aufstellung der DM-Eröffnungsbilanz für ein derartiges Unternehmen, (1) daß es insolvent (zahlungsunfähig oder überschuldet) ist und (2) nicht sanierungsfähig ist, oder daß innerhalb der Frist zur Aufstellung der Eröffnungsbilanz die Auflösung des Unternehmens beschlossen wird, so hat die Treuhandanstalt nach § 25 V 1 DMBilG (idF des HemmnisbeseitigungsG vom 22. 3. 1991, BGBl I 766, 779)[44] einen *Anspruch auf Rückübertragung unentgeltlich übertragener Beteiligungen und von Grund und Boden.* Nicht entscheidend ist dabei die Eröffnung des Gesamtvollstreckungsverfahrens, sondern die mangelnde Sanierungsfähigkeit.[45] Die amtliche Begründung verweist darauf, daß die Treuhandanstalt in die Lage versetzt werden soll, die Sachwerte des bisherigen volkseigenen Vermögens anderweitig zur Sanierung der Wirtschaft einzusetzen.[46] 46

Macht die Treuhandanstalt diesen Anspruch geltend, so hat sie *Neugläubiger* des Unternehmens, deren Ansprüche nach dem 1. 7. 1990 entstanden sind, bis zur Höhe des Verkehrswerts der übertragenen Vermögensgegenstände *schadlos zu hal-* 47

---

[42] Mißverständlich *Smid,* Gesamtvollstreckung, § 10 I 2a.

[43] *Hess/Binz* § 12 Rdn 44.

[44] Vgl *Sonnemann/Lohse* BB 1991, Supplement Deutsche Einigung – Rechtsentwicklungen Folge 20, S. 14, 20.

[45] *Landfermann* ZIP 1991, 826, 827.

[46] Erläuterungen zu den Anlagen zum Einigungsvertrag vom 10. 9. 1990, BT-Drucks 11/7817, S. 86.

ten. Sofern über das Unternehmen ein Gesamtvollstreckungsverfahren eröffnet wurde, ist dieser Anspruch auf Schadloshaltung jedoch kollektiv vom Verwalter geltend zu machen.

48 **2.** Die *rechtliche Einordnung des Rückübertragungsanspruchs* der Treuhandanstalt macht Schwierigkeiten. In der ursprünglichen Fassung des § 25 V DMBilG durch den Einigungsvertrag war nur der Rückübertragungsanspruch bei festgestellter Überschuldung, Einleitung des Gesamtvollstreckungsverfahrens innerhalb der Frist zur Feststellung der DM-Eröffnungsbilanz oder bei Auflösung des Unternehmens vorgesehen, nicht aber die Pflicht zur Schadloshaltung gegenüber den Neugläubigern. Da der Anspruch auch nach Eröffnung des Gesamtvollstreckungsverfahrens bestand, wurde er überwiegend als Aussonderungsanspruch eingeordnet.[47]

49 *Zeuner* meint dagegen, da die Beteiligungen und Grund und Boden wirksam übereignet worden seien, handele es sich nur um einen schuldrechtlichen Verschaffungsanspruch, der nicht aussonderungsfähig sei. Der Anspruch sei einfache, nicht privilegierte Forderung nach § 17 III Nr 4 GesO; die Ausgleichsansprüche der Neugläubiger könnten erst bei der Schlußverteilung berücksichtigt werden.[48]

50 Zutreffend ist wohl, daß ein gewöhnliches Aussonderungsrecht nicht vorliegt, da der Masse durch die Verpflichtung zur Schadloshaltung der Neugläubiger kein Nachteil entsteht[49] und Gegenstände im Eigentum des Schuldners herauszugeben sind.[50] Eine Einordnung als bloßer einfacher Verschaffungsanspruch scheidet jedoch aus, da solche Ansprüche nach der Verwertung durch den Verwalter lediglich anteilig in Geld zu erfüllen sind, während die Treuhandanstalt reale Rückübertragung der Beteiligungen und von Grund und Boden verlangen kann. Deshalb entspricht die Einordnung als *Aussonderungsrecht* der gewählten Konstruktion immer noch am besten.[51]

51 **3.** Umgekehrt meint *Smid*, der *Anspruch der Neugläubiger auf Schadloshaltung* nach § 25 V 2 DMBilG habe nunmehr ein Aussonderungsrecht zum Inhalt.[52] Dem ist nicht zuzustimmen. Denn im Gesamtvollstreckungsverfahren kann die Schadloshaltung nur vom Verwalter und nur in Höhe des Wertes der zurückübertragenen Vermögenswerte verlangt werden. Dem einzelnen Gläubiger steht daher nicht ein Anspruch auf Herausgabe konkreter Gegenstände zu, wie er für die Aussonderung charakteristisch ist. Auch erhält der einzelne Gläubiger bei Konkurrenz mehrerer nur anteilige Befriedigung seiner Forderung.[53] Allenfalls hat der Verwalter aus den gemäß § 25 V 2 DMBilG erhaltenen Mitteln eine Sondermasse zugunsten der Neugläubiger zu bilden.

52 **4.** Der Rückübertragungsanspruch besteht nur, soweit volkseigene Unternehmen umgewandelt werden. Dagegen entsteht er nicht im *Konkurs einer LPG* (landwirtschaftlichen Produktionsgenossenschaft) bezüglich der von der LPG in sog Rechtsträgerschaft erworbenen volkseigenen Grundstücken.[54]

---

[47] KPMG Deutsche Treuhand-Gruppe, D-Mark Bilanzgesetz, 1990, § 25 Anm 6; *Budde/Forster,* DM-Bilanzgesetz, 1991, § 25 Rdn 29; aA *Smid* DB 1991, 1263/64.

[48] *Zeuner* S. 147ff, 161f; ebenso wohl *Haarmeyer/Wutzke/Förster* § 12 Rdn 22ff, 26.

[49] Vgl *Smid* S. 114.

[50] *Landfermann* ZIP 1991, 826, 832.

[51] *Budde/Forster/Müller,* D-Mark-Bilanzgesetz, Kommentar, Ergänzungsband, 1990, S. 74.

[52] *Smid* S. 114.

[53] *Budde/Forster/Müller* S. 75.

[54] *Haarmeyer/Wutzke/Förster* § 12 Rdn 28ff, 32.

V. Zurückbehaltung von Massebestandteilen

§ 12 III GesO regelt die Pflicht des Verwalters Massebestandteile zurückzuhalten, damit Verwaltungsausgaben und bestrittene, später aber festgestellte Forderungen befriedigt werden können. Die Regelung gehört zur Verteilung der Masse, hat aber keinen Zusammmenhang mit Eigentum und Pfandrechten Dritter.[55] 53

B. Aufrechnung

1. Aufrechnung im Gesamtvollstreckungsverfahren. Nach § 7 I GesO wird das Vermögen des Schuldners zwar mit dem Eröffnungsbeschluß gepfändet und beschlagnahmt. Gleichwohl gestattet § 7 V GesO dem Gläubiger die Aufrechnung auch noch im Gesamtvollstreckungsverfahren, wenn er zur Zeit der Eröffnung des Verfahrens dazu berechtigt war. 1

Die Aufrechnung kann danach auch noch nach Verfahrenseröffnung erklärt werden, wenn sie vor Eröffnung hätte erklärt werden können. Dies setzt voraus, daß sämtliche *Voraussetzungen des § 387 BGB* bereits vor Verfahrenseröffnung erfüllt waren.[1] 2

Die *gesetzlichen Aufrechnungsverbote* (s Hdb § 47 Rdn 10 ff) gelten fort, im Zweifel aber nicht ein vertragliches Aufrechnungsverbot (s Hdb § 47 Rdn 15). 3

2. Erweiterung der Aufrechnungsbefugnis? Im Interesse einer einfachen, umfassenden Schuldenbereinigung erweitert § 54 KO die Aufrechnungsbefugnis auf ungleichartige Forderungen (§§ 54 I, IV; 69, 70 KO) und auf betagte und bedingte Forderungen (§ 54 I KO) (s Hdb § 47 Rdn 22 ff). Danach wird das der Aufrechnungsbefugnis wirtschaftlich entsprechende Recht der Absonderung auch auf Fälle künftiger Aufrechnungslagen ausgedehnt. 4

Die GesO enthält dazu keinerlei Regelung. Es stellt sich deshalb die Frage, ob § 54 KO ergänzend in die GesO hinein interpretiert werden kann. Jedoch versteht sich eine solche Erweiterung nicht von selbst. § 107 E-InsO schränkt die Erweiterung durch § 54 KO durchaus ein, weil § 54 KO dem künftigen bzw. bedingten Aufrechnungsberechtigten systemwidrig eine Vorzugsstellung einräumt. Soweit es um die Aufrechnungsbefugnis geht, wird daher die Anwendung der allgemeinen Fälligkeitsregelung und der Umwandlungsregelung ausgeschlossen (§ 107 S. 2 E-InsO). § 107 E-InsO schließt den Eintritt der Aufrechnungslage nach Verkehrseröffnung aber auch nicht aus; die Aufrechnung wird vielmehr erst nach Eintritt der allgemeinen Voraussetzungen zugelassen. Wird jedoch die zur Masse gehörende Gegenforderung zuerst fällig oder unbedingt, so soll eine Aufrechnung ausgeschlossen bleiben (§ 107 S. 3 E-InsO), weil auch die frühere Beschlagnahme einer Forderung eine Aufrechnung nach § 392 BGB ausschließt.[2] Mit der Gesamtvollstreckungsordnung wollte der Gesetzgeber zudem Teile der Reform des Insolvenzrechts vorab verwirklichen. Die Regelung in § 7 V GesO entspricht danach stärker als die in § 54 KO dem allgemeinen Grundprinzip der gleichmäßigen Befriedigung aller Gläubiger. Die *Aufrechnungsbefugnis* kann daher im Gesamtvoll- 5

---

[55] *Haarmeyer/Wutzke/Förster* § 12 Rdn 54 ff.

[1] *Hess/Binz* § 7 Rdn 92, 94 ff; *Vortmann* KTS 1991, 237, 251; *Haarmeyer/Wutzke/Förster* § 7 Rdn 45 f.

[2] Vgl Begründung zu § 107 des Entwurfes einer Insolvenzordnung vom 15. 4. 1992, BT-Drucks 12/2443, S. 140 f.

streckungsverfahren *nicht entsprechend § 54 KO* erweitert werden.[3] Auch für eine Einzelfallanalogie durch die Rechtsprechung[4] ist kein Raum.

6 Teilweise wird die Ansicht vertreten, eine Aufrechnung sei jedoch (entsprechend § 107 S. 1 E-InsO) zulässig, wenn die *Aufrechnungsvoraussetzungen während des Gesamtvollstreckungsverfahrens eintreten.*[5] Diese Ansicht widerspricht aber dem Wortlaut und dem Sinn des § 7 V GesO: Eine nachträglich eintretende Aufrechnungslage begründet danach keine Aufrechnungsbefugnis. Der Gläubiger hat vielmehr seine Forderung beim Verwalter anzumelden und muß die Gegenforderung voll begleichen.

7 **3. Schutz vor Manipulationen.** § 7 V GesO enthält umgekehrt keine besondere § 55 KO entsprechende Einschränkung der Aufrechnungsbefugnis bei dolos geschaffener Aufrechnungslage, die auch (vereinfacht und sachlich ergänzt) in § 108 E-InsO vorgesehen ist.[5a] Da § 7 V GesO die Aufrechnungsbefugnis aber an eine zur Zeit der Eröffnung des Verfahrens bestehende Aufrechnungslage knüpft, war eine Sonderregelung wohl überflüssig. Im einzelnen folgt daraus:

8 **a)** Der Gläubiger kann *nicht aufrechnen,* wenn die *Gegenforderung erst nach Eröffnung des Verfahrens begründet* wird. Die Aufrechnung ist also unzulässig, wenn die Gläubigerstellung erst nach Verfahrenseröffnung begründet wurde (s Hdb § 47 Rdn 59) oder der Gläubiger erst nach Verfahrenseröffnung aus Geschäften mit dem Verwalter oder aus unerlaubter Handlung etc etwas zur Masse schuldig geworden ist (zu Einzelfällen s Hdb § 47 Rdn 49 ff).[6]

9 Dagegen ist wohl von einer *Aufrechnungsbefugnis* auszugehen, *soweit* dadurch *keine Masseverkürzung* eintritt. Erwirbt der Gläubiger nachträglich aus Geschäften mit dem Verwalter eine nach § 13 I Nr 1 GesO vorab voll zu erfüllende Forderung, so kann der Gläubiger gegen die Gegenforderung des Verwalters aufrechnen,[7] solange kein Fall der Masseinsuffizienz eingetreten ist.

10 **b)** Der Gläubiger kann nicht aufrechnen, wenn er seine *Gegenforderung durch Abtretung oder gesetzlichen Forderungsübergang* erst *nach Verfahrenseröffnung erworben* hat.[8] Etwas anderes gilt nach verbreiteter Ansicht lediglich bei einer Sicherungsabtretung nach Verfahrenseröffnung mit anschließender Rückabtretung, wenn der Rückerwerb von Anfang an beabsichtigt war (s Hdb § 47 Rdn 64, 65).[9] Da der Gläubiger die Aufrechnungslage aber in diesem Fall selbst aufgegeben hatte, scheint eine Wiederherstellung nicht zwingend geboten zu sein.

11 **c)** Nicht ausgeschlossen ist die Aufrechnung nach § 7 V GesO jedoch (abweichend von § 55 Nr 3 KO), wenn die *Aufrechnungslage in der kritischen Zeit* vor Verfahrenseröffnung erworben wurde. § 7 V GesO sieht eine entsprechende Einschränkung nicht vor.

12 Allerdings kann der Verwalter die Aufrechnung in diesen Fällen nach § 10 I Nr 4 GesO wohl meist *anfechten* und ihre Wirkung damit rückgängig machen. Jedoch

---

[3] *Schmidt-Räntsch* DtZ 1990, 199, 201; *Lübchen/Landfermann* ZIP 1990, 829, 833; *Smid/Zeuner* § 7 Rdn 40; ebenso *Zeuner,* Gesamtvollstreckungsordnung der fünf neuen Bundesländer, 1992, S. 116 f; *Lübchen,* in: Das fortgeltende Recht der DDR (Loseblattausgabe Stand 1991) III A 13, S. 18.

[4] Hierfür *Haarmeyer/Wutzke/Förster* § 7 Rdn 48 ff. Ähnlich möchte *Schmidt-Räntsch* DtZ 1990, 199, 201, dem Gläubiger die Aufrechnung gegen eine nicht fällige Forderung der Masse gestatten.

[5] *Smid/Zeuner* § 7 Rdn 41.

[5a] Für entsprechende Anwendung auf die GesO: *Haarmeyer/Wutzke/Förster* § 7 Rdn 51 f.

[6] *Smid/Zeuner* § 7 Rdn 44.

[7] *Zeuner,* Gesamtvollstreckungsordnung, S. 119 f.

[8] *Smid/Zeuner* § 7 Rdn 45; *Zeuner* S. 121.

[9] *Zeuner* S. 122 f.

folgt daraus (anders als nach § 108 Nr 3 E-InsO) nicht unmittelbar ein Aufrechnungsverbot;[10] der Verwalter muß vielmehr die erklärte Aufrechnung tatsächlich durch Anfechtung rückgängig machen.

---

10 AA *Zeuner* S. 123ff, 130.

7. Abschnitt. Insolvenzanfechtung

Übersicht

A. Grundlagen der Anfechtung nach der Gesamtvollstreckungsordnung

I. Allgemeines

1 Die GesO sichert den Bestand der Masse, von einstweiligen Anordnungen nach § 2 III GesO abgesehen, erst für die Zeit nach der Eröffnung des Verfahrens. Sie verbietet nunmehr Verfügungen des Schuldners sowie Maßnahmen der Gläubiger (vgl insb §§ 5 Nr 1, 7 I–IV GesO) und läßt Masseschmälerungen nur in bestimmten Fällen zu, insbesondere bei Aufrechnung (§ 7 V GesO), Herausgabe von Gegenständen mit Rücksicht auf Eigentums- und Pfandrechte Dritter (§ 12 GesO) sowie Tilgung vorab zu begleichender Ansprüche (§ 13 GesO). Rechtshandlungen vor Eröffnung der Gesamtvollstreckung sind jedoch grundsätzlich auch dann wirksam, wenn sie zu einer Verminderung des Schuldnervermögens geführt haben. Sie begründen demzufolge beim Geschäftspartner Vertrauen in die Rechtsbeständigkeit seines Erwerbs.

2 Anders liegt es freilich, wenn der spätere Schuldner eines Gesamtvollstreckungsverfahrens angesichts der drohenden Insolvenz Vermögen auf Dritte übertragen, es verschleudert oder ihm nahestehende oder besonders drängende Gläubiger befriedigt hatte. Das kann im Interessse der Gläubigergemeinschaft nicht hingenommen werden. Deshalb eröffnet § 10 GesO die Möglichkeit, solche Vorgänge unter bestimmten Voraussetzungen anzufechten. *Zweck der Insolvenzanfechtung*

ist es mithin, sachlich ungerechtfertigte Vermögensverschiebungen, durch welche die spätere Masse verkürzt worden ist, rückgängig zu machen. Anfechtung ist also Mittel zur Anreicherung der Masse und Gegenmittel zur Massearmut.

Diese Grundsätze decken sich mit der Rechtslage in der KO. Auch sonst ist die Anfechtung nach der GesO der Konkursanfechtung (§§ 29ff KO) nachgebildet. Allerdings hat sich dort gezeigt, daß einzelne Anfechtungstatbestände die soeben beschriebene Aufgabe nur unvollkommen bewältigen (HdB § 48 Rdn 4). Der Gesetzgeber der GesO hat deshalb in Anlehnung an die geplante Insolvenzrechtsreform wichtige Verbesserungen vorgenommen; darauf wird jeweils besonders aufmerksam gemacht. 3

II. Abgrenzung zu rechtsähnlichen Tatbeständen

Bei der *Insolvenzanfechtung* macht der Verwalter einen zugleich mit Verfahrenseröffnung entstandenen Anfechtungsanspruch gerichtlich geltend, der zwar das zugrundeliegende Geschäft in seinem rechtlichen Bestand unberührt läßt, den Anfechtungsgegner aber im Interesse aller Gläubiger zur Rückgewähr des anfechtbar Erlangten in die Masse verpflichtet (Einzelheiten u F Rdn 1ff). Davon sind zu unterscheiden (ausführlich Hdb § 48 Rdn 7–9): *Gläubigeranfechtung außerhalb des Insolvenzverfahrens* nach dem Anfechtungsgesetz, mit der ein einzelner Gläubiger wegen seines titulierten Anspruchs (§ 2 AnfG) – also inhaltlich begrenzt – auf Vermögen zugreifen kann, das der Schuldner (nach § 3 AnfG) anfechtbar an einen Dritten weggegeben hatte (§ 7 AnfG); *Anfechtung nach §§ 119ff BGB,* bei der eine nicht ordnungsgemäß zustande gekommene Willenserklärung durch die einseitige rechtsgeschäftliche Erklärung der Anfechtung (§ 143 BGB) beseitigt und dann das Rechtsgeschäft als von Anfang an nichtig angesehen wird (§ 142 BGB); *Nichtigkeit* (§ 134 BGB) und *unerlaubte Handlung* (§§ 823ff, insb § 826 BGB), was nicht schon dann vorliegt, wenn ein Anfechtungstatbestand der GesO verwirklicht wurde, sondern erst beim Hinzutreten weiterer Umstände. 4

III. Überblick zur Insolvenzanfechtung

Es gibt 3 Tatbestände: Die *Absichtsanfechtung* (§ 10 I Nr 1, 2 GesO), wenn der Schuldner in der Absicht handelte, seine Gläubiger zu benachteiligen; die *Schenkungsanfechtung* (§ 10 I Nr 3 GesO) mit dem Merkmal der Unentgeltlichkeit der Zuwendung; die *besondere Insolvenzanfechtung* (§ 10 I Nr 4 GesO), deren Kennzeichen ist, daß im Zeitpunkt der Vornahme der nun anzufechtenden Rechtshandlung schon „Vorboten der Insolvenz" aufgetreten waren, nämlich Zahlungseinstellung oder Eröffnungsantrag. 5

Diese Fälle sind für den Geltungsbereich der Konkursordnung in § 31 KO (Absichtsanfechtung), § 32 KO (Schenkungsanfechtung) und in § 30 KO (besondere Konkursanfechtung) geregelt. Nach § 32a KO kann darüber hinaus auch die Sicherung oder Befriedigung eines Gläubigers angefochten werden, der ein sogenanntes *kapitalersetzendes Darlehen* (§ 32a I, III GmbHG) gewährt hatte (HdB § 52). Eine solche Vorschrift fehlt in der GesO. Der Grund dafür liegt bei den wirtschaftlichen Besonderheiten in den neuen Bundesländern, hauptsächlich im Hinblick auf die Treuhandunternehmen (s u Kap V). Diese Wertentscheidung des Gesetzgebers muß hingenommen werden. Eine entsprechende Anwendung von § 32a KO scheidet deshalb aus.[1] 6

---

[1] Ebenso *Smid* Gesamtvollstreckung S. 100; *Haarmeyer/Wutzke/Förster* § 10 Rdn 67; a A *Hess/Binz* § 10 Rdn 139.

7 Die einzelnen Anfechtungstatbestände des § 10 I GesO stehen grundsätzlich selbständig nebeneinander, schließen sich also nicht gegenseitig aus und können auch gleichzeitig erfüllt sein. *Gemeinsame Voraussetzungen* sind eine anfechtbare Rechtshandlung und eine dadurch bedingte Gläubigerbenachteiligung. Beide Merkmale werden deshalb im folgenden vorweg, also sozusagen in einem „Allgemeinen Teil der Insolvenzanfechtung" behandelt; erst dann folgt die Darstellung zu den einzelnen Vorschriften.

IV. Anfechtbarkeit von Rechtshandlungen

8 Unter den *Begriff* der Rechtshandlung fallen alle Handlungen mit rechtlicher Wirkung, gleich ob diese gewollt oder nicht gewollt ist, insbesondere also Willenserklärungen als Bestandteile dinglicher (z B: Sicherungsübereignung) oder obligatorischer (z B: Kaufvertrag) Rechtsgeschäfte (Hdb § 48 Rdn 14–15); positives Tun steht Unterlassen gleich, wenn es bewußt und gewollt erfolgt. *Unanfechtbar* sind jedoch höchstpersönliche Rechtsgeschäfte wie Eheschließung oder Erbschaftsausschlagung und solche, bei denen aus der Natur der Sache heraus eine Anfechtung ausscheidet; Einzelheiten mit weiteren Beispielen vgl HdB § 48 Rdn 28.

9 Zu den anfechtbaren Rechtshandlungen gehören auch die sogenannten *mittelbaren Zuwendungen,* bei denen die Weggabe eines Vermögensgegenstandes an einen Dritten (Mittelsperson) und von diesem an den Erwerber erfolgt, wenn beide an sich rechtlich getrennten Geschäfte wirtschaftlich betrachtet als einheitlicher Vorgang anzusehen sind. Das ist der Fall, wenn der Wille des Schuldners von Anfang an darauf gerichtet ist, aus seinem Vermögen den Leistungsgegenstand auf dem Umweg über die Mittelsperson im Endergebnis dem Erwerber zuzuwenden.[1a]

10 Die Rechtshandlung muß außerdem *vor Verfahrenseröffnung* liegen und *vom Schuldner* stammen. Handlungen *Dritter* können demzufolge nicht angefochten werden;[1b] das folgt aus dem Wortlaut des § 10 I GesO im Vergleich mit § 29 KO (dazu HdB § 48 Rdn 17), der keine entsprechende Einschränkung enthält. Anders als dort kann also schon aus diesem Grunde eine nach § 7 V GesO zulässige Aufrechnung nicht deshalb angefochten werden, weil ihre Voraussetzungen vor Eröffnung der Gesamtvollstreckung anfechtbar geschaffen worden waren (zur Rechtslage in der KO vgl HdB § 48 Rdn 11). Eigenen Handlungen des Schuldners stehen aber die seiner *gesetzlichen Vertreter oder Bevollmächtigten* gleich; für die Kenntnis der die Anfechtung begründenden Umstände kommt es dann auf die Person des Vertreters an, § 166 I BGB (Hdb § 48 Rdn 18).

11 Bei dieser Rechtslage ist zweifelhaft, ob auch Handlungen eines *Sequesters* angefochten werden können (s u D Rdn 10). Im Bereich der KO läßt das die herrschende Meinung zu, selbst dann, wenn dieser, wie üblich, mit dem späteren Verwalter personengleich ist (Hdb § 48 Rdn 21).

12 Setzt sich ein Rechtsgeschäft aus *mehraktigen Rechtshandlungen* zusammen, wie beispielsweise eine Pfandrechtsbestellung aus Einigung und Übergabe (§ 1205 BGB), so ist der die Handlung vollendende Akt maßgeblich. Diese Regelung gilt ganz allgemein, also auch, soweit es auf die Zahlungseinstellung bzw den Eröffnungsantrag einschließlich der Kenntnis davon (vgl § 10 I Nr 4 GesO), oder, soweit es auf die Kenntnis der Benachteiligungsabsicht (vgl § 10 I Nr 1, 2 GesO) ankommt (näher Hdb § 48 Rdn 19).

13 Anders liegt es jedoch bei *Grundstücksgeschäften.* Zwar bestehen sie ebenfalls aus

[1a] BGH NJW 1992, 834 zum AufG.
[1b] *Smid/Zeuner* § 10 Rdn 13; *Haarmeyer/Wutzke/Förster* § 10 Rdn 4, 5.

mehreren Akten, weil erst Einigung und Eintragung zusammen die Rechtsänderung bewirken (§§ 873 bis 877 BGB). Erfolgt die Eintragung, wie üblich, zuletzt, so ist sie der die Rechtsänderung vollendende Akt, wäre mithin nach der oben dargestellten Regel für eine Anfechtung maßgeblich; letzteres ist im Bereich der KO auch herrschende Meinung (sehr streitig, vgl Hdb § 48 Rdn 23 bis 25). **§ 10 III GesO** bestimmt demgegenüber, daß die Handlung als (schon) in dem Zeitpunkt vorgenommen gilt, in dem die übrigen Voraussetzungen für das Wirksamwerden erfüllt sind, die vom Schuldner abgegebene Willenserklärung für ihn bindend geworden ist und der andere Teil die Eintragung beantragt hat.

Diese Vorschrift hat für die Praxis in den neuen Bundesländern große Bedeutung. **14** Dort wird nämlich in aller Regel wegen der Schwierigkeiten beim Aufbau einer Grundbuchrechtspflege überdurchschnittlich viel Zeit zwischen der Antragstellung und dem Vollzug im Grundbuch, also der Eintragung als dem die Rechtshandlung vollendenden Akt verstreichen. Wegen § 10 III GesO entstehen daraus aber keine Nachteile; dem Erwerber schadet es mithin nicht mehr, wenn er noch vor der Eintragung beispielsweise Kenntnis von der Zahlungseinstellung des Schuldners oder von dessen Gläubigerbenachteiligungsabsicht erlangt. Voraussetzung ist aber, daß sonst alles für den Rechtserwerb getan ist, also die übrigen Voraussetzungen für das Wirksamwerden des jeweiligen Grundstücksrechts nach BGB erfüllt sind, die vom Schuldner abgegebene Willenserklärung für ihn gemäß §§ 873 II, 878 BGB bindend geworden ist und der andere Teil, also der Erwerber, die Eintragung beantragt hat.

Grundsätzlich kann ein Rechtsgeschäft nur als Ganzes angefochten werden. Eine **15** *Teilanfechtung* eines einzigen Rechtsgeschäftes ist aber jedenfalls dann zulässig, wenn sich dieses in voneinander unabhängige selbständige Teile zerlegen läßt (Hdb § 28 Rdn 26). Davon zu unterscheiden ist die Frage, ob sowohl das Grund- als auch das Erfüllungsgeschäft, oder, ob nur eines von beiden angefochten werden muß (Hdb § 48 Rdn 27).

V. Gläubigerbenachteiligung

Als Grundsätze gelten (ausführlich Hdb § 48 Rdn 29ff): Jede insolvenzrechtliche **16** Anfechtung setzt voraus, daß die anzufechtende Rechtshandlung eine *objektive Gläubigerbenachteiligung,* also eine Verkürzung der Masse herbeigeführt hat, was nach wirtschaftlichen Gesichtspunkten zu entscheiden ist. Es kommt mithin darauf an, ob sich die Befriedigungsmöglichkeiten der Gläubiger ohne jene Rechtshandlung günstiger gestaltet hätte. Allerdings ist es nicht Aufgabe der Anfechtung, der Masse Vermögensvorteile zu verschaffen, die sie ohne die anfechtbare Rechtshandlung nicht erlangt hätte. Eine Gläubigerbenachteiligung entfällt aber nicht etwa deshalb, weil die anzufechtende Rechtshandlung in ursächlichem Zusammenhang mit anderen Ereignissen der Masse auch Vorteile gebracht hat (Problem der sog Vorteilsausgleichung, Hdb § 48 Rdn 42).

Keine Gläubigerbenachteiligung liegt vor, wenn trotz der anfechtbaren Rechts- **17** handlung alle Gläubiger befriedigt werden können, was freilich in der Praxis kaum vorkommen wird. Eine Verkürzung der Masse entfällt auch, wenn Gegenstände übertragen werden, die infolge von Sicherungsrechten ohnehin herausgegeben oder abgelöst hätten werden müssen (§ 12 GesO).[2] Ebenso liegt es, wenn mit dem anfechtbar erworbenen Betrag gerade die Gläubiger befriedigt wurden, die auch der Verwalter mit diesem Betrag, wäre er im Vermögen des Schuldners verblieben, hätte befriedigen müssen; weitere Voraussetzung ist aber, daß es außer

[2] Vgl. auch Hdb § 48 Rdn 35; BGH NJW 1992, 624, 626 = EWiR § 30 KO 4/91, 1107 *(Flessner).*

den ausgezahlten Gläubigern keine anderen Gläubiger mit gleichen oder besseren Vorrechten gibt.[3] Die Gläubiger werden schließlich auch nicht durch sogenannte Bargeschäfte benachteiligt, bei denen dem Vermögen des später von der Gesamtvollstreckung betroffenen Schuldners ein entsprechender Gegenwert zufließt, also gleichwertige Leistungen Zug um Zug ausgetauscht werden (Hdb § 48 Rdn 44, 45).

18 Zur Behandlung *hypothetischer Kausalverläufe* s Hdb § 48 Rdn 43 und zu weiteren für die Praxis besonders bedeutsamen *Problembereichen* s Hdb § 48 Rdn 30–37, insbesondere zur Frage der Vollwertigkeit einer Gegenleistung, der Verwertung der Arbeitskraft und der Übertragung eines dinglich belasteten Rechts oder einer dinglich belasteten Sache.

19 Wichtig ist der Unterschied zwischen *unmittelbarer und mittelbarer Gläubigerbenachteiligung* (Hdb § 48 Rdn 38–41). Erstere setzt voraus, daß durch die Rechtshandlung als solche die Benachteiligung selbst, also unmittelbar eintritt; das Gesetz fordert das aber nur in § 10 I Nr 2 GesO, was dort mit der Formulierung „durch" zum Ausdruck gebracht wird. In allen anderen Fällen genügt eine lediglich mittelbare Benachteiligung, die im Zeitpunkt der letzten mündlichen Verhandlung in der letzten Tatsacheninstanz des Anfechtungsprozesses vorliegen muß; hierfür reicht aus, wenn zu der Rechtshandlung weitere Umstände hinzutreten, die allgemein nach den Erfahrungen des täglichen Lebens als Ursache der eingetretenen Benachteiligung in Betracht kommen können (Hdb § 48 Rdn 40).

B. Die Absichtsanfechtung (§ 10 I Nr. 1, 2 GesO)

I. Allgemeines

1 Erfaßt werden diejenigen Fälle, in denen der später von der Gesamtvollstreckung betroffene Schuldner in der Absicht handelte, seine Gläubiger zu benachteiligen. Dabei sind *2 voneinander unabhängige Tatbestände* zu unterscheiden: § 10 I Nr 1 GesO beinhaltet den Regelfall, der § 31 Nr 1 KO entspricht. § 10 I Nr 2 GesO betrifft entgeltliche Leistungen an nahestehende Personen; durch beide Merkmale werden die Anfechtungsmöglichkeiten gegenüber § 31 Nr 2 KO erweitert und verschärft, der (nur) von entgeltlichen Verträgen mit Angehörigen spricht.

II. Der Regelfall des § 10 I Nr 1 GesO

2 Anfechtbar sind *Rechtshandlungen des Schuldners,* nicht aber solche Dritter (o A Rdn 10); unerheblich ist, ob sie über einen Mittelsmann erfolgten (o A Rdn 9). Eine *mittelbare Gläubigerbenachteiligung* reicht aus (o A Rdn 16–19).

3 Für die *Benachteiligungsabsicht* genügt – trotz des irreführenden Begriffs „Absicht" (s Hdb § 50 Rdn 1) – bedingter Vorsatz (dolus eventualis). Der Schuldner muß sich deshalb lediglich die Möglichkeit vorstellen, seine Handlung könne zum Nachteil aller oder einzelner Gläubiger wirken, und trotzdem an seinem Vorhaben festhalten, die Folge der Benachteiligung also auf diese Weise in Kauf nehmen (Hdb § 50 Rdn 4).

4 Hat der Schuldner einem Gläubiger eine *inkongruente Deckung* (s u D Rdn 8) gewährt, so gibt dies ein starkes Beweisanzeichen für seine Benachteiligungsabsicht ab. Strenger sind die Anforderungen bei einer *kongruenten* Deckung (s u D Rdn 8), wenn also ein Gläubiger lediglich erhält, was ihm zusteht. Denn dann erschöpft sich der Wille des Schuldners in der Regel darin, seinen Verbindlichkeiten gerecht zu werden. Das Bewußtsein, infolge der Erfüllung dieser Verpflichtung nicht alle Gläubiger befriedigen zu können, reicht deshalb regelmäßig nicht

---

[3] BGH NJW 1991, 2147, 2149 = LM § 29 KO Nr 14 = EWiR § 29 KO 1/91, 697 *(App).*

aus, um die Annahme einer Benachteiligungsabsicht zu rechtfertigen, weil dieses Merkmal unlauteres Handeln erfordert.[4] Selbst der Schuldner, der die Überschuldung kennt, dem es aber mehr auf die Erfüllung seiner Verpflichtungen als auf die Schädigung der übrigen Gläubiger ankommt, verwirklicht folglich die subjektiven Voraussetzungen des § 10 I Nr 1 GesO nicht.

Zur Beurteilung *gescheiterter Sanierungsversuche* gilt nach BGH (ZIP 1993, 276 = NJW-RR 1993, 238) jetzt: Die Hoffnung des Schuldners, sein Unternehmen retten zu können, genügt grundsätzlich nicht, um das in der Gewährung einer inkongruenten Deckung liegende Beweisanzeichen für eine Gläubigerbenachteiligungsabsicht auszuschließen. Letzteres ist aber anzunehmen, wenn zur Zeit der (später) angefochtenen Rechtshandlung ein in sich schlüssiges Sanierungskonzept vorlag, das mindestens in den Anfängen schon in die Tat umgesetzt war und ernsthafte Aussicht auf Erfolg begründete. 5

Der subjektive Tatbestand des § 10 Nr 1 GesO erfordert außerdem die *Kenntnis des Dritten* von der Absicht des Schuldners, seine Gläubiger zu benachteiligen, nicht aber, daß er auch selbst diese Absicht hatte; erforderlich ist positive Kenntnis im Zeitpunkt der Vornahme der Rechtshandlung (o A Rdn 12). Weiß der Dritte, daß ihm eine inkongruente Deckung (o Rdn 4) gewährt wird, so ist dies ein starkes Indiz für seine Kenntnis. Zum Handeln eines Vertreters s Hdb § 50 Rdn. 8. 6

Die *Beweislast* für den objektiven und subjektiven Tatbestand der Anfechtungsvorschrift hat der Verwalter. Dabei kommt in der Praxis den angesprochenen objektiven Umständen (o Rdn 4, 6), aus denen auf die Benachteiligungsabsicht des Schuldners und die Kenntnis des Dritten geschlossen werden kann, große Bedeutung zu (Hdb § 50 Rdn 9).[5] 7

III. Entgeltliche Leistungen an nahestehende Personen, § 10 I Nr 2 GesO

Während § 31 Nr 2 KO nur „entgeltliche Verträge" erfaßt, also beispielsweise Kauf- und Mietverträge, Übereignung, Abtretungen oder Bestellung von Sicherheiten, sind nach § 10 I Nr 2 GesO alle *entgeltlichen Leistungen* anfechtbar, mithin jeder wirtschaftliche Vorteil, der von einer Gegenleistung abhängig ist; zur Abgrenzung gegenüber unentgeltlichen Verfügungen s u C Rdn 6 ff. Der Regelungsbereich des Anfechtungstatbestandes ist damit wesentlich erweitert worden. Voraussetzung ist aber, daß die Leistung im letzten Jahr vor der Eröffnung der Gesamtvollstreckung (vgl § 7 I GesO) erbracht wurde. 8

Noch in einem weiteren Punkt unterscheidet sich die Rechtslage von jener in der KO. Denn dort meint die schon genannte Bestimmung lediglich „nahe Angehörige" des Schuldners, ist in ihrem Wortlaut also nur auf natürliche Personen zugeschnitten; das führt immer wieder zu Schwierigkeiten bei der Beurteilung von Rechtsgeschäften mit juristischen Personen (Hdb § 50 Rdn 12, 13, 15–17). § 10 I Nr 2 GesO spricht demgegenüber von *„nahestehenden Personen"* und übernimmt damit einen Begriff, den schon die Kommission für Insolvenzrecht verwendet und präzisiert hatte und den die Entwürfe für ein Insolvenzrechtsreformgesetz genau umschreiben. Das war, wie sich aus der Entstehungsgeschichte der GesO ergibt Vorbild, weshalb für die Auslegung dieses Begriffes die Definitionen in §§ 143–145 RefEInsO herangezogen werden können.[6] Das bedeutet: 9

Persönlich nahestehende Personen sind (1) der Ehegatte des Schuldners, auch wenn 10

[4] BGH NJW 1991, 2144 = EWiR § 31 KO 1/91, 597 (Gerhardt).

[5] Zur Entkräftung einer solchen Indizwirkung vgl BGHZ 112, 136 = NJW 1990, 2626, 2627.

[6] *Landfermann* FS Merz S 367, 378, 382; *ders* ZIP 1990, 829, 834; *Smid/Zeuner* § 10 Rdn 33; *Haarmeyer/Wutzke/Förster* § 10 Rdn 34; *Schmidt-Räntsch* DtZ 1990, 199, 203; aA *Hess/Binz* § 10 Rdn 79. Vgl auch §§ 153–155 RegEInsO

die Ehe erst nach der Rechtshandlung geschlossen oder im letzten Jahr vor der Handlung aufgelöst worden ist, (2) Verwandte des Schuldners oder seines Ehegatten in auf- und absteigender Linie und voll- und halbbürtige Geschwister des Schuldners oder seines Ehegatten sowie die Ehegatten dieser Personen, (3) Personen, die in häuslicher Gemeinschaft mit dem Schuldner leben oder im letzten Jahr vor der Handlung gelebt haben. In die zuletzt genannte Gruppe gehören vor allem Lebensgefährten (dazu vgl schon Hdb § 50 Rdn 14).

11 *Gesellschaftsrechtlich nahestehende Personen* sind (1) wenn der Schuldner eine juristische Person ist, die Mitglieder des Vertretungs- oder Aufsichtsorgans; bei einer Aktiengesellschaft, Kommanditgesellschaft auf Aktien oder Gesellschaft mit beschränkter Haftung zusätzlich diejenigen Aktionäre, Kommanditaktionäre oder Gesellschafter, die mehr als ein Viertel des Grund- oder Stammkapitals halten; (2) wenn der Schuldner eine Gesellschaft ohne Rechtspersönlichkeit ist, die persönlich haftenden Gesellschafter und, wenn einer dieser Gesellschafter eine juristische Person ist, die in Nr 1 bezeichneten Personen; bei einer Kommanditgesellschaft zusätzlich die Kommanditisten, die zu mehr als einem Viertel am Kapital der Gesellschaft beteiligt sind; (3) Unternehmen, die vom Schuldner abhängig sind oder von denen der Schuldner abhängig ist (§ 17 AktG) wobei für die Berechnungen der genannten Beteiligungen § 16 VI AktG entsprechend gilt. Einige der hier genannten Fälle sind auch bisher schon von der Rechtsprechung unter § 31 Nr 2 KO eingeordnet worden (Hdb § 50 Rdn 15–17).

12 *Sonstige nahestehende Personen* sind (1) eine Person, die aufgrund ihrer Tätigkeit im Unternehmen des Schuldners die Möglichkeit hat, sich über dessen wirtschaftliche Verhältnisse zu unterrichten, (2) eine Person oder Gesellschaft ohne Rechtspersönlichkeit, bei denen eine der oben in Rdn 11 bezeichneten Verbindungen zum Schuldner im letzten Jahr vor der Rechtshandlung weggefallen ist, sofern die Möglichkeit, sich über die wirtschaftlichen Verhältnisse zu unterrichten, zur Zeit der Handlung fortbestand, (3) eine Person, die zu einer der in (1) oder (2) oder oben in Rdn 11 bezeichneten Personen in einer persönlichen Verbindung steht, wie sie in Rdn 10 beschrieben ist; dies gilt aber nicht, soweit diese Personen kraft Gesetzes in den Angelegenheiten des Schuldners zur Verschwiegenheit verpflichtet sind.

13 Im Unterschied zu § 10 I Nr 1 GesO genügt hier keine mittelbare, sondern ist eine *unmittelbare Gläubigerbenachteiligung* erforderlich. Die Gläubiger müssen nämlich „durch" die Leistungen, also unmittelbar benachteiligt worden sein (s o A Rdn 16–19).

14 Die *Beweislast* ist hier wegen der besonderen „Verdächtigkeit" des Erwerbs (Hdb § 50 Rdn 20) für den Verwalter günstig geregelt. Er hat lediglich zu behaupten und zu beweisen, daß der Anfechtungsgegner zu den nahestehenden Personen gehört, die entgeltliche Leistung im letzten Jahr vor der Eröffnung der Gesamtvollstreckung erbracht wurde und zu einer unmittelbaren Gläubigerbenachteiligung geführt hat. Die Absicht des Schuldners, seine Gläubiger zu benachteiligen, und die Kenntnis des anderen Teils davon werden vermutet. Der Anfechtungsgegner hat zu behaupten und zu beweisen, daß ihm eine solche Absicht nicht bekannt war (§ 10 I Nr 2 GesO a E).

C. Die Schenkungsanfechtung (§ 10 I Nr 3 GesO)

I. Allgemeines

1 Mit der sog Schenkungsanfechtung (zum Begriff s u Rdn 7), die durch das Merkmal der Unentgeltlichkeit gekennzeichnet ist, kann der Verwalter freigiebige

Zuwendungen des Schuldners, die dieser innerhalb einer bestimmten Zeit vor Verfahrenseröffnung vorgenommen hat, zugunsten der Masse rückgängig machen. Insoweit stimmt der Tatbestand mit § 32 KO überein. Zu beachten sind aber folgende *Besonderheiten:* § 10 I Nr 3 GesO spricht nicht von unentgeltlichen „Verfügungen", sondern von „Übertragungen" und erweitert den Kreis der Anfechtungsgegner auf nahestehende Personen. Das Gesetz kennt außerdem keine Ausnahme mehr für gebräuchliche Gelegenheitsgeschenke (vgl § 32 Nr 1 KO); sie hat in der Praxis der Konkursanfechtung in den alten Bundesländern aber fast keine Bedeutung, weil der Verwalter in solchen Fällen wegen der geringen Werte auch so von einer Anfechtung absehen würde.

II. Tatbestände der Schenkungsanfechtung

§ 10 I Nr 3 GesO regelt *2 Anfechtungstatbestände* für unentgeltliche Übertragungen des Schuldner, nämlich die zugunsten nahestehender Personen, und solche zugunsten anderer Empfänger; unerheblich ist, ob sie unmittelbar oder über einen Mittelsmann erfolgen (s o A Rdn 9). Die Unterscheidung zwischen beiden Alternativen ist deshalb wichtig, weil in dem zuletzt genannten Falle nur diejenigen Übertragungen anfechtbar sind, die im letzten Jahr vor der Eröffnung der Gesamtvollstreckung vorgenommen wurden, während bei Zuwendungen an nahestehende Personen die zeitliche Grenze 2 Jahre beträgt (ebenso § 32 KO, vgl Hdb § 51 Rdn 3). Für den Ablauf dieser Fristen ist der Zeitpunkt maßgeblich, in dem die Übertragung abgeschlossen, also vollzogen ist; zu mehraktigen Rechtsgeschäften, insbesondere bei Grundstücken s o A Rdn 12–14. 2

Für die Auslegung des Begriffs *nahestehende Personen* gelten die bei der Absichtsanfechtung dargestellten Regeln (o B Rdn 10–12). 3

Mittelbare Gläubigerbenachteiligung (o A Rdn 16–19) genügt. 4

Die *Beweislast* trägt der Verwalter, der mithin darlegen und beweisen muß, daß die Übertragung unentgeltlich sowie innerhalb der genannten zeitlichen Grenzen erfolgte und zu einer wenigstens mittelbaren Gläubigerbenachteiligung führte. Behauptet der Ehegatte des Schuldners eine unentgeltliche Zuwendung, so ist § 1362 I BGB zu beachten (Hdb § 51 Rdn 13). 5

III. Unentgeltliche Übertragung

Mit dem *Begriff* der „Übertragung" trägt die GesO dem Umstand Rechnung, daß der Begriff der „Verfügung" in § 32 KO rechtlich zu eng ist. Erfaßt werden auch dort nämlich nicht nur Verfügungen im Sinn des BGB, also Rechtsgeschäfte, die unmittelbar einen Rechtsverlust oder eine Rechtsänderung herbeiführen, sondern auch verpflichtende Rechtsgeschäfte und sonstige Rechtshandlungen (HdB § 51 Rdn 6). Diese Fälle, vor allem der zuletzt genannte, sind jetzt zutreffender mit der weiten Formulierung „Übertragung" abgedeckt. 6

Unentgeltliche Übertragung heißt vor allem nicht bloß *„Schenkung"* iSd § 516 BGB, weil sie weder eine vertragliche Einigung über die Unentgeltlichkeit noch eine Bereicherung des Empfängers voraussetzt. Die Schenkung ist vielmehr nur eine Unterart der unentgeltlichen Übertragung, die freilich stets unter § 10 I Nr 3 GesO fällt; insofern ist die Bezeichnung „Schenkungsanfechtung" an sich zu eng, jedoch im Insolvenzrecht allgemein üblich, weshalb sie auch hier verwendet wird. 7

Für die *Abgrenzung der entgeltlichen von der unentgeltlichen Übertragung* gilt:[7] Nicht entscheidend sind subjektive Vorstellungen und Absichten des Schuldners und/oder des anderen Teils, auch soweit sie erklärt worden sind, sondern die objektive 8

[7] Vgl. auch *Henckel* ZIP 1990, 137; *Gerhardt* ZIP 1991, 273; BGH NJW 1993, 663, 664.

Wertrelation zwischen der Leistung des Schuldners und der Gegenleistung des Empfängers. Erst wenn feststeht, daß, objektiv betrachtet, der Schuldner überhaupt einen Gegenwert für seine Zuwendung erhalten hat oder ihm eine werthaltige Gegenleistung versprochen worden ist, besteht Anlaß zu prüfen, ob die Beteiligten die erbrachte oder versprochene Gegenleistung als Entgelt angesehen haben oder mit der Verfügung des Schuldners Freigiebigkeit, wenn auch nur zum Teil, bezweckt war, oder, ob sie etwa irrtümlich von dem Bestehen einer entgeltlich begründeten Verbindlichkeit ausgingen.[8]

9 *Beispiele* zu Unentgeltlichkeit bzw Entgeltlichkeit s Hdb § 51 Rdn 8, 9. Darüber hinaus ist auf folgende neue besonders wichtige höchstrichterliche Rechtsprechung hinzuweisen: Eine Leistung, die der spätere Schuldner in Kenntnis aller Umstände ohne Gegenleistung erbracht hat, ist auch dann unentgeltlich im Sinne der Schenkungsanfechtung zu werten, wenn der Leistungsempfänger sie aufgrund eines vom Schuldner hervorgerufenen Irrtums für entgeltlich hielt;[9] in dem entschiedenen Falle hatte sich der Schuldner erboten, *Termingeschäfte* zu besorgen, den von seinem Vertragspartner geleisteten sogenannten Einschuß jedoch für sich verwendet, später aber, um sein betrügerisches Vorgehen zu verschleiern, einen angeblichen Gewinn an diesen ausgezahlt (gleichwohl scheiterte der Verwalter mit seinem Rückgewährverlangen, weil § 814 BGB entgegenstand). Auch der *Verzicht auf einen Pflichtteil* ist in aller Regel keine Gegenleistung, die die Verfügung des Schuldners (im Sachverhalt: Übereignung wertvollen Grundbesitzes) zu einer entgeltlichen macht;[10] das bloße Interesse des Schuldners, die volle Testierfreiheit auch hinsichtlich des wegen des Pflichtteilsanspruchs (§ 2303 BGB) faktisch gebundenen Vermögens zu erlangen, genügte nicht. Die nachträgliche, nicht geschuldete *Bestellung einer Sicherheit* für eine eigene, durch eine entgeltliche Gegenleistung begründete Verbindlichkeit beinhaltet aber keine unentgeltliche Verfügung;[11] die bloße Sicherung einer bestehenden Forderung kann nämlich mit der Schenkungsanfechtung nicht in weitergehendem Umfang angefochten werden, als die Erfüllung selbst, ist mithin allenfalls zusammen mit dem Hauptgeschäft, das seinerseits den Rechtsgrund für die Übertragung von Vermögensgütern bildet, anfechtbar. Eine Unentgeltlichkeit ist auch dann zu verneinen, wenn der Empfänger für die Zuwendung des Schuldners mit dessen Einverständnis eine *ausgleichende Gegenleistung an einen Dritten* bewirkt;[11a] in dem entschiedenen Fall hatte der Schuldner für die Gewährung eines Darlehens an einen Dritten die Bestellung einer Grundschuld (zur Sicherung des Rückzahlungsanspruches) zugesagt.

10 Eine *gemischte Schenkung* liegt vor, wenn die Gegenleistung wesentlich unter dem Wert der vom Schuldner vorgenommenen Übertragung bleibt. Rechtfertigen wirtschaftliche Zwecke und die Interessen der Beteiligten die Annahme eines zusammengesetzten Rechtsgeschäftes, läßt sich dieses also in einen unentgeltlichen und in einen entgeltlichen Teil zerlegen, so kommt eine Teilanfechtung in Betracht (o A Rdn 15), andernfalls ist zu entscheiden, worin der Hauptzweck des Rechtsgeschäftes zu sehen ist (Hdb § 51 Rdn 10; dort auch zur verschleierten Schenkung). Diese Grundsätze sind auch maßgeblich für die Beurteilung von

[8] BGHZ 113, 98 = NJW 1991, 560 = LM § 184 BGB Nr 9 = EWiR § 32 KO 1/91, 249 *(Ackmann);* BGHZ 113, 393 = NJW 1991, 1610 = EWiR § 3 AufG 2/91, 331 *(Gerhardt);* die Verfassungsbeschwerde gegen die zuletzt genannte Entscheidung wurde nicht angenommen, BVerfG NJW 1991, 2695 = EWiR § 3 AnfG 3/91, 635 *(Krämer).*

[9] BGHZ 113, 98 = NJW 1991, 560.

[10] BGHZ 113, 393 = NJW 1991, 1610.

[11] BGHZ 112, 136 = NJW 1990, 2626 = LM § 32 KO Nr 8 = EWiR § 32 KO 3/90, 919 *(Gerhardt).*

[11a] BGH NJW 1992, 2421 = LM § 3 AnfG Nr 35 = ZIP 1992, 1089.

Umwandlungen iS der §§ 17, 19 UnternehmensG. Denn dort bestimmt sich der Umfang der übernommenen Vermögenswerte nach einer gem § 19 I 2 des genannten Gesetzes zu treffenden Vereinbarung. Ist dabei die Bewertung nicht auf der Grundlage von Verkehrswerten erfolgt, wie offenbar in der Praxis häufiger,[12] so kann eine Anfechtung als gemischte Schenkung in Betracht kommen.

D. Die besondere Insolvenzanfechtung (§ 10 I Nr 4 GesO)

I. Allgemeines

1 Die genannte Bestimmung der GesO beruht, wie § 30 KO, auf dem Gedanken, daß vom Offenbarwerden der Krise an (u Rdn 3–6) das Vermögen des Schuldners der Allgemeinheit seiner persönlichen Gläubiger verfangen ist (Hdb § 49 Rdn 1). Der *Zweck* beider Vorschriften liegt folglich darin, dem Prinzip der gleichmäßigen Gläubigerbefriedigung schon ab diesem Zeitpunkt, nicht erst ab dem der formellen Verfahrenseröffnung Geltung zu verschaffen. Da eine solche Anfechtungsmöglichkeit bei der Gläubigeranfechtung außerhalb des Konkursverfahrens nach dem Anfechtungsgesetz nicht vorgesehen ist, wird sie in der KO „besondere Konkursanfechtung" genannt. In Übereinstimmung damit spricht man deshalb hier von der besonderen Insolvenzanfechtung.

2 Trotz dieses gemeinsamen Ausgangspunktes gibt es aber bedeutsame *Unterschiede*. So enthält § 30 KO drei sehr ausführlich beschriebene Tatbestände; der eine betrifft Rechtsgeschäfte des späteren Gemeinschuldners, welche die Konkursgläubiger unmittelbar benachteiligen (§ 30 Nr 1 Alt 1 KO), während die beiden anderen sog Deckungsgeschäfte erfassen, durch die schon früher begründete Konkursforderungen besichert oder befriedigt werden, wobei zwischen kongruenter (§ 30 Nr 1 Alt 2 KO) und inkongruenter Deckung (§ 30 Nr 2 KO) unterschieden wird (s u Rdn 8). § 10 I Nr 4 GesO begnügt sich demgegenüber mit einem einzigen, vergleichsweise recht knapp gehaltenen Tatbestand; dabei sind Rechtshandlungen Dritter nicht miteinbezogen und wird die in der Praxis wichtige Unterscheidung zwischen kongruenter/inkongruenter Deckung nicht getroffen, vor allem für letztere – im Gegensatz zur Rechtslage in der KO – keine Beweislastumkehr angeordnet. Die Vorschrift bleibt damit deutlich hinter den Bestrebungen der Insolvenzrechtsreform zurück, gerade die besondere Insolvenzanfechtung wirksamer auszugestalten (dazu Hdb § 49 Rdn 4). Lediglich beim subjektiven Tatbestand bringt § 10 I Nr 4 GesO eine Verbesserung, weil dort das „Kennen müssen" der Kenntnis gleichgestellt wird.

II. Die Krise als Tatbestandsvoraussetzung

3 Der *Begriff* der Krise ist dem Gesetz zwar fremd, in Praxis und Schrifttum aber allgemein gebräuchlich. Man versteht darunter die Zeit zwischen der Zahlungseinstellung oder dem Antrag auf Verfahrenseröffnung und der Eröffnung selbst. Die Formulierung „dieses Rechtsgeschäfts bzw diese Rechtshandlung ist in der Krise abgeschlossen bzw vorgenommen worden" besagt mithin: Abschluß bzw Vornahme entweder, als der Antrag auf Verfahrenseröffnung schon gestellt war, oder, als dieser Antrag zwar noch nicht erhoben war, der Schuldner seine Zahlungen aber schon eingestellt hatte.

4 Die *Zahlungseinstellung* macht die Zahlungsunfähigkeit als Grund für die Gesamtvollstreckung (§ 1 I GesO; s o Kap II B Rdn 2, 3) nach außen sichtbar, setzt

[12] *Haarmeyer/Wutzke/Förster* § 10 Rdn 33.

diese also voraus. Als Grundsatz gilt:[13] Zahlungseinstellung liegt vor, wenn der Schuldner wegen eines nicht nur vorübergehenden Mangels an Geldmitteln nicht in der Lage ist und andauernd aufhört, seine fälligen Geldschulden im allgemeinen zu erfüllen, und wenn diese Zahlungsunfähigkeit nach außen in Erscheinung tritt, wobei es ausreicht, wenn sie gerade derjenige Gläubiger erkennt, der nunmehr Anfechtungsgegner ist; die nicht nach außen verlautbarte Willensentschließung einer Bank, dem Schuldner keinen Kredit mehr zu gewähren, reicht freilich nicht. Nicht erforderlich ist aber die Einstellung aller Zahlungen. Daß der Schuldner vereinzelt noch Zahlungen – sei es auch von beachtlicher Höhe – leistet, steht der Annahme der Zahlungsunfähigkeit nicht entgegen. Hierfür genügt es, daß der Schuldner außerstande ist, den wesentlichen Teil seiner Verbindlichkeiten zu erfüllen; in einem solchen Falle ist zu prüfen, ob das Ausbleiben der Zahlung die Regel und nicht nur die Ausnahme bildet, wobei das Verhältnis der bezahlten zu den unbezahlten Schulden bedeutsam ist.

5 Zur Abgrenzung zur *Zahlungsstockung* und zur näheren Bestimmung dessen, was *„der wesentliche Teil“* der fälligen Verpflichtungen des Schuldners ist, mit Beispielen zu den in der Praxis besonders wichtigen Beweisanzeichen für eine Zahlungseinstellung (vgl Hdb § 49 Rdn 7–9).

6 Der andere für eine Krise maßgebliche Stichpunkt ist der *Antrag auf Eröffnung der Gesamtvollstreckung*. Ob in diesem Zeitpunkt bereits Zahlungsunfähigkeit vorgelegen hat, ist ohne Bedeutung; denn beide Merkmale stehen selbständig nebeneinander. Voraussetzung ist aber, daß die seinerzeit beantragte Verfahrenseröffnung später auch tatsächlich erfolgte; ein zurückgenommener oder endgültig abgewiesener Antrag bleibt außer Betracht.

III. Rechtshandlung

7 Dieser *Begriff* meint ganz allgemein Handlungen jeder Art mit rechtlicher Wirkung (o A Rdn 8), erfaßt also insbesondere auch zweiseitige Rechtsgeschäfte (für die in § 30 Nr 1 Alt 1 KO eine Sondervorschrift besteht, s o Rdn 2), einseitige Rechtsgeschäfte und Erfüllungshandlungen; unerheblich ist, ob sie unmittelbar oder über einen Mittelsmann erfolgten (o A Rdn 9).

8 Hierher gehören demzufolge auch *Deckungsgeschäfte* (genauer: Deckungshandlungen), durch die schon früher – also vor der Krise (o Rdn 3–6) – begründete Forderungen gesichert oder befriedigt werden. Dabei spricht man von einer *kongruenten Deckung,* wenn der Gläubiger genau die Sicherung oder Befriedigung erhalten hat, die ihm zusteht (Hdb § 49 Rdn 31); eine *inkongruente Deckung* liegt demgegenüber vor, wenn der Gläubiger die ihm gewährte Sicherung oder Befriedigung nach dem ursprünglichen Schuldverhältnis nicht oder nicht in der Art oder nicht zu der Zeit zu beanspruchen hatte (Hdb § 49 Rdn 39–41). Diese Abgrenzung ist für die Praxis sehr wichtig; an sie knüpfen sich nämlich unterschiedliche beweisrechtliche Anforderungen und außerdem muß jedenfalls bei einer inkongruenten Deckung stets geprüft werden, ob nicht (auch) eine Absichtsanfechtung (§ 10 I Nr 1, 2 GesO) in Betracht kommt (s u Rdn 17, 18).

9 Voraussetzung ist weiter, daß die *Rechtshandlung in der Krise,* also nach der Zahlungseinstellung oder nach dem Antrag auf Eröffnung der Gesamtvollstreckung (o Rdn 3–6) vorgenommen wurde; zu mehraktigen Rechtsgeschäften s o A Rdn 3–6). Von dieser zeitlichen Grenze gibt es keine Ausnahme. Im Gegensatz dazu kann gem § 30 KO eine inkongruente Deckung schon dann angefochten

[13] Hdb § 49 Rdn 6; BGH NJW 1992, 624 = EWiR § 30 KO 4/91, 1107 *(Flessner)*; BGH ZIP 1992, 778 (für BGHZ).

werden, wenn sie in den letzten 10 Tagen vor der Zahlungseinstellung oder dem Eröffnungsantrag gewährt wurde. Eine solche Regelung fehlt in § 10 I Nr 4 GesO. Rechtshandlungen, die vor der Krise erfolgt sind, werden mithin von der besonderen Insolvenzanfechtung nicht erfaßt, können aber der Absichtsanfechtung (§ 10 I Nr 1, 2 GesO) unterliegen.

Anfechtbar sind außerdem nur *Rechtshandlungen des Schuldners,* nicht jedoch Dritter (s o A Rdn 10). Letzteres hat vor allem Auswirkungen für die Einzelzwangsvollstreckung. Zwar bestimmt hierzu § 7 III GesO, daß solche vor der Eröffnung der Gesamtvollstreckung gegen den Schuldner eingeleitete Vollstrekkungsmaßnahmen ihre Wirksamkeit verlieren. Das gilt aber im Umkehrschluß nicht, wenn sie bei Verfahrenseröffnung schon abgeschlossen waren (o 4. Abschnitt B Rdn 12). Daraus folgt: Ein Gläubiger kann noch während der Krise, mithin zwischen Zahlungseinstellung/Eröffnungsantrag und der Eröffnung selbst, im Wege der Zwangsvollstreckung, also durch seine eigene Rechtshandlung Sicherung und Befriedigung erlangen, ohne daß dieser Erwerb anfechtbar wäre. **10**

Im Bereich der KO können Rechtshandlungen eines *Sequesters* angefochten werden (s o A Rdn 11). Die hierzu bereits vorliegende gefestigte höchstrichterliche Rechtsprechung hat für die Praxis der Insolvenzverwaltung große Bedeutung; denn danach sind insbesondere Zahlungen anfechtbar, die der Sequester erbracht hatte, und zwar unabhängig davon, ob sie zur vorläufigen Betriebsfortführung notwendig waren oder nicht.[13a] Ob eine solche Möglichkeit auch nach § 10 Nr 4 GesO besteht, der – anders als § 29 KO (s o A Rdn 10) – gerade aber nur Rechtshandlungen des Schuldners erfaßt, kann zweifelhaft sein, muß aber letztlich bejaht werden. Zwar ist der Sequester, jedenfalls nach herrschender Meinung, nicht gesetzlicher Vertreter des Schuldners (Hdb § 14 Rdn 9; § 25 Rdn 9), andererseits aber auch nicht Dritter im eigentlichen Sinne. Denn er übt für die Zeit der Sequestration nur anstelle des Schuldners dessen Verwaltungs- und Verfügungsrecht aus. Das rechtfertigt es, seine Rechtshandlung anfechtungsrechtlich entsprechend einer des Schuldners zu behandeln. Die Folge wäre sonst: Wird nach dem Antrag auf Eröffnung der Gesamtvollstreckung beispielsweise unter Druck des Stromlieferanten eine rückständige Rechnung beglichen, um die Weiterversorgung sicherzustellen und damit eine Betriebsstillegung zu vermeiden, so wäre diese Zahlung anfechtbar, wenn sie noch der Schuldner, nicht aber, wenn sie schon der Sequester erbracht hatte; in beiden Fällen stimmen aber Ausgangslage, Motiv der Leistung und Ergebnis überein. **11**

Mittelbare Gläubigerbenachteiligung (o A Rdn 16–19) genügt. **12**

IV. Subjektiver Tatbestand

Er verlangt, daß dem anderen Teil zur Zeit der Handlung die Zahlungsunfähigkeit oder der Antrag auf Eröffnung der Gesamtvollstreckung bekannt war oder den Umständen nach bekannt sein mußte; zu mehraktigen Rechtshandlungen s o A Rdn 12–14. „Kennen müssen" heißt, infolge von Fahrlässigkeit nicht kennen (vgl § 122 II BGB); es genügt also einfache Fahrlässigkeit. Darin liegt eine wichtige Verschärfung des Anfechtungsrechtes gegenüber § 30 KO, der positive Kenntnis voraussetzt. **13**

Zu beachten ist, daß § 10 I Nr 4 GesO in subjektiver Hinsicht nicht an die Zahlungseinstellung – wie im objektiven Tatbestand –, sondern an die *Zahlungsunfähigkeit* anknüpft. Für die praktische Rechtsanwendung ergeben sich daraus **14**

[13a] BGH NJW 1992, 2483 (für BGHZ) u. BGH NJW 1992, 2485. Vgl auch Hdb § 49 Rdn 28.

aber keine zusätzlichen Schwierigkeiten. Die Zahlungseinstellung macht nämlich die Zahlungsunfähigkeit, deren stärkste Form sie ist (vgl § 102 II KO; Hdb § 9 Rdn 3), (nur) nach außen sichtbar, setzt diese mithin voraus (o Rdn 4). Wer also von der Zahlungseinstellung weiß oder wissen muß, der kennt auch die Zahlungsunfähigkeit oder muß sie kennen.

15 Umgekehrt kann es aber auch vorkommen, daß dem späteren Anfechtungsgegner die Zahlungseinstellung des Schuldners noch verborgen geblieben war, er aber bereits von dessen Zahlungsunfähigkeit wußte oder wissen mußte. Das ist vor allem dann möglich, wenn er Einblick in die Geschäftsbücher des Schuldners hatte. In einem solchen Fall wird dann für den subjektiven Tatbestand an die Zahlungsunfähigkeit angeknüpft; in objektiver Hinsicht muß freilich auch hier die anzufechtende Rechtshandlung nach der Zahlungseinstellung oder dem Antrag auf Verfahrenseröffnung liegen.

V. Beweislast

16 Sie trägt der Verwalter, der mithin behaupten und beweisen muß, daß die Rechtshandlung des Schuldners in die Krise (o Rdn 3–6) fällt und dem anderen Teil zur Zeit der Vornahme der Handlung die Zahlungsunfähigkeit oder der Antrag auf Verfahrenseröffnung bekannt war oder den Umständen nach bekannt sein mußte.

17 Das gilt auch bei einer *inkongruenten Deckung* (o Rdn 8). Im Gegensatz dazu muß bei § 30 Nr 2 KO gerade umgekehrt der Anfechtungsgegner nachweisen, daß ihm die Zahlungseinstellung oder der Eröffnungsantrag unbekannt war (Hdb § 49 Rdn 45). Eine solche Beweislastumkehr fehlt in § 10 I Nr 4 GesO. Die Erleichterungen, die für den Nachweis des subjektiven Tatbestandes gelten (o Rdn 13), gleichen das nicht aus. Zwar weiß der Gläubiger, daß er eine inkongruente Dekkung erhalten hat. Allein deshalb läßt sich aber nicht annehmen, daß ihm die Zahlungseinstellung oder der Eröffnungsantrag bekannt war. Denn beide Merkmale liegen auf unterschiedlichen Ebenen. Es gibt keinen Erfahrungssatz des Inhalts, ein Schuldner gewährte eine inkongruente Deckung mit Rücksicht auf seine Zahlungseinstellung oder einen Eröffnungsantrag. Ob man dem Gläubiger wenigstens Fahrlässigkeit bzgl der zuletzt genannten Tatbestandsmerkmale vorwerfen kann, wäre eine im Einzelfall sehr sorgfältig zu prüfende Frage, erscheint aber zweifelhaft.

18 Anders ist die beweisrechtliche Lage bei der Absichtsanfechtung. Gewährt nämlich der Schuldner einem seiner Gläubiger Sicherung oder Befriedigung, auf welche dieser nicht oder nicht so Anspruch hatte, dann geschieht das nach der Lebenserfahrung gerade deshalb, um die anderen Gläubiger zu benachteiligen; da auch der Begünstigte diesen Erfahrungssatz kennt, weiß er um die Benachteiligungsabsicht seines Schuldners (näher o B Rdn 4, 7). Bei einer inkongruenten Deckung muß deshalb stets untersucht werden, ob (auch) § 10 I Nr 1, 2 GesO verwirklicht wurde.

E. Geltendmachung der Anfechtung

I. Ausübung des Anfechtungsrechts

1 Nach § 36 KO wird das Anfechtungsrecht vom *Verwalter* ausgeübt. Obgleich eine solche Vorschrift in der GesO fehlt, gilt dort nichts anderes. Das Anfechtungsrecht ist nämlich eigens für die Zwecke einer Gesamtvollstreckung geschaffen und untrennbar mit dem Amt des Verwalters verbunden, der es deshalb auch

nicht abtreten kann (HdB § 53 Rdn 1–3). Der Anfechtungsanspruch entsteht mit der Verfahrenseröffnung (u Rdn 3) und erlischt durch Ablauf der Anfechtungsfrist (u Rdn 6).

Zum *Einfluß der Eröffnung der Gesamtvollstreckung auf die Gläubigeranfechtung nach dem AnfG* gilt die Rechtslage in der KO entsprechend, vgl Hdb § 53 Rdn 6–10. 2

Die *Geltendmachung der Insolvenzanfechtung* erfolgt, anders als bei der Anfechtung nach dem BGB (vgl § 143 I BGB, s o A Rdn 4), stets gerichtlich. Selbstverständlich wird der Verwalter zunächst versuchen, den Anfechtungsgegner zu einer freiwilligen Leistung zu veranlassen. Seine in der Praxis häufig anzutreffende vorprozessuale Erklärung, er fechte eine bestimmte Rechtshandlung an, hat aber keine Gestaltungswirkung (anders § 142 I BGB); mit ihr beruft er sich in Wirklichkeit nur auf den schon mit der Eröffnung der Gesamtvollstreckung entstandenen Anfechtungsanspruch, nämlich den Anspruch auf Rückgewähr des anfechtbar Erlangten (s u F Rdn 1). Weigert sich der Anfechtungsgegner, so bedarf es der Erhebung einer Klage innerhalb einer bestimmten Frist, damit der Anfechtungsanspruch erhalten bleibt und nicht erlischt; zu den Einzelheiten s u Rdn 8 ff). 3

Die zur Erhebung einer Anfechtungsklage erforderlichen Informationen kann der Verwalter nur beim Schuldner erlangen (vgl § 3 GesO) oder durch Erkenntnisse gewinnen, die ihm bei der Ausübung seiner Tätigkeit (vgl § 8 II GesO) zufallen. Ein allgemeiner *Auskunftsanspruch* gegenüber dem möglichen Anfechtungsgegner besteht grundsätzlich nicht.[14] 4

II. Anfechtungsfrist

Nach § 10 II GesO kann die Anfechtung nur innerhalb von 2 Jahren seit Eröffnung der Gesamtvollstreckung erfolgen; diese Frist ist im Vergleich zu § 41 I 1 KO um ein Jahr verlängert worden. Von ihr sind die in den einzelnen Anfechtungsvorschriften (§ 10 I Nr 2 und § 10 I Nr 3 GesO) geregelten Fristen zu unterscheiden. Während deren Erfüllung Voraussetzung für die Verwirklichung des Anfechtungstatbestandes ist, legt § 10 II GesO die zeitliche Grenze für die Ausübung des mit Verfahrenseröffnung schon entstandenen Anfechtungsanspruches fest. Soll also beispielsweise eine Schenkung des Schuldners an seinen Ehegatten angefochten werden, so muß diese in den letzten 2 Jahren vor Eröffnung der Gesamtvollstreckung vorgenommen worden sein, um überhaupt eine Anfechtbarkeit nach § 10 I Nr 3 GesO zu eröffnen; liegt es so, dann muß dieser Anfechtungsanspruch aber gemäß § 10 II GesO innerhalb von 2 Jahren nach Verfahrenseröffnung gerichtlich geltend gemacht werden, andernfalls eine Anfechtung ausgeschlossen ist. 5

Die zuletzt genannte Vorschrift begrenzt also die Ausübung des entstandenen Anfechtungsanspruchs zeitlich, ist aber keine Verjährungs-, sondern eine *Ausschlußfrist,* deren Ablauf das Erlöschen des Anspruchs bewirkt (BGHZ 90, 249, 251 = NJW 1984, 1559). 6

Für die *Fristenberechnung* gelten §§ 187 I, 188 II BGB, auch § 193 BGB (HdB § 53 Rdn 19). Auf ihren Lauf finden die für die Verjährung geltenden Vorschriften Anwendung, insbesondere §§ 203 II, 206, 207 BGB. Auch § 208 BGB ist anwendbar,[15] so daß durch eine Anerkennung des Anfechtungsanspruchs der Lauf der Frist unterbrochen wird; im Bereich der KO gilt das nach herrschender Meinung nicht, weil § 41 I 2 KO auf diese Vorschrift nicht verweist (Hdb § 53 Rdn 28). 7

Zur *Wahrung der Anfechtungsfrist* ist es erforderlich, daß der Verwalter die An- 8

[14] Näher Hdb § 53 Rdn 13; BAG NJW 1990, 3293 = EWiR § 117 KO 1/90, 1313 *(Gerhardt).*

[15] *Smid/Zeuner* § 10 Rdn 61.

fechtung rechtzeitig gerichtlich geltend macht. Das geschieht in der Regel durch *Klage, Widerklage oder gleichgestellte Maßnahmen* (vgl § 209 II BGB), insbesondere durch Mahnbescheid. Die Anfechtungsfrist wird dabei bereits durch die Einreichung der Klageschrift unterbrochen, wenn die Zustellung „demnächst" erfolgt, § 270 III ZPO.

9 Entsprechendes wurde bisher für den *Antrag auf Erlaß eines Mahnbescheides* wegen § 693 II ZPO angenommen (Hdb § 53 Rdn 21). Anders hat jetzt der BGH entschieden:[16] § 693 II ZPO betreffe nur die Rückbeziehung der Anhängigkeit im Mahnverfahren, die Zustellung des Mahnbescheides begründe aber mangels wirksamer Klageerhebung noch keine Rechtshängigkeit, weil der Mahnbescheid keine Angaben zum Grund des Anspruchs enthalte; die Rechtshängigkeit werde vielmehr auf den Zeitpunkt der Zustellung des Mahnbescheides nur zurückbezogen, wenn ein Vollstreckungsbescheid erlassen sei (§ 700 I, II ZPO) oder wenn die Streitsache alsbald nach Erhebung des Widerspruchs gegen den Mahnbescheid an das zur Streitentscheidung berufene Gericht abgegeben werde (§ 696 III ZPO). Das bedeutet für die Praxis:

10 Wird unmittelbar vor Ablauf der Anfechtungsfrist des § 10 II GesO ein Mahnbescheid beantragt, anschließend erlassen und „demnächst" iS des § 693 II ZPO zugestellt, so ist damit die Anfechtungsfrist zunächst gewahrt. Der Verwalter muß aber, sobald er vom Widerspruch des Gegners Kenntnis erhält (§ 695 ZPO), unverzüglich die Durchführung des streitigen Verfahrens gem § 696 I 1 ZPO beantragen und dafür sorgen, daß der Abgabe kein von ihm zu vertretenes Hindernis entgegensteht. Denn nur dann, wenn die Streitsache „alsbald" im Sinn des § 696 III ZPO abgegeben wird, bleibt die Fristwahrung erhalten. Ob die Rückbeziehung der Rechtshängigkeit außerdem voraussetzt, daß die Anspruchsbegründung innerhalb der Frist des § 697 I ZPO eingereicht wird, hat der BGH offen gelassen; das ist aber zu bejahen, weil erst die Begründung erkennen läßt, welcher Anfechtungsanspruch erhoben ist (s u Rdn 14). In dem vom Gericht entschiedenen Falle war es demgegenüber so, daß der Verwalter die erforderlichen Gebühren nicht einbezahlt hatte, weshalb die Abgabe unterblieb; sie erfolgte dann zwar später, aber wegen der vom Verwalter zu vertretenden Verzögerung eben nicht mehr „alsbald", weshalb die Anfechtungsfrist zwischenzeitlich ablaufen konnte. Daraus folgt: Das Mahnverfahren bringt keinen zusätzlichen Zeitgewinn, sondern umgekehrt durch weitere Verfahrensschritte mehr Arbeit und zusätzliche Risiken durch weitere Fristenkontrollen, weshalb nur empfohlen werden kann, sofort Klage zu erheben.[17]

11 Der Verwalter kann die Anfechtung nicht im Rahmen einer *Nebenintervention* (Hdb § 53 Rdn 27 ff) und auch nicht durch *Drittwiderspruchsklage*[18] geltend machen, wohl aber als *Einrede* in einem vorbereitenden Schriftsatz (Hdb § 53 Rdn 26). Erklärt er sie als *Replik* auf die Klageerwiderung des Beklagten, so soll das innerhalb der Anfechtungsfrist formlos möglich sein, wenn sich der Klageantrag nicht ändert und aus dem Sachvortrag klar und eindeutig hervorgeht, welche Rechtshandlung des Schuldners Gegenstand der Anfechtung ist und auf welche Tatsache der Verwalter die Anfechtung stützt.[19]

12 Zu *Klageänderung, Klageerweiterung* und *Hilfsantrag* s Hdb § 53 Rdn 23–25.

---

[16] BGHZ 112, 325 = NJW 1991, 171 = LM § 41 KO Nr 14 = EWiR 12/90, 1227 (*Gerhardt*); BGH NJW 1991, 1057 = LM § 41 KO Nr 15; zu beiden Urteilen ausführlich *Siemon* ZIP 1991, 283 ff).

[17] Ebenso *Siemon* ZIP 1991, 284.

[18] BGH NJW 1990, 990; abl *K. Schmidt* JZ 1990, 619.

[19] OLG Düsseldorf NJW-RR 1990, 576 = ZIP 1990, 726 = EWiR § 41 KO 1/90, 1190 (*Gerhardt*).

Für die *gerichtliche Zuständigkeit* gelten die allgemeinen Vorschriften, Hdb § 53 Rdn 22. 13

Der *Sachvortrag* einer Anfechtungsklage bzw Einrede muß inhaltlich genügend bestimmt sein, also die einzelne Rechtshandlung, den Gegenstand der Anfechtung, und die Tatsachen bezeichnen, aus denen die Anfechtungsberechtigung hergeleitet werden soll; ein Antrag mit dem Ziel, den Anfechtungsgegner allgemein zum Verzicht auf Rechte aus einem erwirkten Titel zu verurteilen, genügt diesen Anforderungen nicht.[20] 14

Prozeßkostenhilfe erhält der Verwalter nach § 116 S 1 Nr 1 ZPO nur, wenn die Kosten nicht aus der Masse aufgebracht werden können und deren Vorschuß den am Rechtsstreit wirtschaftlich Beteiligten nicht zuzumuten ist (Hdb § 53 Rdn 32). Wirtschaftlich beteiligt in diesem Sinne sind diejenigen Gläubiger, deren Befriedigungsaussichten sich dadurch konkret verbessern, daß der Verwalter obsiegt; Arbeitnehmern wegen ihrer Forderungen aufgrund des Sozialplans oder der Bundesanstalt für Arbeit wegen übergegangener Lohnansprüche nach Gewährung von Konkursausfallgeld kann aber ein Kostenvorschuß nicht zugemutet werden.[21] Nach dem genannten Urteil kann im Konkurs einer parteifähigen Vereinigung die Gewährung von Prozeßkostenhilfe auch nicht davon abhängig gemacht werden, ob die Unterlassung der Rechtsverfolgung oder – verteidigung allgemeinen Interessen zuwiderlaufen würde. 15

Nach § 41 II KO hat der Verwalter trotz Ablaufs der Anfechtungsfrist noch ein *Leistungsverweigerungsrecht,* wenn durch die anfechtbare Handlung eine Verpflichtung des Schuldners zu einer Leistung begründet worden war (Hdb § 53 Rdn 33, 34). Diese Vorschrift ist im Bereich der GesO entsprechend anzuwenden.[22] Sie beruht nämlich auf folgender für beide Gesetze in gleicher Weise gültigen Überlegung: Wird ein anfechtbar begründeter Anspruch der Masse gegenüber nicht geltend gemacht, so hat der Verwalter auch keine Veranlassung für eine Insolvenzanfechtung; dann muß er sich aber auch noch auf die Anfechtbarkeit berufen dürfen, wenn der Anspruch nach Ablauf der Anfechtungsfrist erhoben wird. 16

III. Anfechtungsgegner

Das ist im *Regelfall,* wer durch die anfechtbare Handlung etwas aus dem Vermögen des Schuldners erlangt hat (Hdb § 53 Rdn 36, 37). Bei einer *mittelbaren Zuwendung* (o A Rdn 9) ist Anfechtungsgegner grundsätzlich der mittelbare Empfänger der Leistung, der Mittelsmann nur insoweit, als auch er einen Vorteil erlangt hat (Hdb § 53 Rdn 38). 17

Eine gegen den Erblasser begründete Anfechtung findet gemäß § 40 I KO gegenüber den *Erben* statt; diese Vorschrift ist freilich an sich überflüssig, weil die Rückgewährpflicht des Erben zu den Nachlaßverbindlichkeiten gehört (§§ 1922, 1967 BGB). Auch im Bereich der GesO kann folglich der Erbe in Anspruch genommen werden. Im übrigen leuchtet ganz allgemein bei einer *Gesamtrechtsnachfolge* ein, daß die gegenüber dem Rechtsvorgänger begründete Anfechtung auch weiterhin möglich sein muß; zu solchen Sachverhalten vgl deshalb Hdb § 53 Rdn 40. 18

Nicht so eindeutig liegt es bei einer *Sonderrechtsnachfolge;* davon spricht man (vgl Hdb § 53 Rdn 42, 43), wenn das anfechtbar erworbene Recht in derselben Gestalt 19

---

[20] BGH NJW 1992, 624 = LM H. 5/92 § 30 KO Nr. 53; Hdb § 53 Rdn 30, 31. Vgl auch BGHZ 117, 374 = NJW 1992, 1626.

[21] BGH NJW 1991, 40 = LM § 116 ZPO Nr 3 = EWiR § 116 ZPO 8/90, 1243 *(Merz)*. Fortführung: BGH NJW 1993, 135 (für BGHZ).

[22] Ebenso *Smid/Zeuner* § 10 Rdn 63.

und mit demselben Inhalt weiter übertragen wird (Vollübertragung) oder wenn ein beschränktes Recht an dem anfechtbar erworbenen Gegenstand bestellt oder sonst besondere, aus dem Recht erwachsende Befugnisse davon abgezweigt werden (Teilübertragung). Nach § 40 II KO ist in solchen Fällen die Anfechtung dem Sonderrechtsnachfolger gegenüber möglich, wenn ihm zur Zeit seines Erwerbs die Umstände, welche die Anfechtbarkeit des Erwerbes seines Rechtsvorgängers begründen, (positiv) bekannt waren, wobei er seine Unkenntnis nachweisen muß, wenn er zu den nahen Angehörigen im Sinn des § 31 Nr 2 KO (s o B Rdn 9) gehört, oder, wenn ihm das Erlangte unentgeltlich zugewendet worden ist. Eine solche Vorschrift fehlt zwar in der GesO, gleichwohl gilt dort nichts anderes.[23] Bei Kenntnis der Anfechtbarkeit ist der Sonderrechtsnachfolger nämlich nicht schutzwürdig, muß vielmehr von Anfang an damit rechnen, daß der Verwalter den Gegenstand oder das Recht bis zu ihm verfolgt; auch die angesprochene Beweislastumkehr ist nach der GesO systemimmanent, weil es im Ausgangspunkt um Fälle der Absichtsanfechtung geht (vgl § 10 I Nr 2 GesO; s o B Rdn 14), wobei auch hier eine Ausdehnung auf nahestehende Personen (o B Rdn 10–12) erfolgen kann. Bei einer unentgeltlichen Zuwendung greift schließlich der allgemeine Rechtsgrundsatz ein, wonach ein solcher Erwerb ohnehin stets schwächer ist (vgl nur § 816 I 2 BGB); allerdings muß der Sonderrechtsnachfolger lediglich dann haften, wenn er noch bereichert ist (s u F Rdn 6). Gemeinsame Voraussetzung ist aber – neben einer Gläubigerbenachteiligung (o A Rdn 16–19) – stets, daß die Anfechtung gegenüber dem Ersterwerber „begründet" ist, insbesondere also die Anfechtungsfrist (§ 10 II GesO) noch läuft. Die Rückgewährpflicht tritt dann nicht an die Stelle, sondern neben die des Rechtsvorgängers (Hdb § 53 Rdn 44).

F. Rechtsfolgen der Anfechtung

I. Grundlagen des Anspruchs auf Rückgewähr

1 Die Rechtsfolgen einer Insolvenzanfechtung sind in der GesO nicht ausdrücklich geregelt, bestehen aber, wie in der KO (dazu ausführlich Hdb § 54 Rdn 1–4) in einem *schuldrechtlichen Rückgewähranspruch*.[24] Eine Anfechtung begründet nämlich gerade keinen Schadensersatzanspruch aus unerlaubter Handlung und auch keinen Bereicherungsanspruch (s o A Rdn 4). Der Anfechtungsgegner ist vielmehr (nur) schuldrechtlich verpflichtet, zur Masse zurückzugewähren, was durch die anfechtbare Handlung aus dem Vermögen des Schuldners veräußert, weggegeben oder aufgegeben ist (vgl § 37 I KO).

2 Der *Umfang der Rückgewährpflicht* kann zutreffend nur bestimmt werden, wenn man sich den Zweck der Insolvenzanfechtung (o A Rdn 2) vergegenwärtigt. Er liegt darin, sachlich ungerechtfertigte Vermögensverschiebungen, durch die die spätere Masse verkürzt worden ist, rückgängig zu machen, mithin denjenigen Zustand herzustellen, der ohne die angefochtene Handlung bestünde. Andererseits ist es aber nicht Aufgabe der Anfechtung, der Masse Vermögensvorteile zu verschaffen, die sie ohne die anfechtbare Rechtshandlung nicht erlangt hätte (o A Rdn 16; Hdb § 54 Rdn 5).

---

[23] AA *Smid/Zeuner* § 10 Rdn 63.

[24] *Hess/Binz* § 10 Rdn 4; *Haarmeyer/Wutzke/Förster* § 10 Rdn 13, 68; *Smid/Zeuner* § 10 Rdn 3; *Lübchen/Landfermann* ZIP 1990, 829, 835; *Schmidt-Räntsch* DtZ 1990, 199, 202; *Vortmann* KTS 1991, 237, 250.

II. Anspruchsinhalt

3 Grundsätzlich hat die *Rückgewähr in Natur* zu erfolgen, es ist deshalb zurückzugewähren, was weggegeben worden ist, also ein Grundstück oder eine bewegliche Sache zurückzuübereignen, eine Forderung zurückzuübertragen, auf ein bestelltes Pfandrecht zu verzichten usw. Nur dann, wenn der Gegenstand selbst nicht mehr vorhanden ist, wird *Wertersatz* geschuldet; Einzelheiten dazu, insbesondere zur Wertberechnung s Hdb § 54 Rdn 7–10.

4 Die *Sicherung des Rückgewähranspruchs* kann, wenn er auf Herausgabe gerichtet ist, durch einseitweilige Verfügung, und, wenn er auf Wertersatz geht, durch Arrest erfolgen.

5 Zur *Haftungserweiterung* durch unerlaubte Handlung und Verzug s Hdb § 54 Rdn 13.

III. Haftungsprivileg für gutgläubigen Empfänger

6 Entsprechend anwendbar ist auch die Vorschrift des § 37 II KO. Nach dieser Bestimmung hat der gutgläubige Empfänger einer unentgeltlichen Leistung dieselbe nur insoweit zurückzugewähren, als er durch sie noch bereichert ist (Hdb § 54 Rdn 14, 15). Das gilt aber nur für die Schenkungsanfechtung (§ 10 I Nr 3 GesO), nicht aber, wenn zugleich § 10 I Nr 4 GesO oder § 10 I Nr 1, 2 GesO erfüllt worden ist.

IV. Ansprüche des Anfechtungsgegners

7 Hatte der Anfechtungsgegner eine Gegenleistung erbracht, also zB vom Schuldner eine Maschine durch Tausch oder durch Bezahlung des Kaufpreises erworben, so hätte die Masse einen Vorteil, bekäme sie das anfechtbar Weggegebene (im Beispiel die Maschine) zurück, ohne erstatten zu müssen, was sie selbst erhalten hatte. Das widerspräche dem Grundgedanken des Anfechtungsrechts (o Rdn 2). Deshalb können auch hier zum Schutz des Anfechtungsgegners die entsprechenden Regelungen in der KO angewendet werden (s dazu Hdb § 54 Rdn 16–17). § 38 KO bestimmt, daß die Gegenleistung aus der Konkursmasse zu erstatten ist, soweit sie sich in derselben noch unterscheidbar befindet, oder soweit die Masse um ihren Wert bereichert ist, während darüber hinaus ein Anspruch nur als einfache Forderung (vgl § 17 III Nr 4 GesO) geltend gemacht werden kann. § 39 KO betrifft den Sonderfall, daß die vom Schuldner erbrachte Leistung, nicht aber das ihr zugrundeliegende Rechtsgeschäft selbst anfechtbar ist, also zB die Kaufpreiszahlung, nicht aber der Abschluß des Kaufvertrages. Gewährt jetzt der Gläubiger (Verkäufer) die anfechtbar empfangene Leistung zurück, so tritt nach der genannten Vorschrift seine ursprüngliche Forderung (Anspruch nach § 433 II BGB) wieder in Kraft, mit der er nunmehr am Gesamtvollstreckungsverfahren teilnehmen kann.

8. Abschnitt *(kein Beitrag im Nachtrag)*

9. Abschnitt. Die Rangfolge der Gläubiger

Übersicht

A. Die vorab zu begleichenden Forderungen

I. Grundsatz

1 Nach § 13 GesO sind bestimmte Forderungen vom Verwalter aus den vorhandenen Mitteln vorab zu begleichen. Die GesO hat zwar die Begriffe „Massekosten" und „Masseschulden" nicht übernommen, es handelt sich jedoch nach Regelungszweck und auch – weitgehend – nach dem Regelungsinhalt um die Übernahme der Rechtsgedanken aus §§ 57–60 KO.[1]

II. Die einzelnen Ansprüche

2 **1. Verwaltungsausgaben (§ 13 Abs. 1 GesO).** Hierher gehören zunächst die Kosten der Verteilung und Verwertung der Masse[2] (nicht jedoch die Verwaltervergütung! s u Rdn 9), öffentliche Abgaben,[3] Versicherungsbeiträge, sowie Gewerbe- und Umsatzsteuer bei Betriebsfortführung.

3 Weiter gehören hierher die Verbindlichkeiten, die der Verwalter durch den Abschluß von Verträgen und die Vornahme von Rechtshandlungen auslöst. Insoweit deckt sich die Regelung mit § 59 I Nr 1 KO (vgl Hdb § 57 Rdn 1–12).

4 Weiter zu nennen sind Verbindlichkeiten, die durch die Erfüllung von Verträgen zu erbringen sind. Das sind einmal die Fälle einer Erfüllungswahl nach § 9 I 1 GesO (dazu oben 6. Abschn), zum anderen die Verbindlichkeiten aus fortlaufenden Dauerschuldverhältnissen,[4] wie in § 59 I Nr 2 KO.

5 Bei Arbeitsverhältnissen ergibt sich jedoch ein bedeutungsvoller Unterschied gegenüber der Regelung in der KO: Dort muß der Verwalter die laufenden Lohnforderungen nach § 59 I Nr 2 KO in jedem Fall bedienen; sie gehen dann insbesondere den Massekosten vor. Hier hat der Verwalter die Möglichkeit, durch Kündigung und Freistellung der Arbeitnehmer eine Rückstufung von deren Ansprüchen in die Rangklasse des § 13 I Nr 3 GesO (s u Rdn 10, 11) herbeizuführen, so daß Gerichtskosten und Verwaltervergütung (s u Rdn 7–9) im Range vorgehen.

---

[1] *Lübchen/Landfermann* ZIP 1990, 829, 835; *Smid/Zeuner* § 13 Rdn 2.
[2] Dazu s Hdb § 56 Rdn 2.
[3] Vgl. *Haarmeyer/Wutzke/Förster* § 13 Rdn 19 u Hdb § 113.
[4] *Lübchen/Landfermann* S. 835; weniger deutlich: *Haarmeyer/Wutzke/Förster* § 13 Rdn 20, 21.

Letztlich gehören in diese Gruppe noch die Aufwendungen des Verwalters für die Ablösung von Pfandrechten nach § 12 I GesO (s o 6. Abschn. A Rdn 41). 6

2. Gerichts- und Verwalterkosten (§ 13 I Nr 2 GesO). In diese Gruppe fallen die Gerichtskosten des gemeinsamen Verfahrens, soweit sie nach den Regeln des GKG der Schuldner zu tragen hat (dazu Hdb § 119 Rdn 3ff, 18ff). 7

Ferner ist hier, wenngleich nicht ausdrücklich genannt, nach richtiger Meinung auch die Vergütung eines Sequesters zu berücksichtigen;[5] auch im Verfahren nach der KO wird die Sequestervergütung sachgerecht mit der Verwaltervergütung gleichrangig behandelt.[6] 8

Letztlich fallen in diese Gruppe die festgesetzte Vergütung des Verwalters nebst Auslagenersatz und Umsatzsteueranteil. Auch im Geltungsbereich der GesO bemessen sich Vergütung und Auslagen des Verwalters nach der VergVO, vgl § 21 I GesO. 9

3. Arbeitnehmeransprüche (§ 13 I Nr 3 GesO). In dieser Rangklasse werden – wie in § 59 I Nr 3 KO – die Lohn- und Gehaltsforderungen von Arbeitnehmern für längstens sechs Monate vor der Eröffnung berücksichtigt. 10

Ferner sind hier einzustellen die laufenden Lohn- und Gehaltsansprüche nach Eröffnung, sofern der Verwalter den Arbeitnehmer infolge Kündigung freigestellt hat, vgl oben Rdn 5. 11

Ranggleich stehen die Ansprüche der Sozialversicherungsträger und der BfA auf Beiträge einschließlich Säumniszuschläge sowie auf Umlagen für die letzten sechs Monate vor Eröffnung. Laufende Ansprüche dieser Art nach Eröffnung fallen grundsätzlich unter § 13 I Nr 1 GesO.[7] Man wird jedoch annehmen müssen, daß solche Ansprüche gleichfalls hier einzuordnen sind, wenn sie Arbeitsverhältnisse betreffen, bei denen die Arbeitnehmeransprüche nach dem oben Rdn 5, 11 Gesagten nur in § 13 I Nr 3 GesO eingestellt sind; dies gebietet die auch sonst streng durchgehaltene Gleichbehandlung der beiden Anspruchsgruppen. 12

Soweit die in Nr 3 bezeichneten Ansprüche gem § 141 m I AFG, § 9 III 1 VorruhestandsG auf die BfA übergegangen oder gem § 141 n II 1 AFG bestehengeblieben sind, werden sie – vergleichbar § 59 II KO – nur als Vorrechtsforderung gem § 17 III Nr 1 GesO berichtigt, § 13 II GesO. 13

Auffällig ist der gegenüber § 59 I Nr 3 KO deutlich eingeschränkte Kreis von Ansprüchen: erfaßt werden im wesentlichen nur die in § 59 I Nr 3a genannten Ansprüche; die Ansprüche gem Nr 3 lit b–d sind nicht genannt. Will man sie nicht nach dem allgemein vertretenen Grundsatz der Lückenausfüllung in Anpassung an die KO[8] trotzdem hier einordnen, wofür in diesem sozialpolitisch besonders sensiblen Bereich zur Vermeidung von Ungleichbehandlung vieles spricht, so wäre die Konsequenz ihre Einordnung in § 17 III Nr 4 GesO. 14

B. Die anmeldebedürftigen Forderungen

I. Grundsätze

Die GesO enthält weder eine § 3 KO vergleichbare Definition der Konkursforderung noch Ausschlußregeln, wie sie § 63 KO enthält. Allgemein besteht jedoch 1

[5] *Haarmeyer/Wutzke/Förster* § 13 Rdn 25.

[6] *Eickmann,* VergVO, Anh A Rdn 22; s auch Hdb § 120 Rdn 23.

[7] Vgl zur entsprechenden Behandlung im Konkurs Hdb § 98 Rdn 165.

[8] *Lübchen/Landfermann* S. 838; *Horn,* Zivil- u Wirtschaftsrecht im neuen Bundesgebiet, S. 504; *Haarmeyer/Wutzke/Förster* Einl Rdn 71. Gegen eine Ausweitung: *Smid/Zeuner* § 13 Rdn 10.

Übereinstimmung dahin, § 3 I KO zur Definition der anmeldebedürftigen Forderungen heranzuziehen.[1] Insoweit kann deshalb auf das Hdb, § 20 Rdn 3ff Bezug genommen werden. Angesichts der Formulierung in § 17 III Nr 2 GesO sind wohl auch die Grundgedanken von § 3 II KO übernommen worden: Unterhaltsansprüche sind, soweit sie vor Eröffnung fällig wurden, als anmeldebedürftige Forderung zu behandeln, künftige Ansprüche sind nicht berücksichtigungsfähig, sondern müssen sich an den Neuerwerb halten.

2 Offen ist die Behandlung der in § 63 KO genannten Ansprüche. Nach dem Grundsatz der Lückenausfüllung in Anlehnung an die KO (s o Fn 8) sollten die Regelungen des § 63 voll übernommen werden, da sie nach ihrem Sinn und Zweck auch hier zutreffen.[2] Nrn 1 u 2 haben einen rein technischen (praktischen) Regelungszweck: der Ausschluß der nach Eröffnung weiterlaufenden Zinsen und sich erhöhenden Kosten vermeidet das ständige Anwachsen der Schuldenmasse und ermöglicht erst die Festlegung der Verteilungsbeträge und eine Quotierung; diese Notwendigkeit besteht auch hier. Nrn 3 u 4 drücken Wertungen aus, die auch in den hier zu behandelnden Verfahren gleichermaßen gelten; die Schlechterstellung unentgeltlichen Erwerbes ist überdies ein allgemeiner Rechtsgedanke unseres Zivilrechts.

3 Die nachstehend unter II dargestellten Forderungen werden gem § 17 III GSO in dieser Rangordnung und innerhalb einer Rangklasse im gleichen Verhältnis der Beträge berichtigt.

II. Die Rangordnung

1. Rangklasse 1: Arbeitnehmeransprüche und gleichgestellte Forderungen (§ 17 III Nr 1). Hierzu gehören:

4 a) Lohn- und Gehaltsforderungen für die Zeit bis zu zwölf Monaten vor der Eröffnung, soweit sie nicht gem § 13 GesO vorab zu begleichen sind (s o A Rdn 10). Es sind somit hier einzustellen einmal die Rückstände, die älter als sechs Monate aber nicht älter als ein Jahr sind (zur Abgrenzung s Hdb § 62 Rdn 6, 7) – ältere Rückstände fallen in Rangklasse 4 –, sowie die von § 13 II GesO erfaßten Ansprüche (s o A Rdn 13).
Wegen der hier nicht ausdrücklich genannten Ansprüche nach § 61 I Nr 1 lit b–d s o A Rdn 14.

5 b) Forderungen der Träger der Sozialversicherung und der BfA wegen der Rückstände für die letzten zwölf Monate vor der Eröffnung auf Beiträge nebst Säumniszuschlägen und auf Umlagen, soweit sie nicht gem § 13 GesO vorab zu begleichen sind (s o A Rdn 12).

6 c) Sozialplanforderungen, sofern
- der Plan mit dem Verwalter vereinbart wurde,
- die Summe der vereinbarten Arbeitnehmerforderungen nicht größer als der Gesamtbetrag von drei Monatsverdiensten der von einer Entlassung betroffenen Arbeitnehmer, und
- die genannte Summe ein Drittel des nach dem Verteilungsvorschlag zu verteilenden Erlöses nicht übersteigt.

Entsprechendes gilt für außerhalb eines Sozialplanes zu gewährende Abfindungen oder vergleichbare (dh den Arbeitsplatzverlust ausgleichende) Leistungen.

---

[1] *Lübchen/Landfermann* S. 836; *Smid/Smid* § 2 Rdn 8; *Hess/Binz* § 2 Rdn 24.
[2] *Hess/Binz* § 18 Rdn 86.

Übersteigen die vereinbarten Sozialplanleistungen einen der Eckwerte, sind sie insoweit (dh in Höhe der Differenz) in Rangklasse 4 einzuordnen.[3] Sozialpläne, die nicht vom Verwalter, sondern vor Eröffnung vom Schuldner abgeschlossen worden sind, fallen angesichts des eindeutigen Wortlauts von § 17 III Nr 1 c GesO im Ganzen in Rangklasse 4. Diese Abwendung vom Grundsatz des SozPlG, Konkurssozialpläne und vorkonkursliche Sozialpläne grundsätzlich gleich zu behandeln (vgl § 3 SozPlG), ist bedauerlich. 7

2. Rangklasse 2. Unterhalt, Familienaufwand (§ 17 III Nr 2). 8
In die Rangklasse 2 fallen Unterhaltsrückstände für längstens ein Jahr vor Eröffnung. Gemeint sein können nur Unterhaltsrückstände, die sich gegen den Schuldner richten; die Abgrenzung in § 3 II KO sollte entsprechend anwendbar sein, Ansprüche nach Art 234 §§ 5, 8 u 9 EGBGB kommen jedoch hinzu.[4] Der weiter in § 17 III Nr 2 GesO verwendete Begriff „Familienaufwand" bezeichnet die Verpflichtung zur Leistung von Familienunterhalt entsprechend § 1360 BGB.[5]

3. Rangklasse 3. Steuern und Abgaben (§ 17 III Nr 3 GesO). 9
Hierher gehören alle Steuern, steuerähnlichen Gefälle und Zölle; also Forderungen, bei denen die geforderte Leistung nicht das Entgelt für die Gewährung eines bestimmten Vorteils ist (s Hdb § 62 Rdn 10), soweit sie im letzten Jahr vor der Eröffnung fällig wurden.

Steuerforderungen, die nach Eröffnung begründet werden, fallen regelmäßig unter die Verwaltungskosten iSv § 13 I Nr 1 GesO (s Hdb § 113 Rdn 1–3). Hierher gehört auch die EGKS – Umlage auf die Erzeugung von Kohle und Stahl (BGBl 1989 I, 326). 10

4. Rangklasse 4: Alle übrigen, nicht in eine der vorstehenden Rangklassen einzuordnenden Ansprüche, die weder nach § 13 GesO vorweg zu befriedigen noch entsprechend § 63 KO ausgeschlossen sind. 11

---

[3] *Lübchen/Landfermann* S. 837 (dort Fn 44). Vgl jedoch zum SozPlG im Hdb § 98 Rdn 68–70.
[4] *Smid/Schöpf* § 17 Rdn 25; *Hess/Binz* § 17 Rdn 65 (jedoch ohne die Ansprüche aus Art 234 EGBGB).
[5] *Smid/Schöpf* § 17 Rdn 25.

10. Abschnitt. Die Befriedigung der Gläubiger

Übersicht

A. Die Erfüllung vorab zu begleichender Ansprüche

I. Auszahlung aufgrund formloser Geltendmachung

1 Die vorab zu begleichenden Forderungen werden, wie die Masseverbindlichkeiten der KO, aufgrund formloser Geltendmachung beim Verwalter bzw nach dessen eigenem Entschluß bezahlt. Zur gerichtlichen Einwilligung s unten Rdn 2. Da im Geltungsbereich der GesO auch die nicht vorab zu befriedigenden Forderungen beim Verwalter geltend gemacht (angemeldet) werden, wird es zuweilen zu Verwechslungen und Irrtümern kommen. Für den Bereich der KO ist anerkannt, daß die irrtümliche Behandlung und Feststellung einer Masseschuld als Konkursforderung nicht die Wirkungen des § 145 II KO hat und den Gläubiger nicht hindert, seine Forderung nach den für die Masseschulden geltenden Regeln weiter zu verfolgen (s Hdb § 64 Rdn 30); diese Auffassung gilt hier entsprechend.

2 Lehnt der Verwalter die Bezahlung eines vorab zu begleichenden Anspruches ab, so kann der Gläubiger seinen Anspruch gegen den Verwalter im Prozeßwege durchsetzen. Insoweit gilt das im Hdb § 58 Rdn 5 Gesagte entsprechend.

II. Die Einwilligung des Gerichts

3 Nach § 13 I GesO bedarf die Befriedigung vorab zu begleichender Ansprüche der Einwilligung des Gerichts. *Haarmeyer/Wutzke/Förster* halten diese Regelung für systemwidrig, weil § 13 GesO unbedingte Ansprüche gegen die Masse enthalte, die einklagbar seien und durchgesetzt werden könnten, ohne daß die – erteilte oder verweigerte – Zustimmung des Gerichts daran etwas ändere. Sie deuten die Vorschrift daher im Sinne eines „lediglich generellen Abstimmungskonsenses“; der Verwalter könne davon ausgehen, daß die Einwilligung erfolgt sei, bleibe das Abwicklungskonzept unwidersprochen. Auch liege in der Genehmigung der

Schlußrechnung die nachträgliche Zustimmung zum Ausgleich der dort ausgewiesenen Masseverbindlichkeiten.[1]

Dem kann nicht zugestimmt werden. Zur grundsätzlichen Kritik ist anzumerken, daß durch die Norm offenbar die Anerkennung von Verbindlichkeiten als vorab zu befriedigende Ansprüche kontrolliert werden soll; angesichts der gleichermaßen beim Verwalter geltend zu machenden Masseverbindlichkeiten wie Normalforderungen besteht eine latente Verwechslungsgefahr, die eine gewisse Mitkontrolle seitens des Gerichts durchaus rechtfertigt. Daß an der Rechtsnatur eines Anspruches durch das Einwilligungserfordernis nichts geändert werden kann, versteht sich; auch die KO kennt, dessen ungeachtet, Ähnliches, vgl. § 133 Nr 2 KO. 4

Eine nachträgliche Zustimmung durch Genehmigung der Schlußrechnung ist nicht möglich.[2] Zum einen widerspräche dies dem eindeutigen Wortlaut der Norm, denn „Einwilligung" bedeutete auch im Zivilrecht der DDR „vorherige Zustimmung", vgl § 469 I ZGB. Insbesondere aber verfehlt die bloße Genehmigung bereits vollzogener Auszahlungen den Gesetzeszweck. 5

Ebensowenig kann das Schweigen des Gerichts als Einwilligung verstanden werden. Erforderlich ist stets eine ausdrückliche Erklärung des Gerichts, die freilich nicht für jeden Einzelanspruch gesondert abgegeben werden muß, sondern auch pauschal, zB für bestimmte Anspruchsgruppen („. . . alle Lohnansprüche der im Bericht vom 1. 7. 1991 genannten Arbeitnehmer für den Zeitraum . . .") abgegeben werden kann. Bei hinreichender Konkretisierung der Ansprüche kann auch die pauschale Zustimmung zu einem dem Gericht eingereichten Abwicklungskonzept genügen. 6

III. Das massearme Verfahren

Reicht die Masse für die Befriedigung aller vorab zu begleichenden Ansprüche nicht aus, so sind die Gläubiger in der Rangfolge des § 13 GesO, gegebenenfalls quotal, zu befriedigen. 7

Sobald der Verwalter die Masseunzulänglichkeit erkennt, hat er sie den Gläubigern bekannt zu geben (s Hdb § 59 Rdn 1). 8

Für Prozesse und Zwangsvollstreckungsmaßnahmen von Gläubigern gilt dann das im Hdb § 59 Rdn 4–7 Gesagte. 9

B. Das Anmeldeverfahren

I. Anmeldung beim Verwalter

Die nicht vorab zu befriedigenden Forderungen sind binnen einer im Eröffnungsbeschluß zu bestimmenden Frist beim Verwalter anzumelden, § 5 S. 2 Nr 3 GesO. Wegen verspäteter Anmeldungen s u Rdn 3 ff. 1

Da die GesO zu Form und Inhalt der Anmeldungen schweigt, kann auf das im Hdb § 63 Rdn 9–14 Gesagte verwiesen werden. 2

II. Verspätete Anmeldung

1. Forderungsausschluß bei Gläubigerverschulden. Im Gegensatz zu KO enthält die GesO bei Versäumung der Anmeldefrist strenge Sanktionen. Nach § 14 3

---

[1] *Haarmeyer/Wutzke/Förster* § 13 Rdn 16.

[2] AA *Smid/Zeuner* § 13 Rdn 7 (ohne Begründung).

I 1 GesO darf nämlich eine erst nach Ablauf der Anmeldefrist beim Verwalter eingehende Anmeldung nur dann in das Verzeichnis des § 11 I GesO aufgenommen werden, wenn die Verspätung unverschuldet war und das Gericht zustimmt.

4 Bei der Prüfung, ob es sich um eine nicht verschuldete Fristversäumung handelt, sind gem § 1 III GesO die zu § 233 ZPO entwickelten Grundsätze entsprechend heranzuziehen.[1] Ein Verschulden ist zu verneinen, wenn die Fristversäumung unter den gegebenen Umständen auch durch die von dem Säumigen unter Berücksichtigung seiner Lage, Erfahrung und Bildung zu erwartende Sorgfalt nicht abgewendet werden konnte.[2] Deshalb kann der zu pauschalen Feststellung bei *Haarmeyer/Wutzke/Förster,* die extrem langen Postlaufzeiten im Bereich der neuen Länder fielen nicht in den Risikobereich des Gläubigers, so nicht zugestimmt werden. Die dort übliche und allgemein bekannte Postlaufzeit muß der Gläubiger einkalkulieren; erst eine Laufzeit, die auch gemessen an dem in den neuen Ländern Üblichen als überdurchschnittlich lange zu bezeichnen wäre, gereicht dem Gläubiger nicht zum Verschulden.[3] Hinsichtlich der Zurechenbarkeit eines Verschuldens des Gläubigervertreters bzw dessen Büropersonals gelten die allgemeinen Grundsätze.[4]

5 In der Mehrzahl der Fälle wird sich der Anmelder darauf berufen, er habe von der Verfahrenseröffnung erst verspätet Kenntnis erlangt. Es kommt somit darauf an, ob es zu den Sorgfaltspflichten jedenfalls eines Kaufmannes gehört, den Bundesanzeiger u ggf die örtliche Tageszeitung (vgl § 6 I GesO) in bezug auf dort publizierte Insolvenzverfahren gegen Geschäftspartner durchzusehen.[5] Im Geltungsbereich der KO muß dies schon deshalb bejaht werden, weil nach § 76 III KO die öffentliche Bekanntmachung als Zustellung an alle Beteiligten gilt. Obwohl sich in der GesO keine vergleichbare Vorschrift findet, wird man hier nicht anders entscheiden können, soll die öffentliche Bekanntmachung der Eröffnung Sinn haben. Immerhin wird in § 7 IV GesO einem Schuldner des Schuldners unabhängig von dessen Kenntnis die öffentliche Bekanntmachung negativ zugerechnet.

2. Verfahren des Verwalters bzw. des Gerichts. Denkbar sind folgende Verfahrensabläufe:

6 a) Der Verwalter hält die Verspätung für unverschuldet. Er teilt dem Gericht unter Vorlage der Anmeldung und eventueller weiterer Vorgänge seine Absicht mit, die Forderung in das Verzeichnis aufzunehmen. Das Gericht stimmt dem zu. Dann verfährt der Verwalter wie unten Rdn 9 ff.

7 b) Der Verwalter verfährt wie oben Rdn 6, das Gericht hält die Verspätung jedoch für verschuldet. Dann verweigert das Gericht seine Zustimmung durch Beschluß, den der Anmelder mit der sofortigen Beschwerde (§ 20 GesO) anfechten kann.

8 c) Hält der Verwalter die Verspätung für verschuldet und legt er deshalb die Angelegenheit dem Gericht nicht vor, so bliebe dem Gläubiger, wie § 14 II GesO klarstellt, nur die Möglichkeit, in dem durch § 18 II 3 GesO eingeschränkten Umfang das Nachforderungsrecht geltend zu machen; von der Verfahrensteilnahme wäre er durch die Verwalterentscheidung ausgeschlossen. Die

---

[1] *Haarmeyer/Wutzke/Förster* § 14 Rdn 8; *Smid/Smid* § 14 Rdn 8.
[2] So die gängige Definition bei *Rosenberg/Schwab* § 70 II.
[3] Dazu s BVerfGE 44, 302 u BVerfG NJW 1979, 641.
[4] Ausf dazu *Rosenberg/Schwab* § 70 III.
[5] Bejahend: *Haarmeyer/Wutzke/Förster* § 14 Rdn 13, 15; verneinend: *Hess/Binz* § 14 Rdn 2.

Verwalterentscheidung muß deshalb einer gerichtlichen Kontrolle unterliegen; der Gläubiger kann gem § 8 III 1 GesO das Gericht anrufen.[6]

III. Die Aufstellung des Verpflichtungsverzeichnisses

Nach § 11 I GesO hat der Verwalter ein Verzeichnis des Vermögens des Schuldners (vergleichbar §§ 123, 124 KO) und ein „Verzeichnis der Verpflichtungen" aufzunehmen. Ungeachtet dessen, daß in § 14 I GesO der Begriff „Vermögensverzeichnis" offenbar als Oberbegriff für beide Verzeichnisse verstanden wird, sollte der Klarheit halber von dem Verzeichnis der Anmeldungen als dem Verpflichtungs- oder Forderungsverzeichnis gesprochen werden. 9

Wie das Verzeichnis zu führen ist, regelt das Gesetz nicht. Das Verzeichnis kann in Kartei- oder Buchform, auch durch EDV-Erfassung, geführt werden. Hinsichtlich des Inhalts der Eintragungen kann auf das Hdb § 63 Rdn 17–31 verwiesen werden. Nach Ablauf der Anmeldefrist wird das Verzeichnis – vorbehaltlich späterer Aufnahme einer Forderung gem § 14 GesO – geschlossen, § 11 I 2 GesO; es ist sodann dem Gericht vorzulegen,[7] dort wird es Bestandteil der Akten. Wegen der Erteilung von Abschriften s Hdb § 63 Rdn 32, 33. 10

C. Der Prüfungstermin

I. Vorprüfung durch das Gericht

Der eigentlichen Forderungsprüfung – gerichtet auf die Begründetheit der Forderungen – geht eine Vorprüfung durch das Gericht voraus, die sich auf die Zulässigkeit der Anmeldung erstreckt.[1] Nicht zuzulassen sind Anmeldungen, die den Formalerfordernissen (oben B Rdn 2) nicht entsprechen, sowie Anmeldungen von Forderungen, die entweder vorab zu befriedigen sind oder die am Verfahren nicht teilnehmen können (dazu s oben 9. Abschn B Rdn 2). 1

II. Terminsvorbereitung

Der Termin ist durch das Gericht öffentlich bekannt zu machen. 2

Teilnahmeberechtigt am Termin sind der Verwalter, der Schuldner und alle Gläubiger, die eine Forderung iS von § 17 III GesO (also nicht: § 13 GesO) angemeldet haben. 3

Teilnahmepflicht besteht für Gläubiger nie;[2] für den Schuldner sollte sie im Hinblick auf die Erklärungspflicht des § 11 II 2 GesO gem § 141 ZPO, § 1 III GesO ausdrücklich angeordnet werden. Der Schuldner ist dann förmlich zu laden. Problematisch ist dabei freilich, daß § 141 III ZPO als Sanktion bei Nichterscheinen allenfalls die Verhängung von Ordnungsgeld zuläßt. Diese nur aus den Besonderheiten des Parteienprozesses erklärbare Regelung ist in einem Verfahren wie dem hier zu erörternden aus naheliegenden Gründen sinnlos. Für eine Vorführung des Schuldners fehlt jedoch eine dem § 101 II KO vergleichbare Rechtsgrundlage. Ob sie auch hier durch bloßen Rückgriff auf die KO gewonnen werden kann, erscheint mir zweifelhaft.[3] 4

---

[6] *Smid* § 14 Rdn 14, will demgegenüber eine Klage auf Feststellung dahin zulassen, daß die Forderung zu prüfen sei. Das erscheint prozeßökonomisch nicht vertretbar; überdies ist das Rechtsschutzbedürfnis für eine solche Klage zweifelhaft.

[7] *Haarmeyer/Wutzke/Förster* § 11 Rdn 21.

[1] Vgl Hdb § 63 Rdn 41–45.

[2] *Haarmeyer/Wutzke/Förster* § 11 Rdn 29.

[3] Ebenso *Smid* § 11 Rdn 29, der eine – freilich unpraktikable – Durchsetzung der Auskunftspflicht durch Klage gegen den Schuldner und anschließende Vollstreckung gem § 888 I ZPO vorschlägt!

III. Die Vorgänge im Termin

5 Der Prüfungstermin steht unter der Leitung des Gerichts. Dieses trägt jede in das Verpflichtungsverzeichnis aufgenommene Forderung nach Anmelder, Betrag, Grund sowie Vorrecht vor und gibt den Erschienenen Gelegenheit, sich zu erklären.

6 Obwohl eine die Rechtsfolgen des Beteiligtenverhaltens so klar regelnde Vorschrift wie § 144 I KO fehlt, wird doch aus dem Zusammenspiel von § 11 III u § 18 II GesO allgemein geschlossen, daß die Grundsätze der §§ 144–146 KO auch hier gelten.[4] Das bedeutet:

7 – Eine Forderung gilt als festgestellt, wenn gegen sie weder vom Verwalter, noch von einem Gläubiger ausdrücklich Widerspruch erhoben wird.[5] Der Gesetzeswortlaut ist insoweit widersprüchlich, weil er in § 11 II 1 GesO vom „Bestreiten", in § 11 III 1 GesO hingegen vom Anerkennen der Forderungen spricht; man muß jedoch davon ausgehen, daß dieses Anerkenntnis im Nichtbestreiten zu erblicken ist.

8 – Der Widerspruch des Schuldners hindert die Feststellung nicht. Man wird jedoch, wie dies in § 164 II KO geregelt ist, davon auszugehen haben, daß der Schuldnerwiderspruch auch hier die Vollstreckbarkeit des Verzeichniseintrages nach Verfahrensbeendigung ausschließt.[6]

9 Das Ergebnis der Prüfungsverhandlungen ist im Verpflichtungsverzeichnis zu vermerken. Darüber verhält sich die – freilich völlig mißlungene – Vorschrift des § 11 II 3 GesO. Zunächst fällt auf, daß sie bei den festgestellten („anerkannten") Forderungen deren „Aufnahme" in das Verzeichnis anordnet, was doch nach § 11 Abs 1 GesO längst geschehen ist. Zu verstehen ist dies wohl dahin, daß das Ergebnis der Prüfungsverhandlungen aufzunehmen ist.[7] Überraschend ist sodann, daß diese Verzeichnisergänzung dem Verwalter zugewiesen wird. Da das Verzeichnis dem Gericht vorgelegt worden ist und auch, wie sich mittelbar aus § 18 II GesO ergibt (Erteilung vollstreckbare Ausfertigungen), dort in den Akten verbleibt, erscheint es kaum denkbar, daß der Verwalter – quasi als eine Art Urkundsbeamter – das Ergebnis des vom Gericht durchgeführten Termins in den Gerichtsakten feststellt. Es wird deshalb richtig angenommen, daß die Feststellung des Ergebnisses der Prüfungsverhandlungen vom Gericht (bzw Urkundsbeamten der Geschäftsstelle) zu treffen ist,[8] so daß insgesamt auf das Hdb § 64 Rdn 16ff verwiesen werden kann.

D. Die Verteilung

I. Der Verteilungsvorschlag

1 Grundlage der Verteilung ist der vom Verwalter zu erstellende Verteilungsvorschlag, § 17 II, § 18 GesO. Dieser findet wiederum seine Grundlag ein dem Verzeichnis der Verbindlichkeiten, das durch die Ergebnisse des Prüfungstermins ergänzt wurde. Regeln über die Voraussetzungen einer Aufnahme in das Verzeichnis, wie sie §§ 152, 153 KO darstellen, bestehen nicht.

---

[4] *Haarmeyer/Wutzke/Förster* § 11 Rdn 30–37; *Hess/Binz* § 11 Rdn 34ff; *Smid/Smid* § 11 Rdn 31ff.
[5] *Haarmeyer/Wutzke/Förster* § 11 Rdn 30; *Smid/Smid* § 11 Rdn 31; *Hess/Binz* § 11 Rdn 38.
[6] *Smid/Smid* § 11 Rdn 34; *Hess/Binz* § 11 Rdn 36, 37.
[7] *Haarmeyer/Wutzke/Förster* § 11 Rdn 35; *Smid/Smid* § 11 Rdn 39.
[8] *Haarmeyer/Wutzke/Förster* § 11 Rdn 35; aA (Verwalter): *Hess/Binz* § 11 Rdn 46.

Aufzunehmen sind alle nicht bestrittenen („anerkannten") Forderungen, § 17 II GesO. **2**

Aufzunehmen sind ferner alle vollstreckbar titulierten Forderungen, weil bei diesen nach § 11 III 2 GesO der Widerspruch durch den/die Bestreitenden zu verfolgen ist und bei Nichtverfolgung die Forderung ohne weiteres befriedigt werden muß. **3**

Offen ist, wie die nicht titulierten, bestrittenen Forderungen zu behandeln sind. **4** Nach § 12 III 1 GesO müssen die für solche Forderungen erforderlichen Beträge bis zur Entscheidung des Feststellungsprozesses (§ 11 III 1 GesO) zurückbehalten werden. Bei Nachweis des Obsiegens ist somit der Anmelder zu befriedigen. Da dies jedoch bei nicht voll ausreichender Masse nur in Höhe der in der entsprechenden Rangklasse möglichen Quote geschehen kann, erzwingt schon die Notwendigkeit der Quotenberechnung eine Aufnahme der Forderungen in das Verzeichnis. Sie werden mit dem Vorbehalt der prozessualen Feststellung der Forderung in das Verzeichnis eingestellt.[1] S i ü unten Rdn 12.

II. Der Schlußtermin

Im Schlußtermin wird der Verteilungsvorschlag mit den Gläubigern und dem **5** Verwalter erörtert, § 18 I 1 GesO. Die Gläubiger haben die Möglichkeit, gegen den Vorschlag Einwendungen zu erheben, sofern sie durch ihn beschwert sind. Das ist dann der Fall, wenn ein Gläubiger seine Nichtberücksichtigung rügt oder wenn er – selbst in eine Rangklasse eingestellt, in der gequotet werden muß – die Aufnahme eines anderen Gläubigers in eine rangbessere oder dieselbe Rangklasse rügt.

Das Gericht entscheidet über die Einwendungen, indem es sie entweder zurück- **6** weist oder die Änderung bzw Ergänzung des Vorschlages anordnet. Der nicht oder erfolglos angefochtene sowie der geänderte bzw ergänzte Vorschlag ist gerichtlich zu bestätigen.

III. Die Durchführung der Verteilungen

Grundlage jeder Zuteilung ist der gerichtlich bestätigte Verteilungsvorschlag. **7**

Zweifelsfrei ist, daß den Gläubigern festgestellter Forderungen der im Vor- **8** schlag vorgesehene Betrag auszuzahlen ist, sofern die Gläubiger sich nicht mit der Überlassung eines Massegegenstandes gem § 18 III GesO einverstanden erklären.

Offen ist die Behandlung bestrittener Forderungen. Im Konkurs stellt die Aus- **9** schlußfrist des § 152 KO sicher, daß im Zeitpunkt der Verteilung feststeht, für welche der bestrittenen Forderungen Rückstellungen (§ 168 Nr 1 KO) zu bilden sind und welche dieser Forderungen unberücksichtigt bleiben. Zwar schreibt die GesO in § 12 III 1 die Zurückbehaltung der erforderlichen Beträge „bis zur Entscheidung über das Bestehen bestrittener Ansprüche" vor, aber mangels einer § 152 KO vergleichbaren Regelung besteht für den Anmelder kein Zwang zur Klageerhebung innerhalb eines bestimmten Zeitraums. Es gibt jedoch keinen Sinn, nähme man an, daß die entsprechenden Anteile auf Jahr und Tag, letztlich nämlich bis zum Eintritt der Anspruchsverjährung, zurückgehalten werden müßten. Eine Lösung kann nur darin gefunden werden, daß die Gläubigerversammlung im Schlußtermin Fristen bestimmt, innerhalb deren die Klagen des § 11 III GesO zu erheben und anzuzeigen sind.[2]

---

[1] Ebenso *Smid/Smid* § 12 Rdn 54.

[2] Nach *Hess/Binz* § 18 Rdn 15, ist § 152 KO entsprechend anwendbar, so daß die Frist kraft Gesetzes läuft.

10 Wird die Klageerhebung angezeigt, so sind die Anteile bis zur rechtskräftigen Entscheidung zurückzuhalten.

11 Geht eine Anzeige innerhalb der Frist nicht ein, so ist auf titulierte Forderungen ungeachtet des Bestreitens auszuschütten. Auch insoweit ist die oben Rdn 9 erwähnte Fristsetzung notwendig, weil es nicht angehen kann, daß das bloße Bestreiten einer solchen Forderung trotz Unterbleibens des in § 11 III 2 GesO verlangten gerichtlichen Vorgehens auf Dauer die Befriedigung des Gläubigers hindert.[3]

12 Geht bezüglich einer nichttitulierten Forderung eine Anzeige nicht ein, so nimmt der Gläubiger an der Verteilung nicht teil. Der für die Forderung vorgesehene Anteil ist nachträglich, zusammen mit etwaigen Überschüssen infolge Nichtfeststellung von Forderungen, zu verteilen, § 12 III 2 GesO.

E. Die beschränkte Restschuldbefreiung (Vollstreckungssperre)

I. Grundsatz

1 Nach § 18 II GesO hat der Verwalter den nicht oder nicht voll befriedigten Gläubigern die Unterlagen zurückzusenden und sie auf die grundsätzlich bestehende Möglichkeit der Vollstreckung aus dem Verzeichnis der anerkannten Forderungen hinzuweisen; das Gericht hat vollstreckbare Ausfertigungen zu erteilen (s Hdb § 7 Rdn 13).

2 Im Gegensatz zur Regelung in der KO wird den Gläubigern dieses Nachforderungsrecht jedoch nicht uneingeschränkt gewährt. § 18 II 3 GesO legt fest, daß die Gläubiger nur dann gegen den Schuldner vollstrecken können, wenn er „über ein angemessenes Einkommen hinaus zu neuem Vermögen gelangt". Diese Rechtswohltat wird dem Schuldner jedoch nicht zuteil, wenn er „vor oder während des Verfahrens vorsätzlich oder grob fahrlässig zum Nachteil der Gläubiger gehandelt hat".

II. Das Verfahren

3 **1.** Die GesO schweigt auch hier zu der Frage, wie das Gewollte verfahrensrechtlich durchzusetzen ist. Man kann die Regelungen in § 18 II GesO als einen Teil oder Anhang des Insolvenzverfahrens verstehen, aber auch in ihnen einen nach den allgemeinen Grundsätzen vor dem (allgemeinen) Vollstreckungsgericht durchzusetzenden speziellen Schuldnerschutz erblicken. Letzteres freilich wäre wenig verfahrensökonomisch, weil dann das Vollstreckungsgericht durch aufwendige Auswertung der Insolvenzakten sich Erkenntnisse verschaffen müßte, die der Insolvenzrichter (-rechtspfleger) bereits aus der Führung des Verfahrens gewonnen hat. Die größere Sachnähe zu den entscheidungserheblichen Fakten spricht für das Insolvenzgericht.[1]

4 **2.** Offen ist weiter, ob über die Frage der Vollstreckungssperre von Amts wegen oder nur auf Antrag zu entscheiden ist. Letzteres erscheint sinnvoller;[2] es ist nicht veranlaßt, eine Entscheidung zu treffen, bevor überhaupt feststeht, ob und von wem vollstreckt wird.

---

[3] *Hess/Binz* § 18 Rdn 31.

[1] Ebenso: *Haarmeyer/Wutzke/Förster* § 18 Rdn 50. AA (= § 766 ZPO): *Smid/Smid* § 18 Rdn 34; *Wenzel* ZIP 1991, 425, 49.

[2] *Haarmeyer/Wutzke/Förster* § 18 Rdn 49.

Bejaht man den Charakter als Antragsverfahren, so muß gefragt werden, wer was zu beantragen hat: Wird die Vollstreckungssperre nur auf Antrag des Schuldners ausgesprochen, oder besteht sie kraft Gesetzes und wird auf Antrag eines Gläubigers aufgehoben, wenn dieser dartut, der Schuldner sei zu neuem Vermögen gelangt, oder habe unredlich gehandelt? Für die erste Auffassung[3] spricht, daß gem § 18 II 2 GesO den Gläubigern nach der Verteilung von Amts wegen uneingeschränkt vollstreckbare Ausfertigungen zu erteilen sind; das vertrüge sich schwerlich mit einer kraft Gesetzes zunächst bestehenden generellen Vollstreckungssperre. 5

Ungeregelt ist weiter, ob der Antrag nur innerhalb des Verfahrens oder auch noch nach dessen Abschluß gestellt werden kann.[4] Letzteres sollte zulässig sein, denn es ist aus Gründen der Verfahrensökonomie unerwünscht, daß eine uU aufwendige Entscheidung vom Schuldner vorsorglich bereits herbeigeführt werden muß, wenn noch offen ist, ob es überhaupt zu Vollstreckungen kommen wird. Freilich besteht bei einer Antragstellung erst nach Vollstreckungsbeginn das Problem, daß Regelungen über die dann notwendig werdende einstweilige Einstellung fehlen. Man wird angesichts der Lückenhaftigkeit der GesO auch hier über eine großzügige Analogie zu den allgemeinen Vorschriften nicht hinwegkommen. 6

3. Beantragt der Schuldner Restschuldbefreiung (Vollstreckungssperre), so ist sie ihm zu gewähren, es sei denn er kann aufgrund seines Verhaltens vor dem Verfahren oder während dessen Verlauf nicht als redlicher Schuldner angesehen werden. Die generalklauselartige Umschreibung in § 18 II 3 GesO kann anhand der Versagungskriterien, die in § 229 I des Entwurfes einer Insolvenzordnung (RegE) vorgesehen sind, ausgefüllt werden.[5] Zu nennen sind: 7

Die rechtskräftige Verurteilung wegen Kreditbetruges, sowie Verfahrensanhängigkeit bzw Verurteilung gem §§ 283–283c StGB (§ 229 I Nr 1); Gewährung von Restschuldbefreiung innerhalb der letzten zehn Jahre; Befriedigungsbeeinträchtigung bei Insolvenzgläubigern innerhalb des letzten Jahres vor Eröffnungsantrag durch vorsätzliches oder grob fahrlässiges Schuldnerhandeln, insbesondere Verschwendung, Luxusausgaben, unerlaubte Handlungen; Verschleppung der Eröffnung (§ 229 I Nr 3); sowie Nichterfüllung der Auskunfts- und Mitwirkungspflichten im Insolvenzverfahren (§ 229 I Nr 4).

4. Ist der Schuldner redlich, so wird ihm Restschuldbefreiung insoweit gewährt, „als eine Einzelvollstreckung in sein Vermögen nur dann stattfindet, wenn er über ein angemessenes Einkommen hinaus zu neuem Vermögen gelangt ist". 8

„Angemessenes Einkommen" ist nicht nur der nach den vollstreckungsrechtlichen Schutzvorschriften (§§ 850c, d ZPO) pfandfreie Betrag, sondern ein Betrag, der dem Schuldner einen standesgemäßen, dh seinen normalen persönlichen und beruflichen Verhältnissen entsprechenden Lebenszuschnitt sichert.[6] Die in der Unterhaltsrechtsprechung („KG-Tabelle", „Düsseldorfer-Tabelle") festgelegten Sätze des Selbstbehaltes können dazu Anhaltspunkte liefern. 9

„Vermögen" iS der Norm liegt nicht erst dann vor, wenn der Schuldner Ersparnisse bildet, also sein Einkommen kapitalisiert. Würde man das verlangen so 10

---

[3] So: *Haarmeyer/Wutzke/Förster* § 18 Rdn 49, 52.

[4] Zurückhaltend insoweit *Haarmeyer/Wutzke/Förster* § 18 Rdn 49.

[5] *Haarmeyer/Wutzke/Förster* § 18 Rdn 55; aA *Smid/Smid* § 18 Rdn 31; dort wird auf die §§ 18 VerglO, 197 KO, sowie auf § 32a GmHG und die Insolvenzstraftaten verwiesen. Ähnlich: *Wenzel* (Fußn 3) S. 429.

[6] *Wenzel* (Fußn 3), S. 427; *Haarmeyer/Wutzke/Förster* § 18 Rdn 63; *Smid/Smid* § 18 Rdn 30.

privilegierte man den Schuldner, der unangemessenen Aufwand treibt und sein Vermögen verpraßt. Es genügt somit für die Zulässigkeit eines Vollstreckungszugriffes, daß der Schuldner Einkünfte erzielt, die ihm – gemessen am angemessenen Einkommen (oben Rdn 9) – die Bildung von Ersparnissen ermöglichen würden.[7]

11 Ist Rechtschuldbefreiung angeordnet, so können der Schuldner bzw der Gläubiger die Unzulässigkeit/Zulässigkeit der Vollstreckung nach den allgemeinen Regeln gem § 766 ZPO geltend machen.

---

[7] *Wenzel* (Fußn 3) S. 427; *Haarmeyer/Wutzke/Förster* § 18 Rdn 72.

11. Abschnitt. Der Zwangsvergleich

Übersicht

I. Grundsatz

Während die GesVVO in ihrer Fassung vom 18. 12. 1975 eine vergleichsweise Beendigung des Verfahrens nicht kannte, hat die Neufassung vom 6. 6. 1990 das bewährte Institut des Zwangsvergleichs aus der KO übernommen. Die Einzelregelungen lehnen sich dabei, weitaus mehr als dies in der GesO sonst der Fall ist, an die Regelungen in der KO an. Hinsichtlich Zweck und Rechtsnatur des Vergleichs kann auf das Hdb § 66 Rdn 1, 2 verwiesen werden. 1

II. Voraussetzungen des Zwangsvergleiches

1. Zeitliche Voraussetzungen. Nach § 16 II GesO ist der Vergleichsabschluß frühestens nach Durchführung des allgemeinen Prüfungstermins (§ 11 II GesO) zulässig. Er wird unzulässig durch die Bestätigung des Verteilungsvorschlags im Schlußtermin (§ 18 I, II GesO); die in § 16 II GesO aus § 173 KO einfach übernommene Formulierung „Genehmigung der Schlußverteilung" ist den anderen Regelungen des GesO nicht angepaßt, meint aber offensichtlich den Verweis auf § 18 I.[1] 2

2. Vorschlag des Schuldners. Entsprechend § 173 KO wird das Zwangsvergleichsverfahren durch einen Vorschlag des Schuldners ausgelöst, der zugleich Antrag auf Beendigung des Gesamtvollstreckungsverfahrens ist, § 16 I GesO. Wegen der allgemeinen Voraussetzungen des Vorschlages (Antrages) s Hdb § 66 Rdn 4; wegen der inhaltlichen Voraussetzungen su Rdn 5–7. 3

3. Beteiligte. Der Vergleich erfaßt die nicht bevorrechtigten Gläubiger nach § 17 III Nr 4 GesO.[2] 4

Nicht beteiligt sind somit die Gläubiger nach § 13 GesO und die bevorrechtigten Ansprüche gem § 17 III Nr 1–3 GesO. Sie müssen nach § 16 III 2 GesO voll befriedigt werden. Auch hier wird es für die Zulässigkeit des Vergleichsverfahrens genügen, wenn diese Ansprüche, soweit sie streitig sind, in entsprechender Anwendung von § 191 I 2, II KO zunächst sichergestellt werden. Dazu im Hdb, § 66 Rdn 6.

---

[1] *Smid/Smid* § 16 Rdn 13.

[2] Nach *Smid/Smid* § 16 Rdn 12 werden alle Gläubiger erfaßt, „die keine Forderungen angemeldet haben, die unter den Katalog des § 17 Abs 3 GesO fallen". Das kann nicht richtig sein, denn dann wären die „gewöhnlichen" Gläubiger nach § 17 III Nr 4 keine Vergleichsgläubiger, wohl aber die privilegierten Gläubiger des § 13 GesO!

5 **4. Inhalt des Vorschlages.** Aus dem Vorschlag müssen sich die Art der Gläubigerbefriedigung, deren abstrakte Höhe sowie die vorgesehene Sicherstellung der Vergleichserfüllung ergeben, § 16 III 1 GesO. Hinsichtlich der Vergleichsarten kann auf das Hdb (§ 66 Rdn 9–12) verwiesen werden.

6 In § 16 III 2 GesO ist, ähnlich § 181 KO, das Gebot der Gläubigergleichbehandlung geregelt. Eine verbotene Ungleichbehandlung liegt zB vor, wenn unterschiedliche Quoten vorgesehen sind, wenn nur bestimmte Gläubiger berücksichtigt werden oder wenn Sicherstellungen deutlich unterschiedlicher Bonität vorgesehen sind. Eine Regelung vergleichbar § 181 S. 2 KO (= zulässige Ungleichbehandlung mit Zustimmung der Zurückgesetzten), enthält die GesO nicht, die Zulässigkeit solcher Ungleichbehandlung ist deshalb umstritten.[3] Das Gleichbehandlungsgebot ist eine Schutzregel für die Gläubiger, deshalb sollte die Ungleichbehandlung mit ausdrücklicher Zustimmung der Betroffenen schon nach dem Grundsatz „volenti non fit iniuria" zulässig sein. Etwas anderes gilt für Einzelbegünstigungsabreden entsprechend § 181 S. 3 KO. Sie beruhen ja gerade nicht auf einer Zustimmung Betroffener, sondern auf einer Abrede mit dem/den Begünstigten. Ein Verbot, vergleichbar § 181 S. 3 KO, fehlt gleichfalls; solche Abreden müssen jedoch wegen Sittenverstoß (§ 138 I BGB) als nichtig angesehen werden.[4]

7 In Anlehnung an § 174 KO verlangt § 16 III GesO auch Angaben darüber, ob und ggf wie eine Sicherstellung der Vergleichserfüllung erfolgen soll. Wegen der damit zusammenhängenden Fragen (auch hinsichtlich sog Besserungsvereinbarungen u der sog kassatorischen Klauseln) kann auf das Hdb § 66 Rdn 19–26 verwiesen werden.

III. Verfahren

8 **1. Vorprüfung, Anhörungen.** Vor einer Terminbestimmung (unten Rdn 11) hat das Gericht den Vorschlag in bezug auf die gesetzlichen Voraussetzungen zu überprüfen;[5] dem Schuldner können Ergänzungen bzw Änderungen aufgegeben werden. Ein unverändert unzulässiger Vorschlag ist zurückzuweisen.

9 Unzulässigkeitsgründe entsprechend § 175 KO normiert die GesO nicht.

10 Ungeachtet dessen, daß auch keine den §§ 177, 178 KO vergleichbaren Regelungen bestehen, sollten doch der Verwalter und ein bestellter Gläubigerausschuß vor dem Termin gehört werden.[6] Beim Verwalter ist dies schon wegen seiner Pflicht zur Befriedigung bzw Sicherstellung der nicht betroffenen Forderungen unerläßlich, zudem kann er am besten die Erfüllbarkeit des Vorschlages beurteilen. Auch der Gläubigerausschuß ist im Hinblick auf seine Bedeutung als Informationsquelle regelmäßig anzuhören.

11 **2. Terminsbestimmung, Ladung.** Nach der vorerwähnten (Rdn 8–10) Prüfung des Vorschlages ist der Vergleichstermin zu bestimmen. Gem § 16 IV 2 GesO kann er mit dem Prüfungstermin verbunden werden.

12 Der Termin ist öffentlich bekanntzumachen. Vorschriften über eine gesonderte Ladung, wie sie § 179 I 3 KO vorsieht, fehlen. Dessen ungeachtet sollten jedenfalls der Verwalter und der Schuldner gesondert geladen werden.

---

[3] Für Zulässigkeit: *Smid/Smid* § 16 Rdn 19. Dagegen: *Hess/Binz* § 16 Rdn 44; *Haarmeyer/Wutzke/Förster* § 16 Rdn 18.

[4] Ebenso *Smid/Smid* § 16 Rdn 20. Im Ergebnis auch *Haarmeyer/Wutzke/Förster* § 16 Rdn 18.

[5] *Haarmeyer/Wutzke/Förster* § 16 Rdn 11.

[6] Ebenso: *Smid/Smid* § 16 Rdn 25.

3. Abstimmung. Stimmberechtigt sind die vergleichsbetroffenen Gläubiger, also die in § 17 III Nr. 4 GesO einzureihenden, soweit sie nach den allgemeinen Regeln ein Stimmrecht haben. 13

In Anlehnung an § 182 KO verlangt auch § 16 IV 3 GesO eine doppelte Mehrheit („Kopfmehrheit" u „Summenmehrheit", s Hdb § 66 Rdn 50, 51) für die Annahme des Vergleichsvorschlages. Die Kopfmehrheit besteht in der einfachen Mehrheit der anwesenden stimmberechtigten Gläubiger. Die Summenmehrheit ist erreicht, wenn die Forderungen der zuzustimmenden Gläubiger drei Viertel der Forderungen aller anwesenden und stimmberechtigten Gläubiger betragen. Hierin liegt eine uU bedeutsame Erleichterung des Vergleichsabschlusses gegenüber der KO, denn dort muß die Summenmehrheit nicht nur aus der Summe der im Termin repräsentierten Forderungen errechnet werden, sondern aus der Summe aller im Verfahren angemeldeten und stimmberechtigten Forderungen (s Hdb § 66 Rdn 51). Zum Abstimmungsvorgang s Hdb § 66 Rdn 59–62. 14

Werden die vorgeschriebenen Mehrheiten nicht erreicht, so sieht § 182 II KO bei Erreichen einer der beiden Mehrheiten eine Vertagung auf Antrag des Schuldners und die Wiederholung der Abstimmung in dem neuen Termin vor. Eine entsprechende Regelung fehlt in der GesO. Trotzdem befürworten *Lübchen/Landfermann*[7] eine Wiederholung des Termins, die jedoch als unzulässig angesehen werden muß, weil in der ungewissen Hoffnung auf ein besseres Ergebnis im neuen Termin kein Vertagungsgrund iSv § 227 ZPO, § 1 III GesO erblickt werden kann.[8] 15

4. Bestätigung. Nach § 16 V 1 GesO bedarf der ordnungsgemäß zustandegekommene Vergleich der Bestätigung durch das Gericht. Zur Frage der Bestätigung sind die Anwesenden gem Art 103 I GG zu hören. 16

Die Bestätigung ist zu versagen, wenn die gesetzlichen Voraussetzungen des Vergleichsabschlusses nicht eingehalten waren oder wenn – nunmehr – dessen Unerfüllbarkeit zutage tritt.[9] 17

Die Bestätigung kann gem § 16 V 3 GesO versagt werden, wenn der Vergleich auf unlautere Weise zustande gekommen ist oder einen Teil der Gläubiger unangemessen benachteiligt. Auf unlautere Weise kommt ein Vergleich zustande, wenn die Verhandlung oder Abstimmung durch Täuschungshandlungen, Drohungen, Stimmenkauf, Forderungssplitting zum Zwecke der Kopfstimmenerhöhung u ä beeinflußt wurde und dies für das Zustandekommen des Vergleichs ursächlich war. 18

Die „unangemessene Benachteiligung" iSv § 16 V 3 GesO muß „einen Teil" der Gläubiger betreffen. Darin liegt ein gewichtiger Unterschied zu § 188 I Nr 2 KO, wo für die Verwerfung des Vergleiches eine gemeinsame, dh alle vergleichsbetroffenen Gläubiger erfassende, Benachteiligung verlangt wird. Fälle einer derartigen Verwerfung des Vergleiches sind schwer vorstellbar. Zwar mag im Einzelfall der durch den Vergleich angestrebte Forderungsverzicht nach der individuellen Gläubigersituation unzumutbar sein, es ist jedoch kaum vorstellbar, daß die Liquidation demgegenüber ein besseres Ergebnis brächte. Die für § 188 I Nr 2 KO praxishäufigste Standardsituation eines Neuerwerbs, der nach Konkursdurchführung den Vollstreckungszugriff ermöglicht, ist wiederum hier nicht berücksichtigungsfähig, weil sie alle vergleichsbetroffenen Gläubiger und nicht nur „einen Teil" von ihnen betrifft. 19

---

[7] ZIP 1990, 829, 837.

[8] Gegen eine Abstimmungswiederholung auch *Haarmeyer/Wutzke/Förster* § 16 Rdn 23; *Hess/Binz* § 16 Rdn 52.

[9] Ebenso: *Smid/Smid* § 16 Rdn 38.

IV. Vergleichswirkungen

20 Der Vergleich wirkt für und gegen alle Vergleichsbeteiligten, § 16 V 2 GesO. Er begrenzt also alle unter § 17 III Nr 4 GesO fallenden Forderungen nach Maßgabe seines Inhalts. Auch wenn das Gesetz nur die Gläubiger ausdrücklich anspricht, die sich nicht am Verfahren beteiligt haben, kann es nach dem Sinn und Zweck des Verfahrens keinen Zweifel daran geben, daß von denjenigen, die sich beteiligt haben, eben alle, also auch die erfaßt werden, die nicht zugestimmt haben. Insoweit stimmt die Regelung mit § 193 S. 1 KO überein.

21 Sehr problematisch ist, daß eine dem § 193 S. 2 KO vergleichbare Regelung fehlt. Die Rechte des Gläubigers gegen Mithaftende und Bürgen, aus Pfandrechten, Vormerkungen und anderen Sicherheiten (s Hdb § 66 Rdn 88–91) sind somit auch vom Vergleich betroffen.[10] Für die akzessorischen Sicherheiten folgt dies schon aus ihrer Akzessorietät, bei nichtakzessorischen Sicherheiten müßte eine Ermäßigung der Forderung nach deren vergleichsgemäßer Befriedigung die Rückgewähransprüche auslösen. Sicherheiten werden jedoch gerade auch im Hinblick auf das Insolvenzrisiko gegeben und sollen sich gerade in der Insolvenz bewähren. Wenn es möglich ist, sie durch einen Zwangsvergleich abzuschütteln, ist dies rechtspolitisch und gesamtwirtschaftlich sehr bedenklich. Man wird jedoch angesichts des klaren Gesetzeswortlaut zu keinem anderen Ergebnis kommen können.

---

[10] *Smid/Smid* § 16 Rdn 33, 34.

Kapitel IV. Unterbrechung des Gesamtvollstreckungsverfahrens zur Unternehmenssanierung

Übersicht

Schrifttum: *Landfermann* ZIP 1991, 826ff; *Lübchen/Landfermann* ZIP 1990, 829ff; *Schmidt-Räntsch* ZIP 1990, 1045ff; *ders* DtZ 1990, 344ff; *Smid* DtZ 1991, 207ff; *ders* ZIP 1991, 981ff; *ders* WM 1991, 1621ff; *Timm* ZIP 1991, 413ff; *Uhlenbruck* ZIP 1991, 561ff; *Ulmer* in: Treuhandunternehmen im Umbruch, RWS-Forum 7, S. 39ff; *Vortmann* KTS 1991, 237ff.

A. Entstehungsgeschichte und praktische Bedeutung des GUG

Vorläufer des geltenden Gesetzes über die Unterbrechung von Gesamtvollstrek- **1**
kungsverfahren (GUG) war die vom Ministerrat der ehemaligen DDR am 25. 7.

1990 beschlossene zweite Verordnung über die Gesamtvollstreckung, die mit ihrer Veröffentlichung im Gesetzblatt der DDR[1] am 30. 7. 1990 in Kraft getreten war. Aufgrund des Einigungsvertrages vom 31. 8. 1990 gilt sie im Range eines Gesetzes unter der jetzigen Bezeichnung fort.[2] Das GUG wurde zuletzt geändert aufgrund des Artikels 14 des sog Privatisierungshemmnisbeseitigungsgesetzes (PrHBG) vom 22. 3. 1991,[3] bekanntgemacht am 23. 5. 1991.[4]

2 Das GUG hat in den neuen Bundesländern bislang so gut wie keine Bedeutung erlangt, da kaum ein Kreditinstitut und auch nicht die Treuhandanstalt bereit waren oder sind, die Risiken hinsichtlich der Neuverbindlichkeiten (vgl § 7 GUG) auf sich zu nehmen. Das aber kann sich unter Umständen leicht ändern.

B. Systematische Stellung des GUG im Gesamtvollstreckungsverfahren

I. Ratio des GUG

1 Die für das Beitrittsgebiet anstelle[1] der Konkurs- (KO) und Vergleichsordnung (VglO) geltende Gesamtvollstreckungsordnung (GesO)[2] enthält keine Regelungen für die Durchführung der Sanierung eines insolventen Unternehmens.[3] Diesem Zweck soll das GUG dienen. Dessen Ziel ist es, den Gesellschaften der ehemaligen DDR den Übergang von der Planwirtschaft zur sozialen Marktwirtschaft zu erleichtern.[4] Es soll ein Verfahren bereitstellen, mit dem die Zerschlagung der Vermögenswerte des insolventen Unternehmens im Rahmen der Gesamtvollstreckung verhindert werden kann. Das GUG regelt ein „zwischengeschaltetes" Verfahren, welches die Entscheidung über die Eröffnung der Gesamtvollstreckung gem § 5 GesO zeitlich hinausschiebt, um dem Schuldner während dieser Zeitspanne die Sanierung zu ermöglichen bzw ihm „Luft" zur Wiederbeschaffung von Liquidität zu verschaffen (vgl *Smid* WM 1991, 1621, 1625). Es trägt damit dem Umstand Rechnung, daß bei einer Vielzahl von Unternehmen in der gegenwärtigen, trotz aller gegenteiligen früheren politischen Einschätzungen leider noch immer zT unüberschaubaren Wirtschaftslage infolge von rechtlichen Umstrukturierungsmaßnahmen und wirtschaftlichem Anpassungsdruck an veränderte Umstände Insolvenzgründe auftreten können, deren Beseitigung dennoch (uU kurzfristig) möglich erscheint (vgl auch *Vortmann* KTS 1991, 237, 252).

II. Anwendungsbereich des GUG

2 **1. Räumlicher Geltungsbereich.** Die KO und VerglO sind für das Beitrittsgebiet nicht in Kraft gesetzt worden.[5] Statt dessen sind die GesO und das GUG gem Anlage II Kapitel III Sachgebiet A Abschnitt II als früheres Recht der DDR mit Modifikationen in Kraft geblieben. Durch die Vereinigung beider deutscher Staa-

---

[1] GBl 1990 I Nr 45 S. 782.
[2] Anlage II, Kapitel III, Sachgebiet A, Abschnitt II Nr 2 des Einigungsvertrages, BGBl 1990 II S. 855, 1155.
[3] BGBl 1991 I S. 766.
[4] BGBl 1991 I S. 1191.

[1] Anlage I Kapitel III Sachgebiet A Abschnitt I des Einigungsvertrages, BGBl 1990 I, S. 921.
[2] IdF der Bek vom 23. 5. 1991, BGBl I S. 1185.
[3] Die Regelung in § 16 GesO entspricht weitgehend den §§ 173ff KO und kann daher sinnvoll für die Abwendung des Gesamtvollstreckungsverfahrens zum Zwecke der Sanierung nicht eingesetzt werden, vgl *Uhlenbruck* BB 1990, Beilage 26 S. 1, 2.
[4] Vgl *Haarmeyer/Wutzke/Förster* GUG § 1 Rdn 5.
[5] S o Fußn 1.

ten hat sich der räumliche Geltungsbereich der genannten Gesetze somit nicht geändert. GesO und GUG gelten demnach unverändert in den in Art 3 des Einigungsvertrages genannten Ländern. Seit der Vereinigung beider deutscher Staaten gelten – ähnlich wie zur Abtreibung – in einem Wirtschafts- und Rechtsgebiet zwei voneinander verschiedene Insolvenzrechtsordnungen.[6]

2. Sachlicher Geltungsbereich. Die Unterbrechung kann gem § 1 I GesO iVm § 2 Nr 1 GUG für alle natürlichen oder juristischen Personen sowie nicht rechtsfähigen Personengesellschaften beantragt werden. 3

Damit kann die Gesamtvollstreckung mithin auch über das Vermögen einer Gesellschaft bürgerlichen Rechts[7] und einer stillen Gesellschaft gem § 230 ff HGB eröffnet und unterbrochen werden.[8] Mit der Normierung der Gesamtvollstreckungsfähigkeit der Gesellschaft bürgerlichen Rechts wird der Vorschlag des Insolvenz-Reformentwurfs (vgl § 12 E-InsO) für das Beitrittsgebiet bereits verwirklicht.[9] Die Einbeziehung der Gesellschaft bürgerlichen Rechts in die Insolvenzvorschriften ist de lege lata bereits teilweise vertreten worden.[10] Der zu weit geratene Wortlaut von § 1 GesO ist allerdings im Wege der teleologischen Reduktion zu korrigieren: Erfaßt werden nur alle sog Außengesellschaften, nicht aber die sog reinen Innengesellschaften. Dies entspricht insbesondere der Begründung zu § 12 RefE InsO (ebenso jetzt RegE), wonach „reine Innengesellschaften“, die keine Rechtsbeziehungen zu Dritten begründen, ... außer Betracht bleiben (können), da bei ihnen ein Grund für die Öffnung eines Involvenzverfahrens nicht eintreten kann. Die gleichen Überlegungen gelten sinngemäß für die stille Gesellschaft: Auch dort besteht ein Bedürfnis für die Eröffnung eines eigenständigen Konkursverfahrens nicht. Im Ergebnis deckt sich § 1 GesO im wesentlichen mit § 12 RegE InsO.

Die Gesamtvollstreckung über einen Nachlaß (vgl § 1 I GesO) kann jedoch nicht unterbrochen werden. § 2 GUG führt den Nachlaß nicht auf. Diese Regelung ist folgerichtig. Die gemeinschaftliche Verwaltung des Nachlasses ist grds auf die Auseinandersetzung des Vermögens zwischen den Erben ausgerichtet (§§ 2038, 2042 BGB). Das GUG will demgegenüber ein Verfahren zur Erhaltung der Vermögenswerte bereitstellen. Seiner Zielrichtung nach war das GUG im übrigen ursprünglich auf die Treuhandunternehmen zugeschnitten, so daß auch aus diesem Grunde die entsprechende sachliche Beschränkung sinnvoll und geboten ist. 4

3. Ergänzende Anwendbarkeit der KO/VglO auf GesO/GUG. Für die Ausfüllung der gesetzlichen Regelungslücken und Unklarheiten in GesO und GUG wird die Anlehnung an die Bestimmungen der KO im Wege richterlicher Rechtsfortbildung befürwortet;[11] sofern die Lösungen der KO umstritten seien, sei eine Orientierung an den Vorschlägen des Entwurfs zum Insolvenzrechtsreformgesetz ange- 5

---

[6] Zu den höchst oberflächlichen Gründen für die Schaffung dieses (im Grunde skandalösen) Rechtszustandes siehe *Schmidt-Räntsch* DtZ 1990, 344 ff; *Lübchen/Landfermann* ZIP 1990, 829 ff.

[7] Die Konkursfähigkeit der BGB-Gesellschaft wird von der hA abgelehnt; vgl *Kuhn/Uhlenbruck* Vorbem B § 207 Rdn 1 mwN; aA *K. Schmidt* Handelsrecht § 5 II 3; differenzierend mit eingehender Begründung s *Timm/Körber* in: Hdb § 87 Rdn 1–6.

[8] Die stille Gesellschaft ist de lege lata ebenfalls nicht konkursfähig; vgl *Kuhn/Uhlenbruck* Vorbem C § 207 Rdn 1 mwN; *Timm/Körber* in Hdb § 86 Rdn 1 mwN.

[9] Die Erwähnung der Partenreederei in § 12 EInsO hat nur klarstellende Bedeutung; nach hA ist deren Konkursfähigkeit anerkannt; vgl *Jaeger/Weber* Vorbem §§ 207, 208 Rdn 14 mwN.

[10] Vgl die Nachweise in *Timm/Körber* in: Hdb § 87 Rdn 1, 2.

[11] *Lübchen/Landfermann* ZIP 1990, 829, 830; *Schmidt-Räntsch* DtZ 1990, 344, 346; auf den Einzelfall abstellend *Haarmeyer/Wutzke/Förster* Einl Rdn 75.

messen. Dies rechtfertige sich aus der Entstehungsgeschichte der GesO, die weitgehend an die KO angeglichen werden sollte. Für das GUG kann im Ausgangspunkt nichts anderes gelten, führt aber im speziellen nicht weiter:

6 **4. Vergleich des GUG mit § 46 VglO.** Für das GUG muß die entsprechende Anwendung des „alten" bundesrepublikanischen Insolvenzrechts jedenfalls dann ausscheiden, falls es kein vergleichbares Rechtsinstitut kennt. In Betracht kommt allenfalls die Aussetzung der Eröffnung des Konkursverfahrens für den Fall, daß der Schuldner vor der gerichtlichen Entscheidung über die Konkurseröffnung einen Antrag auf Eröffnung des Vergleichsverfahrens stellt (vgl § 46 VglO). Die befristete Aussetzung nach den Regelungen des GUG ist mit der Aussetzung gem § 46 VglO allerdings nicht vergleichbar. Die Unterbrechung des Gesamtvollstreckungsverfahrens stellt vielmehr ein Rechtsinstitut dar, das in dem bislang geltenden bundesrepublikanischen Recht keine Entsprechung findet. Der Diskussionsentwurf zur Reform des Insolvenzrechts enthält ebenfalls keine Anregungen, die mit den Regelungen des GUG vergleichbar wären. Sowohl die Aussetzung gem § 46 VglO als auch die Unterbrechung nach dem GUG wollen zwar die Möglichkeiten schaffen, daß die Zerschlagung des Schuldnervermögens im Wege des Insolvenzverfahrens verhindert werden kann. Dennoch weisen beide Rechtsinstitute deutliche Unterschiede voneinander auf. Die Antragsinitiative zur Aussetzung gem § 46 VglO liegt bei dem Schuldner. Die Antragsbefugnis zur Unterbrechung des Gesamtvollstreckungsverfahrens steht hingegen nur einem vom Schuldner personenverschiedenen Garantiegeber zu (vgl § 3 I GUG). Ferner tritt mit der Stellung des Vergleichsantrages die Aussetzung der Eröffnung des Konkursverfahrens kraft Gesetzes ein.[12] Demgegenüber muß über den Antrag auf Unterbrechung durch gerichtlichen Beschluß entschieden werden (§ 3 I GUG). Schließlich ist dem Vergleichsverfahren eine Garantiepflicht fremd, wie sie in § 7 GUG normiert ist. Aufgrund fehlender Vergleichbarkeit können die Grundsätze zu § 46 VglO jedenfalls nicht zur lückenergänzenden Auslegung im Rahmen des GUG herangezogen werden.

C. Wirkungen der Unterbrechung

1 § 1 GUG ordnet das Gesetz den *vorläufigen gerichtlichen Maßnahmen* zur Sicherung der Gesamtvollstreckung (§ 2 III GesO)[1] zu. Die Unterbrechung setzt folglich voraus, daß ein Antrag auf Eröffnung der Gesamtvollstreckung gem § 2 GesO gestellt worden ist. Ferner ist der Antrag gem § 3 I GUG zu stellen, bevor das Gericht über den Antrag gem § 2 GesO entschieden hat. Die gerichtlich angeordnete Unterbrechung bewirkt daher eine *befristete Aussetzung* des Gesamtvollstreckungsverfahrens.[2]

I. Bedeutung des GUG für die Insolvenzantragspflichten

2 **1. Rechtslage gem § 5 GUG.** Bis zum Ablauf des 31. 12. 1990 galt gem § 5 GUG für die Treuhandunternehmen die Stellung auf Eröffnung der Gesamtvollstreckung nicht als verzögert iSv § 92 II 1 und 2 AktG und von § 64 I 1 und 2 GmbHG, wenn die Geschäftsleiter dieser Gesellschaften bei der THA die Unterstützung ihrer Gesellschaft beantragt und die Entscheidung über den Antrag mit

[12] Vgl *Bley/Mohrbutter* § 7 Abs 2; *Uhlenbruck* KTS 1967, 21; *Böhle-Stamschräder/Kilger* § 46 Anm 3.
[1] § 2 II GesO entspricht weitgehend § 106 KO.
[2] Vgl *Haarmeyer/Wutzke/Förster* GUG § 2 Rdn 5.

der Sorgfalt eines ordentlichen und gewissenhaften Geschäftsmannes betrieben hatten oder der THA mitgeteilt hatten, daß die Überschuldung durch eine Ausgleichsforderung ausgeglichen werden soll. Mit dieser Regelung, von deren Verlängerung abgesehen worden ist,[3] sollte verhindert werden, daß die Geschäftsleiter der Treuhandunternehmen alsbald nach deren Umwandlung nach den Vorschriften des THG unter dem Druck standen, den Antrag auf Einleitung des Insolvenzverfahrens zu stellen, obwohl die Frage der Sanierung bzw Wiederherstellung der Liquidität zu diesem Zeitpunkt noch nicht entschieden werden konnte.[4]

a) Straffreiheit. An der höchstpersönlichen, mit scharfen Sanktionen bewehrten Insolvenzantragspflicht der Mitglieder des Vertretungsorgans insolventer Kapitalgesellschaften mit Sitz in den neuen Bundesländern besteht im Grundsatz kein Zweifel.[5] Für die Übergangszeit bis zum 31. 12. 1990 setzte § 5 GUG allerdings die den Organmitgliedern drohenden Strafsanktionen gem § 401 I Nr 2 AktG und § 84 I Nr 2 GmbHG außer Kraft; eine Abwälzung dieser Strafsanktion auf die THA oder deren Organe kommt nicht in Betracht.[6] Die Strafbefreiung wurde allerdings nicht voraussetzungslos gewährt. Der Antrag auf Liquiditätshilfe mußte mit der Sorgfalt eines ordentlichen und gewissenhaften Geschäftsleiters betrieben worden sein. Die Geschäftsleiter der Treuhandunternehmen hatten den Antrag auf finanzielle Unterstützung durch die Glaubhaftmachung der Sanierungswürdigkeit des Unternehmens zu begründen.[7] Ein einfaches Begehren um Unterstützung ohne nähere Begründung genügte somit nicht, um das Privileg der Straffreiheit zu erlangen; das gilt selbstverständlich auch, sofern weder finanzielle Unterstützung noch die Einleitung des Gesamtvollstreckungsverfahrens beantragt wurde.[8] 3

b) Zivilrechtliche Haftung. Die zivilrechtliche Haftung der Geschäftsleiter der Treuhandunternehmen wegen Konkursverschleppung ist durch § 5 GUG nicht aufgehoben worden. Das Zahlungsverbot der §§ 92 III 1 AktG und 64 II 1 GmbHG galt vielmehr uneingeschränkt fort; die Geschäftsleiter mußten zwar aus strafrechtlicher Sicht kein Insolvenzverfahren einleiten, durften aber auch keine Zahlungen leisten.[9] Bei einem Verstoß gegen dieses Verbot hafteten die Geschäftsleiter nach den allgemeinen Regeln gem § 823 BGB.[10] 4

§ 5 GUG führte ferner nicht zu einer Beseitigung der Haftung der THA wegen Insolvenzverschleppung als faktischer Geschäftsführer[11] nach den allgemeinen Grundsätzen gem §§ 830, 840 BGB,[12] wenn die THA also ihrerseits vorsätzlich an der Insolvenzverschleppung mitgewirkt hat.[13] Das gilt insbesondere, sofern die 5

---

[3] Die Streichung des § 5 GUG durch das PrHBG vom 22. 3. 1991 wurde damit begründet, die Vorschrift sei durch Zeitablauf obsolet geworden. „Es erscheint auch nicht zweckmäßig, ihre Geltungsdauer nachträglich zu verlängern: Im Interesse des Geschäftsverkehrs kann auch im Beitrittsgebiet nicht für längere Zeit darauf verzichtet werden, daß bei Zahlungsunfähigkeit oder Überschuldung einer juristischen Person unverzüglich ein Insolvenzantrag gestellt wird. Die Eröffnung des Gesamtvollstreckungsverfahrens kann allenfalls unter den besonderen Gläubigerbestimmungen, die für die Unterbrechung vorgesehen sind, für begrenzte Zeit hinausgeschoben werden." Vgl BR-Drucks 70/91 S. 58.

[4] Vgl *Haarmeyer/Wutzke/Förster* (1. Aufl.) GUG § 5 Rdn 1.

[5] Vgl eingehend *Ulmer* RWS-Forum 7, S. 39, 51f.

[6] *Ulmer* RWS-Forum, S. 39, 52.

[7] Vgl hierzu näher *Haarmeyer/Wutzke/Förster* (1. Aufl.) GUG § 5 Rdn 8.

[8] *Haarmeyer/Wutzke/Förster* (1. Aufl.) GUG § 5 Rdn 10.

[9] *Timm* ZIP 1991, 413, 422.

[10] *Timm* aaO.

[11] Vgl ausführlich *Hachenburg/Ulmer* § 64 Rdn 74ff.

[12] S ausführlich *Timm* ZIP 1991, 413, 423f.

[13] Ebenso *Ulmer* RWS-Forum, S. 39, 52.

THA die Geschäftsleiter der Treuhandunternehmen angewiesen hatte, bereits gestellte Gesamtvollstreckungsanträge zurückzunehmen.[14] Ob eine generelle Abwälzung der zivilrechtlichen Haftung der Mitglieder des Vertretungsorgans gegenüber den geschädigten Gläubigern auf die THA mit Wortlaut und Sinn von § 16 II THG vereinbar ist, wird kontrovers beurteilt.[15]

6 **2. Rechtslage gem § 56d DMBilG.** Durch das PrHBG wurde § 56d neu in das DMBilG eingeführt. Danach sind die Geschäftsleiter von der Insolvenzantragspflicht wegen Überschuldung gem § 92 II 2 AktG, § 64 I 2 GmbHG und § 99 I 2 GenG bis zur Beschlußfassung über die Kapitalneufestsetzung befreit. Ausweislich der Gesetzesbegründung (BR-Drucks 70/91 S. 56) hat die Vorschrift den Zweck, „den Zeitpunkt genau zu bestimmen, von dem an das gesetzliche Vertretungsorgan verpflichtet ist, einen Antrag auf Eröffnung der Gesamtvollstreckung wegen Überschuldung zu stellen ... Das ist der Tag, an dem die Eröffnungsbilanz festgestellt wird, weil die Kapitalneufestsetzung im Rahmen der Feststellung der Eröffnungsbilanz erfolgt. ... Für bisher volkseigene Unternehmen sieht § 24 (DMBilG) eine Ausgleichsforderung zur Beseitigung einer Überschuldung und in § 26 Abs 3 (DMBilG) das Instrument der Ausstehenden Einlage zur Schaffung des Mindestkapitals vor. Ob diese Maßnahmen endgültig wirksam werden, hängt davon ab, daß der unmittelbare Anteilseigner die Ausgleichsforderung oder die ausstehende Einlage nicht ablehnt. Die Klärung dieser Frage benötigt Zeit. Um diese einzuräumen, werden die gesetzlichen Vertretungsorgane von ihren sonst nach Gesellschafts- oder Genossenschaftsrecht eintretenden Pflichten befreit."

7 **a) Anwendungsbereich.** § 56d DMBilG weist eine deutliche Verwandtschaft zu dem wegen Zeitablaufs obsolet gewordenen § 5 GUG auf. Die Einführung des § 56d DMBilG ist daher auch als „gesetzgeberische Inkonsequenz"[16] und als „Etikettenschwindel"[17] bezeichnet worden. Dabei wird keineswegs verkannt, daß sich der Anwendungsbereich des § 56d DMBilG dem Wortlaut nach nicht mit dem des § 5 GUG deckt. § 5 GUG galt für alle Treuhandunternehmen iSv § 4 II GUG. Demgegenüber gilt § 56d DMBilG dem Wortlaut nach – entgegen der Gesetzesbegründung – gerade nicht für diese Unternehmen. Die Kapitalneufestsetzung ist in § 27 I DMBilG für alle privaten Unternehmen geregelt, „auf die § 24 nach dessen Absatz 1 Satz 1 *nicht* anzuwenden ist"; die Kapitalneufestsetzung nach §§ 24–26 DMBilG und nach §§ 27, 28 DMBilG schließen einander aus.[18] § 56d DMBilG ist somit nicht an die Stelle des § 5 GUG getreten, sondern gewährt den Genuß der Straffreiheit für die Verzögerung der Insolvenzantragspflichten für einen anderen Kreis von Unternehmen – jedenfalls sofern man die Norm wörtlich nimmt. Die nach der Gesetzesbegründung zu § 56d DMBilG angeführte Kombination von Ausgleichsforderung und Kapitalneufestsetzung gem § 27 DMBilG widerspricht mithin deutlich der Gesetzessystematik. Das bisherige Ergebnis ergibt sich jedoch nur, sofern man die Normen vollständig wörtlich versteht. Den-

---

[14] S hierzu *Haarmeyer/Wutzke/Förster* GUG § 1 Rdn 13. Nach *Smid* WM 1991, 1621, 1623 seien (rechtmäßige und rechtswidrige) Weisungen der THA an die Vorstandsmitglieder bzw Geschäftsführer der Treuhandunternehmen, trotz Überschuldung keine Eigenanträge auf Eröffnung des Gesamtvollstreckungsverfahrens zu stellen, „zwanglos als implizite Haftungsübernahme auszulegen". Darüber kann man zwar reden; nur ersetzt das Wort „zwanglos" nicht die eigenständige Begründung!

[15] Für eine solche Abwälzung *Timm* ZIP 1991, 413, 422; im Ergebnis ebenso *Budde/Forster* DMBilG – Ergänzungsband – § 56d Rdn 19; aA *Ulmer* RWS-Forum, S. 39, 52.

[16] *Haarmeyer/Wutzke/Förster* (1. Aufl.) GUG § 5 Rdn 14.

[17] *Timm* ZIP 1991, 413, 422 Fußn 87. *Ulmer* RWS-Forum, S. 39, 53 bemerkt, es sei „der Eindruck nicht ganz von der Hand zu weisen, daß der Gesetzgeber mit gespaltener Zunge (bzw durch verschiedene Abteilungen des BMJ) gesprochen hat."

[18] Vgl hierzu näher *Budde/Forster* DMBilG Vor §§ 27–30 Rdn 1ff.

noch sollte man dem in der Begründung erkennbaren Willen des Gesetzgebers hier Vorrang einräumen vor einer mißverständlichen Formulierung; der Wortlaut des § 56d DMBilG ist daher ausnahmsweise für die Auslegung unbeachtlich.

b) Straffreiheit. Die Verzögerung der Insolvenzantragspflichten wird strafrechtlich nicht für den Tatbestand der Zahlungsunfähigkeit privilegiert. Das ist konsequent, da die Kapitalneufestsetzung als Sanierungsmaßnahme nur geeignet ist, eine Überschuldungssituation zu beseitigen. Entsprechend der ratio des § 56d DMBilG als „Insolvenzhilfe“[19] ist ferner zu fordern, daß die Kapitalneufestsetzung zur Beseitigung der Überschuldung führt; eine unzureichende Aufstockung des Eigenkapitals führt daher ebenfalls nicht zur Straffreiheit. 8

c) Zivilrechtliche Haftung. Zur zivilrechtlichen Haftung der Geschäftsleiter gelten die Ausführungen zu § 5 GUG entsprechend (s Rdn 4f). 9

II. Garantieübernahme gem § 7 GUG

Die Anordnung der Unterbrechung ist für den Garantiegeber mit den weitreichenden Rechtsfolgen gem § 7 GUG verbunden. Er übernimmt die Garantie für sämtliche während der Unterbrechung entstehenden Forderungen gegenüber dem Schuldner. 10

1. Rechtsnatur. Obwohl das GUG die Einstandsverpflichtung als Garantie bezeichnet, ist sie rechtlich nicht als selbständige, von der Hauptpflicht des Schuldners unabhängige Verpflichtung zu werten.[20] Da der „Garantiegeber“ gem § 7 I 2 GUG berechtigt ist, die dem Schuldner gegen die Forderung zustehenden Einwendungen geltend zu machen, haftet er vielmehr wie ein Bürge gem §§ 765ff BGB;[21] § 7 I 2 GUG entspricht folglich § 768 BGB. Dem „Garantiegeber“ ist allerdings die Einrede der Vorausklage gem § 771 BGB versagt.[22] Die selbstschuldnerische Haftung des Garantiegebers folgt aus § 773 I Nr 4 BGB[23] und, sofern der Garantiegeber Kaufmann iSv §§ 1ff HGB ist, außerdem aus § 349 HGB. 11

2. Umfang. Der Garantiegeber übernimmt gem § 7 I GUG die Verpflichtung, für die Erfüllung aller während der gesamten Unterbrechungsdauer entstehenden Forderungen, sowohl aus bestehenden als auch aus neu begründeten Verträgen, einzustehen. Er muß folglich alle vor der Unterbrechung begründeten, aber in der Unterbrechungsphase fällig werdenden Verbindlichkeiten aus Dauerschuldverhältnissen (Löhne und Gehälter, Miete, Pacht, Leasing, Darlehensraten ua) erfüllen. Seine Einstandspflicht erstreckt sich darüber hinaus auch auf alle nach Ablauf der Unterbrechung fällig werdenden Verbindlichkeiten, sofern sie während der Unterbrechung neu begründet worden sind.[24] 12

3. Auswirkungen für die Altgläubiger. Die Regelung des § 7 GUG führt nach *Smid* (WM 1991, 1621, 1626) zu einer – ungerechtfertigten – Ungleichbehandlung zwischen den Alt- und Neugläubigern. Die Kreditierung des krisenbefallenen Unternehmens durch die Altgläubiger dauere während der Unterbrechung fort. Die Höhe ihrer Quote werde durch die Unterbrechung gefährdet, soweit sich die 13

---

[19] Terminus von *Uhlenbruck* ZIP 1991, 561.
[20] Zum Garantievertrag s ausführlich *MK/Pecher* Vor § 765 Rdn 3ff.
[21] Zutreffend *Smid* WM 1991, 1621, 1625f.
[22] *Smid* aaO.
[23] § 773 I Nr 3 BGB scheidet aus, da das Insolvenzverfahren infolge der Unterbrechung noch nicht eröffnet worden ist.
[24] *Haarmeyer/Wutzke/Förster* GUG § 7 Rdn 5.

Verwertungsbedingungen für das insolvente Unternehmen infolge eines fehlgeschlagenen Sanierungsversuchs verschlechtern. Da das Gesamtvollstreckungsverfahren der gemeinschaftlichen Befriedigung der Forderungen der Alt-Gläubiger diene, stünde diesen wegen ihres Quotenschadens ein Amtshaftungsanspruch gegenüber dem Gericht zu, falls ihm bei der Entscheidung über die Unterbrechung schuldhaft eine Fehleinschätzung über die Sanierungsfähigkeit des Schuldnerunternehmens unterlaufen sei. Diese Ansicht verkennt jedoch den Umfang und die Bedeutung der Einstandsverpflichtung des Garantiegebers. Da der Garantiegeber *sämtliche* nach dem Unterbrechungsstichtag anfallenden Verbindlichkeiten (dh auch die im Zusammenhang mit der Unterbrechung entstehenden gerichtlichen Kosten) übernimmt, verringert sich die Quote der Altgläubiger *nicht*. Es ist gerade der Zweck der Garantiepflicht, die Altgläubigerquoten auf dem Stand zu Beginn der Unterbrechung „einzufrieren". Sofern dennoch die Masse durch bestimmte Rechtshandlungen des Schuldners (zB Vermögensverschiebungen, Verkäufe unter Wert, uä) – trotz Anordnung von Sicherungsmaßnahmen gem § 9 I GUG (s dazu Kap. D Rdn 29, 30) – verringert wird, ist das keine unterbrechungsspezifische Erscheinung. Diese Gefahr kann sich ebenfalls im eröffneten Gesamtvollstreckungsverfahren realisieren. Die Vermögensverschiebungen können durch Anfechtung entsprechend § 10 GesO rückgängig gemacht werden.

14 **4. Folgen der Inanspruchnahme.** Befriedigt der Garantiegeber den Gläubiger, geht dessen Forderung auf ihn über (§ 7 I 3 GUG iVm § 774 BGB). Der Garantiegeber ist mithin Insolvenzgläubiger und kann seinen Erstattungsanspruch als einfache Forderung zur Tabelle anmelden (§ 7 I 4 GUG iVm § 17 III Nr 4 GesO).

15 Obwohl der Einigungsvertrag ausdrücklich klargestellt hat, daß die Regreßforderung im gleichen Rang wie die übrigen nicht bevorrechtigten Forderungen steht,[25] bedarf § 7 I GUG nach Ansicht von *Ulmer* (aaO S. 39, 50f) insoweit einer korrigierenden Auslegung, als die THA als Garantiegeber fungiert. Da die THA unmittelbar oder mittelbar als Gesellschafter am insolventen Unternehmen beteiligt sei, dränge sich die Parallele zu sonstigen, von der Generalklausel des § 32a Abs 3 GmbHG erfaßten, als eigenkapitalersetzend zu qualifizierenden Unterstützungsleistungen geradezu auf. Diese Parallele habe der Gesetzgeber des Einigungsvertrages offenbar nicht bedacht. Der THA sei dementsprechend die Teilnahme als Gläubigerin an der Gesamtvollstreckung zu verwehren. Diese Auffassung läßt allerdings den Zweck der großzügig gewährten Straffreiheit bei der Verletzung von Insolvenzantragspflichten gem § 5 GUG bzw § 56d DMBilG außer Betracht (vgl *Timm* ZIP 1991, 413, 421); die THA hatte zunächst bis zum 30. 6. 1991 und seither bis zum Zeitpunkt der Beurteilung der Sanierungsfähigkeit eine Prüfungs- und Überlegungsfrist, ob die Treuhandunternehmen fortgeführt werden können. Solange trotz Eintritt der Insolvenzreife keine Pflicht zur Liquidierung der Gesellschaft bestehen, ist mithin die Entscheidungssituation, von der der Gesetzgeber in § 32a GmbHG ausgeht,[26] nicht gegeben. Die Alternative zwischen Sanierung und Liquidation stellt sich für die THA als Anteilseignerin allerdings dann, wenn für sie nach Vorlage des gesetzlich vorgeschriebenen Sanierungskonzepts erkennbar ist, daß das betreffende Treuhandunternehmen nicht sanierungsfähig ist; wird jetzt pflichtwidrig nicht liquidiert, droht die Umqualifizierung gem § 32a GmbHG (vgl näher *Timm* ZIP 1991, 413, 421).

---

[25] Einigungsvertrag Anlage II Kap. III Sachgebiet A Abschnitt II Ziff 2b, ee.

[26] S allgemein *K. Schmidt* Gesellschaftsrecht, 2. Aufl., § 37 IV 2b; *ders* in: Scholz GmbHG §§ 32a, b Rdn 40; *Lutter/Hommelhoff* GmbHG, § 32a/b Rdn 41.

III. Prozessuale Wirkungen der Unterbrechung

Nach *Haarmeyer/Wutzke/Förster* (GUG §§ 1, 2 Rdn 3) ist die Unterbrechung nach dem GUG eine prozeßleitende gerichtliche Maßnahme entsprechend § 148 ZPO, die zum Stillstand des Gesamtvollstreckungsverfahrens aufgrund gerichtlicher Anordnung führt.[27] Der Lauf aller prozessualen Fristen endet mit der Aussetzung und beginnt mit der Aufnahme des Verfahrens von neuem (§ 249 I ZPO).[28] 16

IV. Verjährungshemmung

§ 7 II GUG bestimmt, daß eine Verjährungsfrist, die durch Anmeldung der Forderung im Gesamtvollstreckungsverfahren unterbrochen werden kann, während der Unterbrechung gehemmt ist. Dadurch werden unnötige Klageerhebungen und das Entstehen weiterer Kosten verhindert. Grundsätzlich wird die Verjährung durch Klageerhebung unterbrochen (§ 209 I BGB). Der Klageerhebung steht die Anmeldung der Forderung im Konkurs- bzw Gesamtvollstreckungsverfahren[29] gleich (§ 209 II Nr 2 BGB). Aufgrund der Unterbrechung ist eine Anmeldung von Forderungen jedoch nicht möglich, so daß ohne die Vorschrift des § 7 II GUG Forderungen zu verjähren drohen, falls nicht Klage erhoben würde.[30] 17

D. Das Unterbrechungsverfahren

I. Unterbrechungsantrag und -beschluß

1. Unterbrechungsziele. § 2 GUG bestimmt die Zwecke, zu denen die Unterbrechung angeordnet werden darf. Der Gesetzesformulierung ist zu entnehmen, daß diese Regelung abschließend ist. 1

a) Sanierung durch Beseitigung der Zahlungsunfähigkeit oder Überschuldung. Das GUG benennt in § 2 Nr 1 als Sanierungsziel die Beseitigung der Zahlungsunfähigkeit oder der Überschuldung. Während nach § 2 GUG aF nur der Insolvenzgrund der Zahlungsunfähigkeit zur Begründung des Antrages auf Unterbrechung des Gesamtvollstreckungsverfahrens angeführt werden konnte,[1] sind nunmehr beide Insolvenzgründe einschlägig. Die ursprüngliche Beschränkung auf den Insolvenzgrund der Zahlungsunfähigkeit ging von der Vorstellung aus, daß eine Überschuldung der Treuhandunternehmen durch Gewährung einer Ausgleichsforderung gem § 24 DMBilG beseitigt wird. Für die Zeit nach der Feststellung der DM-Eröffnungsbilanzen[2] ist diese Möglichkeit der Beseitigung einer Unterbilanz nicht mehr gegeben. Deshalb ist kein Grund mehr ersichtlich, für die Unterbrechung zum Zwecke der Sanierung zwischen den Insolvenzgründen Zahlungsunfähigkeit und Überschuldung zu unterscheiden.[3] 2

---

[27] Die Vorschriften der ZPO sind gem § 1 III GesO auf das Gesamtvollstreckungsverfahren entsprechend anwendbar. Vgl allgemein zur Aussetzung *Baumbach/Lauterbach/Albers/Hartmann* Einf vor §§ 148, 155 Anm 1ff; *Zöller* § 148 Rdn 1.

[28] Zu den prozessualen Wirkungen der Unterbrechung im einzelnen vgl *Haarmeyer/Wutzke/Förster* GUG § 2 Rdn 6ff.

[29] Gem § 1 IV 2 GesO sind in anderen Rechtsvorschriften die Begriffe Konkurs und Gesamtvollstreckung synonym zu verwenden; vgl hierzu auch *Lübchen/Landfermann* ZIP 1990, 829, 830.

[30] Zutreffend *Haarmeyer/Wutzke/Förster* GUG § 2 Rdn 7.

[1] Vgl *Landfermann* ZIP 1991, 826, 829.

[2] Vgl hierzu die Fristen in § 35 I DMBilG nF. Danach waren die Eröffnungsbilanzen für mittelgroße und große Unternehmen bis zum 30. 6. 1991, für kleine Unternehmen bis zum 30. 9. 1991 und für Konzernmütter bis zum 31. 1. 1992 festzustellen.

[3] Vgl *Landfermann* ZIP 1991, 826, 829.

3 Weder die GesO noch das GUG geben eine *Definition der Begriffe Zahlungsunfähigkeit und Überschuldung*. Es muß deshalb auf die nach altem bundesdeutschem Recht entwickelten Grundsätze zurückgegriffen werden.[4] Zahlungsunfähigkeit liegt folglich vor, wenn der Schuldner aus Mangel an bereiten Zahlungsmitteln voraussichtlich dauerhaft nicht in der Lage ist, seine fälligen Geldverbindlichkeiten zu begleichen (vgl *K. Schmidt* Gesellschaftsrecht § 11 VI 3a, S. 280). Überschuldung ist in Anlehnung an die zu §§ 64 I GmbHG, 92 II 2 AktG, 98 I Nr 2 GenG entwickelten Grundsätze gegeben, wenn das vorhandene Vermögen des Schuldners seine Verbindlichkeiten nicht mehr deckt, die Passiva mithin höher als die Aktiva sind; außerdem muß die Fortführungsprognose negativ sein.[5] Die Überschuldung im Sinne der Insolvenzvorschriften setzt sich mithin zusammen aus der Kombination von rechnerischer Überschuldung (zu Liquidationswerten) *und* negativer Überlebensprognose für die Gesellschaft.[6] Diese Zwei-Stufen-Theorie hat im übrigen in § 6 DMBilG deutlich ihren Niederschlag gefunden.[7]

4 **b) Übertragende Sanierung.** § 2 Nr 2 GUG läßt die Unterbrechung auch für die übertragende Sanierung zu, wenn also nicht der bisherige Unternehmensträger saniert, sondern das Unternehmen als ganzes oder in wesentlichen Teilen auf einen anderen übertragen werden soll. Unter übertragender Sanierung versteht man die Entschuldung eines sanierungsbedürftigen Unternehmens durch Übertragung auf einen anderen Rechtsträger; die Aktivmasse wird also von den Verbindlichkeiten getrennt.[8] Als übernehmender Unternehmensträger kommen sowohl bestehende Gesellschaften als auch neu gegründete Gesellschaften in Betracht.[9] Die bei der Reform des Insolvenzrechts beabsichtigte Gleichstellung der Schuldnersanierung und der übertragenden Sanierung[10] ist damit bereits im Rahmen des Gesamtvollstreckungsrechts verwirklicht worden.

5 **c) Sonstige Zwecke.** Nach dem eindeutigen Wortlaut des § 2 GUG ist die Unterbrechung der Gesamtvollstreckung nur zum Zwecke der Sanierung zulässig.[11] Die zwingende Ausrichtung der Unterbrechung auf die Sanierung ergibt sich zudem aus dem gesetzlichen Verbot gem § 3 Abs 4 GUG, wonach der Garantiegeber den Antrag *nicht stellen darf,* wenn er die Sanierung für aussichtslos hält. Der Garantiegeber darf den Antrag ferner nicht aus einem anderen beliebigen Grund stellen, selbst wenn er die Unterbrechung zweckmäßig oder notwendig machen würde.[12] Infolge der gesetzlich zwingenden Zweckbindung der Unterbrechung ist eine Antragstellung insbesondere nicht zulässig, wenn sie darauf gerichtet ist, innerhalb des Unterbrechungszeitraumes die stille Liquidation des Unternehmens durchzuführen.[13]

6 Das Gericht hat einen Unterbrechungsantrag, der nicht zum Zwecke der Sanierung des insolventen Unternehmens dient, als unzulässig abzuweisen. Ein den-

[4] Vgl *Timm/Körber* in Hdb § 80 Rdn 7ff.

[5] Zum zweistufigen Überschuldungsbegriff vgl *K. Schmidt* Gesellschaftsrecht § 11 VI 3b mwN; *Timm/Körber* in Hdb § 80 Rdn 8; *Timm* WPK-Sonderheft 1991, 18f. Demgegenüber wenig überzeugend die Ableitung eines „statischen" Verständnisses zur Überschuldung bei *Smid* WM 1991, 1624.

[6] *Timm* WPK-Sonderheft 1991, 18; *Timm/Körber* in: Hdb § 80 Rdn 8.

[7] Vgl hierzu näher *Timm* WPK-Sonderheft 1991, 18.

[8] Hierzu vielfach und grundlegend *K. Schmidt,* zuletzt in: Leipold (Hrsg), Insolvenzrecht im Umbruch, 1991, S. 67ff mwN, sowie *Maus* in: Hdb § 5 Rdn 67ff.

[9] Vgl hierzu *Kuhn/Uhlenbruck* Vorbem L vor § 207 mwN.

[10] RegE InsO Allgemeine Begründung S. 67ff.

[11] S hierzu auch *Schmidt-Räntsch* ZIP 1990, 1045, 1046; *Vortmann* KTS 1991, 237, 253.

[12] Vgl *Haarmeyer/Wutzke/Förster* GUG § 2 Rdn 11f; *Vortmann* KTS 1991, 237, 252f.

[13] Nach *Haarmeyer/Wutzke/Förster* GUG § 1 Rdn 18 sind die Unterbrechungsanträge der THA allerdings in der Regel darauf gerichtet, die stille Liquidation des Unternehmens vorzubereiten und zu betreiben.

noch ergehender Unterbrechungsbeschluß wird – trotz der Regelung in § 3 I 2 GUG – von den Altgläubigern im Wege der sofortigen Beschwerde angegriffen werden können (zu den verfassungsrechtlichen Bedenken gegenüber § 3 I 2 GUG siehe näher unten Rdn 17). § 3 I 2 GUG wird in verfassungskonformer Auslegung restriktiv zu verstehen sein. Die Beschränkung des Rechtsweges läßt sich damit rechtfertigen, daß die formale und summarische Prüfung der inhaltlichen Anforderungen an den Unterbrechungsantrag (vgl hierzu näher Rdn 9ff) durch das Gericht (zur Prüfungskompetenz siehe Rdn 12ff) im Interesse aller Beteiligten an einer baldigen Sanierung des Krisenunternehmens nicht Gegenstand langwieriger Rechtsstreitigkeiten sein soll. Der Richter ist aber bei allen seinen Entscheidungen an Gesetz und Recht gebunden (Art 20 III GG, §§ 25, 38 DRiG). Ein gegen die ratio des GUG erlassener Unterbrechungsbeschluß ist gesetzwidrig und daher aufzuheben.

Die Unzulässigkeit der angeordneten Unterbrechung ändert im Interesse der Alt- und Neugläubiger des insolventen Unternehmens nichts an der Garantiepflicht des Garantiegebers; auf die Ausführungen zu Rdn 10ff wird insoweit verwiesen.

2. Formale Antragsvoraussetzungen. Die Unterbrechung wird von dem Ge- 7
richt nur auf Antrag eines Garantiegebers beschlossen. Der Unterbrechungsantrag ist bis zur Entscheidung über die Eröffnung des Gesamtvollstreckungsverfahrens zu stellen (§ 3 I nF). Die Unterbrechung kann zunächst gem § 3 III 1 GUG nur für die Dauer von drei Monaten beantragt und beschlossen werden; eine Verlängerung des Unterbrechungszeitraumes ist nur unter den Voraussetzungen des § 6 GUG möglich (su Rdn 18ff).

Damit die THA als „geborener" Garantiegeber gem § 3 II GUG den Unterbre- 8
chungsantrag rechtzeitig stellen kann, bestimmt § 4 I GUG, daß die THA zu hören ist, wenn die Eröffnung der Gesamtvollstreckung über das Vermögen eines Treuhandunternehmens beantragt wird. Gem § 3 III 2 GUG beträgt die Frist für die Stellung des Unterbrechungsantrages zwei Wochen seit der Zustellung der Abschrift des Antrages auf Eröffnung des Gesamtvollstreckungsverfahrens. Aus Praktikabilitätsgründen dürfte es sich empfehlen, auch den Banken, mit denen der Schuldner in Verbindung steht, den Antrag zuzustellen; nur so ist gewährleistet, daß auch sie ggfs den Unterbrechungsantrag innerhalb der Zwei-Wochen-Frist stellen können.[14]

3. Inhaltliche Anforderungen an den Unterbrechungsantrag. Der Garantiege- 9
ber hat seinen Unterbrechungsantrag zu begründen und darzulegen, warum er die Sanierung nicht für aussichtslos hält. Das GUG verlangt vom Garantiegeber allerdings nicht, seinem Unterbrechungsantrag ein Sanierungskonzept beizufügen. Die Vorlage eines Sanierungskonzeptes wird gem § 6 I 1 GUG vielmehr erst bei dem Antrag auf Verlängerung der Unterbrechung gefordert. Außerdem stellt § 3 IV GUG seinem Wortlaut nach auf die subjektive Einschätzung des Garantiegebers von der Sanierungsfähigkeit des Unternehmens ab.[15] Aus alledem ist jedoch nicht zu folgern, der Garantiegeber könne nach freiem Ermessen darüber befinden, ob das Unternehmen sanierungsfähig sei,[16] er sei mithin zur Begründung seines Antrages von einer Darlegung der Sanierungsaussichten gänzlich entbunden. Der Garantiegeber muß vielmehr nachvollziehbar darlegen, weshalb er aufgrund eines ersten Überblicks über die Vermögens- und Geschäftsverhältnisse des

[14] Vgl *Haarmeyer/Wutzke/Förster* GUG § 3 Rdn 13.
[15] Ebenso *Haarmeyer/Wutzke/Förster* GUG § 2 Rdn 14; *Timm* ZIP 1991, 413, 423.
[16] *Timm* aaO.

Unternehmens zu dem Eindruck gelangt ist, daß die Sanierung jedenfalls nicht von vorneherein aussichtslos erscheint. Seine Darlegungslast beinhaltet folglich die Benennung der Grundzüge des in der Erarbeitung befindlichen Sanierungskonzepts und die Schlußfolgerungen, weshalb die skizzierten Sanierungsmaßnahmen möglicherweise Aussicht auf Erfolg versprechen. Entgegen *Haarmeyer/Wutzke/Förster* (GUG § 2 Rdn 13) ist auch die THA von einer entsprechenden Darlegungslast nicht befreit; es sind keine Gründe für eine derartige Privilegierung der THA gegenüber den übrigen Garantiegebern ersichtlich. Das Testat eines Wirtschaftsprüfers über die Erfolgsaussichten der Sanierung wird dagegen zum Zeitpunkt der Antragstellung noch nicht notwendig sein (anders aber bei dem Antrag auf Verlängerung s Rdn 19).

10 **4. Garantiegeber.** Nach § 3 II GUG sind Garantiegeber die THA sowie Banken und andere natürliche oder juristische Personen, die die Gewähr dafür bieten, daß sie die von ihnen übernommenen Verpflichtungen gem § 7 I GUG erfüllen können. Grundsätzlich kann also jedes Unternehmen,[17] aber auch jede Privatperson Garantiegeber sein. Faktisch wird das GUG aufgrund der weitreichenden Rechtsfolgen der Unterbrechung aber eine „lex Treuhand" sein; nur eine Anstalt, deren Verbindlichkeiten durch die Bundesrepublik Deutschland verbürgt sind, ist wohl in der Lage, als Garantiegeber aufzutreten.[18]

11 Hat das Treuhandunternehmen als Schuldner selbst gem § 2 I 1 GesO den Antrag auf Eröffnung des Gesamtvollstreckungsverfahrens gestellt, wird eine Unterbrechung regelmäßig aus tatsächlichen Gründen ausscheiden. Insbesondere wird ein Unterbrechungsantrag durch die THA – faktisch – nicht in Betracht kommen. Die THA als unmittelbarer oder mittelbarer (Haupt-)Anteilseigner war im Vorfeld der Antragstellung nicht bereit, einen entsprechenden Sanierungsbeitrag zu erbringen, um die Krise des Treuhandunternehmens zu beseitigen. Daraus wird zu folgern sein, daß die THA nunmehr auch als Garantiegeber nicht daran interessiert sein wird, das Schuldnerunternehmen zu sanieren. Es käme allenfalls eine übertragende Sanierung in Betracht, die allerdings zum Zeitpunkt des Antrages auf Eröffnung des Gesamtvollstreckungsverfahrens noch nicht aktuell gewesen sein darf. An die Begründung des Unterbrechungsantrages der THA sind in diesem Fall erhöhte Anforderungen zu stellen. Die THA muß durch substantiierte Darlegung dem Eindruck entgegentreten, daß sie den Unterbrechungsantrag nicht aus gesetzesfremden Zwecken, insbesondere nicht mit dem Ziel der stillen Liquidation, stellt.

12 **5. Prüfungskompetenz des Gerichts.** Das Gericht hat zunächst den Antrag im Hinblick auf die *formellen Kriterien* gem § 3 I–III GUG zu prüfen.[19] Darüber hinaus hat es auch eine *inhaltliche Kontrolle* des Antrages vorzunehmen, insbesondere mit Blick darauf, ob mit dem Antrag die gesetzlichen Ziele des GUG verfolgt werden. Dem Gericht obliegt somit eine summarische Prüfung der materiellen Unterbrechungsvoraussetzungen. Ein Unterbrechungsantrag, der keine Darlegungen zum Zweck der Antragstellung und zu den Erfolgsaussichten der Sanierung enthält, ist unschlüssig und daher unbegründet. Lediglich formelhafte Umschreibungen und Standardformulierungen, die keinen konkreten Unternehmensbezug erkennen lassen, reichen ebenfalls nicht aus. Nach *Haarmeyer/Wutzke/Förster* (GUG § 2 Rdn 13) soll den Gerichten jedoch eine materielle Prüfung von Unterbrechungsanträgen untersagt sein, wenn der Antrag von der THA gestellt wird; dies ergebe

[17] Vgl *Haarmeyer/Wutzke/Förster* GUG § 3 Rdn 3.
[18] Vgl *Haarmeyer/Wutzke/Förster* GUG § 3 Rdn 4.
[19] Vgl *Haarmeyer/Wutzke/Förster* GUG § 2 Rdn 14.

sich aus der Entstehungsgeschichte des GUG und den gesetzlich fixierten Rechtsfolgen der Unterbrechung. Für eine solche Bevorzugung der THA bietet das Gesetz jedoch keine Grundlage.

Das Gericht ist jedoch nicht verpflichtet, ein eigenes Gutachten über die *Sanierungsfähigkeit* des Unternehmens einzuholen und zur Grundlage seiner Entscheidung über die Stattgabe des Unterbrechungsantrages zu machen.[20] Der gem § 2 II GesO für den gesamten Bereich der Gesamtvollstreckung geltende Untersuchungsgrundsatz legt zwar eine gerichtliche Prüfungspflicht im Hinblick auf das objektive Vorliegen der Voraussetzungen des § 3 IV GUG nahe. In Anbetracht der den Garantiegeber gem § 7 GUG treffenden weitreichenden Folgen besteht aber für das Gericht grds kein Anlaß, die Einschätzung des Garantiegebers durch eigene Ermittlungen zu überprüfen.[21] Das GUG ist zudem als Eilverfahren ausgestaltet. Die Sanierung eines Unternehmen kann nur gelingen, wenn die möglichen Sanierungsmaßnahmen zügig und ohne größere verfahrensbedingte Verzögerungen getroffen werden können. Solche zeitliche Verzögerungen wären jedoch unausweichlich gegeben, sofern das Gericht verpflichtet sein sollte, vor einer Entscheidung über die beantragte Unterbrechung im Wege der Amtsermittlung eine materielle Überprüfung der Sanierungsfähigkeit des Unternehmens vorzunehmen. 13

Stellt eine Bank oder ein anderes Unternehmen einen Unterbrechungsantrag, hat sich das Gericht von der *Garantiefähigkeit des Antragstellers* zu vergewissern.[22] Der Antragsteller muß die Gewähr dafür bieten, für die während der Unterbrechungszeit entstehenden Neuverbindlichkeiten des Unternehmens in voller Höhe einstehen zu können. Im Interesse des Gläubigerschutzes muß sich das Gericht daher von Amts wegen Kenntnis über die Vermögensverhältnisse des Antragstellers verschaffen, zB durch Vorlage von testierten Bilanzen und Gewinn- und Verlustrechnungen der letzten Jahre. Außerdem wird es regelmäßig erforderlich sein, daß der Antragsteller Sicherheitsleistungen erbringt, deren Bemessung sich daran orientieren wird, in welcher Höhe Neuverbindlichkeiten des Krisenunternehmens voraussichtlich entstehen werden. 14

6. Veröffentlichung. Der Unterbrechungsbeschluß ist öffentlich bekanntzumachen und dem Garantiegeber zuzustellen (§ 3 V 1 GUG). Die öffentliche Bekanntmachung erfolgt analog § 6 I GesO in einer Tageszeitung.[23] An den Schuldner, den Gläubiger, der das Gesamtvollstreckungsverfahren beantragt hat, und die Banken des Schuldners sind Abschriften des Beschlusses zu übersenden (§ 3 V 2 GUG). 15

7. Beendigung der Unterbrechung. Nach Ablauf der gerichtlich angeordneten Unterbrechungsdauer endet automatisch[24] die befristete Aussetzung des Verfahrens und das Gericht beschließt von Amts wegen über dessen weiteren Gang.[25] 16

8. Rechtsmittel. Ergibt die formale und summarische Prüfung des Antrages, daß die Antragsvoraussetzungen nicht erfüllt sind, ist der Antrag zurückzuweisen. 17

---

[20] Vgl *Timm* ZIP 1991, 413, 423.

[21] *Timm* aaO.

[22] Vgl hierzu eingehend *Schmidt-Räntsch* ZIP 1990, 1045f.

[23] *Vortmann* KTS 1991, 237, 253.

[24] Gem § 3 III 1 HS.2 GUG aF sollte die Unterbrechung – unabhängig von der Drei-Monats-Dauer mit Ablauf des 30. 6. 1991 automatisch enden. Dieser Schlußtermin ist beseitigt worden. Ein Bedürfnis zur Verschiebung der Eröffnung der Gesamtvollstreckung um einige Monate, um Sanierungsmöglichkeiten prüfen zu können, besteht nach Auffassung des Gesetzgebers auch nach der ersten Umstellungsphase der Wirtschaft des Beitrittsgebietes; vgl BR-Drucks 70/91 S. 57.

[25] *Haarmeyer/Wutzke/Förster* GUG § 3 Rdn 9.

Ein gleichwohl dennoch ergangener Unterbrechungsbeschluß ist gem § 3 I 2 GUG aber unanfechtbar. Diese Regelung ist jedoch rechtlich nicht unbedenklich. Sie kann hinsichtlich der Altgläubiger einen Verstoß gegen Art 19 IV GG darstellen. Die Verzögerung der Befriedigung der Altgläubiger ist nach dem Gesetzeszweck nur im Interesse der Sanierung gerechtfertigt. Die Altgläubiger sind nicht verpflichtet, ihre Interessen hinter anderen Unterbrechungs-Absichten des Garantiegebers zurückzustellen.

II. Verlängerung der Unterbrechung

18 Gem § 6 I GUG kann der Garantiegeber die Verlängerung der Unterbrechung beantragen. Die Verlängerung ist höchstens für einen Zeitraum von 3 Monaten möglich (§ 6 I 3 GUG). Der Antrag kann nur einmal gestellt werden (§ 6 I 2 GUG). Hat das Gericht dem Verlängerungsantrag nicht stattgegeben, kann der Garantiegeber diesen Beschluß mit der sofortigen Beschwerde angreifen (§ 20 GesO); weitere Verlängerungsanträge sind jedoch unzulässig.

19 **1. Antragsvoraussetzungen.** Zur Verlängerung der Unterbrechung hat der Antragsteller dem Antrag ein Sanierungskonzept beizufügen (§ 6 I 1 GUG). Welche Anforderungen an das Sanierungskonzept zu stellen sind, sagt das Gesetz nicht. Aus der Gesetzesbegründung (BR-Drucks 70/91, S. 57) ist zu entnehmen, daß offenbar nur ein *realisierbares Konzept* den Anforderungen gerecht werden soll. Ein nicht ausgereiftes Sanierungskonzept[26] oder gar nur die Mitteilung, die Sanierung erscheine möglich, reicht mithin zur Begründung des Verlängerungsantrages nicht aus.[27] Dem Gericht ist vielmehr ein seriöses Sanierungskonzept vorzulegen, bestehend aus Krisenanalyse und Sanierungsplan. Jeder Sanierungsplan muß schließlich wiederum aus mindestens zwei (Teil-)Plänen bestehen, nämlich dem betrieblichen Gesundungsplan und dem Finanzierungsplan für die Sanierungsphase.[28] Es muß nachvollziehbar dargelegt werden, welches die Krisenursachen sind, und daß die geplanten Maßnahmen geeignet sind, diese Ursachen zu beseitigen. Außerdem ist das Testat eines Wirtschaftsprüfers oder eines anderen unabhängigen Sachverständigen zu fordern.

20 **2. Antragsprüfung durch das Gericht.** Werden die vorgenannten Anforderungen nicht erfüllt, hat das Gericht den Verlängerungsantrag als unzulässig zurückzuweisen. Das Sanierungskonzept ist ferner auf seine Schlüssigkeit hin zu überprüfen, um Mißbräuchen bei der Verlängerung der Unterbrechung entgegenzuwirken.[29] Eine gerichtliche Prüfung der *Realisierbarkeit des Sanierungskonzeptes* erfolgt allerdings nicht. Aus § 6 III GUG, wonach der Gläubiger seine Beschwerde gegen die Verlängerung der Unterbrechung nur auf die offensichtliche Nicht-Realisierbarkeit des Sanierungskonzeptes stützen kann, ist zu entnehmen, daß das Gericht die Realisierbarkeit des Sanierungskonzepts nicht schon bei der Entscheidung über den Verlängerungsantrag, sondern erst auf eine entsprechende Beschwerde des Gläubigers hin überprüft.[30]

---

[26] Zu den Anforderungen an eine seriöse Sanierungsprüfung vgl allgemein *Maus* in: Hdb § 3; *Braun* WPg 1989, 683; *Wegmann* KTS 1989, 71; *Timm* WPK-Sonderheft 1991, 7ff jeweils mwN.

[27] *Haarmeyer/Wutzke/Förster* GUG § 6 Rdn 4. Anders offenbar *Schmidt-Räntsch* ZIP 1990, 1045, 1047.

[28] Vgl hierzu ausführlich *Timm* WPK-Sonderheft 1991, 7f.

[29] *Vortmann* KTS 1991, 237, 254. Der Ansicht von *Schmidt-Räntsch* ZIP 1990, 1045, 1047, wonach das Sanierungskonzept keinerlei sachlicher Überprüfung unterliegt, ist dagegen abzulehnen. Diese Auffassung kann nicht mit dem Hinweis auf die Gesetzesformulierung, das Konzept sei dem Antrag „beizufügen", begründet werden.

[30] *Haarmeyer/Wutzke/Förster* GUG § 6 Rdn 10; *Timm* ZIP 1991, 413.

3. Zweiter Unterbrechungsantrag. Nach dem Gesetzeswortlaut stellt es keine Verlängerung der Unterbrechung dar, wenn im unmittelbaren Anschluß an den Ablauf der Unterbrechungsdauer gem § 3 I GUG ein *anderer Garantiegeber* erneut einen Unterbrechungsantrag stellt. Der Unterbrechungsantrag kann gem § 3 III 3 GUG zwar nur einmal gestellt werden. Das gilt jedoch nur für die Antragsbefugnis jedes einzelnen Antragstellers. Ist ein Unterbrechungsantrag rechtskräftig abgewiesen worden, steht grds nichts entgegen, dem Unterbrechungsantrag eines anderen Garantiegebers stattzugeben. Problematisch ist aber der Fall, daß dem ersten Unterbrechungsantrag stattgegeben worden ist und ein weiterer Garantiegeber im Anschluß an den Ablauf der Unterbrechungsdauer einen neuen Antrag gem § 3 I GUG stellt. Würde diesem Antrag ebenfalls stattgegeben mit der anschließenden Verlängerungsmöglichkeit gem § 6 GUG, könnte auf diese Weise die Gesamtunterbrechungsdauer den Zeitraum von 6 Monaten übersteigen. Das gleiche Resultat würde erreicht, wenn mehrere Garantiegeber hintereinander Unterbrechungsanträge gem § 3 I GUG erfolgreich stellen könnten. Dies liefe jedoch dem Gesetzeszweck des GUG zuwider. Ausweislich der Gesetzesbegründung (BR-Drucks 70/91 S. 57) soll die Eröffnung des Gesamtvollstreckungsverfahrens um *höchstens sechs Monate* hinausgeschoben werden können, um Zeit für Sanierungsbemühungen zu gewinnen. Ist diese Zeitdauer verstrichen, ohne daß die Sanierung erfolgreich zum Abschluß gebracht werden konnte, ist somit davon auszugehen, daß eine Sanierung des Schuldners endgültig gescheitert ist; für eine Unterbrechung über diesen Zeitraum hinaus ist daher kein Spielraum mehr. Ein dennoch stattgebender Beschluß ist entgegen § 3 I 2 GUG von jedem Altgläubiger wegen objektiven Gesetzesverstoßes anfechtbar (s auch Rdn 17). 21

Der gesetzlich vorgesehenen Höchst-Unterbrechungsdauer von sechs Monaten steht nicht entgegen, daß zwei voneinander verschiedene Garantiegeber nacheinandergeschaltete Unterbrechungsanträge stellen. Der zweite Unterbrechungsantrag ist verfahrensmäßig allerdings als Verlängerung des ersten Antrages zu werten. Der zweite Garantiegeber hat daher bei seinem Antrag die Voraussetzungen des § 6 I 1 GUG zu beachten. 22

Schwierigkeiten bereitet aber der Umfang der Einstandspflicht der (voneinander unabhängigen) Garantiegeber gem § 7 I GUG. Der Gesetzgeber des GUG hat die Möglichkeit nachgeschalteter Unterbrechungsanträge zweier voneinander unabhängiger Garantiegeber offenbar nicht gesehen und daher auch keine Regelungen für den Umfang der jeweils entstehenden Garantiepflicht getroffen. Es liegt demnach eine planwidrige Regelungslücke vor, die nach folgenden Grundsätzen ausgefüllt werden könnte: Die Garantiepflicht des ersten Garantiegebers wird mit Ablauf der von ihm beantragten Unterbrechungsdauer auf die bis zu diesem Zeitpunkt entstandenen Verbindlichkeiten zu begrenzen sein; er haftet mithin nicht für die in der zweiten Unterbrechungsphase begründeten Forderungen. Weiterhin ist davon auszugehen, daß der zweite Garantiegeber nach den allgemeinen Grundsätzen zu § 7 I GUG (vgl Rdn 17ff) für alle Verbindlichkeiten aufzukommen hat, die in dem „Verlängerungszeitraum" entstehen. Aufgrund des ausdrücklichen Wortlauts des § 7 I 1 GUG („während der Unterbrechung") wird zu folgern sein, daß eine generelle Mithaftung des zweiten Garantiegebers für die in der ersten Unterbrechungszeit entstandenen Forderungen nicht in Betracht kommt. Soweit allerdings während der zweiten Unterbrechungsdauer Forderungen fällig werden, die aus in der ersten Unterbrechungsphase neu begründeten Verträgen resultieren, wird eine gesamtschuldnerische Haftung beider Garantiegeber zu befürworten sein. 23

Vgl dazu auch das Schaubild:

Skizze zur Erläuterung der Einstandspflicht zweier Garantiegeber bei zwei nacheinandergeschalteten Unterbrechungsanträgen

(Siehe Rdn 23)

1.1.	27.2.	1.3.	3.3.	31.5.	2.6.	1.9.	1.12. (Zeitachse)
	Antrag auf Eröffnung des Gesamtvollstreckungsverfahrens	Anordnung der 1. Unterbrechung		Ende der 1. Unterbrechung	Anordnung der 2. Unterbrechung	Ende der 2. Unterbrechung	Abschluß des Gesamtvollstreckungsverfahrens

Beispiel 1:
Abschluß eines Mietvertrages

am 1.1. – 28.2.: **Keine Einstandspflicht** des 1. (und 2.) Garantiegebers für die Mietzahlungen Januar und Februar (§ 7 I 1 GUG, „während der Unterbrechung").

1.3. – 31.5.: **Einstandspflicht** des 1. Garantiegebers für die Mietzahlungen März, April und Mai (§ 7 I 1 GUG, „während der Unterbrechung entstehenden Forderungen aus bestehenden Verträgen").

2.6. – 1.9.: **Einstandspflicht** des 2. Garantiegebers für die Mietzahlungen Juni, Juli und August (§ 7 I 1 GUG, „während der Unterbrechung entstehenden Forderungen aus bestehenden Verträgen").
Keine Einstandspflicht des 1. Garantiegebers für diese Mietzahlungen (§ 7 I 1 GUG, Begrenzung auf die „während der Unterbrechung entstehenden Forderungen").

2.9. – 1.12.: **Keine Einstandspflicht** des 2. (und 1.) Garantiegebers für die Mietzahlungen Oktober und November (§ 7 I 1 GUG, „während der Unterbrechung").

Beispiel 2:
Abschluß eines Leasingvertrages am 3.3.

3.3. – 31.5.: **Einstandspflicht** des 1. Garantiegebers für die Raten März, April und Mai (§ 7 I 1 GUG, „Forderungen aus neu eingegangenen Verträgen").

2.6. – 1.9.: **Einstandspflicht** des 1. Garantiegebers für die Raten Juni, Juli, August (teleologische Auslegung des § 7 I 1 GUG, „nach der Unterbrechung entstehende Forderungen für aus während der Unterbrechung neu eingegangenen Verträgen").
Einstandspflicht des 2. Garantiegebers für die Raten Juni, Juli und August (§ 7 I 1 GUG, „während der Unterbrechung entstehenden Forderungen aus neu eingegangenen Verträgen")
Einstandspflicht zwischen 1. und 2. Garantiegeber ist **gesamtschuldnerisch.**

2.9. – 1.12.: **Einstandspflicht –gesamtschuldnerisch–** des 1. und 2 Garantiegebers für die Raten Oktober und November (teleologische Auslegung des § 7 I 1 GUG, „während der Unterbrechung entstehende Forderungen für aus während der Unterbrechung neu eingegangenen Verträgen").

III. Aufhebung der Unterbrechung

24 Das Gericht hat auf entsprechenden Antrag des Garantiegebers unverzüglich die Aufhebung der Unterbrechung mit sofortiger Wirkung zu beschließen (§ 8 I GUG). Der Garantiegeber kann den Antrag jederzeit und ohne Angabe von Gründen stellen.

25 **1. Wirkung der Aufhebung.** Mit der Aufhebung der Unterbrechung begrenzt der Garantiegeber seine Garantiepflicht gem § 7 I GUG auf die bislang während der Unterbrechung entstandenen Verbindlichkeiten des Schuldners. Es ist jedoch offen, zu welchem Zeitpunkt die *Haftungsbegrenzung des Garantiegebers* eintritt. Der Wortlaut des § 7 I GUG – „für die Dauer der Unterbrechung" – spricht dafür, daß die Haftungsübernahme des Garantiegebers im Zeitpunkt der gerichtlichen Anordnung der Aufhebung endet. Dem gerichtlichen Aufhebungsbeschluß kommt jedoch keine Außenwirkung zu. Deshalb besteht grds die Gefahr, daß die Gläubiger im Vertrauen auf die – veröffentlichte, nunmehr aber beendete – Garantieübernahme weitere Geschäfte mit dem Schuldner abschließen. Dieses Vertrauen kann nur auf demselben Weg beseitigt werden, auf dem es begründet worden ist, nämlich durch entsprechende Veröffentlichung analog § 3 V GUG. Die Haftungsbegrenzung des Garantiegebers tritt somit erst zum Zeitpunkt der Bekanntmachung des Aufhebungsbeschlusses ein.

26 **2. Höchstdauer der erneuten Unterbrechung.** Gem § 8 II GUG bewirkt die Aufhebung einer Unterbrechung nicht, daß derselbe Garantiegeber gehindert ist, erneut die Unterbrechung zu beantragen. Dadurch darf die Gesamtunterbrechungsdauer von höchstens sechs Monaten allerdings nicht überschritten werden. War die gem § 3 GUG angeordnete Unterbrechung aufgehoben worden, kann die erneute Unterbrechung wieder für die Dauer von drei Monaten (§ 3 III 1 GUG) beschlossen werden. Im Anschluß an eine gem § 6 I GUG verlängerte Unterbrechung ist dagegen für den Beschluß über die Dauer der erneuten Unterbrechung die bis zur Aufhebung verstrichene Zeitspanne anzurechnen.

27 **3. Antragsvoraussetzungen für die erneute Unterbrechung.** Die Antragsvoraussetzungen für die erneute Unterbrechung sind in § 8 II GUG ebenfalls lückenhaft geregelt. War die Unterbrechung vor ihrer Aufhebung noch im Stadium des § 3 I GUG, bedarf es für ihre erneute Beschlußfassung der Voraussetzungen des § 6 I GUG, mithin der Vorlage eines Sanierungskonzeptes (s o Rdn 19).

28 Diese Antragsvoraussetzungen sind nicht ohne weiteres auf die erneute Unterbrechung im Anschluß an eine bereits verlängerte Unterbrechung übertragbar. Der Garantiegeber hatte schon zur Begründung des Verlängerungsantrages ein seriöses Sanierungskonzept vorzulegen (s o Rdn 19). Er genügt den Anforderungen des § 8 II GUG regelmäßig nicht, wenn er dieses Sanierungskonzept ein zweites Mal verwendet. Aus der von ihm betriebenen Aufhebung der Unterbrechung ist grds zu vermuten, daß das ursprüngliche Sanierungskonzept nicht mehr realisierbar ist. Zur Begründung der erneuten Unterbrechung hat er daher ein neues Sanierungskonzept beizufügen, das im übrigen den Anforderungen zu § 6 I GUG entsprechen muß; bloß kosmetische Änderungen des alten Konzeptes reichen dazu nicht aus. Will der Garantiegeber dagegen an dem ursprünglichen Sanierungskonzept auch für die erneute Unterbrechung festhalten, muß er die aus seinem Aufhebungsantrag folgende Vermutung substantiiert widerlegen.

IV. Sicherungsmaßnahmen

29 **1. Erforderlichkeit der Nebenentscheidungen.** Durch die Unterbrechung des Gesamtvollstreckungsverfahrens verliert der Schuldner nicht automatisch die Be-

fugnis, über sein Vermögen zu verfügen. Diese Wirkung tritt kraft Gesetzes erst mit der Eröffnung des Gesamtvollstreckungsverfahrens gem § 5 GesO ein. Im Interesse der Massesicherung hat das Gericht daher in dem Unterbrechungs- und Verlängerungsbeschluß gem § 9 I GUG auch über Sicherungsmaßnahmen zu entscheiden. Es muß ein vorläufiges Veräußerungsverbot hinsichtlich der Vermögensgegenstände des Schuldners aussprechen. Davon sind, falls nicht ausdrücklich anders bestimmt, nur die im Rahmen des gewöhnlichen Geschäftsbetriebes erforderlichen Rechtsgeschäfte ausgenommen (s Rdn 32). Durch das vorläufige Veräußerungsverbot soll eine Verkürzung der Masse durch unkontrollierte Vermögensverschiebungen zum Nachteil der Gläubiger vermieden werden.[31] Dabei handelt es sich um ein relatives Veräußerungsverbot iSv §§ 135, 136 BGB; eine verbotswidrige Verfügung ist daher gegenüber dem Verbotsgeschützten, dh den übrigen Insolvenzgläubigern, unwirksam.[32] Ein gutgläubiger Erwerb gem § 135 II BGB vom nichtberechtigten Schuldner(Eigentümer) ist aber nicht ausgeschlossen.[33]

30 Außerdem hat das Gericht zwingend die vorläufige Einstellung laufender Einzelzwangsvollstreckungsmaßnahmen anzuordnen, damit eine Besserstellung einzelner Gläubiger während der Dauer der Unterbrechung zu Lasten Dritter verhindert wird (*Vortmann* KTS 1991, 237, 253).

31 **2. Befugnisse des Schuldners.** Während der Unterbrechung gem § 9 I 2 GUG ist die *Veräußerungsbefugnis* des Schuldners grds auf den gewöhnlichen Geschäftsbetrieb beschränkt. Nach *Haarmeyer/Wutzke/Förster* (GUG § 9 Rdn 6) decke sich der Begriff des gewöhnlichen Geschäftsbetriebs mit der Umschreibung der gewöhnlichen Geschäfte zum Betrieb eines Handelsgewerbes in § 49 HGB.[34] Danach würden zB auch die Einstellung und Entlassung von Personen im üblichen Umfang, sowie die Prozeßführung in anhängigen Streitverfahren von der Befugnis zur Fortführung des gewöhnlichen Geschäftsbetriebes erfaßt. Diese Definition des gewöhnlichen Geschäftsbetriebes geht jedoch zu weit. Bei den genannten Rechtshandlungen handelt es sich nicht um Veräußerungen, sondern um Verfügungen. Die Verfügungsbefugnis des Schuldners wird durch die Unterbrechung aber grds nicht eingeschränkt (so Rdn 29), es sei denn, das Gericht überträgt sie gem § 9 I 3 GUG auf einen vorläufigen Verwalter.

32 Für die Bestimmung der Befugnisse des Schuldners im Rahmen des gewöhnlichen Geschäftsbetriebes liegt es näher, auf den Pflichtenstandard eines Geschäftsleiters einer insolventen Kapitalgesellschaft gem § 64 II 2 GmbHG bzw § 93 III 2 AktG abzustellen.[35] Nach – allerdings umstrittener[36] – Auffassung von *Lutter/Hommelhoff* (§ 64 Rdn 8) sind diese Vorschriften Ausdruck des allgemeinen Gedankens, die Sanierungschancen durch die Aufrechterhaltung des Betriebes zu wahren, ohne dabei die Masse im Hinblick auf das anstehende Insolvenzverfahren zu schmälern. Der Gemeinschuldner kann daher nur die zur Aufrechterhaltung des Geschäftsbetriebes notwendigen Geschäfte wahrnehmen, zB den normalen Liefer- und Zahlungsverkehr und ähnliche substanzerhaltende Maßnahmen.

33 **3. Bestellung eines vorläufigen Verwalters.** Außer der Anordnung von Sicherungsmaßnahmen kann das Gericht einen vorläufigen Verwalter bestellen (§ 9 I 3

[31] *Haarmeyer/Wutzke/Förster* GUG § 9 Rdn 3; *Vortmann* aaO.

[32] Vgl *Palandt/Heinrichs* §§ 135, 136 Rdn 6.

[33] Vgl hierzu nur *Palandt/Heinrichs* §§ 135, 136 BGB Rdn 9.

[34] Zum Umfang der für den Betrieb eines Handelsgewerbes gewöhnlichen Geschäfte vgl *Schlegelberger/Geßler/Hildebrandt/Steckhan* § 49 Rdn 6f; *Baumbach/Duden/Hopt* § 49 Anm 1 A.

[35] Vgl hierzu *Hachenburg/Ulmer* § 64 Rdn 33; *Scholz/K. Schmidt* § 64 Rdn 25; *Lutter/Hommelhoff* § 64 Rdn 8f; *Mertens* in: Kölner Kommentar zum AktG § 92 Rdn 56ff.

[36] Zum Streitstand siehe ausführlich *Mertens* in: Kölner Kommentar zum AktG, § 92 Rdn 56.

GUG). Voraussetzung ist, daß Anhaltspunkte dafür bestehen, wonach der Schuldner durch die Ausübung seiner Verfügungsbefugnis sein Unternehmen oder die Durchführung der Gesamtvollstreckung gefährdet, und die Verwalterbestellung nach Lage des Unternehmens angemessen ist. Der Beschluß über die Verwaltereinsetzung bedarf einer Begründung, der zu entnehmen ist, daß das Gericht den ihm eingeräumten Ermessensspielraum erkannt und eine sachgerechte Abwägung vorgenommen hat.[37]

4. Persönliche Anforderungen an den Verwalter. Für die persönliche Eignung 34
des Verwalters gilt § 5 Nr 2 GesO entsprechend. Der Verwalter muß geschäftskundig und von der Person des Schuldners und der Gläubiger unabhängig sein. Die Unabhängigkeit ist entsprechend den allgemeinen Befangenheitsregeln gem §§ 42 ZPO nicht mehr gegeben, wenn die Besorgnis der Befangenheit, mithin der Anschein einer Interessenkollision besteht.[38] Insbesondere bei der Unterbrechung des Gesamtvollstreckungsverfahrens über ein Treuhandunternehmen ist auf die Unabhängigkeit des Verwalters von der THA zu achten. Bei einem im Vorfeld des Insolvenzverfahrens von der THA eingesetzten Liquidator oder einem mit der Erstellung des Vermögensstatus über das Unternehmen beauftragten Gutachter ist die Unabhängigkeit zu verneinen; beide Aufgaben setzen ein Auftragsverhältnis mit der THA voraus und begründen die Gefahr einer Interessenkollision (vgl hierzu näher *Haarmeyer/Wutzke/Förster* GesO § 5 Rdn 20ff.).

5. Kompetenzen des vorläufigen Verwalters. Die Befugnisse des vorläufigen 35
Verwalters sind vom GUG nicht geregelt. Die Regelung des § 8 II GesO ist nicht entsprechend anwendbar. Der vorläufige Verwalter soll nur dafür Sorge tragen, daß die im Zeitpunkt der Unterbrechung vorhandene Masse im wesentlichen vollständig für das sich evtl anschließende Gesamtvollstreckungsverfahren erhalten bleibt. Eine Abwicklung des Schuldnervermögens ist dem (endgültigen) gem § 5 Nr 2 GesO bestellten Verwalter vorbehalten.

Der Aufgabenkreis des vorläufigen Verwalters wird durch gerichtlichen Be- 36
schluß festgelegt. Dadurch ist es möglich, die Kompetenzen des vorläufigen Verwalters auf die Bedürfnisse des konkreten Einzelfalls abzustimmen. Sein Auftrag kann sich zB darauf beschränken, die gerichtlich verfügten Anordnungen zu kontrollieren und das Gericht über die während der Unterbrechung anfallenden Vermögensveränderungen zu informieren. Ihm kann aber uU auch die volle Verfügungsbefugnis über das Schuldnervermögen eingeräumt werden,[39] so daß er gleichsam die Stellung eines Sequesters[40] erhält. Sofern nichts anderes angeordnet ist, wird der Schuldner in diesem Falle für Geschäfte im Rahmen des gewöhnlichen Geschäftsbetriebes der Zustimmung des vorläufigen Verwalters bedürfen.

Ist dem vorläufigen Verwalter die volle Verfügungsbefugnis über das Schuld- 37
nervermögen eingeräumt worden, und führt er den Betrieb während der Unterbrechung fort, stellt sich die im Geltungsbereich der KO – und der GesO[41] – zu lösende Frage nicht, wie die vom Sequester neu begründeten Verbindlichkeiten zu behandeln sind (als Konkursforderungen[42] oder als Masseschulden[43]). Da die Er-

---

[37] *Haarmeyer/Wutzke/Förster* GUG § 9 Rdn 16.

[38] Zu den verschiedenen Fallgruppen, in denen Zweifel an der Unparteilichkeit bestehen vgl *Zöller/Vollkommer* § 42 Rdn 11ff.

[39] Zu den Möglichkeiten der Ausgestaltung der Befugnisse des vorläufigen Verwalters siehe *Haarmeyer/Wutzke/Förster* GUG § 9 Rdn 11f.

[40] Vgl zur Rechtsstellung des Sequesters de lege lata *Uhlenbruck* KTS 1991, 15ff mwN.

[41] Vgl *Haarmeyer/Wutzke/Förster* GesO § 2 Rdn 71ff.

[42] BGHZ 97, 87ff = NJW 1986, 1496 = ZIP 1986, 448; BGH ZIP 1988, 324.

[43] So *Kilger* § 106 Anm 4 mwN.

füllung sämtlicher während der Unterbrechung neu begründeten Verbindlichkeiten von dem Garantiegeber zugesichert wird, ist der vorläufige Verwalter gehindert, die Ansprüche der Neugläubiger aus der Masse zu befriedigen; er hat sie vielmehr an den Garantiegeber zu verweisen.

Kapitel V. Gesellschaftsrechtliche Besonderheiten im Insolvenzrecht der neuen Bundesländer: Treuhandanstalt und Treuhandunternehmen im Zielfeld ausgewählter gesellschaftsrechtlicher Einzelfragen

Übersicht

Schrifttum: *Bleckmann/Erberich* in: *Rädler/Raupach/Bezzenberger* (Hrsg), Vermögen in der ehemaligen DDR, 1991; *Bormann/Demant* DB 1992, 53ff; *Budde/Forster* D-Markbilanzgesetz, München 1991; *ders* D-Markbilanzgesetz-Ergänzungsband, München 1991; *Claussen* ZIP 1990, 1173ff; *Dornberger/Dornberger* DB 1990, 3042ff; *Ganske* DB 1991, 791ff; *Haarmeyer/Wutzke/Förster* Gesamtvollstreckungsordnung, 2. Aufl Köln 1992; *Habighorst/Spoerr* ZGR 1992, 499ff; *Haeger* DB 1990, 897ff; *Hess/Binz* Gesamtvollstreckungsordnung, Neuwied, Kriftel/Ts, Berlin 1991; *Heuser* GmbHR 1990, 495ff; *Hommelhoff/Habighorst* ZIP 1992, 665ff und 979ff; *Krebs* ZIP 1990, 1513; *Kübler* FS Merz 1992, 333ff; *Lipps* BB Supplement Deutsche Einigung – Rechtsentwicklungen, Folge 23, 17ff; *Lutter* in: *Hommelhoff* (Hrsg) Treuhandunternehmen im Umbruch, RWS-Forum 7, S. 61ff; *Marsch-Barner* DWiR 1991, 89ff; *Priester* DB 1991, 2373ff; *ders* in: Bericht über die IDW-Fachtagung vom 16.–18. 10. 1991 in Berlin, 81ff; *K. Schmidt* GmbHR 1992, 570ff; *Schuppert* ZGR 1992, 454ff; *Smid* Gesamtvollstreckungsordnung, Baden-Baden 1991; *Tettinger* BB 1992, 2ff; *Timm* ZIP 1991, 413ff; *ders* WPK-Mitt Sonderheft 1991, 1ff; *ders* in: FS *Semler,* 1993 (demnächst); *Timm/Schöne* ZIP 1992, 969ff; *Ulmer* in: *Hommelhoff* (Hrsg) Treuhandunternehmen im Umbruch, RWS-Forum 7, S. 39ff; *Weimar* Nachprivatisierungsprobleme, Köln 1992, *ders* DB 1991, 373ff; *ders* BB Supplement Deutsche Einigung – Rechtsentwicklungen, Folge 22, 12ff; *ders* BB 1991, 1511ff; *ders* GmbHR 1991, 507ff; *ders* BB 1992, 82ff; *ders* ZGR 1992, 477ff; *ders* DStR 1992, 718ff; *ders* DB 1992, 1969ff; *Weimar/Bartscher* ZIP 1991, 69ff.

Vorbemerkung*

1 Seit der Wiedervereinigung am 3. 10. 1990 ist die Literatur zu den verschiedensten gesellschaftsrechtlichen Fragen mit Blick auf die Treuhandanstalt (THA) und ihre Treuhandunternehmen zu einer beachtlichen Flutwelle angeschwollen, die an dieser Stelle nicht erschöpfend dargestellt werden kann; insoweit ist vielmehr eine Beschränkung auf einige wenige gesellschaftsrechtliche Problembereiche notwendig. Da die Geschäftsleiter (Geschäftsführer und Vorstand) von Krisenunterneh-

* Der Beitrag stellt eine im Februar 1992 abgeschlossene Momentaufnahme dar. Seither sind in der jüngeren Vergangenheit die nachfolgend behandelten, verschiedenen Fragen sehr lebhaft in einer Vielzahl von literarischen Beiträgen diskutiert worden. Bei der Überarbeitung und Aktualisierung des Beitrages konnte eine inhaltlich erschöpfende Auswertung sämtlicher Abhandlungen nicht mehr geleistet werden; ein Anspruch an die Vollständigkeit der nachfolgenden Ausführungen wäre mithin unangebracht.

men ihre Rechtsstellung und die damit verbundenen Haftungsrisiken deutlich erkennen sollten, darüber hinaus jeder Insolvenzverwalter eines ehemaligen Treuhandunternehmens prüfen wird, ob er gegen den oder die Geschäftsleiter oder den oder die Gesellschafter (insb THA) masseanreichende Ansprüche geltend machen kann, wird im folgenden das Hauptaugenmerk der Überlegungen bei den haftungsrechtlichen Fragestellungen liegen. Deshalb scheiden ua sämtliche Fragestellungen aus, die keinen haftungsrechtlichen oder insolvenzrechtlichen Bezug aufweisen, wie zB nach der ordnungsgemäßen Besetzung des Aufsichtsrats der Treuhandunternehmen.[1] Probleme der Spaltung von Treuhandunternehmen nach dem SpTrUG müssen deshalb hier ebenfalls weitgehend unerörtert bleiben.[2] Im Hinblick auf den gesetzlichen Sanierungsauftrag der THA (näher su V A Rdn 9ff) wird über die Darstellung des GesO hinaus auch der rechtliche Rahmen für Sanierungsversuche und die damit verbundenen Probleme von THG und DMBilG erörtert.

Zudem ist deutlich festzuhalten, daß sich zu nahezu allen angesprochenen Fragen entgegen gelegentlich antreffenden Behauptungen in der Literatur noch keine „herrschende Ansicht" hat herausbilden können,[3] die gelegentlich anzutreffende Berufung auf eine (angeblich) „herrschende Ansicht" deshalb die eigenständige Begründung nicht ersetzt. Dabei macht sich vor allem bemerkbar, daß zum gegenwärtigen Zeitpunkt höchstrichterliche Entscheidungen zu gesellschaftsrechtlichen und insolvenzrechtlichen Fragen der Treuhandunternehmen bislang nicht vorliegen. 2

A. Rechtsstellung und Aufgaben der THA

I. Gesetzliche Regelung der THA

Die Treuhandanstalt wurde durch Beschluß des Ministerrates der DDR vom 1. 3. 1990[1] als Anstalt des öffentlichen Rechts gegründet. Mit ihrer Gründung übernahm sie die Treuhandschaft über das volkseigene Vermögen, das sich in Fondsinhaberschaft von Betrieben, Einrichtungen, Kombinaten sowie wirtschaftsleitenden Organen und sonstigen im Register der volkseigenen Wirtschaft eingetragenen Wirtschaftseinheiten befand (Nr 2 des genannten Beschlusses). Mit dem Inkrafttreten des THG am 1. 7. 1990[2] wurde die THA gem § 1 IV THG Inhaberin der Anteile der nach den Vorschriften dieses Gesetzes „umgewandelten" Kapitalgesellschaften. 1

Seit dem Beitritt am 3. 10. 1990 ist die THA eine rechtsfähige bundesunmittelbare Anstalt des öffentlichen Rechts (Art 25 I 2 EV). Die Fach- und Rechtsaufsicht 2

[1] Dazu im einzelnen *Hebing/Jaletzke* Supplement Deutsche Einheit – Rechtsentwicklungen Folge 15, S. 5ff; *Köstler* Supplement Deutsche Einheit – Rechtsentwicklungen Folge 17, S. 21ff; *Semler* Supplement Deutsche Einheit – Rechtsentwicklungen Folge 22, S. 9f; *Weimar* BB 1991, 1511f.

[2] Gesetz über die Spaltung der von der Treuhandanstalt verwalteten Unternehmen, BGBl I 1991 S. 854; abgedruckt auch in *Niederleithinger* Hemmnisbeseitigungsgesetz, Spaltungsgesetz, RWS-Dokumentation Nr 10, II. Siehe hierzu näher *Ganske* DB 1991, 791ff; *Ising/Thiell* DB 1991, 2021ff; *Marsch-Barner* DWiR 1991, 89ff; *D. Mayer* DB 1991, 1609ff; *Weimar* DtZ 1991, 182ff. Zu einer Sonderfrage (Gesamtvollstreckungsfähigkeit) vgl unten Rdn 31f.

[3] Deshalb ist gegenüber entsprechenden gelegentlich anzutreffenden Kennzeichnungen von Rechtspositionen (vgl zB *Ulmer* RWS-Forum 7, S. 39, 43) besondere Vorsicht geboten; siehe hierzu auch die kritische Stellungnahme von *Timm/Schöne* ZIP 1992, 969 Fn 29.

[1] GBl DDR I Nr 14, S. 107.

[2] Veröffentlicht im GBl DDR 1990 I Nr 33. Einen Überblick über die Regeln des THG geben *Dornberger/Dornberger* DB 1990, 3042; *Lachmann* DtZ 1990, 238ff; *Müller* WP 1990, 413. Der Text ist insb auch abgedruckt bei *Hommelhoff/Krebs* RWS-Dokumentationen Nr 3, 2.1.

obliegt dem BMF, wobei die Fachaufsicht im Einvernehmen mit dem BMWi und dem jeweils zuständigen Bundesminister wahrgenommen wird (Art 25 I 3 EV). Außerdem unterliegt die THA seit Oktober 1990 der parlamentarischen Kontrolle durch einen Unterausschuß des Haushaltsausschusses des Deutschen Bundestages.[3] Die Beteiligungen der THA sind mittelbare Beteiligungen des Bundes (Art 25 I 4 EV iVm Art 7 I EV, §§ 53, 54 HGrG).

II. Aufgaben der Treuhandanstalt

3 **1. Gesetzliche Regelung.** Die Aufgaben der THA wurden ursprünglich in § 2 der Satzung vom 18. 7. 1990 (GBl DDR I 1990, Nr 46) dahingehend festgelegt, daß sie das ihr übertragene, bisher volkseigene Vermögen zu privatisieren und zu verwerten habe.[4] Die Überführung der sozialistischen Wirtschaftseinheiten in privatrechtliche Organisationsstrukturen durch die THA wurde zunächst durch die Umwandlungsverordnung (UmwVO) vom 1. 3. 1990[5] geregelt.[6] Für die Privatisierung der umgewandelten Unternehmen sah die joint-venture-Verordnung[7] einen Verkauf der Geschäftsanteile in Höhe von regelmäßig (Ausnahmen gem § 3 Abs 2 möglich) maximal 49% des Unternehmens vor (§ 3 Abs 1). Mit dem Inkrafttreten des THG am 1. 7. 1990 wurde diese Beschränkung aufgehoben.

4 Die Aufgaben der THA sind nunmehr gem Art 25 I EV iVm in § 2 THG[8] festgelegt. Danach ist die THA damit betraut, gemäß den Bestimmungen des THG die früheren volkseigenen Betriebe wettbewerblich zu strukturieren und zu privatisieren (Art 25 I EV); außerdem hat sie auf eine zweckmäßige Entflechtung der Unternehmensstrukturen hinzuwirken (§ 2 VI THG) sowie die Stillegung und Verwertung des Vermögens von nicht sanierungsfähigen Unternehmen oder Unternehmensteilen durchzuführen (§ 8 I THG).[9]

5 **2. Rangfolge der Aufgaben.** Eine Prioritätsfolge dieser gesetzlichen Aufgaben gibt das THG nicht vor. Lange Zeit war in der (politischen) Öffentlichkeit streitig, welcher der beiden zentralen Aufgaben (Privatisierung oder Sanierung) Priorität zukomme und es wurde vielfach der Ruf nach einer Klarstellung durch den Gesetzgeber laut, häufig verbunden mit einer Empfehlung, der Sanierungsaufgabe den Vorrang einzuräumen.[10] Einer solchen Klarstellung bedarf es indes nicht. In dem gem Art 4 I 1 des Staatsvertrages vom 18. 5. 1990[11] vereinbarten Gemeinsa-

---

[3] Siehe hierzu *Cloes* DtZ 1991, 291f.

[4] Zu den Aufgaben der THA nach dem Beschluß des Ministerrates siehe näher *Hebing* BB 1990 Beilage 16, S. 1, 5.

[5] GBl DDR I Nr 14 S. 107.

[6] Siehe hierzu näher *Hebing* BB 1990 Beilage 16, S. 1ff; *Maskow* BB 1990 Beilage 13, S. 1, 4.

[7] Regelung für die Bildung von Gemeinschaftsunternehmen (Joint Venture) vom 25. 1. 1990 (GBl I Nr 4 S. 16ff, aufgehoben nach Anlage III des Staatsvertrages mit Inkrafttreten des Staatsvertrages am 1. 7. 1990. Vgl die Literatur zur joint-venture-Verordnung von *Maskow* BB 1990 Beilage 7 S. 1ff; *Schmidt/Wegen* GmbHR 1990, 109ff und 153ff; *Hoffmann/Völter* WM 1990 Sonderbeilage Nr 2, S. 112ff; *Hebing* BB Beilage 18, S. 1ff.

[8] Gem Art 25 Abs 1 des Einigungsvertrages gilt das THG mit Wirksamwerden des Beitritts mit den dort genannten Modifikationen fort. Das THG ist zuletzt geändert worden durch Art 9 des Privatisierungshemmnisbeseitigungsgesetzes (PrHBG) vom 22. 3. 1991, bekanntgemacht BGBl I 766.

[9] Die Stillegung und Verwertung gem § 8 I THG ist zwar als Aufgabe der Treuhand-Aktiengesellschaften benannt. Nachdem die Gründung dieser Gesellschaften jedoch in das Ermessen der THA gestellt worden ist (vgl § 8 THG), kann nicht davon ausgegangen werden, daß die untergeordneten Treuhandgesellschaften über andere oder weitreichendere Aufgaben oder Kompetenzen verfügen sollten als die THA selbst, vgl *Schmidt* RWS-Forum 7, S. 17, 24.

[10] Andererseits wurde auch gefordert, den Sanierungsauftrag ganz aus dem Aufgabenkatalog der THA zu streichen, vgl *Wild* RWS-Forum 7, S. 1, 9.

[11] BGBl 1990 II S. 537.

men Protokoll über Leitsätze zur Wirtschaftsunion heißt es in A II Nr 7 deutlich, daß die in Staatseigentum befindlichen Unternehmen „so rasch wie möglich wettbewerblich zu strukturieren und soweit wie möglich in Privateigentum zu überführen" sind. Daraus läßt sich hinreichend deutlich entnehmen, daß die THA gesetzlich verpflichtet ist, der Privatisierungsaufgabe Vorrang einzuräumen.[12]

Als Kriteren für die Privatisierungsentscheidung der THA haben sich mittlerweile hauptsächlich vier Komponenten herausgebildet (schlüssiges Unternehmenskonzept, Investitionsvolumen, Arbeitsplatzgarantie und Kaufpreis), zwischen denen allerdings keine feste Rangfolge besteht, so daß flexible Einzelfallentscheidungen möglich sind (vgl ausführlich *Bleckmann/Erberich* in: *Rädler/Raupach/Bezzenberger* Rdn 41 ff). Zur Überprüfung der Rechtmäßigkeit der Privatisierungsentscheidung der THA ist der ordentliche Zivilrechtsweg eröffnet (vgl OVG Berlin NJW 1991, 715 = ZIP 198); zur materiell-rechtlichen Problematik der Überprüfung der Verkaufsentscheidungen der THA vgl *Krebs* ZIP 1990, 1513, 1520 ff. 6

Das Aufgabenquartett der THA ist streng genommen systematisch zu untergliedern in die sich sachlogisch gegenseitig ausschließenden Entscheidungsalternativen Privatisierung und Stillegung, wohingegen Sanierung und Entflechtung nur privatisierungsvorbereitende Maßnahmen sind. Die Stillegung ist zudem, wie aus § 2 I 1 iVm § 8 I THG abgeleitet werden kann, gegenüber der Privatisierung nur ultima ratio.[13] Die in §§ 1 II und 1 VI THG vorgegebene „Reorganisation des volkseigenen Vermögens" bedeutet für die Aufgabe der THA, dafür Sorge zu tragen, das ehemals volkseigene Vermögen möglichst weitgehend so in private Hände zu überführen, daß es in der Form von Kapitalgesellschaften (AG, GmbH) am Marktgeschehen teilnimmt. Eine Zerschlagung des den VEK und VEB zugeordneten ehemals volkseigenen Vermögens durch Stillegung der Treuhandunternehmen kommt erst in Betracht, wenn die betreffende Gesellschaft sanierungsunfähig ist und sich die Bemühungen um ihre Privatisierung endgültig zerschlagen haben. 7

3. Privatisierung. Eine gesetzliche Definition des Begriffs Privatisierung des volkseigenen Vermögens wird weder vom Einigungsvertrag, vom Staatsvertrag nebst Anlagen, vom THG und seinen Durchführungsverordnungen vom 15. 8., 22. 8. und 12. 9. 1990 sowie der Satzung der THA vom 18. 7. 1990 gegeben. Die Bedeutung der Privatisierungsaufgabe ist daher aus der Gesamtschau der Gesetzesvorschriften zu ermitteln. Die THA ist alleinige Inhaberin der gem § 11 II THG umgewandelten Kapitalgesellschaften.[14] Da das Ziel des THG die Rückführung des Einflusses der öffentlichen Hand ist, muß diese sich von ihren Anteilsrechten trennen und sie in privatwirtschaftliche Hände abgeben. Gegenstand der Privatisierung nach dem THG sind daher die von der THA unmittelbar und mittelbar gehaltenen Anteile an den Treuhandunternehmen.[15] Der Verkauf des gesamten Gesellschaftsvermögens ohne die vollständige Übertragung des Gesellschaftsanteils an den Erwerber ist daher keine Privatisierungsmaßnahme iSd THG.[16] Der 8

[12] Ebenso *Möschel* ZGR 1991, 177; *Weimar* RIW-Beilage 24 zu Heft 12/1990, 10, 11 Fn 20; *Weides* JuS 1991, 819; *Tettinger,* BB 1992, 2, 5.

[13] *Timm* FS Semler 1993 (demnächst); ebenso *Bleckmann/Erberich* in: *Raupach/Rädler/Bezzenberger* Rdn 26.

[14] Die Rechtsnatur der Gesellschaften iA und die rechtliche Würdigung des Umwandlungsvorgangs sind streitig, vgl hierzu unten B Rdn 4 ff.

[15] *Weimar* DB 1991, 373. Damit wird die Systematik der Joint-venture-Verordnung konsequent fortgesetzt, die ebenfalls den Geschäftsanteil als Privatisierungsgegenstand bestimmt hatte (vgl § 3 joint-venture-Verordnung).

[16] Mißverständlich insofern *Schmidt* RWS-Forum 7, S. 17, 22, der entsprechend der allgemeinen Definition auch die Veräußerung der Grundstücke und Betriebe der Treuhandunternehmen an private Personen oder Unternehmen zur Privatisierungsaufgabe der THA einordnet.

Privatisierungseffekt wird ferner nicht erreicht, wenn – was nach dem THG nicht ausgeschlossen ist – die Anteile der Treuhandunternehmen durch öffentlich-rechtliche Körperschaften bzw öffentliche Unternehmen übernommen werden.[17]

9 Der gesetzliche Privatisierungsauftrag gibt der THA aber grds nicht die Befugnis, das Vermögen der Treuhandunternehmen, also deren Betrieb oder wesentliche Teile hiervon zu veräußern. Eine solche Berechtigung läßt sich insbesondere nicht mit dem von der THA propagierten These eines „Treuhand-Sonderrechts" begründen (vgl hierzu ausführlich unten B Rdn 10f); die allgemeinen Grundsätze des Gesellschaftsrechts gelten vielmehr auch für die THA. Der Zugriff auf das Gesellschaftsvermögen der Treuhandunternehmen steht daher ausschließlich den Geschäftsleitern der betreffenden Gesellschaft zu. Die THA darf über das Gesellschaftsvermögen der abhängigen Gesellschaften nur verfügen, wenn sich die Gesellschaft in Auflösung befindet und die THA gem §§ 265 II AktG, 66 I GmbHG zum Liquidator bestellt worden ist.[18] Zu den Rechtsfolgen einer derartigen Kompetenzüberschreitung der THA vgl u D Rdn 30.

10 **4. Sanierung.** Als weitere Aufgabe obliegt der THA die Sanierung der Treuhandunternehmen. Das THG und der EV gehen von einem weiten Sanierungsbegriff aus und verstehen darunter alle Maßnahmen, die erforderlich sind, um die Existenzfähigkeit eines in finanzielle Schwierigkeiten geratenen Unternehmens auf Dauer und unter marktwirtschaftlichen Bedingungen wiederherzustellen.[19] Ausgehend von der oben dargestellten Prioritäten-Vorgabe (s o Rdn 5) ist die Unternehmenssanierung jedoch nicht als eigenständige Aufgabe der THA anzusehen. Es soll kein dauerhafter Treuhandunternehmens-Verbund geschaffen werden. Das gesetzliche THA-Beteiligungsmodell ist vielmehr mittel- und langfristig auf Selbstauflösung konzipiert. Die Sanierung ist daher stets nur – wirtschaftlich notwendige – Vorbedingung für die Privatisierung. Der Privatisierungsauftrag muß auch in der Sanierungsphase Primärziel der THA bleiben (Stichwort: Privatisierung der Sanierung).[20]

11 **a) Sanierungskriterien.** Bei der Entscheidung über die Sanierungsfähigkeit der Treuhandunternehmen hat sich die THA an den allgemeinen Kriterien zu orientieren. Die Sanierungsfähigkeit ist gegeben, wenn das Unternehmen auf Dauer weder Gefahr läuft, überschuldet[21] oder zahlungsunfähig[22] zu sein.[23] Die THA hat daher ihre Sanierungsentscheidung anhand eines von den Treuhandunternehmen erstellten und durch einen unabhängigen Sachverständigen (zB Wirtschaftsprüfer) bestätigten, fundierten und seriösen Sanierungskonzeptes[24] zu treffen.

---

[17] *Weimar* DB 1991, 373, 374.

[18] Vgl hierzu ausführlich *Timm* FS Semler 1993 (demnächst).

[19] Vgl *Wild* RWS-Forum 7, S. 1, 10; *Schmidt* RWS-Forum 7, S. 17, 23.

[20] *Wild* RWS-Forum 7, S. 1, 10.

[21] Zum zweistufigen Überschuldungsbegriff siehe den Überblick bei *K. Schmidt* Gesellschaftsrecht § 11 VI 3b (S. 280ff); s o Kap IV D Rdn 3 mwN.

[22] Vgl hierzu *Timm* WPK-Mitt Sonderheft 1991, 1, 18; *Timm/Körber* in Hdb § 80 Rdn 8; s. o. Kap IV D Rdn 9 mwN.

[23] Nach einem (gescheiterten) Gesetzesentwurf der Gruppe Bündnis 90/Die Grünen, BT-Drs 1991 12/735 (abgedr auch ZRP 1991, 357, 358), soll ein Unternehmen sanierungsfähig sein, wenn erwartet werden kann, daß es „innerhalb von maximal fünf Jahren selbständig wettbewerbsfähig wird und die Kosten der Sanierung unter den voraussichtlichen Kosten der ansonsten entstehenden Arbeitslosigkeit und der Wirtschaftsförderung zur Schaffung neuer Arbeitsplätze liegt." Von solchen rechtlich und wirtschaftlich bedenklichen Überlegungen hat (und darf) sich die THA bei ihren Sanierungsentscheidungen allerdings zu Recht nicht leiten lassen.

[24] Vgl hierzu *Timm* WPK-Mitt Sonderheft 1991, 1, 7ff mwN.

b) Sanierungshilfen. Gelangt die THA anhand des vorgelegten Sanierungskonzeptes zu einer positiven Sanierungsprognose, besitzt sie – neben den üblichen rechtlichen Sanierungsmaßnahmen (zB nominelle Kapitalherabsetzung in Verbindung mit effektiver Kapitalerhöhung, außergerichtliche Vergleiche) eine breite Palette von „spezialgesetzlichen Sanierungsinstrumenten" wie zB der Entschuldung von Altverbindlichkeiten nach der Entschuldungsverordnung,[25] der Zubilligung einer Augleichsforderung gem § 24 DMBilG (vgl ausführlich C Rdn 4ff), der Unterbrechung nach § 3 GUG[26] und der Spaltung nach den SpTrUG (s u Rdn 13). 12

5. Entflechtung. Die in § 2 VI THG genannte Aufgabe der zweckmäßigen Entflechtung von Unternehmensstrukturen zu marktfähigen Unternehmen ist eine Reaktion auf die „Wirtschaftskolosse",[27] die sich in der Planwirtschaft herausgebildet hatten. Diese betrieblichen Konglomerate sind aus wirtschaftlichen Gründen durchweg nicht als Einheit zu privatisieren. Mit den Entflechtung der übergroßen und unter betriebswirtschaftlichen Gesichtspunkten wenig sinnvollen Unternehmensstrukturen soll dieses Privatisierungshindernis beseitigt werden; die Entflechtung dient damit ausschließlich der Vorbereitung der Privatisierung.[28] Rechtsgrundlage für die Entflechtung ist das SpTrUG.[29] 13

6. Stillegung. Eine weitere wesentliche Aufgabe der THA besteht in der Stillegung und Verwertung des Vermögens von nicht sanierungsfähigen Unternehmen oder Unternehmensteilen (§ 2 I 2 iVm § 8 I THG).[30] 14

Die Umsetzung dieser Aufgabe erfolgt im Wege der Auflösung der Gesellschaft durch entsprechenden Auflösungsbeschluß sowie der anschließenden Auseinandersetzung. Ein Auflösungsbeschluß war entbehrlich, wenn die „Aufbau"-Gesellschaften nicht bis zum Ablauf des 30. 6. 1991 die gem §§ 19ff THG geforderten „Nachgründungsvoraussetzungen" durchgeführt hatten. In diesem Fall gilt die Gesellschaft gem § 22 THG automatisch als aufgelöst. Sie hat daher von diesem Zeitpunkt an als Gesellschaft „iAiL" zu firmieren.[31] Die Fortsetzung der Gesellschaft kann allerdings aufgrund eines entsprechenden Gesellschafterbeschlusses erreicht werden.[32] 15

---

[25] Die am 5. 9. 1990 erlassenen EntschuldungsVO (GBl DDR I 1990 S. 1435) konnte aus zeitlichen Gründen nicht in den Anlagen des EV als weitergeltendes Recht der DDR aufgeführt werden; ihre Weitergeltung bis zum 30. 6. 1991 begründete sich aber auf Art 9 III EV iVm der Vereinbarung vom 18. 9. 1990 (BGBl II 1990 S. 1239); vgl hierzu eingehend *Targan* DB 1990, 3170f. Zur Kritik an dem Auslaufen der Frist per 30. 6. 1991 siehe *Timm* ZIP 1991, 413, 415 Fn 25. Im übrigen ist der Endtermin 30. 6. 1991 für die Unternehmen ohne Belang: selbstverständlich kann der Gesellschafter THA jederzeit auch ohne eine ausdrückliche Entschuldungsverordnung eine Entschuldung vornehmen oder die Eigenkapitalbasis entsprechend verstärken.

[26] Vgl o. Kap IV C Rdn 1.

[27] Vgl die anschauliche Darstellung von *Wild* RWS-Forum 7, 1, 10f.

[28] Ebenso *Weimar* ZIP 1991, 769.

[29] Siehe hierzu die Literaturangaben. Vorbem Fn 2.

[30] Zur Anwendbarkeit der §§ 8, 9, THG auch auf die THA siehe *Schmidt* RWS-Forum 7, 17, 24.

[31] *Priester* DB 1991, 2373, 2374. Nach Ansicht von *K. Schmidt* GmbHR 1992, 570, 572 bestehe die aufgelöste „Aufbau"-Gesellschaft bis zur Beendigung der Liquidation als Gesellschaft iL fort. Dieser Auffassung liegt allerdings die Annahme zugrunde, daß die „Aufbau"-Gesellschaften bereits als fertige Kapitalgesellschaften zu werten seien; vgl zum Streitstand über die Rechtsnatur der „Aufbau"-Gesellschaften ausführlich u B Rdn 3ff.

[32] Vgl hierzu *Priester* DB 1991, 2373, 2374; *Weimar* DB 1991, 507, jeweils mwN.

B. Rechtsstellung und Struktur der Treuhandunternehmen (insbesondere der „Aufbau"-Gesellschaften)

I. Abgrenzung zu den UmwVO-Gesellschaften

1 Als Treuhandunternehmen (ieS) werden im folgenden die Gesellschaften bezeichnet, deren Umwandlung in Kapitalgesellschaften sich nach den Vorschriften des THG vollzogen hat oder noch vollzieht.[1] Es handelt sich mithin um die im Register der volkseigenen Wirtschaft eingetragenen volkseigenen Kombinate, Betriebe, Einrichtungen und sonstigen juristisch selbständigen Wirtschaftseinheiten, die bis zum 1. 7. 1990 noch nicht in Kapitalgesellschaften umgewandelt waren (§§ 11 I 1 THG). Davon zu unterscheiden sind die sog UmwVO-Gesellschaften;[2] für die Umwandlung dieser ehemaligen volkseigenen Wirtschaftseinheiten entweder in Aktiengesellschaften oder Gesellschaften mit beschränkter Haftung gilt die UmwVO vom 1. 3. 1990. Das THG wurde zur Beschleunigung des nur zögerlich fortschreitenden Umwandlungsprozesses nach der UmwVO konzipiert. Das THG führte im Ergebnis zur nahezu vollständigen „Ablösung" der UmwVO;[3] die UmwVO wurde mit dem Inkrafttreten der Wirtschafts-, Währungs- und Sozialunion am 1. 7. 1990 (weitgehend) obsolet.[4] Der ausdrückliche Wortlaut des § 11 I 1 THG („die bis zum 1. Juli 1990 noch nicht in Kapitalgesellschaften umgewandelt sind") ist unter Berücksichtigung der §§ 18 Nr 6, 19 Nr 4 InkrG[5] restriktiv auszulegen. Es sind alle Gesellschaften aus dem Geltungsbereich des THG herauszunehmen, deren Umwandlung nach der UmwVO bereits abgeschlossen war.[6] Das gleiche gilt, wenn die Eintragung im Handelsregister zwar noch nicht erfolgt, die Anmeldung der Umwandlung zum Handelsregister aber bis zum Ablauf des 30. 6. 1990 vorgenommen war. Auf die Eintragung im Handelsregister kommt es in diesem Fall nicht an.[7] Die übrigen nach der UmwVO bereits entstandenen Gesellschaften iGr, bei denen eine Anmeldung zum Handelsregister aber noch ausstand, sind mit dem Inkrafttreten des THG automatisch zu „Gesellschaften iA" geworden.[8]

2 Obwohl die „Aufbau"-Gesellschaften gem §§ 19, 21, 22 THG entweder bis zum Ablauf des 30. 6. 1991 zu regulären Kapitalgesellschaften geworden oder aufgelöst sind, ist die rechtliche Auseinandersetzung mit diesen Gesellschaften keineswegs ein Thema von gestern. Vor allem der Haftungsproblematik kommt nach wie vor erhebliche, aktuelle Bedeutung zu (vgl hierzu u D Rdn 15ff).

II. Rechtsnatur der „Aufbau"-Gesellschaften

3 Die rechtliche Einordnung der Zwangsumwandlung nach dem THG und die daraus abzuleitenden Folgerungen für die Haftungsverhältnisse bei den „Gesell-

[1] Eine Legaldefinition des „Treuhandunternehmens" (im hier verstandenen, weiteren Sinn) findet sich in § 4 Abs 2 GUG; danach sind „Treuhandunternehmen" auch die gem der UmwVO umgewandelten Wirtschaftseinheiten (im folgenden im Text auch als „UmwVO-Gesellschaften" bezeichnet).

[2] Terminus von *Weimar* ZIP 1992, 73ff.

[3] So zutreffend *Maskow/Hoffmann* BB 1990 Beilage 40, S. 1, 4; *Rodegra/Gogrewe* DtZ 1991, 353, 354; vgl auch eingehend *Jürgens* DB 1990, 3162; aA *Weimar* ZIP 1992, 73.

[4] Vgl *Timm* ZIP 1991, 413.

[5] Gesetz über die Inkraftsetzung von Rechtsvorschriften der Bundesrepublik Deutschland in der Deutschen Demokratischen Republik vom 21. 6. 1990, GBl DDR I Nr 34, S. 357 („Mantelgesetz").

[6] So zutreffend *Weimar* ZIP 1992, 73, 76f.

[7] Zu den Haftungsverhältnissen dieser UmwVO-Gesellschaften kann an dieser Stelle nicht näher eingegangen werden; insoweit wird auf die Ausführungen von *Weimar* ZIP 1992, 73ff verwiesen.

[8] Vgl die zutreffenden Ausführungen von *Jürgens* DB 1990, 3162f.

schaften iA" sind äußerst umstritten. Die Diskussion wird vor dem Hintergrund geführt, ob die „Gesellschaften iA" als Vorgesellschaften im Sinne der herkömmlichen juristischen Terminologie oder als fertige Kapitalgesellschaften anzusehen sind. Die Entscheidung in dieser Vorfrage stellt die Weichen für die Beantwortung der sich daran anschließenden Fragen nach den für die „Gesellschaften iA" geltenden Haftungsgrundsätzen (vgl dazu unten D Rdn 15ff).

1. Treuhandgesetzliche Anhaltspunkte? Das THG gibt zu der Frage Vorgesellschaft oder fertige Kapitalgesellschaft keine eindeutigen Hinweise, sondern enthält insoweit widersprüchliche Formulierungen. So kann aus dem Wortlaut der §§ 11 II, 12 II THG gefolgert werden, es solle sich bei den „Gesellschaften iA" um bereits fertige Kapitalgesellschaften handeln; insbesondere aus § 11 II THG könnte zu schließen sein, daß durch die Zwangsumwandlung per 1. 7. 1990 das Durchgangsstadium der Vorgesellschaften bewußt vermieden werden sollte.[9] Dagegen deuten andere Vorschriften (§§ 14, 19, 21 III THG) wiederum deutlich darauf hin, daß die „Gesellschaften iA" als Vorgesellschaften zu werten sind.[10] Die Beantwortung dieser Frage hängt entscheidend davon ab, wie die Zwangsumwandlung nach dem THG rechtlich zu werten ist. 4

2. Wertung der Zwangsumwandlung nach dem THG. Die durch § 11 THG bewirkte Umwandlung von Kombinaten, volkseigenen Betrieben und sonstigen Wirtschaftseinheiten in Kapitalgesellschaften ist nach richtiger Ansicht als formwechselnde Umwandlung zu werten, bei der die Identität der juristischen Person, also des „Rechtsträgers" (iS westdeutscher Begriffsbildung), dadurch gewahrt wird, daß lediglich Struktur und rechtliche Form geändert werden, während die Vermögensmasse und der Kreis der Anteilsinhaber unverändert bleiben.[11] Das THG trat zeitgleich mit der gem §§ 19 Nr 4, 22 InkrG für das Beitrittsgebiet angeordneten Inkraftsetzung des AktG 1965 und des UmwG 1969 in Kraft. Bei dem THG handelt es sich folglich um ein die Umwandlung vorsehendes oder zulassendes Gesetz iSv § 385a II 1 AktG bzw § 59 II UmwG 1969. Gem § 385a AktG 1965 bzw § 59 UmwG 1969 kann auch ein Gesetz die Umwandlung anordnen; die Umwandlungsentscheidung muß deshalb nicht notwendig von den für die juristische Person des öffentlichen Rechts zuständigen Organen getroffen werden.[12] Da die gem. §§ 385a AktG 1965, 59 UmwG 1969 vorgenommenen Umwandlungen nach hL als rechtsformwechselnde verstanden werden,[13] gilt das für die Umwandlung nach dem THG ebenfalls. Mit dieser Wertung wird auch am 5

---

[9] Vgl *Ulmer* RWS-Forum 7, S. 39, 43f. Im Ergebnis offenbar ebenso *Dornberger/Dornberger* DB 1990, 3042; *Jürgens* DB 1990, 3162; *Lachmann* DtZ 1990, 238; *Horn* Das Zivil- und Wirtschaftsrecht im neuen Bundesgebiet, S. 334f. *Ganske* DB 1991, 791, 792 Fn 12, bemerkt, es handele sich um kraft Gesetzes wirksam gegründete Vollgesellschaften, bei denen die einzelnen Gründungsmaßnahmen nachzuholen sind; die Bezeichnung „im Aufbau" sei zum Schutze des Rechtsverkehrs gewählt worden.

[10] Vgl hierzu ausführlich *Timm* ZIP 1991, 413, 415. In der Bewertung (Vorgesellschaft) wie hier *Lutter/Hommelhoff* GmbHG 13. Aufl § 11 Rdn 14 (allerdings mit anderen Konsequenzen und Rechtsfolgen – nämlich Ablehnung der Unterbilanzhaftung); *D. Mayer* DB 1991, 1609, 1610; *Weimar* DB 1991, 373, 375. Im Grundsatz wohl auch *Priester* DB 1991, 2373; *ders* jetzt anders in: Bericht über die IDW-Fachtagung vom 16.–18. 10. 1991, S. 81, 84f, wonach die „Aufbau"-Gesellschaften zwar nicht als fertige Kapitalgesellschaften angesehen werden können, auf sie aber andererseits auch nicht sämtliche Regeln der „normalen" Vorgesellschaft anwendbar sind.

[11] Zutreffend *Ganske* DB 1991, 791, 797. Ebenso schon früher *Timm* ZIP 1991, 413, 417; *ders* WPK-Mitt Sonderheft 1991, 1, 32.

[12] Vgl eingehend *Timm* ZIP 1991, 413, 417; *ders* WPK-Mitt Sonderheft 1991, 1, 32.

[13] Vgl hierzu *Kollhosser* AG 1988, 281; *Zöllner* in Kölner Kommentar z AktG § 385a Rdn 11; *H. Westermann* FS M. Luther 1976, 191; *Scholz/Priester* GmbHG, 7. Aufl Anh Umw, Einführung Rdn 44; aA *Geßler* BB 1968, 717, 718.

ehesten das vom Gesetzgeber mit der Umwandlung erstrebte Ziel erreicht, nämlich möglichst „überflüssiges juristisches Geräusch" zu vermeiden.[14]

6 Nach *Weimar* sei der Ansicht, die Zwangsumwandlung nach dem THG stelle eine rechtsformwechselnde Umwandlung dar, entgegenzuhalten, daß die „juristisch selbständigen Wirtschaftseinheiten" der ehemaligen DDR nicht notwendig juristische Personen gewesen seien;[15] außerdem bestehe zwischen der umzuwandelnden und der umgewandelten Einheit keine für die formwechselnde Umwandlung erforderliche strukturelle Kontinuität.[16] Die Regelungen des THG seien vielmehr als Umwandlungen eigener Art zu werten. Eine Auseinandersetzung mit dieser in der Begründung abweichenden Ansicht kann an dieser Stelle dahinstehen: Sie kommt zu denselben Resultaten wie vorstehend dargestellt, daß nämlich die „Aufbau"-Gesellschaften nicht den Rechtsstatus fertiger juristischer Personen haben, sondern den Gründungsvorschriften des AktG und GmbHG und den richterrechtlich hierzu entwickelten Grundsätzen zu unterwerfen sind.[17]

7 Hingegen kann der Auffassung, bei den „Aufbau"-Gesellschaften handele es sich um fertige Kapitalgesellschaften, nicht gefolgt werden (so aber zuletzt *K. Schmidt* GmbHR 1992, 570, 571; vgl auch die weiteren Nachweise in Fn 9). Zutreffend ist zwar die Feststellung, daß es sich bei den „Aufbau"-Gesellschaften um einen nur vorübergehenden Rechtszustand handeln solle. *K. Schmidt* bleibt aber die Begründung schuldig, warum dieser Status als „privilegiert" zu werten ist. Das entscheidende Gegenargument liefert er selbst, nämlich die gem. §§ 19, 21 THG vorgeschriebene Nachholung der Normativbestimmungen des AktG und GmbHG. Die Privilegierung der Haftungsbefreiung der Gesellschafter von Kapitalgesellschaften wird erst *nach* erfolgreich durchgeführter Gründungs-, hier: Nachgründungsprüfung, gewährt.

III. Die Treuhandunternehmen im „THA-Verbund"

8 **1. THA als „Konzernspitze". a) Aufbau des „THA-Verbundes".** Gem § 1 IV THG wird die THA Inhaberin der Anteile der nach dem THG umgewandelten Kapitalgesellschaften. Eine nähere Zuordnung der Anteile ergibt sich aus § 12 THG, der – sofern die THA von dem ihr eingeräumten Wahlrecht zur Gründung von Treuhand-Aktiengesellschaften keinen Gebrauch macht – auch für die THA sinngemäß gilt. Danach wird die THA Alleininhaberin der Anteile der aus den Kombinaten entstandenen „Aktiengesellschaften iA", die ihrerseits wiederum Alleingesellschafter der aus den VEB entstandenen „Gesellschaften mbH iA" wird. Das Verhältnis von THA und Treuhandunternehmen ist demzufolge nach der Systematik der allgemeinen Vorschriften des AktG für verbundene Unternehmen (§§ 15ff) und seinen – widerlegbaren[18] – gesetzlichen Vermutungen gem §§ 17 II, 18 I 3 AktG als mehrstufiger faktischer Konzern zu werten.

9 Von diesem Ansatz aus ist in der rechtswissenschaftlichen Diskussion eingehend erörtert worden, ob und unter welchen Voraussetzungen die THA gesellschafts-

[14] Vgl *Timm* ZIP 1991, 413, 417; *ders* WPK-Mitt Sonderheft 1991, 1, 33. AA *Ulmer* RWS-Forum 7, S. 39, 46, der die Zwangsumwandlung nach dem THG ebenso wie *Rosener/Roitsch* DtZ 1990, 38, 39f als übertragende Umwandlung versteht, ohne hierfür allerdings eine nähere Begründung zu geben.

[15] GmbHR 1991, 507, 509 Fn 8.

[16] *Weimar* GmbHR 1991, 507, 509.

[17] Vgl *Weimar* GmbHR 1991, 507, 509.

[18] Zur Widerlegbarkeit der Abhängigkeitsvermutung vgl statt aller *Koppensteiner* in: Kölner Kommentar z AktG § 17 Rdn 82ff sowie der Vermutung einheitlicher Leitung vgl *Koppensteiner* aaO § 18 Rdn 30ff.

rechtlich begründete, und dabei insbesondere konzernrechtliche Haftungsrisiken treffen können (s u ausführlich D Rdn 27ff).

b) „Treuhand-Sonderrecht"? Die im Verlaufe der Diskussion entwickelten Argumente und Ergebnisse sind von der THA offensichtlich mit großem Unbehagen zur Kenntnis genommen worden. Sie hat ihre Rechtsposition mit Schreiben vom 21. 2. 1992 an die Aufsichtsratsvorsitzenden, Vorstände und Geschäftsführungen der Treuhandunternehmen in Form von Thesen zu Haftungsfragen deutlich gemacht (vgl ZIP 1992, 446). Grundlage sämtlicher im einzelnen vertretenen Rechtspositionen ist die von der THA postulierte Annahme, die allgemein geltenden gesellschaftsrechtlichen Vorschriften würden für die THA und ihre Treuhandunternehmen durch ein „Treuhand-Sonderrecht" überlagert (ebenso *Schuppert,* ZGR 1992, 454ff). Das folge aus dem singulären, durch den EV und das THG vorgegebenen öffentlich-rechtlichen Auftrag der THA; er fordere eine „praktische Konkordanz" zwischen möglichster Schonung der Unternehmensautonomie und möglichst effektiver Durchsetzung der operativen Ziele. 10

Diese Ansicht kann zumindest für den Zeitraum bis zur Einführung des § 28a EGAktG (s u Rdn 12f) durch das 2. VermRÄndG am 14. 7. 1992 (BGBl I, 1257) nicht überzeugen. Es können an dieser Stelle nicht sämtliche Argumente gegen diese Rechtsansicht erneut dargelegt werden (vgl ausführlich *Timm/Schöne,* ZIP 1992, 969, 971ff). Nur soviel sei hier nochmals herausgestellt: Im Zuge der Anpassung der Rechtsverhältnisse beider deutscher Staaten ist durch die Überleitungsgesetzgebung keine umfassende gesellschaftsrechtliche Sonderstellung der THA sowie der Treuhandunternehmen und ihrer organschaftlichen Vertreter begründet worden. Die Bestimmungen des GmbH und AktG sind durch §§ 18, 19 InkrG vom 21. 6. 1990 (GBl DDR I Nr 34) – mit nur geringen Modifikationen – in Kraft gesetzt worden, ohne Ausnahmen für die THA und ihre „Verbund-Unternehmen" vorzusehen. Aus den §§ 5 GUG aF und 56d DMBilG ist vielmehr im Umkehrschluß zu folgern, daß der Gesetzgeber Sonderbestimmungen für die THA und die Treuhandunternehmen durch formelles Gesetz statuiert hätte, wenn er das für notwendig erachtet hätte.[19] 11

c) Bedeutung des § 28a EGAktG. Die Annahme eines faktischen Konzernverhältnisses zwischen THA und den Treuhandunternehmen kann jedoch seit dem Inkrafttreten des 2. VermRÄndG am 14. 7. 1992 zu relativieren sein. Gem Art 11 § 5 des 2. VermRÄndG wurde § 28a EGAktG eingeführt mit dem Wortlaut: „Die Vorschriften des Aktiengesetzes über herrschende Unternehmen sind auf die THA nicht anzuwenden. Dies gilt nicht für die Anwendung von Vorschriften über die Vertretung der Arbeitnehmer im Aufsichtsrat eines von der Treuhandanstalt verwalteten Unternehmens". Durch diese Vorschrift scheint die Geltung der §§ 15ff AktG (und damit auch der §§ 311ff AktG) für das Verhältnis der THA und „ihrer" Treuhandunternehmen ausgeschlossen worden zu sein. Nach der Gesetzesbegründung (BR-Drucks 12/2944) dient § 28a EGAktG einer „gesetzlichen Klarstellung"; diese Vorschrift könnte folglich als gesetzliche Anordnung eines partiellen „Treuhand-Sonderrechts" zu verstehen sein. 12

[19] Deutlich in diesem Sinne auch die Äußerung eines Vertreters des BMJ, man müsse angesichts des Wortlautes des Gesetzes davon ausgehen, daß der Gesetzgeber die gesellschafts- und konzernrechtlichen Bindungen der THA nicht nur sehenden Auges in Kauf genommen, sondern auch gewollt habe; so die Widergabe der Stellungnahme im Diskussionsbericht von *Habighorst/Spoerr,* ZGR 1992, 499, 509. Wohin die These vom „THA-Sonderrecht" führen kann, zeigt deutlich die heftigen Widerspruch verdienende Entscheidung KG ZIP 1992, 995, die der THA im Ergebnis einen „Freibrief zum Gesetzesverstoß und Rechtsbruch" ausstellt und das, obwohl „spätestens seit Januar 1992 jeder Interessierte weiß, daß sie bislang keine besondere Gesetzestreue an den Tag gelegt hat und ihre Gesetzesverstöße Legion sind"; vgl *Beilich* KG EWiR § 935 ZPO 1/92.

13 § 28a EGAktG wirft eine Reihe rechtlicher Fragen auf, die mit verfassungsrechtlichen Bedenken verknüpft sind. Vor allem die aus der Gesetzesbegründung ableitbare (gewollte) Erstreckung der Norm auf vor dem Inkrafttreten des Gesetzes liegende Sachverhalte kollidiert mit dem verfassungsrechtlichen Rückwirkungsverbot.[20] Darüber hinaus führt § 28a EGAktG zur Begründung eines Sonderrechtes der THA (und damit mittelbar des Staates) unter bewußter Zurücksetzung privater Gläubigerbelange gegenüber (vermeintlich) vorrangigen öffentlichen Interessen; diese Selbstprivilegierung des Staates ist mit dem Gleichbehandlungsgebot gem Art 3 GG schwerlich vereinbar.

14 **d) Unternehmenseigenschaft der THA.** Die Rechtsnatur der THA als bundesunmittelbare Anstalt öffentlichen Rechts steht ihrer Eigenschaft als herrschendes Unternehmen iSv §§ 15ff nicht entgegen.[21] Die Unternehmenseigenschaft der THA iS des Konzernrechts läßt sich unter Berücksichtigung der Rechtsprechungsgrundsätze zum Veba/Gelsenberg-Urteil[22] zwanglos aus den gesetzlichen Regelungen herleiten. Nach Art 25 I 4 EV sind Beteiligungen der THA mittelbare Beteiligungen des Bundes, die nach § 53 II 2 HGrG[23] legaldefiniert sind als „solche Gesellschaften des Privatrechts, die einem anderen *Unternehmen* gehören, an dem die öffentliche Hand beteiligt ist“. Kann der Bund nach den Grundsätzen des Veba/Gelsenberg-Urteils herrschendes Unternehmen iSd Konzernrechts sein, gilt das erst recht für die THA, die als „verlängerter Arm“ des Bundes bezeichnet werden kann.[24] Die Tätigkeit der THA als Unternehmens*leitung* ist ebenfalls gesetzlich dokumentiert; sie ist gem § 2 VI THG *verpflichtet,* im Zuge ihrer Aufgabenerfüllung auf die einzelnen Gesellschaften Einfluß zu nehmen. Bei dieser Einflußnahme unterliegt die THA schließlich auch wirtschaftlichen Interessenbindungen, die über die Interessen der einzelnen Gesellschaften hinausgehen, wie sich zB deutlich zeigt, wenn die THA bestimmte Betriebe stillegt und verwertet, um auf diese Weise die erforderlichen finanziellen Mittel zur Unterstützung anderer, sanierungswürdiger Betriebe zu erhalten.[25]

15 **2. Weisungsabhängigkeit der Geschäftsleiter der Treuhand-Gesellschaften?** Die (grundsätzliche) Beurteilung des Verhältnisses zwischen THA und Treuhandunternehmen als idR mehrstufiges faktisches Konzernverhältnis hat tiefgreifende Auswirkungen auf Inhalt und Ausmaß der möglichen Einflußnahme der THA.

16 **a) Grundsatz der Eigenverantwortlichkeit des AG-Vorstandes.** Der Vorstand einer faktisch abhängigen Aktiengesellschaft ist nicht verpflichtet, Weisungen der THA Folge zu leisten. Die Durchführung von Weisungen darf vielmehr nur unter Beachtung der gem §§ 311ff, 76, 93 AktG geltenden Regeln erfolgen.[26] Der Vorstand muß danach zuvor gründlich prüfen, ob die Weisung für die Gesellschaft als nachteilig zu werten ist und, falls er ihr dennoch entsprechen will und der Nachteil

---

[20] So schon *Weimar/Alfes,* DB 1992, 1225; *Timm/Schöne,* ZIP 1992, 969, 976; *Habighorst/Spoerr,* ZGR 1992, 499, 511. Vgl auch die ausführliche Kritik an § 28a EGAktG von *Weimar,* Nachprivatisierungsprobleme, S. 97ff.

[21] Im Ergebnis ebenso *Weimar/Bartscher* ZIP 1991, 69, 70ff; *Weimar* DtZ 1991, 105f; *Haarmeyer/Wutzke/Förster* GesO Einl Rdn 87f; aA aber ohne überzeugende Begründung These Nr 10 der THA zu Haftungsfragen, ZIP 1992, 446, 447.

[22] BGHZ 69, 334ff; vgl hierzu näher *Lutter/Timm* BB 1978, 836ff.

[23] Das HGrG gilt gem Art 7 I EV iVm § 2 THG seit dem Beitritt am 3. 10. 1990 auch für die THA. Zur Bedeutung des HGrG für das private Korporationsrecht vgl grundlegend *Lutter/Grunewald* WM 1984, 385, 386ff.

[24] *Timm* ZIP 1991, 413, 416 Fn 27.

[25] Vgl hierzu im einzelnen *Weimar/Bartscher* ZIP 1991, 69, 70f.

[26] Zur Leitungsmacht und Verantwortlichkeit im faktischen Konzern siehe grundlegend *Geßler* FS *H. Westermann* 1974, 145ff.

ausgleichsfähig ist, mit der THA über die Höhe sowie Art und Weise des Nachteilsausgleichs verhandeln.[27]

b) Weisungsgebundenheit des GmbH-Geschäftsführers. Bei einer faktisch (unmittelbar) abhängigen GmbH sind die Einflußmöglichkeiten der THA dagegen ungleich größer. Als Alleingesellschafterin obliegt ihr die Formulierung der Grundsätze der Geschäftspolitik[28] und kann sie darüber hinaus den Geschäftsführern jederzeit konkrete und abstrakte Weisungen erteilen.[29] Die Eigenverantwortlichkeit der GmbH-Geschäftsführer ist im Vergleich zur Rechtsstellung des AG-Vorstands folglich deutlich geringer ausgestaltet. Allerdings hat die THA keine direkten Einflußmöglichkeiten auf die Geschäftsführung einer GmbH, an der sie nur mittelbar beteiligt ist; in diesen Fällen richtet sich das Maß ihres Einflusses nach den Möglichkeiten zur Anweisung der Geschäftsleitung der unmittelbar abhängigen Gesellschaft. 17

c) Keine treuhandgesetzliche Modifikation dieser Grundsätze. Weder durch das THG noch durch eine andere „Beitrittsnorm" ist die vorstehend skizzierte Stellung und Verantwortlichkeit von Vorstand und Aufsichtsrat der faktisch abhängigen Aktiengesellschaft zugunsten einer weitergehenden Abhängigkeit von Weisungen seitens der THA geändert worden.[30] Im Gegenteil: § 16 II 1 THG bestimmt ausdrücklich, daß die Vorschriften des AktG und GmbHG über Stellung und Verantwortlichkeit der Vorstandsmitglieder und Geschäftsführer auf die „vorläufigen" Geschäftsleiter[31] der „Aufbau"-Gesellschaften anzuwenden sind. Der von dem THG vorgegebene öffentliche Auftrag der THA kann folglich insb auch eine Begründung qualifiziert faktischer Konzernierung[32] durch dauerhafte und tiefgreifende Einflußnahme der THA in die Geschäftsführung der Vorstände der abhängigen Aktiengesellschaften nicht rechtfertigen. 18

Der *Privatisierungsauftrag* kann vor allem einen direkten Zugriff der THA – unter Außerachtlassung der gesetzlichen Zuständigkeiten der Gesellschaftsorgane der betreffenden Gesellschaften – auf das Vermögen der einzelnen Treuhandunternehmen nicht rechtfertigen. Gegenstand einer Privatisierungsmaßnahme der THA nach dem THG kann aufgrund des klaren und keinerlei abweichende Auslegung duldenden Wortlauts der Normen allein der ihr zugeordnete Gesellschaftsanteil sein (vgl auch oben A Rdn 8). 19

Der *Entflechtungsauftrag* gem § 2 VI 2 THG kann eine qualifiziert faktische Einflußnahme der THA ebenfalls nicht legitimieren. Einerseits ist die Entflechtung nur notwendige Vorbereitungsmaßnahme zur Privatisierung (vgl A Rdn 12). Kann der vom THG als das vornehmliche Hauptziel benannte Privatisierungsauftrag die faktische Ausübung von Leitungsmacht nicht rechtfertigen, gilt das erst 20

---

[27] Vgl hierzu im einzelnen *Geßler* aaO S. 145, 155ff.

[28] Zur grds Zuständigkeit der Gesellschafter zur Festlegung der Unternehmenspolitik siehe allgemein *OLG Düsseldorf* ZIP 1984, 1479; *Hommelhoff* ZGR 1978, 124ff; *ders* ZIP 1983, 385ff; *Scholz/Schneider* GmbHG § 37 Rdn 10 mwN; aA *Rowedder/Koppensteiner* GmbHG § 37 Rdn 8.

[29] Zum Weisungsrecht der Gesellschafter siehe im einzelnen statt aller *Lutter/Hommelhoff* GmbHG § 37 Rdn 17ff.

[30] Die Äußerungen des Direktors Recht der THA, *Balz,* in der Podiumsdiskussion auf der Veranstaltung des Verlages Kommunikationsforum GmbH Recht Wirtschaft Steuern am 1. und 2. Juli 1991 (vgl den Bericht von *Hommelhoff* RWS-Forum 7, S. 185, 200f) zur Einflußnahme der THA sind mit dem geltenden Aktienrecht nicht vereinbar.

[31] Zur näheren Konkretisierung der „vorläufigen Geschäftsleiter gem § 16 I THG siehe D Rdn 6f.

[32] Zum „Verbot" des qualifiziert faktischen Konzerns bzw dessen sonstigen Rechtsfolgen vgl allgemein *Emmerich/Sonnenschein* Konzernrecht § 20 V 2; *K. Schmidt* Gesellschaftsrecht § 31 IV 4 (S. 805ff); *Hommelhoff* Die Konzernleitungspflicht S. 141ff; *Timm* NJW 1987, 977, 978ff; *Lutter/Timm* ZGR 1983, 280f; *Schießl* AG 1985, 184ff.

recht für die „Hilfsmaßnahme Entflechtung".[33] Andererseits ist die THA in ihren Entscheidungen, wie sie die Entflechtung durchführen will, an die im SpTrUG geregelten Möglichkeiten und den dabei jeweils zwingend zu beachtenden Verfahrensvorschriften gebunden.[34]

21 Schließlich rechtfertigt auch die in § 2 I THG normierte Aufgabe der THA, nämlich die *Verwertung des volkseigenen Vermögens,* nicht eine dauerhafte und tiefgreifende Einflußnahme in die Geschäftsführung der – werbenden – „Gesellschaften iA"; die (gewissermaßen „freihändige") Verwertung des Gesellschaftsvermögens der Treuhandunternehmen durch direkte Einflußnahme der THA kann nur im Wege der Liquidation der jeweiligen Gesellschaften erfolgen. Dazu ist zunächst ein Auflösungsbeschluß gem §§ 119 I Nr 8 AktG, 60 I Nr 2 GmbHG und die Bestimmung der THA als Liquidator gem §§ 265 II 1 AktG, 66 I GmbHG erforderlich.

IV. Die Treuhandunternehmen in der Insolvenz

22 Die Durchführung des Insolvenzverfahrens über das Vermögen der Treuhandunternehmen richtet sich nach den Vorschriften der Gesamtvollstreckungsordnung (GesO);[35] die Konkurs- (KO) und Vergleichsordnung (VglO) sind für das Beitrittsgebiet durch den Einigungsvertrag nicht in Kraft gesetzt worden.[36] Gleichwohl sind die Vorschriften der KO für das Insolvenzverfahren nach der GesO nicht gänzlich unbeachtlich. Soweit das mit Art 8 EV im Beitrittsgebiet in Kraft gesetzte materielle Recht auf Vorschriften der KO verweist, denen keine Regelung in der GesO entspricht,[37] gelten diese Vorschriften der KO unmittelbar und ergänzen insoweit die Regelungen der GesO.[38] Danach sind im Beitrittsgebiet insbesondere die konkursrechtlichen Vorschriften über die Besonderheiten des Gesellschaftskonkurses gem §§ 207 ff KO neben den Regelungen der GesO unmittelbar geltendes Recht; außerdem finden auch die an das Konkursverfahren anknüpfenden Gebührenvorschriften für das Gesamtvollstreckungsverfahren Anwendung.[39]

23 Insgesamt gesehen bestehen aus gesellschaftsrechtlicher Sicht zwischen den Vorschriften der GesO und denen der KO weitreichende Übereinstimmungen. Für die Darstellung des Insolvenzverfahrens über das Vermögen der Treuhandgesellschaften mag deshalb an dieser Stelle[40] ein kurzer Überblick unter Hervorhebung einiger Besonderheiten genügen.

24 **1. Gesamtvollstreckungsfähigkeit.** Gem § 1 I 1 GesO ist jede natürliche oder juristische Person, jede nichtrechtsfähige Personengesellschaft sowie der Nachlaß gesamtvollstreckungsfähig. Damit sind u a sowohl Privatleute, Einzelkaufleute, Gesellschaften bürgerlichen Rechts, Personenhandelsgesellschaften (oHG, KG), Aktiengesellschaften und Gesellschaften mbH, Genossenschaften sowie rechtsfähige und nichtrechtsfähige Vereine erfaßt, darüber hinaus aber – insoweit weiter als nach dem Recht der alten Bundesländer – auch die Gesellschaft bürgerlichen

[33] Zum Verhältnis zwischen Privatisierung und Entflechtung siehe *Weimar* ZIP 1991, 769 f.

[34] Zum Zweck des SpTrUG siehe *Ganske* DB 1991, 791 ff; *Marsch-Barner* DWiR 1991, 90 ff.

[35] In der Fassung der Bekanntmachung vom 23. 5. 1991, BGBl I S. 1185.

[36] Einigungsvertrag Anlage I Kapitel III Sachgebiet A Abschnitt I Nrn 1–6.

[37] Vgl die Gegenüberstellungen der Regelungen der KO und der GesO bei *Hess/Binz* Einl Rdn 23 und *Haarmeyer/Wutzke/Förster* Einl Rdn 48.

[38] Vgl *Smid* Einl Rdn 15.

[39] Vgl *Smid* Einl Rdn 16.

[40] Zum Konkursrecht der verschiedenen Gesellschaftsformen siehe die ausführlichen Darstellungen von *Timm/Körber* Hdb §§ 80 ff.

Rechts. Über das Vermögen der „Aufbau"-Gesellschaften kann damit gleichfalls das Gesamtvollstreckungsverfahren eröffnet werden. Hierbei kann es dahinstehen, ob die „Aufbau"-Gesellschaften bereits als fertige Kapitalgesellschaften oder als Vorgesellschaften[41] zu werten sind.[42] Auch Vorgesellschaften sind (konkurs- und damit ebenso) gesamtvollstreckungsfähig.[43]

Die Gesamtvollstreckungsfähigkeit solcher Gesellschaften, die *vor* dem Inkrafttreten des SpTrUG am 5. 4. 1991 aus einer Spaltung hervorgegangen sind, ist fraglich. Bis zur Einführung des SpTrUG fehlte jede Möglichkeit, Kombinate oder größere volkseigene Betriebe bzw entsprechend umgewandelte „Aufbau"-Gesellschaften ohne Liquidation in mehrere kleinere Gesellschaften aufzuspalten oder eine oder mehrere solcher Gesellschaften von der bislang vorhandenen größeren Wirtschaftseinheit abzuspalten. Das SpTrUG schuf hier erstmals entsprechende rechtskonstruktive Hilfen; trotz der Heilungsvorschrift in § 12 SpTrUG sind die rechtlichen Wirkungen zahlreicher vor Inkrafttreten dieses Gesetzes am 12. 4. 1991 versuchter Spaltungen noch weitgehend im Dunkeln.[44] Spaltungsgesellschaften, die bei Inkrafttreten des SpTrUG noch nicht im Handelsregister eingetragen waren, sind nach dem Inkrafttreten des SpTrUG nach zutreffender Ansicht[45] entsprechend den Grundsätzen über Einpersonen-Vorgesellschaften zu behandeln, deren Eintragung gescheitert ist. Für diese ist aber heute weitgehend anerkannt, daß mit dem Scheitern der Eintragung diese „Vorgesellschaft" erlischt und ihr Vermögen ipso iure im Wege der „Gesamtrechtsnachfolge" dem Gesellschafter zufällt.[46] Für diejenigen Spaltungsgesellschaften, deren Eintragung nach dem Inkrafttreten des SpTrUG nicht mehr möglich ist, bedeutet dies, daß insoweit der vor der Spaltung bestehende Zustand wieder hergestellt wird. Ein selbständiges Gesamtvollstreckungsverfahren über diese Gesellschaften ist nicht möglich.[47] Für weitere Einzelheiten ist in diesem Rahmen kein Raum; insoweit sei auf die Ausführungen von *Kübler*[48] verwiesen. 25

2. Gesamtvollstreckungsgründe. § 1 I 1 GesO nennt als Gesamtvollstreckungsgründe die Zahlungsunfähigkeit und Überschuldung; dabei soll die Zahlungsunfähigkeit generell bei allen gesamtvollstreckungsfähigen Rechtssubjekten gelten, die Überschuldung jedoch daneben nur bei den juristischen Personen und einem Nachlaß. Wertet man die „Aufbau"-Gesellschaften als Vorgesellschaften, so ändert dies nichts an der Tatsache, daß auch hier das Recht der „Vollgesellschaft" Anwendung findet, konkret also wie bei der GmbH oder AG die Überschuldung Insolvenzgrund ist. 26

a) Zahlungsunfähigkeit. Zahlungsunfähigkeit[49] wird überwiegend definiert als das auf Mangel an bereiten Zahlungsmitteln beruhende, voraussichtlich dauerhafte Unvermögen des Schuldners, seine fälligen Geldschulden – wenigstens zu einem wesentlichen Teil – zu begleichen.[50] Davon zu unterscheiden ist die bloße Zah- 27

[41] Die Insolvenzfähigkeit der Vorgesellschaft wird nach hL auch für den Geltungsbereich der KO befürwortet, vgl *Kuhn/Uhlenbruck* § 207 Rdn 2a; *Timm/Körber* in Hdb § 81 Rdn 3 und § 82 Rdn 2.

[42] Zu dieser Streitfrage siehe oben Rdn 3ff.

[43] Zur Konkursfähigkeit der Vor-AG vgl *Timm/Körber* in Hdb § 81 Rdn 3; zur Vor-GmbH s Hdb § 82 Rdn 2. Mindestens unpräzise die Feststellung von *Hess/Binz* § 1 Rdn 6, wonach die nach § 11 II THG umgewandelten Treuhandunternehmen nicht rechtsfähige Personengesellschaften seien.

[44] Dazu grundlegend jetzt *Kübler* FS *Merz* 1992, 333ff.

[45] Vgl *Kübler* FS *Merz* 1992, 333ff.

[46] Ausführlich *Hachenburg/Ulmer* GmbHG § 11 Rdn 68; *Ulmer/Ihrig* GmbHR 1988, 373, 380.

[47] Tendenziell vielleicht aA *Kübler* FS Merz 1992, 333, 350.

[48] Vgl *Kübler* FS Merz 1992, 333ff.

[49] Zur Bedeutung des Begriffs Zahlungsunfähigkeit im Rahmen der GesO siehe im einzelnen ausführlich *Smid* § 1 Rdn 17ff; *Hess/Binz* § 1 Rdn 103ff; *Haarmeyer/Wutzke/Förster* § 1 Rdn 18ff.

[50] Vgl allgemein BGH NJW 1985, 1785; *Kuhn/Uhlenbruck* § 102 Rdn 2 mwN.

lungsstockung, die bereits dann vorliegt, wenn der Schuldner lediglich einzelne Verbindlichkeiten zeitweilig nicht erfüllen kann, dazu aber nach Eingang von Außenständen voraussichtlich in der Lage sein wird.[51] Die Zahlungsstockung ist ebensowenig wie nach der KO Grund für eine Gesamtvollstreckung iSv § 1 I 1 GesO.[52]

28 **b) Überschuldung.** Der in der GesO nicht näher bestimmte Begriff der Überschuldung ist anhand der Legaldefinition in §§ 92 II 2 AktG, 64 I 1 GmbHG und 98 I Nr 2 GenG zu bestimmen. Danach liegt Überschuldung vor, wenn die Schulden das Vermögen des Schuldners übersteigen; darüber hinaus muß nach der hA, die einen zweistufigen Überschuldungsbegriff[53] befürwortet, die Fortführungsprognose negativ sein.

29 Für die Treuhandunternehmen will *Smid*[54] dagegen den Überschuldungsbegriff statisch verstehen, dh von der Einbeziehung der Fortführungsprognose in den rechtlichen Überschuldensbegriff absehen. Dies ergebe sich aus § 24 DMBilG. Nach dieser Vorschrift erhalten die Treuhandunternehmen eine Ausgleichsforderung, wenn sich bei der Aufstellung der Eröffnungsbilanz ein nicht durch Eigenkapital gedeckter Fehlbetrag ergibt.[55] In diesem Zusammenhang gehe es noch nicht um die Feststellung der Voraussetzungen der Eröffnung des Gesamtvollstreckungsverfahrens, sondern um die Feststellung des zu Lasten des herrschenden Unternehmens bei der Gesellschaft zu bilanzierenden Forderungsbetrages.[56] Nach dem allgemeinen Gesellschaftsrecht sei der Gesellschafter verpflichtet, seine Gesellschaft mit dem erforderlichen Eigenkapital auszustatten, wenn er sie nicht auflöst.[57] Diese Ansicht kann nicht überzeugen. Zum einen existiert ein Grundsatz des genannten Inhalts nicht.[58] Zum anderen ist bei der Entscheidung der THA über die Gewährung oder Ablehnung der Ausgleichsforderung im Rahmen der Sanierungsfähigkeitsprüfung der Gesellschaft deren Überlebenschance zu bewerten.[59] Es verbleibt also auch bei den Treuhandunternehmen bei der Geltung des zweistufigen Überschuldungsbegriffs.[60]

30 **3. Antragstellung. a) Antragsgrundsatz.** Das Gesamtvollstreckungsverfahren wird nur auf Antrag eröffnet (§ 2 I 1 GUG). Der Antrag ist eine Verfahrenshandlung, die nicht nach den Vorschriften der §§ 119ff BGB angefochten werden, bis zur Unanfechtbarkeit des Eröffnungsbeschlusses aber zurückgenommen werden kann.[61]

31 **b) Antragsberechtigung.** Gem § 2 I 2 GesO sind der Schuldner und jeder Gläubiger zur Antragstellung berechtigt. Für die insolventen „Aufbau"-Gesellschaften iSd THG ist jedes gem § 16 I THG „vorläufig" bestellte Vorstandsmitglied (§ 92 II AktG, § 208 I KO) bzw jeder „vorläufig" bestellte Geschäftsführer (§ 63 II GmbHG, § 208 I KO) berechtigt, und zwar unabhängig von der Vertre-

---

[51] Siehe hierzu BGH WM 1957, 67; *Kuhn/Uhlenbruck* § 32 Rdn 4 und § 102 Rdn 2b, e.

[52] *Smid* § 1 Rdn 18.

[53] Vgl statt aller *K. Schmidt* Gesellschaftsrecht § 11 VI 3b (S. 280f) mwN; *Timm* WPK-Mitt Sonderheft 1991, 1, 18f; *Hess/Binz* § 1 Rdn 115ff.

[54] GesO § 1 Rdn 25ff.

[55] Vgl hierzu ausführlich unten C Rdn 4ff.

[56] *Smid* aaO.

[57] *Smid* § 1 Rdn 25; ebenso die Gesetzesbegründung zu § 24 DMBilG, abgedruckt bei *Claussen/Korth* DMBilG S. 123.

[58] Vgl *K. Schmidt* Gesellschaftsrecht § 9 IV 4 (S. 205ff) und § 18 II 4 (S. 424ff).

[59] Vgl *Timm* ZIP 1991, 413, 415f.

[60] Ausführlich dazu *Timm* WPK-Sonderheft 1991, 1, 18f.

[61] Vgl *Smid* § 2 Rdn 7.

tungsmacht im Innenverhältnis.[62] Darüber hinaus steht die Antragsberechtigung auch den Liquidatoren zu (§ 63 II GmbHG, § 208 I KO).

c) Pflicht zur Antragstellung. Gem §§ 92 II, 268 II, 278 III, 283 Nr 14 AktG, 64, 71, 84 sind die Geschäftsleiter und Liquidatoren von Aktiengesellschaften und GmbH bei Vorliegen der Insolvenzgründe verpflichtet, die Eröffnung des Insolvenzverfahrens zu beantragen. Für die „Aufbau"-Gesellschaften war diese Pflicht bis zum 31. 12. 1990 durch § 5 GUG ausgesetzt und ist dies unter den Voraussetzungen des § 56d DMBilG auch gegenwärtig noch.[63] 32

d) Glaubhaftmachung. Nach dem Wortlaut des § 2 I 3 GesO hat nur der Gläubiger, nicht aber der Schuldner in seinem Antrag den Insolvenzgrund glaubhaft zu machen. Die Pflicht zur Glaubhaftmachung ist auf der Schuldnerseite allerdings ebenfalls erforderlich, wenn der Antrag auf Eröffnung des Gesamtvollstreckungsverfahrens nicht von allen Mitgliedern der Geschäftsleitung oder allen Liquidatoren der „Aufbau"-Gesellschaft gestellt wird (vgl § 208 II 1 KO, § 63 II GmbHG). 33

Für die Glaubhaftmachung sind alle präsenten Beweismittel sowie die eidesstattliche Versicherung zulässig. Außerdem hat der beantragende Gläubiger seine Forderung schlüssig darzulegen und wenn möglich, durch Urkunden wie zB Wechsel, Schuldschein oder Schuldtitel zu unterlegen.[64] 34

4. Restschuldbefreiung. Die in § 18 II 3 GesO geregelte „Restschuldbefreiung" stellt eine bedeutsame insolvenzrechtliche Neuerung dar.[65] Im Gegensatz zu § 164 I KO, wonach die Gläubiger nach Abschluß des Konkursverfahrens ihre Forderungen weiter geltend machen können, soweit sie keine Befriedigung erlangt haben, bestimmt § 18 II 3 GesO, daß eine erneute Zwangsvollstreckung aus den am Gesamtvollstreckungsverfahren beteiligten Forderungen erst dann zulässig ist, wenn der Schuldner über ein angemessenes Einkommen hinaus zu Vermögen gelangt ist.[66] Für die „Aufbau"-Gesellschaften hat die „Restschuldbefreiung" – wie im übrigen auch für juristische Personen – keine praktische Relevanz; nach der Beendigung des Gesamtvollstreckungsverfahrens wird die Gesellschaft wegen Vermögenslosigkeit gelöscht werden.[67] Der Zweck der Vorschrift, dem Schuldner nach der Durchführung des Insolvenzverfahrens den Aufbau einer neuen wirtschaftlichen Existenz zu ermöglichen, trifft für die Treuhandunternehmen nicht zu. 35

C. Kapitalausstattung der Treuhandunternehmen

I. Finanzlage der Gesellschaften in der Planwirtschaft

Ein genaues Bild der Finanzlage in den Unternehmen der ehemaligen DDR läßt sich, wenn überhaupt, nur mittelbar aus den Schlußbilanzen der ehemals volkseigenen Betriebe und Kombinate erschließen. Beide Unternehmensformen waren 1

[62] Zur Antragsberechtigung bei AktG und GmbH allgemein vgl *Haarmeyer/Wutzke/Förster* § 2 Rdn 10; *Smid* § 2 Rdn 9f; *Hess/Binz* § 2 Rdn 9f.

[63] Zur Bedeutung der §§ 5 GUG, 56d DMBilG für die Konkursantragspflichten siehe o Kap IV C Rdn 9ff mwN.

[64] Vgl zu den Anforderungen an die Glaubhaftmachung iSv § 2 I GesO im einzelnen *Haarmeyer/Wutzke/Förster* § 2 Rdn 23ff; *Smid* § 2 Rdn 17ff; *Hess/Binz* § 2 Rdn 47ff.

[65] Die Regelung in § 18 II 3 GesO orientiert sich an Art 265 II 2 des schweizer Schuldbetreibungs- und Konkursgesetzes; zur Entstehungsgeschichte des § 18 II 3 GesO siehe *Smid* Einl Rdn 28.

[66] Zu den Einzelheiten der Restschuldbefreiung nach der GesO siehe *Haarmeyer/Wutzke/Förster* § 18 Rdn 13ff; *Hess/Binz* § 18 Rdn 93ff; *Smid* § 18 Rdn 27ff; *Wenzel* ZIP 1991, 425ff.

[67] Zutreffend *Hess/Binz* § 18 Rdn 94.

weniger „Unternehmen", dh selbständige Wirtschaftseinheiten mit fest zugeordneten Beständen an persönlichen und sächlichen Mitteln, als vielmehr Teile der staatlichen Planwirtschaft, deren Einzelabschlüsse lediglich Bausteine der volkswirtschaftlichen Gesamtrechnung bildeten.[1]

2 Überdies kamen in der sozialistischen Kommandowirtschaft weder der Gewinnerzielung noch der Eigenkapitalbildung des Einzelunternehmens eine in marktwirtschaftlichen Systemen westlicher Prägung vergleichbare Bedeutung zu.[2] Die im Bedarfsfall gewährte Verlängerung staatlicher Abschreibungsfristen wie auch die Einräumung ergebnisgünstiger Bewertungswahlrechte taten ein übriges, um die wahre Lage des Einzelunternehmens im Interesse der Planerfüllung zu schönen.[3] So war es kaum verwunderlich, daß die D-Markeröffnungsbilanzen, auf die in weitem Umfang die Vorschriften des Handelsgesetzbuchs Anwendung finden,[4] zahlreiche Unternehmen als überschuldet auswiesen.

3 Gleichwohl nahm der Gesetzgeber an, daß der so festgestellte Überschuldungsstatus nicht die alleinentscheidende Grundlage zur Bewertung der Sanierungsfähigkeit eines Unternehmens sein konnte. Zu berücksichtigen war insbesondere, daß das Umlauf- und Anlagevermögen in der DDR gleichsam „von oben" zugeteilt wurde, ohne daß es auf den Herstellungs- bzw Wertschöpfungsursprung ankam. Die Umwandlung ehemals volkseigener Unternehmen nach § 11 II 2 THG führte jedoch gleichzeitig zum Übergang des Vermögens aus der Vorinhaberschaft der bisherigen Wirtschaftseinheit, und zwar unter Einschluß des in Rechtsträgerschaft befindlichen Grund und Bodens. Auf diese Weise hatte die Umwandlung oftmals eine finanzielle Besserstellung nachmaliger Kapitalgesellschaften zur Folge, die sich gerade nicht oder nicht allein auf eine auch in der Vergangenheit günstige Geschäftsentwicklung gründete. Um drohende Konkurse überschuldeter, jedoch potentiell sanierungsfähiger Unternehmen zu vermeiden, hat der Gesetzgeber mit dem D-Mark-Bilanzgesetz[5] besondere Regelungen zur Beseitigung der Überschuldung getroffen.

II. Das Ausgleichskonzept des DMBilG

4 **1. Ausgleichsforderung. a) Rechtsnatur.** Nach § 24 I 1 DMBilG erhalten Unternehmen des bisher volkseigenen Vermögens, wenn sich bei Erstellung der Eröffnungsbilanz ein nicht durch Eigenkapital gedeckter Fehlbetrag ergibt, eine gem § 24 III 2 DMBilG zu verzinsende[6] Ausgleichsforderung in entsprechender Höhe. Schuldner der Ausgleichsforderung ist das Mutterunternehmen, in aller Regel also die Treuhandanstalt[7] oder eine ihrer Tochtergesellschaften (vgl im einzelnen § 24 III DMBilG). Bei der Ausgleichsforderung handelt es sich nicht um eine bloße Bilanzierungshilfe, sondern um einen echten Zahlungsanspruch.[8] Dies läßt sich bereits aus § 36 IV 2 DMBilG herleiten, der Wertansatzberichtigungen im Falle einer „Tilgung oder Übertragung" der Ausgleichsforderung auf Dritte re-

---

[1] *Budde/Forster* DMBilG Vor § 1 S. 3.

[2] So die allgemeine amtliche Begründung zum DMBilG, abgedruckt bei *Claussen/Korth* D-Markbilanzgesetz, RWS-Dokumentationen 4, 2.1. (S. 57).

[3] Einen ausführlichen Überblick über die Rechnungslegung in der DDR gibt *Haeger* DB 1990, 897 ff; speziell zur Eigenkapitalermittlung *Huperz* BB 1992, 1599 ff.

[4] Vgl insb § 5 DMBilG.

[5] Neugefaßt durch PrHBG v. 22. 3. 1991 (BGBl I S. 766).

[6] Die Ausgleichsforderung ist so zu verzinsen, daß eine Abwertung wegen Minderverzinsung nicht erfolgen muß, vgl *Heuser* GmbHR 1990, 495.

[7] Sie bildet die letzte Stufe des vom Gesetzgeber in den §§ 24, 25 DMBilG angelegten Ausgleichskonzeptes, vgl unten Rdn 12 ff.

[8] *H. P. Müller* in: *Budde/Forster* DMBilG § 24 Rdn 7; zustimmend *Timm* ZIP 1991, 415 in Fn 26.

gelt. Außerdem folgt aus allgemeinen Insolvenzrechtsgrundsätzen, daß sich der Überschuldungsstatus nicht durch eine vorübergehende Bilanzierungshilfe,[9] sondern allein durch realisierbare Aktiva beseitigen läßt.[10]

b) Entstehen. Die Ausgleichsforderung entstand mit dem 1. 7. 1990, war sofort 5
bilanzierungsfähig und beseitigte somit eine Überschuldung.[11] Sie entfiel bzw entfällt gem § 24 I 1 DMBilG rückwirkend,[12] wenn der Schuldner die Ausgleichsforderung innerhalb von drei Monaten nach Einreichung der festgestellten Eröffnungsbilanz ablehnt. Die Forderung ist sofort zu bedienen, § 271 I BGB, jedoch sind Zahlungsvereinbarungen möglich. Ablehnungsgrund ist die fehlende Sanierungsfähigkeit des Unternehmens, § 24 I 1 DMBilG. *Müller*[13] hat jedoch zu Recht darauf hingewiesen, daß die Ablehnung des Anteilseigners auch aus anderen Gründen erfolgen kann. Denn aus § 24 I 2 DMBilG ergibt sich lediglich, daß der Schuldner die Ausgleichsforderung ablehnen muß, wenn die Sanierungsfähigkeit des Unternehmens zu verneinen ist.[14] Im übrigen kann ein Gesellschafter frei darüber entscheiden, ob er das in der Krise befindliche Unternehmen, und nur dies sind die problematischen Fälle, geordnet liquidiert oder ob er die Betriebsförderung durch Zuführung von (Eigen-)Kapital ermöglichen will.[15] Eine weitergehende Finanzierungsverantwortung läßt sich insbesondere nicht unter dem Gesichtspunkt der gesellschaftlichen Treuepflicht bejahen.[16] Der Anteilseigner kann daher die Ausgleichsforderung auch dann ablehnen, wenn es die eigene wirtschaftliche Situation des Mutterunternehmens erfordert,[17] etwa dann, wenn Umstrukturierungsmaßnahmen einen zusätzlichen Kapitalbedarf veranlassen, der sich allein durch die Ablehnung der Ausgleichsforderung decken läßt.

Die Möglichkeit zur Ablehnung der Ausgleichsforderung entfällt jedoch zwin- 6
gend mit der Eintragung der ausgleichsberechtigten Gesellschaft. Nach mittlerweile gefestigter Rechtsprechung[18] besteht bei Eintragung der Gesellschaft eine sogenannte Unterbilanzhaftung; die Gesellschafter haften danach für die Differenz zwischen der satzungsmäßigen Stammkapitalziffer und dem Wert des Gesellschaftsvermögens im Zeitpunkt der Eintragung. Es besteht also unter Umständen die Verpflichtung zum Verlustausgleich, die erheblich über die bloße Auffüllung des Nominalkapitals hinausgehen kann. Mit der vollständigen Entstehung der Gesellschaft führt daher der seit dem 1. 7. 1990 auch auf dem Gebiet der ehemaligen DDR geltende Unversehrtheitsgrundsatz zu einer Reduzierung des oben skizzierten Ablehnungsermessens „auf Null“.[19]

---

9 *H. P. Müller* in: *Budde/Forster* DMBilG § 24 Rdn 7.

10 *Lutter/Hommelhoff* GmbHG § 63 Rdn 4.

11 *Bormann/Demant* DB 1992, 53, 54; *Heuser* GmbHR 1990, 495.

12 *Bormann/Demant* DB 1992, 53, 54; *Heuser* GmbHR 1990, 495; *H. P. Müller* in: *Budde/Forster* DMBilG § 24 Rdn 9.

13 In: *Budde/Forster* DMBilG § 24 Rdn 11.

14 In diesem Sinne auch *Bormann/Demant* DB 1992, 53, 54.

15 BGHZ 90, 381, 389 = NJW 1984, 1893, 1895; *Scholz/K. Schmidt* GmbHG §§ 32a, b Rdn 4; *Hachenburg/Ulmer* GmbHG §§ 32a, b Rdn 7; *Lutter/Hommelhoff* GmbHG §§ 32a/b Rdn 3.

16 *Winter* Mitgliedschaftliche Treuepflichten im GmbH-Recht, 1988 S. 128ff.

17 *H. P. Müller* in: *Budde/Forster* DMBilG § 24 Rdn 11.

18 Vgl BGHZ 80, 129, 136 = ZIP 1981, 394; BGHZ 65, 300, 303 = ZIP 1989, 27 = EWiR 1989, 55 (*K. Schmidt*); zustimmend *Lutter/Hommelhoff* GmbHG § 11 Rdn 10; *Rowedder/Rittner* GmbHG § 11 Rdn 25f; *Hachenburg/Ulmer* GmbHG § 11 Rdn 82f; *K. Schmidt* Gesellschaftsrecht, § 34 III 4d (S. 858f).

19 *Timm* ZIP 1991, 413, 420. Ablehnend *Ulmer* RWS-Forum 7, S. 39, 43. Vgl in diesem Zusammenhang auch *Lutter/Hommelhoff* § 11 Rdn 14–16 (mit ganz ähnlichem Ergebnis in Fn 16, wie es oben im Text entwickelt worden ist). Anders jetzt *Hommelhoff/Habighorst* ZIP 1992, 979ff in Fn 28 unter Hinweis darauf, daß das THG die für die Unterbilanz erforderliche Gründungsfreiheit der Gesellschafter ausgeschlossen habe.

7 **c) Überprüfbarkeit der Ablehnungsentscheidung?** Für ausgleichsberechtigte Unternehmen stellt sich bei einer Ablehnung die Frage, ob die Entscheidung des Anteilseigners im Rechtswege angreifbar ist.[20] Von maßgeblicher Bedeutung ist insofern, ob das DMBilG in § 24 I subjektive öffentliche Rechte der Treuhandunternehmen begründet. *Krebs*[21] nimmt an, daß die Ablehnungsentscheidung jedenfalls dem aus dem Rechtsstaatsprinzip folgenden Willkürverbot unterliege. Das THG habe den Treuhandunternehmen eine eigenständige, dh dezentrale Aufgabenerledigung zugewiesen, welche nur dann effektiv gewährleistet sei, wenn die Unternehmen einen Anspruch auf Beachtung des Willkürverbotes zustehe. Die Unternehmen seien daher unabhängig von der Frage ihrer Grundrechtsfähigkeit klagebefugt. Dieser Auffassung steht bereits entgegen, daß der Gesetzgeber in § 24 I DMBilG keine Pflicht zur Begründung der Ablehnungsentscheidung statuiert hat.[22] Denn erst eine Darlegung der für die Ablehnung maßgeblichen Motive eröffnet die Gelegenheit, die Entscheidung des Anteilseigners auf etwaige Beurteilungsfehler hin zu untersuchen. Schon dies verdeutlicht, daß der Gesetzgeber eine gerichtliche Überprüfung vermeiden wollte.[23] Aus dem Fehlen einer Begründungspflicht folgt weiter, daß die dem Anteilseigner nach gesellschaftsrechtlichen Grundsätzen zustehende Dispositionsfreiheit bei der Entscheidung über das „Ob" der Unternehmensfinanzierung gerade keiner Beschränkung unterliegen sollte.[24] Diese Freiheit schließt aber – in den Grenzen der Kapitalschutzregeln – die Pflicht aus, in der Notlage des Unternehmens auf Forderungen zu verzichten.[25] Das DMBilG dient dem allein im öffentlichen Interesse liegenden Ziel der Privatisierung der Treuhandunternehmen. Die Ablehnungsentscheidung nach § 24 I DMBilG ist daher im Grundsatz einer Überprüfung durch die Gerichte entzogen.[26]

8 Etwas anderes gilt nur dann, wenn die Ablehnungsentscheidung nach der Löschung des Zusatzes „im Aufbau" ergeht und die vollwirksam entstandene Gesellschaft bei einem Wegfall der Ausgleichsforderung eine Unterbilanz ausweisen müßte. Der in der Ablehnung liegende Verstoß gegen das unabdingbare Unversehrtheitsgebot zieht in diesem Falle ohne weiteres die Nichtigkeit der Ablehnung nach sich. Die Gesellschaft kann die Unwirksamkeit der Entscheidung in diesem Falle auch gerichtlich, nämlich im Wege der Feststellungsklage geltend machen. Der Zulässigkeit dieser Klage steht insb nicht das Fehlen eines subjektiven Rechts im Hinblick auf die inhaltliche Überprüfung der Ablehnungsentscheidung entgegen. Ausreichend ist vielmehr die Geltendmachung eines wie immer gearteten Feststellungsinteresses, vgl § 256 ZPO, das sich hier aus dem Bedürfnis der ausgleichsberechtigten Gesellschaft ergibt, die wegen Unwirksamkeit der Ablehnung fortbestehende Unversehrtheit ihres Stammkapitals klarzustellen.

9 Das Feststellungsinteresse läßt sich auch nicht etwa deshalb verneinen, weil das ausgleichsberechtigte Unternehmen unmittelbar auf Erfüllung der Ausgleichsver-

---

[20] Für Streitigkeiten um Privatisierungsentscheidungen der Treuhandanstalt ist der Zivilrechtsweg eröffnet, vgl OVG Berlin ZIP 1991, 198 = EWiR 1991, 305 (*Balz*); aA, Verwaltungsrechtsweg, *Krebs* ZIP 1990, 1513, 1520.

[21] ZIP 1990, 1516f, 1520.

[22] AA *Strobel* BB 1991 Beil 6, 18, 22, bei Ablehnung vor Erstellung der Eröffnungsbilanz.

[23] So auch die Begründung zum DMBilG idF des Einigungsvertrages vom 31. August 1990 (BGBl 1990 II, S. 1169), abgedruckt bei *Claussen/Korth* D-Markbilanzgesetz, RWS-Dokumentation 4, 2.1. (S. 124); ausführlich *Timm* ZIP 1991, 413, 424f.

[24] *Timm* ZIP 1991, 413, 424.

[25] Dazu *Timm* ZIP 1991, 413, 424.

[26] *Timm* ZIP 1991, 413, 424f; ebenso *H. P. Müller* in: *Budde/Forster* DMBilG (ErgB 1991) § 24 Rdn 15.

bindlichkeit klagen kann.[27] Es ist anerkannt, daß eine Feststellungsklage trotz möglicher Leistungsklage zulässig bleibt, sofern sich der Streit durch Feststellungsklage einfacher und schneller beheben läßt.[28] Davon ist auszugehen, falls der Beklagte seiner Stellung nach erwarten läßt, daß er bereits auf ein Feststellungsurteil hin leisten wird.[29] Für eine entsprechende Akzeptanz seitens der Treuhandanstalt spricht angesichts ihres Behördenstatus' eine Vermutung.[30] Nichts anderes kann für ihre ebenfalls als Ausgleichsschuldner in Betracht kommenden 100%igen Tochterunternehmen gelten.

2. Ausgleichsverbindlichkeit. a) Rechtsnatur. Ergibt sich bei der Aufstellung der Eröffnungsbilanz der in § 24 I 1 DMBilG aufgeführten Unternehmen, daß ein höheres Eigenkapital auszuweisen ist, als es dem Betrag für das um Grund und Boden geminderte Sachanlagevermögen entspricht, so werden die Unternehmen in Höhe des übersteigenden Betrages mit einer verzinslichen Ausgleichsverbindlichkeit belastet, vgl § 25 I, II 2, 3 iVm § 24 II 3 DMBilG. Gläubiger dieser Verbindlichkeit ist nach § 25 II DMBilG die Person, die im Falle eines nicht durch Eigenkapital gedeckten Fehlbetrages gem § 24 III DMBilG Schuldner der entsprechenden Ausgleichsforderung gewesen wäre. Auch bei der Ausgleichsverbindlichkeit handelt es sich um eine echte Zahlungspflicht.[31] 10

b) Entstehen. Die Ausgleichsverbindlichkeit entstand ebenso wie die Ausgleichsforderung nach § 24 DMBilG mit dem 1. 7. 1990 und wurde gem § 271 I BGB sofort fällig. Jedoch können Gläubiger- und Schuldnerunternehmen abweichende Zahlungsmodalitäten vereinbaren. Die Ausgleichsverbindlichkeit kann überdies vom Anteilseigner ganz erlassen werden, § 25 II 3 DMBilG. 11

3. Die Ausgleichssystematik. a) Ratio des DMBilG. Eine Gesamtschau der §§ 24, 25 DMBilG zeigt, daß der Gesetzgeber auf die Schaffung eines Umverteilungssystems abzielt. Dieses ist entsprechend den durch das THG vorgegebenen Beteiligungsstrukturen in drei Stufen gegliedert. Auf der untersten Stufe stehen die ehemals volkseigenen Betriebe, nunmehr in aller Regel „GmbH iA" iSd THG. Diese melden, ihrer Kapitallage entsprechend, ihre Ausgleichsforderungen oder -verbindlichkeiten bei ihrem auf der zweiten Verteilungsstufe stehenden Anteilseigner an, bei dem es sich üblicherweise um eine „AG iA", mithin ein früheres Kombinat handelt. Die Valutierung der Ausgleichsverbindlichkeiten versetzt die Aktiengesellschaft als Mutterunternehmen in die Lage, die nach § 24 DMBilG entstandenen Forderungen der übrigen mit ihr verbundenen Treuhandunternehmen zu bedienen. Nunmehr melden alle Aktiengesellschaften ihrerseits die nach Durchführung des Ausgleichs bei ihnen anfallenden Fehlbeträge bzw Eigenkapitalüberdeckungen gem §§ 24, 25 DMBilG bei ihrem Anteilseigner, der THA, an, um einen weiteren Kapitalausgleich durchzuführen. Damit ist zugleich die dritte und letzte Ausgleichsstufe erreicht. 12

Idealiter gewährleistet die Kapitalumverteilung, daß der Finanzbedarf benachteiligter Unternehmen in wirtschaftlicher Hinsicht nicht durch die THA, letztlich also den Steuerzahler, sondern aus Mitteln der ihr bzw ihren Tochterunternehmen 13

---

[27] Wobei die Wirksamkeit der Ablehnungsentscheidung als Vorfrage der Begründetheit im Wege einer Inzidentprüfung zu untersuchen wäre.

[28] Vgl BGH NJW-RR 1988, 445; *Jauernig* Zivilprozeßrecht § 35 III 1 (S. 123).

[29] BGHZ 28, 123, 126; NJW 1984, 1118, 1119; VersR 63, 770; 84, 775; *Thomas/Putzo* § 256 Anm 5d; *Schellhammer* Zivilprozeßrecht Rdn 184.

[30] Bei Streitigkeiten mit der öffentlichen Hand ist der „Vorrang der Leistungsklage" aufgehoben, vgl BGH NJW-RR 1988, 445; NJW 1984, 1118, 1119.

[31] *H. P. Müller* in: *Budde/Forster* DMBilG § 25 Rdn 7.

nach § 25 DMBilG verpflichteten Unternehmen gedeckt wird. Die Kapitalprobleme der Unternehmen sollen also soweit wie möglich innerhalb des bisher volkseigenen Vermögens gelöst werden.[32]

14 **b) Ausgleichsverbindlichkeit als Gesellschafterdarlehen?** Als Hemmnis auf dem Weg zur Verwirklichung dieser Binnenlösung könnten sich allerdings die gesellschaftsrechtlichen Kapitalbindungsgrundsätze namentlich des AktG und GmbHG erweisen, die seit dem 1. 7. 1990 auch auf dem Gebiet der ehemaligen DDR Geltung erlangt haben. *Lutter*[33] stuft die Ausgleichsverbindlichkeit als Gesellschafterdarlehen des Mutterunternehmens ein. Diese Einordnung ist aus dogmatischer Sicht nicht ganz unbedenklich,[34] trifft aber im Kern zu, da Unternehmen mit einem Eigenkapitalüberhang iSd § 25 I DMBilG von Anfang an mit einer entsprechenden Abschöpfung rechnen mußten. Ihre im Vergleich zu anderen Unternehmen vorteilhafte Finanzausstattung war im Regelfall das Resultat einer planwirtschaftlichen Vermögenszuteilung, die sich gerade nicht an der wirtschaftlichen Ertragslage der jeweiligen Wirtschaftseinheit orientierte.[35] Die im Zuge der Unternehmensumwandlung nach § 11 II 2 THG mit dem Übergang des Vermögens aus der Fondsinhaberschaft der bisherigen Wirtschaftseinheit sowie des in Rechtsträgerschaft befindlichen Grund und Bodens erlangten Vermögensvorteile beinhalten daher ganz überwiegend eine ungerechtfertigte Besserstellung.[36] Insofern waren die entstandenen Eigenkapitalüberhänge von Anfang an mit einer „Revalutierungsoption" belastet und von daher materiell als Fremdmittel zu qualifizieren. Dieser materiellen Sicht müssen die begünstigten Unternehmen durch den Ausweis der jederzeit abrufbaren Ausgleichsverbindlichkeit nach § 25 DMBilG Rechnung tragen.[37] Das kraft Gesetzes gewährte (Eigen-)Kapital muß daher kraft Gesetzes zurückgewährt werden, so daß die Ausgleichsverbindlichkeit nach Inhalt und Wirkungsweise einem Darlehenserstattungsanspruch ähnelt.

15 Diese Einordnung führt insb bei (nachträglicher) unzureichender Finanzausstattung eines Treuhandunternehmens zur Umwidmung der Ausgleichsverbindlichkeit in Haftkapital gem § 32a Abs 1 GmbHG, so daß ihre Erfüllung im Insolvenzverfahren ausscheidet. Außerhalb des Konkurses ist der Anteilseigner an der Geltendmachung der Ausgleichsverbindlichkeit analog §§ 30, 31 GmbHG gehindert, soweit hierdurch der Haftungsfonds der Gesellschaft angetastet wird.[38] Gleiches muß auch im Verhältnis der Treuhandanstalt zu ihren 100%igen Tochter-AGen gelten,[39] da die Grundsätze der kapitalersetzenden Gesellschafterdarlehen jedenfalls dann Anwendung finden, wenn der Anteilseigner maßgeblich an der AG beteiligt ist, wofür nach überwiegender Meinung bereits eine Beteiligung iHv 25% ausreicht.[40]

---

[32] Amtliche Begründung – Allgemeiner Teil – zum DMBilG, BT-Drs 1990 11/7817, 65ff abgedruckt in *Budde/Forster* DMBilG Vor § 1 S. 1, 7.

[33] *Lutter* RWS-Forum 7, S. 61, 67.

[34] Der Eigenkapitalüberhang iSd § 25 I DMBilG läßt sich schon begrifflich nicht auf die *Zuführung* von Fremdmitteln zurückführen.

[35] So Rdn 3.

[36] So Rdn 3.

[37] Aus Sicht des Kapitalersatzrechts handelt es sich mithin um einen Sonderfall: Während § 32a GmbHG Fremdmittel in der Krise in Eigenkapital umwidmet, qualifiziert § 25 DMBilG den Eigenkapitalüberhang in grundsätzlich frei verfügbare Fremdmittel um.

[38] Vgl BGHZ 76, 326, 332 = NJW 1980, 1524, 1525; 81, 311, 319 = NJW 1982, 383, 385; 90, 370, 378 = NJW 1984, 1891, 1892f.

[39] Dazu jüngst *Lipps* BB Supplement Deutsche Einigung – Rechtsentwicklungen, Folge 23, 17, 23.

[40] BGHZ 90, 381, 384ff = NJW 1984, 1893; *K. Schmidt* Gesellschaftsrecht, § 29 I 2 (S. 736ff); *Geßler/Hefermehl* AktG § 57 Rdn 21; vgl weiter *Timm/Körber* in Hdb § 82 Rdn 12ff.

c) Ausgleichsverbindlichkeit als Einlagenrückgewähr? Allerdings dürfte es zu weit gehen, die Bedienung von Ausgleichsverbindlichkeiten durch umgewandelte Aktiengesellschaften als verbotene Einlagenrückgewähr einzustufen.[41] Die im Rahmen der Zwangsumwandlung erlangten Vermögensvorteile lassen sich nicht als Einlage der Treuhandanstalt fingieren. Sie beruhen vielmehr auf einer vom Gesetzgeber zunächst vorläufig angelegten Übernahme des den ehemals volkseigenen Wirtschaftseinheiten von Staats wegen zugewandten Vermögens.[42] Diese Zuordnung wird im Falle eines Eigenkapitalüberhangs nach § 25 DMBilG dem Werte nach rückgängig gemacht. Insoweit handelt es sich also um eine lex specialis im Verhältnis zu § 57 AktG. Würde demgegenüber die Bedienung der Ausgleichsverbindlichkeit auf Bilanzgewinne beschränkt, wäre die Verwirklichung des im DMBilG angelegten Binnenausgleichs von vornherein hinfällig. 16

III. Kapitalneufestsetzung gem §§ 27ff DMBilG

Die in §§ 27ff DMBilG geregelte Kapitalneufestsetzung gilt nur für Unternehmen, die keine Unternehmen iSv § 24 I 1 DMBilG sind. Damit sind Unternehmen in privater Rechtsform gemeint, die nicht dem Bereich der volkseigenen Betriebe angehörten und vor dem 1. 7. 1990 durch Gründung oder Umwandlung entstanden oder zur Eintragung in das Handelsregister angemeldet, aber noch nicht eingetragen waren.[43] Oder kürzer gefaßt: Die §§ 27ff DMBilG finden auf diejenigen privaten Unternehmen Anwendung, die nicht nach den Vorschriften des THG umgewandelt worden sind; zu den einzelnen Zweifelsfragen bei der Kapitalneufestsetzung gem §§ 27ff DMBilG soll deshalb nicht hier Stellung genommen werden, sondern gesondert unter E.[44] 17

IV. Anwendung des Kapitalersatzrechts auf Altkredite

Da das Kapitalersatzrecht seit dem 1. 7. 1990 auch auf dem Gebiet der ehemaligen DDR Geltung erlangt hat, stellt sich die Frage, ob damit auch die insbesondere durch die Staatsbank der DDR und/oder ihr nahestehende Kreditinstitute gewährten Darlehen einer erweiterten Kapitalbindung nach § 32a GmbHG bzw §§ 30, 31 GmbHG analog unterliegen. Für eine uneingeschränkte Geltung der Kapitalerhaltungsgrundsätze hat sich *Claussen* ausgesprochen.[45] Die Aussetzung der Verzinsung und Tilgung der Altkredite bis zur Feststellung der Eröffnungsbilanz gem Art 25 VII EV und ihr Erlaß unter den Voraussetzungen des § 2 II EntschuldungsVO seien als eigenkapitalersetzende Maßnahmen gem § 32a GmbHG[46] zu werten. Dem ist nicht zu folgen. Die von der ehemaligen Staatsbank oder sonstigen staatlichen Kreditgebern gewährten (Alt-)Darlehen unterlagen bis zum 1. 7. 1990 nicht dem Kapitalersatzrecht.[47] Die staatseigenen Betriebe waren während des Bestehens der DDR nicht vom Konkurs bedroht; eine Gläubigergefährdung konnte demnach nicht eintreten, so daß es an der von § 32a GmbHG 18

---

41 So aber *Lipps* Supplement Deutsche Einigung, Folge 23, 17, 23ff.

42 So Rdn 3.

43 So die amtliche Begründung zu § 27 DMBilG, abgedruckt in *Claussen/Korth* D-Markbilanzgesetz, RWS-Dokumentation 4, S. 132.

44 Vgl insoweit H. P. Müller in: *Budde/Forster* DMBilG § 27; *ders* DMBilG (ErgB 1991) § 27; *Bormann/Demant* DB 1992, 53ff.

45 *Claussen* ZIP 1990, 1173, 1175f; zustimmend *Weimar* GmbHR 1991, 507, 514; *ders* BB 1992, 82, 84.

46 Zur Streitfrage, ob das Stehenlassen eines Kredites eine Kreditgewährung (gem § 32a I GmbHG) oder eine andere Rechtshandlung, die einer Kreditgewährung entspricht (gem § 32a III GmbHG), darstellt, vgl *Scholz/K. Schmidt* GmbHG § 32a, b Rdn 39.

47 Ausführlich hierzu *Timm* ZIP 1991, 413, 421; vgl. auch *Hommelhoff/Habighorst* ZIP 1992, 979, 985f.

vorausgesetzten typischen Gefährdungslage fehlte.[48] Bei Herstellung der Rechtseinheit waren sie daher zunächst als „neutrale" Darlehen zu qualifizieren.[49] Zwar ist § 32a GmbHG nach mittlerweile einhelliger Ansicht auch auf das eigenkapitalersetzende Stehenlassen von Darlehen anzuwenden.[50] Unabdingbare Voraussetzung für die Einbeziehung dieser Finanzierungsform in den Anwendungsbereich des § 32a GmbHG ist jedoch die Kündbarkeit des Darlehens.[51] Darüber hinaus ist dem Kreditgeber eine angemessene Frist für die Entscheidung einzuräumen, ob er die Gesellschaft unter Weitergewährung seiner Kredithilfe fortsetzen oder liquidieren will.[52]

19 Die Möglichkeit zur Kündigung der fast ausnahmslos auf die mit der THA verbundene Deutsche Kreditbank AG übergeleiteten Altdarlehen gem § 610 BGB bestand lediglich in der Zeit vom 1. Juli bis zum Beitritt der neuen Bundesländer am 3. Oktober 1990. Seit dieser Zeit steht einer Rückführung der Kredite das in Art 25 Abs 7 EV festgelegte und bis zur Erstellung der Eröffnungsbilanzen währende Zins- und Tilgungsmoratorium entgegen. Die Deutsche Kreditbank AG hatte lediglich drei Monate Zeit, sich für eine Weitergewährung bzw einen Abruf der Kredite zu entscheiden. Diese Zeitspanne war jedoch angesichts der insgesamt ungeklärten Situation zu kurz, um die Finanzlage der Schuldnerunternehmen mit hinreichender Sorgfalt zu untersuchen,[53] zumal die Schlußbilanzen der ehemals volkseigenen Betriebe zu diesem Zeitpunkt noch nicht vorlagen; sie hätten auch, wie bereits oben ausgeführt (Rdn 1ff), eine nur sehr eingeschränkte Aussagekraft besessen. Es geht auch nicht an, dem Moratorium selbst kapitelersetzende Funktion zuzusprechen.[54] Die darin liegende Stundung ist eben nicht durch Anteilseigner bzw Quasigesellschafter selbst, sondern durch den Gesetzgeber erfolgt.

20 Nach alledem kommt eine Anwendung des Kapitalersatzrechts auf Altkredite erst seit der Feststellung der Eröffnungsbilanzen in Betracht.[55] Nach diesem Stichtag droht eine Umqualifizierung der vormals neutralen Darlehen in Haftkapital, wenn der Anteilsinhaber oder ein ihm gleichgestellter Dritter erkennt, daß das betreffende Unternehmen nicht sanierungsfähig ist, und von einer Kündigung der Mittel absieht.[56]

V. Anwendung des Kapitalersatzrechts auf Neukredite

21 Auch für Neukredite gelten im Grundsatz die vorstehenden Überlegungen. Seit dem 1. 7. 1990 gewährte Darlehen (bzw praktisch bedeutsamer: Bürgschaften!) unterliegen mithin in der Regel erst dann einer erweiterten Kapitalbindung, wenn sich nach Erstellung der Eröffnungsbilanzen ergibt, daß das Unternehmen ohne ausreichende Zufuhr von Eigenkapital nicht wird überleben können.[57]

22 Keiner Umwandlung unterliegen nach hM jedoch sogenannte Liquiditätshilfen.[58] Sie sind anders als Sanierungsdarlehen lediglich zur Überbrückung eines

[48] Näher hierzu *Timm* ZIP 1991, 413, 421.

[49] *Ulmer* RWS-Forum 7, S. 39, 49.

[50] Vgl BGHZ 81, 311, 317, 365, 367; 105, 168, 181; *Baumbach/Hueck* GmbHG § 32a Rdn 34; *Lutter/Hommelhoff* GmbHG § 32a/b Rdn 40.

[51] *K. Schmidt* Gesellschaftsrecht, § 37 IV 2b (S. 959); *Lutter/Hommelhoff* GmbHG § 32a/b Rdn 44.

[52] So zutreffend BGH WM 1992, 187, 189; WM 1990, 2041 = ZIP 1990, 1467, 1468.

[53] Vgl *Ulmer* RWS-Forum 7, S. 39, 49; ebenso *Hommelhoff/Habighorst* ZIP 1992, 979, 985f.

[54] So *Weimar* BB 1992, 82, 84, im Anschluß an *Claussen* ZIP 1990, 1173, 1175f.

[55] Ähnlich *Ulmer* RWS-Forum 7, S. 39, 49.

[56] *Timm* ZIP 1990, 413, 421; in diese Richtung auch *Ulmer* RWS-Forum 7, S. 39, 49 (mit mißverständlicher Zitierweise).

[57] Vgl *Timm* ZIP 1991, 413, 421; ebenso und ausnahmsweise zutreffend die These Nr. 9 der THA zu Haftungsfragen, ZIP 1992, 446, 447; ausführlich hierzu *Weimar* DStR 1992, 718, 721.

[58] Zu diesem Begriff jüngst *Weimar* BB 1992, 82, 84.

kurzfristigen Geldmangels gedacht[59] und dienen – jedenfalls idealtypisch – gerade nicht dazu, den wirtschaftlichen Zusammenbruch einer Gesellschaft auf Kosten der Gläubiger hinauszuzögern.

Darüber hinaus scheidet eine Umqualifizierung öffentlich-rechtlicher Subventionen aus, und zwar auch dann, wenn sie erst über den Anteilseigner, in aller Regel also die Treuhandanstalt dem in der Krise befindlichen Unternehmen zugewendet wurden. Der Gesellschafter fungiert bei dieser Sachlage lediglich als Zahlstelle. Eine solche „Kreditgewährung"[60] erfolgt mithin nicht causa societatis, so daß der Rechtsgrund für eine Sonderbehandlung nach Kapitalerhaltungsgrundsätzen nicht vorliegt.[61] 23

D. Haftungsverhältnisse der „Aufbau"-Gesellschaften

Da die „Aufbau"-Gesellschaften infolge des rechtsformwechselnden Charakters der Zwangsumwandlung nach dem THG bis zur Löschung des „Aufbau"-Zusatzes im Handelsregister als Vorgesellschaften anzusehen waren oder sind (vgl oben B Rdn 3ff), gelten gem § 385a IV AktG bzw § 59 IV UmwG iVm §§ 19ff THG die allgemeinen Gründungsregeln sinngemäß, soweit dem die Spezialvorschriften des THG nicht ausdrücklich entgegenstehen.[1] 1

Die Anwendbarkeit des Gründungsrechts macht daher bei der Erörterung der Haftungsverhältnisse bei den „Aufbaugesellschaften" u a eine Prüfung erforderlich, ob die drei Marksteine Gründerhaftung, Handelndenhaftung und Unterbilanzhaftung auch für die „Aufbau"-Gesellschaften Geltung beanspruchen. Die Zusammenfassung der „Aufbau"-Gesellschaften im „THA-Verbund" legt ferner eine Untersuchung konzernrechtlicher Haftungstatbestände nahe. Aufgrund der Verschiedenartigkeit der einzelnen Haftungstatbestände bietet es sich bei ihrer Darstellung an, danach zu unterscheiden, ob sie die Organe der „Aufbau"-Gesellschaften, die THA oder die Gesellschaften selbst treffen. Ferner ist die Bedeutung des § 28a EGAktG (s o B Rdn 12f) zu beachten. 2

I. Haftung der Organe

1. Handelndenhaftung. Die Handelndenhaftung trifft nach gefestigter Rechtsprechung diejenigen Gründer, „die bei der Führung der Geschäfte für die künftige GmbH persönlich oder durch andere verantwortlich mitgewirkt und in diesem Rahmen auch die konkrete Geschäftstätigkeit, aus der die Verbindlichkeit herrührt, mitgetragen haben".[2] 3

a) Allgemeines. Die Handelndenhaftung ist eine Organhaftung,[3] die nach überwiegender Ansicht die Gesellschaftsgläubiger schützt[4] und mit der Eintragung der 4

---

[59] Vgl BGHZ 75, 334, 337; *Weimar* BB 1992, 82, 84. Diese Position von Rechtsprechung und Teilen der Literatur ist – was hier nicht näher ausgeführt werden kann – überaus fraglich und verträgt sich kaum mit dem Gedanken der „Finanzierungsverantwortung" der Gesellschafter.

[60] Die Subvention ist als Kredit einzustufen, wenn sie mit einer Rückzahlungspflicht verbunden ist, also nicht in Form eines verlorenen Zuschusses gewährt wird.

[61] Vgl *Ulmer* RWS-Forum 7, S. 39, 48. Näher zur Abgrenzung von Gesellschafter- und kapitalschutzneutralen Drittgeschäften *ders* in: *Hachenburg* GmbHG §§ 32a, b Rdn 159, 161.

[1] *Timm* ZIP 1991, 413, 417 und 419; in diesem Sinne offenbar auch *Priester* DB 1991, 2373, der unter Hinweis auf die eminente Bedeutung der Sicherstellung einer ordnungsgemäßen Kapitalausstattung für AG und GmbH die Auffassung vertritt, daß „man am Ende zur Anwendung des Gründungsrechts kommen" wird; entsprechende Folgerungen für die einzelnen Haftungsfragen zieht er allerdings nicht.

[2] BGHZ 65, 378, 381; zustimmend *Hachenburg/Ulmer* GmbHG § 11 Rdn 99, 105f.

[3] BGHZ 91, 148, 151; eingehend *K. Schmidt* GmbHR 1973, 151f.

[4] Vgl BGHZ 76, 320, 325; *Rowedder/Rittner* GmbHG § 11 Rdn 113.

Gesellschaft im Handelsregister erlischt.[5] Ihre Legitimation ergibt sich aus dem Schutz des Rechtsverkehrs, der durch das Handeln im Namen einer noch nicht auf Einhaltung der Normativbestimmungen geprüften GmbH erforderlich ist, und der Druckfunktion, um die Geschäftsführer zur alsbaldigen Eintragung der Gesellschaft anzuhalten.[6]

5 **b) Treuhandgesetzliche Modifikation.** Für die „Aufbau"-Gesellschaften kommt eine Handelndenhaftung der als „vorläufig" bestellten Mitglieder des Vorstandes bzw der Geschäftsführung ausweislich § 16 II 2 THG nicht in Betracht.[7] Nach seinem Wortlaut bezieht sich diese Vorschrift zwar nur auf die Innenhaftung der Gesellschafter gem §§ 93 II AktG, 43 II GmbHG.[8] Sie ist jedoch zugunsten der vorläufig bestellten Geschäftsleiter extensiv auszulegen. Nur so wird der Notwendigkeit Rechnung getragen, daß die „umgewandelten" Wirtschaftseinheiten ihre Teilnahme am Geschäftsverkehr bis zur Entscheidung der THA über die Sanierungsfähigkeit der Gesellschaft bzw der Löschung des Zusatzes „iA" im Handelsregister fortsetzen müssen. In Anbetracht dieser Situation wäre es unbillig, die vorläufigen Gesellschafter für die zur Unternehmensfortführung notwendigen Rechtsgeschäfte persönlich haften zu lassen.[9]

6 **c) „Vorläufigkeit" der Geschäftsleiterbestellung.** Die Rechtsstellung der vorläufigen Geschäftsleiter wird im THG nur bruchstückhaft geregelt. Nur soviel scheint unbestreitbar zu sein: Die vorläufigen Geschäftsleiter sind nicht identisch mit den geschäftsführenden Generaldirektoren der ehemaligen Kombinate bzw der Betriebsdirektoren der ehemaligen VEB, die ihre geschäftsleitende Tätigkeit für die mit Wirkung zum 1. 7. 1990 „umgewandelten" Gesellschaften nur noch solange wahrzunehmen hatten, bis die THA die „vorläufigen" Geschäftsleiter bestellt hatte (vgl § 16 I 2 THG). Die Bestellung zum „vorläufigen" Geschäftsleiter durch die THA[10] mußte nach dem eindeutigen und keiner Auslegung zugänglichen Wortlaut des § 16 I 1 THG bis zum 31. 7. 1990 erfolgt sein. Zu einem späteren Zeitpunkt bestellte Geschäftsleiter sind daher keine „vorläufigen", sondern „ordentliche", deren Bestellung sich nach den zwingenden Regeln des AktG bzw GmbHG richtet.

7 Das Ende der Amtszeit des „vorläufig" bestellten Geschäftsleiters wird durch das THG nicht ausdrücklich geregelt. Aus dem Gesetzeszweck und der systematischen Stellung des THG ist aber zu folgern, daß die „Vorläufigkeit" der Geschäftsleiterbestellung iSv § 16 THG zum einen mit dem Zeitpunkt der Privatisierung der Gesellschaft endet,[11] mit dem Verkauf der Mehrheit der Gesellschaftsanteile ist

---

[5] *Lutter/Hommelhoff* GmbHG § 11 Rdn 21 mwN.

[6] Vgl *K. Schmidt* Gesellschaftsrecht § 34 III 3d (S. 854f).

[7] *Timm* ZIP 1991, 413, 420; ebenso *Weimar* GmbHR 1991, 507, 509; *ders* BB Supplement Deutsche Einigung – Rechtsentwicklungen, Folge 22, 12, 18; *Ulmer* RWS-Forum 7, S. 39, 44.

[8] Insoweit richtig *Ulmer* RWS-Forum 7, S. 39, 44 Fn 8.

[9] Ebenso *Weimar* GmbHR 1991, 507, 510; *ders* BB Supplement Deutsche Einigung – Rechtsentwicklungen, Folge 22, 12, 18.

[10] Die gesetzlichen Zuständigkeiten für die Bestellung der vorläufigen Geschäftsleiter weichen insoweit grds von den Vorschriften des AktG bzw GmbHG ab. Für die Vorstandsbestellung ist gem § 84 I AktG der Aufsichtsrat zuständig; das gilt gem § 30 IV AktG auch für die Bestellung des ersten Vorstandes. Die Bestellung der Geschäftsführer fällt gem § 46 Nr 5 GmbHG grds in den Zuständigkeitsbereich der Gesellschafterversammlung, sofern sie nicht nach dem MitbestG bzw Montan-MitbestG zwingend auf den Aufsichtsrat verlagert worden ist. Das Bestellungsrecht der THA gem § 16 I 1 THG deckte sich mit den allgemeinen gesellschaftsrechtlichen Bestimmungen somit nur in dem (seltenen) Fall, daß sie unmittelbar Alleingesellschaften der „GmbH iA" war (zu dem Regelfall des mehrstufigen Beteiligungsaufbaus s o B Rdn 8f).

[11] Ebenso *Weimar* GmbHR 1991, 507, 510.

die Gesellschaft kein „Treuhandunternehmen" mehr. Zum anderen ist zu beachten, daß die Gesellschaft von dem Zeitpunkt der Löschung des Zusatzes „iA" eine fertige Kapitalgesellschaft ist; eine Rechtfertigung für eine Fortdauer der Haftungsprivilegierung ist dann nicht mehr ersichtlich.[12]

d) „Ordentliche" Geschäftsleiter. Die Befreiung der Handelndenhaftung wird 8
auch für diejenigen Geschäftsleiter der „Aufbau"-Gesellschaften gelten, die nach dem 31. 7. 1990, aber vor der Löschung des „Aufbau"-Zusatzes, bestellt worden sind. Für die Bestellung dieser Geschäftsleiter gelten die allgemeinen gesellschaftsrechtlichen Vorschriften (so Fn 10); sie können mithin als „ordentliche" Geschäftsleiter bezeichnet werden. Für sie treffen die oben zur Begründung der Haftungsbefreiung der „vorläufigen" Geschäftsleiter dargestellten Überlegungen gleichfalls zu; § 16 II THG ist daher insoweit analog anzuwenden (aA *K. Schmidt* GmbHR 1992, 570, 573).

e) Sonstige Handelnde. Dagegen ist § 16 II THG grundsätzlich nicht auf solche 9
Personen anzuwenden, die für die „Aufbau"-Gesellschaft wie ein (vorläufig) bestellter Geschäftsführer handeln, ohne allerdings hierzu bestellt zu sein. Diese Personen trifft idR keine Handlungspflicht, so daß sie im Zweifel pflichtwidrige Handlungen vermeiden können.[13]

2. Haftung der „vorläufigen" Geschäftsleiter von AktG iA und GmbH iA. 10
a) Subsidiäre Vorstandshaftung gem § 93 AktG. Ein Schadensersatzanspruch der Gesellschaftsgläubiger gegen die Vorstandsmitglieder gem § 93 V AktG wegen gröblicher Verletzung ihrer Sorgfaltspflichten scheidet aus. Die Haftungsbefreiung gem § 16 II 2 THG erfaßt auch diese Pflichtverletzungen, für deren Schäden ebenfalls die THA haftet.[14] Aus der weit gefaßten Formulierung in § 16 II 2 THG ist zu folgern, daß die THA für alle(!) Schäden der vorläufigen Geschäftsleiter aus sämtlichen(!) Pflichtverletzungen, gleich welcher Art(!), an deren Stelle haftet.

b) Haftung des „vorläufigen" GmbH-Geschäftsführers aus cic. Die Eigenhaf- 11
tung des Geschäftsführers aus cic kommt bei schuldhafter Verletzung vorvertraglicher Schutzpflichten in Betracht, zB von Warn- und Hinweispflichten, die insbesondere ab Eintritt von Überschuldung oder Zahlungsunfähigkeit relevant werden können.[15] Auch hier greift § 16 II 2 THG zugunsten der „vorläufigen" Geschäftsleiter ein mit der Konsequenz der Haftungsverlagerung auf die THA.

c) Insolvenzverschleppungshaftung.[16] Die zivilrechtliche Haftung der Ge- 12
schäftsleiter der Treuhandunternehmen wegen schuldhaft verzögerter Insolvenzanmeldung[17] und Verstoß gegen das Verbot der Masseschmälerung zwischen Eintritt der Insolvenz und dem Verlust der Verfügungsbefugnis gem § 8 II GesO (§§ 92 II, III AktG, 64 I, II 1 GmbHG iVm § 823 II BGB) ist weder durch § 5

[12] AA *Weimar* GmbHR 1991, 507, 510. Seine Begründung, der Zeitpunkt der Privatisierung sei entscheidend, da die Geschäftsführer bis zu diesem Zeitpunkt den Weisungen der THA unterworfen seien, gilt nur für diejenigen „GmbH iA", an denen die THA unmittelbar beteiligt war oder ist. Diese Situation ist jedoch der Ausnahmefall und kann für verallgemeinerungsfähige Aussagen nicht herangezogen werden.

[13] Zutreffend *Weimar* GmbHR 1991, 507, 510.

[14] Vgl *Weimar* BB Supplement Deutsche Einigung – Rechtsentwicklungen, Folge 22, 12, 18.

[15] Zu den Voraussetzungen der Haftung des Geschäftsführers wegen cic vgl *Lutter/Hommelhoff* GmbHG § 43 Rdn 28ff. Zur cic-Haftung des Unternehmenssanierers siehe ausführlich *Timm* WPK-Mitt Sonderheft 1991, 1, 13ff.

[16] Zur Konkursverschleppungshaftung allgemein siehe *Hachenburg/Ulmer* GmbHG § 64 Rdn 35ff; *Rowedder/Rowedder* GmbHG § 64 Rdn 16ff; *Lutter/Hommelhoff* GmbHG § 64 Rdn 5ff.

[17] Da die Konkursordnung im Beitrittsgebiet nicht in Kraft gesetzt worden ist, dort stattdessen die Gesamtvollstreckungsordnung gilt, sollten die Bezeichnungen auch entsprechend gewählt werden.

GUG noch durch dessen „Nachfolgevorschrift"[18] § 56d DMBilG aufgehoben worden.[19] Sowohl der Schadensersatzanspruch der „Gläubigergesamtheit" wegen Masseschmälerung als auch der wegen der verspäteten Konkursanmeldung entstandene Quotenschaden der Gesellschaftsgläubiger sind nach hA von der Gesellschaft, im Konkurs also vom Konkursverwalter, geltend zu machen.[20] Aufgrund der umfassenden Haftungsfreistellung in § 16 II 2 THG ist mithin nicht danach zu differenzieren, ob die Pflichtverletzung gegenüber außenstehenden Dritten oder gegenüber der Gesellschaft erfolgt ist. Daher scheidet auch eine Insolvenzverschleppungshaftung der vorläufigen Geschäftsleiter aus.[21]

13 **d) Regreßansprüche der THA.** Gem § 16 II 3 THG kann die THA gegenüber den „vorläufigen" Geschäftsleitern Regreßansprüche geltend machen, soweit ihr diese aufgrund anderer Rechtsvorschriften zustehen. Die generelle Befreiung der „vorläufigen" Geschäftsleiter von Haftungsrisiken nach außen führt damit nicht zur vollständigen Sanktionslosigkeit von „Fehltritten". Insbesondere beschränkt § 16 II 3 THG die Regreßansprüche nicht auf vorsätzlich sittenwidrig herbeigeführte Schädigungen gem § 826 BGB.[22] Die THA kann einen unmittelbaren Anspruch aufgrund einer Verletzung des Anstellungsvertrages haben, wenn dieser zwischen dem „vorläufigen" Geschäftsleiter und ihr geschlossen worden ist.[23] Soweit der Anstellungsvertrag mit der Gesellschaft besteht, könnte ihm eine Schutzwirkung zugunsten der THA[24] zu entnehmen sein; immerhin sind die „vorläufigen" Geschäftsleiter von der THA bestellt worden.[25]

14 **3. Haftung der Aufsichtsrats-Mitglieder.** Die Mitglieder des Aufsichtsrats haften gegenüber der Gesellschaft gem § 116 iVm § 93 I, II AktG sowie subsidiär gegenüber Dritten gem §§ 116, 93 V AktG; gem § 52 GmbHG gelten diese Bestimmungen auch für die Mitglieder von GmbH-Aufsichtsräten. Diese Haftung ist durch § 16 II THG nicht ausgeschlossen worden; nach dem Wortlaut dieser Vorschrift ist die Haftungsfreistellung auf die gem § 16 I THG bestellten Mitglieder des Vorstandes und die GmbH-Geschäftsführer beschränkt. Eine analoge Anwendung des § 16 II THG auf die Mitglieder des Aufsichtsrates wird nicht anzuerkennen sein. Das gilt auch für die von der THA als Vertreter der Anteilseignerseite bestellten[26] Aufsichtsratsmitglieder.[27] Die Mitglieder des Aufsichtsrates sind nur den Interessen der Gesellschaft verpflichtet und damit nicht weisungsgebunden. Das gilt auch für die von der THA bestellten Aufsichtsrats-Mitglieder. Die aktienrechtlich geregelte Verantwortlichkeit der Aufsichtsrats-Mitglieder, die gem § 52

---

[18] Vgl o Kap IV C Rdn 7.

[19] Vgl o Kap IV C Rdn 11f und 16 mwN.

[20] Vgl statt aller *Lutter/Hommelhoff* GmbHG § 64 Rdn 7 und 16.

[21] Im Ergebnis ebenso *Weimar* BB Supplement Deutsche Einigung – Rechtsentwicklungen, Folge 22, 12, 18; *ders* GmbHR 1991, 507, 510.

[22] *Weimar* GmbHR 1991, 507, 510.

[23] Der Anstellungsvertrag der GmbH-Geschäftsführer muß nicht mit der Gesellschaft, sondern kann auch mit einem Dritten (zB der Konzernobergesellschaft) bestehen; vgl *Lutter/Hommelhoff* GmbHG Anh § 6 Rdn 9 m zahlreichen wN.

[24] Insoweit bietet sich eine Parallele zur Haftung des GmbH-Geschäftsführers in der GmbH & Co KG an. Nach BGHZ 75, 321, 322ff; 76, 326, 337f; BGH WM 1982, 1025, folgt der Direktanspruch der geschädigten KG gegen den GmbH-Geschäftsführer aus der drittschützenden Wirkung des Anstellungsvertrages; kritisch zu dieser dogmatischen Begründung insbesondere *Hüffer* ZGR 1981, 348ff. Zum Streitstand siehe ausführlich *Rowedder/Koppensteiner* GmbHG § 43 Rdn 54.

[25] *Weimar* GmbHR 1991, 507, 510.

[26] Zur Zusammensetzung des Aufsichtsrates der „Aufbau"-Gesellschaften vgl die in Vorbemerkung Fn 1 genannte Literatur.

[27] Anders *Weimar* GmbHR 1991, 507, 511; *ders* BB Supplement Deutsche Rechtsentwicklungen, Folge 22, 12, 18.

GmbHG für die Mitglieder von GmbH-Aufsichtsräten entsprechend gilt, ist durch keine gesetzliche Vorschrift für die Mitglieder der Aufsichtsorgane der Treuhandunternehmen abgeändert worden. Die Aussage der Präsidentin der THA, Frau *Breuel,*[28] wonach „die Vorsitzenden der Aufsichtsratsgremien vor allem den Interessen der Treuhand verpflichtet sind...", ist mithin mit geltendem Recht nicht vereinbar. Zudem würde eine haftungsrechtliche Besserstellung der „Treuhand-Aufsichtsratsmitglieder" gegenüber den Arbeitnehmervertretern im Aufsichtsrat zu einer unbilligen Ungleichbehandlung führen. Eine Haftungsfreistellung der Aufsichtsrats-Mitglieder analog § 16 II THG scheidet aus.

II. Haftung der THA

15 Die durch die Einführung des § 28a EGAktG verursachte „unselige Lage" ist bereits oben B Rdn 12f dargestgellt worden.[29] Diese Vorschrift ist aber – unterstellt man ihre verfassungsrechtliche Unbedenklichkeit – keine generelle Enthaftungsnorm zugunsten der THA, sondern beschränkt sich nur auf Haftungsregelungen, deren Grundlage im Recht der verbundenen Unternehmen wurzelt.[30] Für die meisten der nachfolgend behandelten Haftungsfragen besitzt § 28a EGAktG demnach keine Relevanz.

16 **1. Haftung für Pflichtverletzung der „vorläufigen" Geschäftsleiter.** Die Haftung der THA für Pflichtverletzungen der „vorläufig" bestellten Geschäftsleiter folgt aus § 16 II 2 THG;[31] insoweit wird auf die vorstehenden Ausführungen in Rdn 10ff verwiesen. Eine Haftungsübernahme der THA für Pflichtverletzungen der nicht nur „vorläufig" bestellten Geschäftsleiter kann aus § 16 II THG dagegen nicht hergeleitet werden,[32] insoweit gelten die §§ 93 AktG, 43 GmbHG uneingeschränkt.

17 **2. Handelndenhaftung.** Es ist bereits ausgeführt worden, daß die Geschäftsleiter der „Aufbau"-Gesellschaften keiner Handelndenhaftung gem §§ 41 I 2 AktG, 11 II GmbHG unterliegen (vgl oben Rdn 3). Aufgrund der Sicherungs- und Druckfunktion ist vielmehr die THA der Handelndenhaftung zu unterwerfen.[33] Das gilt nicht nur, wenn sie als sog „faktischer Geschäftsführer"[34] selbst Geschäfte im Namen der „Aufbau"-Gesellschaft tätigt, sondern generell.[35] Die Drucksituation ist bei der „Aufbau"-Gesellschaft wie bei jeder anderen Vorgesellschaft gegeben. Daß die „Nachholung" der Gründungsvoraussetzungen nicht beliebig hinausgezögert werden kann, läßt sich deutlich aus § 19 THG („unverzüglich") und § 22 THG (Auflösung der Gesellschaft mit Ablauf des 31. 6. 1991) entnehmen. Die Sicherungsfunktion der Handelndenhaftung ist ebenfalls aktuell. Bis zur Lö-

---

[28] „Der Spiegel" Heft 7/1992, S. 124.

[29] Zur Kritik an der Einführung des § 28a EGAktG vgl auch *K. Schmidt* GmbHR 1992, 570, 573; *ders* JZ 1992, 856, 866; *Weimar/Alfes* DB 1992, 1225.

[30] Zur Auslegung des Anwendungsbereichs des § 28a EGAktG vgl *Timm/Schöne* ZIP 1992, 969, 967; *Weimar* DB 1992, 1969f.

[31] Zur Haftung der THA wegen Verstoßes gegen das Zahlungsverbot für insolvenzreife Treuhandunternehmen gem §§ 92 III 2 AktG, 64 II 2 GmbHG sowie wegen Konkursverschleppung siehe bereits *Timm* ZIP 1991, 413, 422 und 423f.

[32] Ebenso *Weimar* BB Supplement Deutsche Einigung – Rechtsentwicklungen, Folge 22, 12, 19.

[33] AA These Nr 4 zu Haftungsfragen ZIP 1992, 446 unter Berufung auf *Ulmer* RWS-Forum 7, 39, 44. Im Ergebnis ebenso *Weimar,* GmbHR 1991, 509; *ders* DStR 1992, 718; *K. Schmidt,* GmbHR 1992, 570, 573; *Priester,* IDW-Fachtagung S. 81, 87f. Diese Ergebnisse beruhen in erster Linie auf einem gegenüber der hier vertretenen grundlegend verschiedenen Verständnis von der Bedeutung der „Gründungs"-Vorschriften des THG für die Rechtsnatur der „Aufbau"-Gesellschaften (vgl o B Rdn 3ff)..

[34] Zur Figur des „faktischen Geschäftsführers" siehe *Lutter/Hommelhoff* GmbHG § 64 Rdn 20 mwN.

[35] Vgl *Timm* ZIP 1991, 413, 420; ähnlich schon *Dornberger/Dornberger* DB 1990, 3042.

schung des „Aufbau"-Zusatzes hat eine registergerichtliche Prüfung über die Ordnungsgemäßheit der Kapitalaufbringung nicht stattgefunden, ist eine Zurückstellung der Gläubigerinteressen mithin nicht legitimiert. Die Freistellung der „vorläufigen" Geschäftsleiter von der Handelndenhaftung ist nur gerechtfertigt, wenn sie durch eine entsprechende Haftungsverlagerung auf die THA kompensiert wird.[36]

18 **3. Gründerhaftung. a) Allgemeines.** Die Haftung der Gesellschafter der Vor-AG bzw Vor-GmbH für die Verbindlichkeiten der Vorgesellschaft ist umstritten.[37] Die vor allem vom **BGH** vertretene und vorläufig wohl noch als herrschend zu bezeichnende Lehre befürwortet eine persönliche Haftung der Gesellschafter[38] bis zur Höhe der von ihnen noch nicht geleisteten Einlage.[39] Diese Ansicht ist jedoch aus zwei Gründen nicht überzeugend. Die Beschränkung der Außenhaftung gegenüber den Gesellschaftsgläubigern ließe sich nur mit einer Analogie zu § 171 HGB begründen, wofür es allerdings an dem Erfordernis einer Regelungslücke fehlt.[40] Außerdem wird der Einwand, wer eine AG bzw GmbH gründe, wolle nicht haften, jedenfalls mit Aufnahme einer unternehmerischen Tätigkeit hinfällig, vor allem wenn sie in der Form eines Grundhandelsgewerbes betrieben wird. Solange die Gesellschaft die gesetzlichen Voraussetzungen einer gesetzlich anerkannten Rechtsform mit beschränkter Haftung nicht erfüllt und sich deren Gesellschafter damit nicht das Privileg der Haftungsbefreiung verdient haben, greift der Grundsatz der persönlichen Haftung durch.[41] Es ist deshalb im Stadium der Vorgesellschaft davon auszugehen, daß die Gesellschafter für die Gesellschaftsverbindlichkeiten jedenfalls in der „Einmann"-Vorgesellschaft (unbeschränkt) persönlich haften.[42]

19 **b) Anwendung dieser Grundsätze auf die „Aufbau"-Gesellschaften.** Von diesen Grundsätzen ausgehend ist eine unbeschränkte persönliche Haftung des jeweiligen Alleingesellschafters der „Gesellschaften iA", mithin letztlich der THA, zu bejahen.[43] Die „Gesellschaften iA" sind nicht bereits mit ihrer gem § 15 THG von Amts wegen vorgenommenen Eintragung im Handelsregister mit dem Zusatz „iA" zu fertigen Kapitalgesellschaften geworden, sondern sie werden dies erst, wenn der „Aufbau"-Zusatz gelöscht worden ist;[44] das Entstehen einer juristischen Person erfolgt nur aufgrund eines registergerichtlichen Eintragungsaktes, dem eine Prüfung über die Ordnungsgemäßheit des Gründungsvorgangs in formeller und materieller Hinsicht vorausgegangen ist.[45] Die Haftungsbefreiung des Allein-

---

[36] *Timm* ZIP 1991, 413, 420.

[37] Bei der Gründerhaftung ist keine Unterscheidung zwischen Vor-AG und Vor-GmbH angebracht. Zwar hat der BGH zur Gründerhaftung bei der Vor-AG noch keine Entscheidung getroffen, die durch BGHZ 80, 129ff für die Vor-GmbH eingeleitete Rechtsprechung wird jedoch auch für die AG anzuwenden sein; vgl *K. Schmidt,* Gesellschaftsrecht, § 27 II 4 c (S. 662f).

[38] Die Ansicht, eine persönliche Haftung der Gesellschafter komme nicht in Betracht, vgl *Priester* ZIP 1982, 1151; *Huber* FS Fischer, 1979, 263, 282ff, verdient keine Zustimmung, da sie zu Unrecht die Rechtswirkung des § 13 II GmbHG vorwegnimmt; so zutreffend *K. Schmidt* Gesellschaftsrecht § 34 III 3 c (S. 852f).

[39] BGHZ 65, 378, 382ff; 91, 148, 152; *Baumbach/Hueck* GmbHG § 11 Rdn 22, mwN.

[40] Vgl *K. Schmidt* Gesellschaftsrecht § 34 III 3 c (S. 852f).

[41] Vgl hierzu *K. Schmidt* Gesellschaftsrecht § 18 IV 1 (S. 435ff).

[42] *Kübler* Gesellschaftsrecht § 24 III 1 c (S. 333f); *W.-H. Roth* ZGR 1984, 606ff; *K. Schmidt* NJW 1978, 1980; *Theobald* Vor-GmbH und Gründerhaftung, 1984, S. 121ff; *Wiedemann* JurA 1970, 455ff

[43] So schon *Timm* ZIP 1991, 413, 419; *ders* WPK-Mitt Sonderheft 1991, 1, 36.

[44] Vgl *Timm* ZIP 1991, 413, 418; *ders* WPK-Mitt Sonderheft 1991, 1, 34; im Ergebnis ebenso *Weimar* GmbHR 1991, 507, 508f; *ders* BB Supplement Deutsche Einigung – Rechtsentwicklungen, Folge 22, 1, 18.

[45] Zur Begründung der konstitutiven Wirkung der Eintragung bei Kapitalgesellschaften als Legitimation der Haftungsbefreiung für die Gesellschafter vgl *K. Schmidt* Gesellschaftsrecht § 18 IV 1 (S. 436ff).

gesellschafters der „Aufbau"-Gesellschaft ist daher erst gerechtfertigt, nachdem die registergerichtliche Prüfung bestätigt hat, daß die in §§ 19ff THG geforderten Gründungsvoraussetzungen ordnungsgemäß „nachgeholt" worden sind.

Die THA nimmt in ihren Thesen zu Haftungsfragen (ZIP 1992, 446) zur Frage 20
der Gründerhaftung keine Stellung. Von ihrem rechtlichen Grundverständnis über die Rechtsnatur der „Aufbau"-Gesellschaften als fertige Kapitalgesellschaft ist das durchaus konsequent. Die Vereinbarkeit dieser Haltung mit dem unternehmerischen Vorsichtsprinzip ist allerdings fraglich.[46] Gegen die Gründerhaftung bei den „Aufbau"-Gesellschaften kann nicht überzeugend eingewandt werden, es fehle an einem Zurechnungsgrund im Verhältnis zur THA, da diese die Gründung dieser Gesellschaften weder durch Rechtsgeschäft veranlaßt noch der Geschäftsaufnahme vor ihrer endgültigen Konstituierung zugestimmt habe.[47] Durch diese beiden Merkmale dokumentieren die Gründer der Kapitalgesellschaft iGr gegenüber den Gläubigern, daß sie bis zur Eintragung der Gesellschaft das unternehmerische Risiko für die bis dahin getätigten Rechtsgeschäfte übernehmen. Eines solchen „haftungsbegründenden Verhaltens" bedarf es bei den „Aufbau"-Gesellschaften indes nicht. Die Verantwortung des Staates für die Erfüllung der Verbindlichkeiten der ehemaligen VEK und VEB ist durch die Zwangsumwandlung durch das THG unverändert auf die THA als den verlängerten Arm des Bundes übergeleitet worden. Mit dem Gläubigerschutz ist es nicht vereinbar, diese gesetzliche Zwangsumwandlung quasi als „Enthaftungserklärung" des Staates aufzufassen.[48] Das Gegenteil ist vielmehr zutreffend. Das nach §§ 19ff THG geforderte Nachgründungsverfahren läßt deutlich erkennen, daß die Haftungsbefreiung des Alleingesellschafters der „Aufbau"-Gesellschaft erst mit Abschluß des registergerichtlichen Prüfungsverfahrens und Löschung des „Aufbau"-Zusatzes eintreten soll.[49]

4. Unterbilanzhaftung. Als konsequente Folge der Preisgabe des Vorbela- 21
stungsverbots trifft nach mittlerweile gefestigter Rechtsprechung die Gesellschafter eine sog Unterbilanzhaftung bei Eintragung der Gesellschaft; die Gesellschafter haften anteilig für die Wertdifferenz zwischen dem Stammkapital und dem Gesellschaftsvermögen, die sich am Stichtag der Eintragung aus Vorbelastungen der GmbH[50] ergibt.[51] Für die Unterbilanzhaftung gilt das Stichtagsprinzip, dh maßgeblich ist der Tag der Eintragung der Gesellschaft im Handelsregister.[52]

Diese Grundsätze gelten auch für die „Aufbau-"Gesellschaften. Nach allgemei- 22
nem Verständnis ist die Unterbilanzhaftung Bestandteil des Kapitalaufbringungskonzepts; die Gesellschafter der Vor-Gesellschaft und nicht die Gesellschaftsgläubiger tragen das Vorbelastungsrisiko für Verbindlichkeiten aus dem Gründungsstadium.[53] Bei den „Aufbau"-Gesellschaften ist das Gründungsstadium durch das

---

[46] Siehe auch *Timm/Schöne* ZIP 1992, 969, 978.

[47] So *Ulmer* RWS-Forum 7, S. 39, 44. Ebenso K. Schmidt GmbHR 1992, 570, 573; *Weimar* DStR 1992, 718, 719; *Lutter/Hommelhoff* GmbHG § 11 Rdn 14.

[48] So schon *Timm* ZIP 1991, 413, 419; *ders* WPK-Mitteilung Sonderheft 1991, 1, 35.

[49] *Timm* aaO.

[50] Die zur GmbH entwickelten Grundsätze zur Unterbilanzhaftung sind – ebenso wie diejenigen zur Gründerhaftung – auf die Aktiengesellschaften entsprechend anzuwenden, vgl *K. Schmidt* Gesellschaftsrecht § 27 II 4 c (S. 662f).

[51] BGHZ 80, 182, 183f; 105, 300, 303; zustimmend. *K. Schmidt* Gesellschaftsrecht § 34 III 4 d (S. 853ff), *Lutter/Hommelhoff* GmbHG § 11 Rdn 10; *Hachenburg/Ulmer* GmbHG § 11 Rdn 82f, jeweils mwN.

[52] HM; vgl *Lutter/Hommelhoff* GmbHG § 11 Rdn 10 mwN; aA *K. Schmidt* Gesellschaftsrecht § 34 III 4 (S. 853ff), nach dessen Auffassung der zur Eintragung führende Tag der Anmeldung der Stichtag ist.

[53] *K. Schmidt* Gesellschaftsrecht § 34 III 4 d (S. 858f).

„Nachprüfungsstadium" der §§ 19ff THG ersetzt worden, ohne daß damit aber eine inhaltliche Änderung unter haftungsrechtlichen Gesichtspunkten bewirkt worden ist.[54]

23 **5. Durchgriffshaftung.** Wertet man die Rechtsnatur der „Aufbau"-Gesellschaften – wie hier – als Vorgesellschaften, kann eine Durchgriffshaftung nicht bedeutsam werden; stattdessen sind die Grundsätze zur Gründerhaftung und Unterbilanzhaftung einschlägig.

24 Von dem rechtlichen Grundverständnis der „Aufbau"-Gesellschaften als fertige Kapitalgesellschaften ausgehend ist es aber folgerichtig, das Augenmerk auf den Haftungsdurchgriff[55] zu richten. Den Alleingesellschafter einer Kapitalgesellschaft trifft die Durchgriffshaftung, wenn die für den Betrieb des Unternehmens erforderliche Mittelzufuhr gänzlich unterblieben ist; die Garantiefunktion des Stammkapitals zugunsten der Gesellschaftsgläubiger wird verfehlt, wenn die Eigenkapitalausstattung der Gesellschaft so gering ist, daß sie im Krisenfall der Gesellschaft den Gläubigern keine hinreichende Sicherheit bietet.[56] Nach diesen Grundsätzen wäre eine Durchgriffshaftung der THA in vielen Fällen unumgänglich, weil zahlreiche Gesellschaften nur mit dem gesetzlichen Mindestkapital ausgestattet sind, obwohl sie in nicht geringem Umfang am Geschäftsleben teilnehmen.[57]

25 Die von der THA vertretene gegenteilige Rechtsposition (These Nr 6 zu Haftungsfragen, ZIP 1992, 446) ist dennoch für die von ihr angesprochene Übergangszeit – bis zur Ablehnung der Ausgleichsforderung – vertretbar.[58] Bis zu diesem Zeitpunkt ist für jeden Gläubiger erkennbar, daß er nicht von einer angemessenen Ausstattung der Treuhandunternehmen mit Eigenkapital ausgehen kann.

26 Von der Durchgriffshaftung wegen Unterkapitalisierung zu unterscheiden ist aber eine Durchgriffshaftung wegen Vermögensvermischung.[59] Dieses Risiko kann sich für die THA durchaus ggfs realisieren.[60]

27 **6. Konzernrechtliche Verlustausgleichspflicht.** Es ist bereits ausgeführt worden, daß THA und „Aufbau"-Gesellschaften einen (idR mehrstufigen) faktischen Konzern bilden (vgl oben B Rdn 8ff). Für die Zeit bis zum Inkrafttreten des § 28a EGAktG gelten daher die allgemeinen aktienrechtlichen Grundsätze der Konzernhaftung auch für die THA uneingeschränkt (vgl oben B Rdn 13). Für die vor dem 14. 7. 1992 ohne Nachteilsausgleich veranlaßten nachteiligen Maßnahmen haftet die THA deshalb gegenüber den abhängigen AG oder „AG iA" aus §§ 311, 317 AktG bzw. gegenüber den abhängigen GmbH oder „GmbH iA" wegen treuwidriger Schädigung.[61]

28 Darüber hinaus kann die THA auch die Haftung[62] nach den Grundsätzen des

[54] Vgl *Timm* ZIP 1991, 413, 417ff. AA These Nr 4 der THA zu Haftungsfragen ZIP 1992, 446; im Ergebnis ebenso *K. Schmidt* GmbHR 1992, 570, 573.

[55] Vgl. hierzu allgemein *Ulmer* GmbHR 1984, 256, 261ff; *Lutter* ZGR 1982, 244, 247ff; sowie die umfangreiche Darstellung bei *Hachenburg/Ulmer* GmbHG Anh § 30 Rdn 35ff.

[56] *Hachenbrurg/Ulmer* GmbHG Anh § 30 Rdn 55 mwN.

[57] Vgl die Beispiele bei *Lutter* RWS-Forum 7, S. 61, 64f.

[58] Vgl *Timm/Schöne* ZIP 1992, 969, 974; im Ergebnis ebenso *Weimar* DStR 1992, 718, 722; *Uhlenbruck* BB 1992, 789, 791 mwN.

[59] Vgl hierzu *Lutter/Hommelhoff* GmbHG § 13 Rdn 11; *K. Schmidt* Gesellschaftsrecht § 9 IV 2 (S. 201f).

[60] Zutreffend *Horn* RWS-Forum 7, S. 133, 152f; *Weimar* DStR 1992, 718, 722f; *ders* Nachprivatisierungsprobleme S. 1412f.

[61] Vgl BGHZ 65, 15ff (ITT).

[62] Die Haftungsgrundlage ist für den qualifiziert faktischen AG-Konzern streitig. Nach richtiger Ansicht sind die §§ 302, 303 AktG analog anzuwenden; vgl *K. Schmidt* Gesellschaftsrecht § 31 IV 4

sog im qualifiziert faktischen Konzerns treffen.[63] Eine qualifizierte faktische Abhängigkeit liegt vor, wenn ein Herrschaftszustand geschaffen ist, bei dem die Leitungsmacht im Kern auf das herrschende Unternehmen übergegangen ist; die Verantwortlichkeit der Geschäftsleiter des abhängigen Unternehmens mithin durch breitflächige und umfassende Einflußnahmen aufgehoben ist.[64] Nach Ansicht von *Ulmer* fehlt es *in der Regel*[65] zwischen THA und den von ihr beherrschten Unternehmen am Tatbestand der qualifizierten faktischen Konzernierung; die Privatisierungs- und Sanierungspolitik der THA ziele nicht darauf ab, auf die Geschäftstätigkeit ihrer Tochter- und Enkelgesellschaften breitflächig einzuwirken und sie dadurch zu Betriebsabteilungen eines „Superkonzerns“ zu machen.[66] Ob diese Annahme zutreffend ist, muß allerdings nach den Äußerungen des Direktors Recht der THA, wonach diese „möglichst umfassend und möglichst tief auf das Geschehen in den Treuhandunternehmen einwirken“ wolle,[67] neu überdacht werden. Mit zunehmender Verringerung des Unternehmensbestandes wird die Tendenz der THA zur umfassenden Einflußnahme sicher wachsen.[68] In jedem Fall wird aber bereits gegenwärtig anhand der verschiedensten Anhaltspunkte zu prüfen sein, ob die THA die strategische Gesamtplanung für das von ihr abhängige Unternehmen übernommen hat. Die von der THA postulierte Rechtsansicht, sie treffe generell keine Haftung wegen qualifiziert faktischer Konzernierung (These Nr 11 der THA zu Haftungsfragen, ZIP 1992, 446, 447), kann daher – jedenfalls für die Vergangenheit – nicht überzeugen.[69]

Für die unter der Geltung des § 28a EGAktG fallenden „Neufälle“ sind die §§ 311ff AktG nicht mehr anwendbar; ob auch die auf richterlicher Rechtsfortbildung beruhenden Haftungsgrundsätze über den qualifiziert faktischen Konzern durch § 28a EGAktG als „lex specialis“ verdrängt worden sind, vermag durchaus bezweifelt werden.[70] 29

7. Schadensersatz gem § 117 AktG. Bereits oben (B Rdn 19) ist festgestellt worden, daß die Privatisierungsaufgabe der THA regelmäßig nicht die Befugnis verleiht, direkten Zugriff auf das Gesellschaftsvermögen der Treuhandunterneh- 30

(S. 806); *Lutter/Timm* ZGR 1983, 280, 281f; *Timm* NJW 1987, 977ff; aA *Hommelhoff* Die Konzernleitungspflicht, S. 141ff; *Koppensteiner* in: *Kölner Kommentar z AktG* Vorb § 311 Rdn 23f.

[63] Ebenso *Haarmeyer/Wutzke/Förster* GesO Einl Rdn 93ff; *Weimar/Bartscher* ZIP 1992, 69, 73; *Weimar* Nachprivatisierungsprobleme S. 96ff; *ders* ZGR 1992, 477, 490ff; *ders DStR* 1992, 718, 723; *Kerber/Stechow* DWiR 1992, 93, 94. Vgl zu den allgemeinen Voraussetzungen der Haftung des herrschenden Unternehmens im „qualifiziert faktischen (GmbH)-Konzern BGHZ 95, 330ff (Autokran); 107, 7ff (Tiefbau); BGH ZIP 1991, 1354ff (Video); diese Grundsätze gelten für den qualfiziert faktischen AG-Konzern sinngemäß.

[64] Eine einheitliche Definition des qualifiziert faktischen Konzerns ist bislang nicht gelungen; Vgl die Darstellung bei *Emmerich/Sonnenschein* Konzernrecht § 20 IV 2 (S. 341ff) sowie jüngst *Lutter* AG 1990, 183ff.

[65] Hervorhebung von den Verfassern.

[66] *Ulmer* RWS-Forum 7, S. 39, 40. In der Tendenz ebenso *Weimar/Bartscher* ZIP 1991, 69, 73ff.

[67] Vgl den Generalbericht über die Podiumsdiskussion auf der Veranstaltung des Verlages Kommunikationsforum GmbH Recht Wirtschaft Steuern am 1. und 2. Juli 1991 von *Hommelhoff,* RWS-Forum 7, 185, 200f.

[68] Das augenfälligste Anzeichen für bestehende tiefgreifende Einflußnahmen ist bislang sicher die „Weisung“ der THA an die Vertretungsorgane der beherrschten Gesellschaften, im Falle der Insolvenzreife der Gesellschaft keinen Antrag auf Eröffnung des Gesamtvollstreckungsverfahrens zu stellen bzw bereits gestellte Anträge zurückzunehmen; vgl *Haarmeyer/Wutzke/Förster* GUG Einl Rdn 10; *Smid* WM 1991, 1621, 1623. Darin ist mit *Ulmer* RWS-Forum 7, S. 39, 42 zu Recht eine nur schwer erträgliche Denaturierung der Kapital- und Haftungsgrundsätze zu sehen.

[69] Vgl auch die kritische Stellungnahme von Timm/Schöne ZIP 1992, 969, 975ff.

[70] Vgl *Timm/Schöne* ZIP 1992, 969, 976. Dagegen geht *K Schmidt* GmbHR 1992, 570, 573 ohne weitere Begründung davon aus, daß § 28a EGAktG Verlustausgleichsansprüche analog § 302 AktG ausschließt.

men zu nehmen und den Betrieb oder wesentliche Teile hiervon an Dritte zu veräußern. Sollte die THA dennoch ihren Einfluß benutzen und den Vorstand – ohne einen entsprechenden Hauptversammlungsbeschluß – anweisen, konkrete Verfügungen über das Gesellschaftsvermnögen zugunsten bestimmter Dritter vorzunehmen, haftet sie der Gesellschaft gem § 117 I 1 AktG für den daraus entstandenen Schaden. Die Schadensersatzpflicht besteht unabhängig davon, ob man der THA als Alleingesellschafterin nach der Holzmüller-doktrin[71] die Primärzuständigkeit für grundlegende Strukturveränderungen zubilligt (vgl eingehend *Timm* FS *Semler* 1993 demnächst). Diese Haftung ist schließlich auch nicht durch § 28a EGAktG ausgeschlossen worden, da die Unternehmenseigenschaft des Einflußnehmers nicht zu den Tatbestandsmerkmalen des § 117 I 1 AktG zählt.[72]

31 **8. Insolvenzverschleppungshaftung.** Die THA haftet nach allgemeinen Grundsätzen gem §§ 830, 840 BGB als faktischer Geschäftsführer wegen Insolvenzverschleppung, wenn sie vorsätzlich an der Insolvenzverschleppung mitgewirkt hat.[73] Der These Nr 7 der THA zu Haftungsfragen (ZIP 1992, 446) kann demnach nicht gefolgt werden.[74] Die Insolvenzverschleppungshaftung ist auch nicht durch § 28a EGAktG obsolet geworden.[75]

III. Eigenhaftung der „Aufbau"-Gesellschaften

32 Nach dem in § 31 BGB enthaltenen Grundgedanken ist dem Verband das rechtswidrig-schuldhafte Verhalten seiner Organe als Eigenverschulden zuzurechnen.[76] Der Geltungsbereich dieses in § 31 BGB zum Ausdruck gebrachten Rechtssatzes gilt unbestritten für alle juristischen Personen des Privatrechts und die Personenhandelsgesellschaften, nach richtiger Ansicht aber auch für den nichtrechtsfähigen Verein und die Gesellschaft bürgerlichen Rechts.[77] Er ist damit gewiß auch auf die in Gründung befindliche juristische Person anwendbar,[78] gilt mithin grundsätzlich für die „Aufbau"-Gesellschaften ebenfalls.[79] § 16 II THG führt aber zu einer Modifizierung dieser Zurechnungsnorm. Soweit der „vorläufige" Geschäftsleiter von der Haftung freigestellt ist (s o Rdn 10ff), wird sein rechtswidrig-schuldhaftes Verhalten nicht der „Aufbau-"Gesellschaft, sondern der THA zugerechnet; die Haftung für die Pflichtverletzung wird an die THA „durchgereicht".[80] Für zum Schadensersatz verpflichtende Handlungen sonstiger „verfassungsmäßig berufener Vertreter"[81] der „Aufbau"-Gesellschaft, zB leitender Angestellter, gilt § 31 BGB aber unverändert.

33 Darüber hinaus kommt eine Haftung nach den allgemeinen Grundsätzen zu § 831 BGB und § 278 BGB in Betracht.

---

[71] *BGHZ 83,* 122ff; vgl hierzu eingehend *Heinsius* ZGR 1984, 383ff; *Lutter* FS Fleck 1988, 169ff; *Timm* AG 1980, 172ff; *H. P. Westermann* ZHR 156 (1992), 203, 212ff.

[72] So auch schon *Timm/Schöne* ZIP 1992, 969, 976.

[73] *Timm* ZIP 1991, 413, 423f; *Ulmer* RWS-Forum 7 S. 39, 52; vgl auch ausführlicher o Kap IV C Rdn 5.

[74] Vgl hierzu auch die kritische Stellungnahme von *Timm/Schöne* ZIP 1992, 969, 975.

[75] Zutreffend *K Schmidt* GmbHR 1992, 570, 573.

[76] Zur Zurechnung des Organverschuldens siehe statt aller *K. Schmidt* Gesellschaftsrecht § 10 IV (S. 236ff) mit umfangreichen Angaben zu Rspr und Lit.

[77] Vgl *K. Schmidt* aaO.

[78] *K. Schmidt* Gesellschaftsrecht § 11 IV 2 c (S. 257ff).

[79] Ebenso *Weimar* BB Supplement Deutsche Einigung – Rechtsentwicklungen, Folge 22, 12, 20.

[88] Im Ergebnis ebenso, allerdings mit abweichender Begründung *Weimar* BB Supplement Deutsche Einigung – Rechtsentwicklungen, Folge 22, 12, 20.

[81] Zum nach allgemeinen Verständnis weiten personellen Anwendungsbereich des § 31 BGB vgl *Palandt/Heinrichs* § 31 Rdn 6 mwN.

E. Kapitalneufestsetzung bei privaten Unternehmen[1]

Der fünfte Unterabschnitt des DMBilG regelt in den §§ 27ff DMBilG die Kapitalneufestsetzung für Unternehmen, die keine Unternehmen iSd § 24 I 1 DMBilG sind, vgl § 27 I 1 DMBilG. Damit sind Unternehmen in privater Rechtsform gemeint, die dem nicht volkseigenen Bereich angehören und vor dem 1. 7. 1990 durch Gründung oder Umwandlung entstanden oder zur Eintragung in das Handelsregister angemeldet, aber noch nicht eingetragen sind.[2] Oder kürzer gefaßt: Die §§ 27ff DMBilG finden auf solche privaten Unternehmen Anwendung, bei denen es sich nicht um kraft Gesetzes umgewandelte volkseigene Betriebe oder Kombinate handelt. 1

Anders als jene können Privatunternehmen iSd § 27 I 1 DMBilG ihr gezeichnetes Kapital gem § 27 I 1 DMBilG frei festsetzen. Allerdings darf die Neufestsetzung nicht zu einer Unterschreitung des gesetzlich vorgeschriebenen Mindestkapitals führen, 27 II 1 DMBilG. Ergibt sich trotz Abzugs der Rücklage nach § 31 DMBilG ein über das gesetzliche oder bisherige satzungsmäßige Mindestkapital hinausgehender Eigenkapitalbestand, so kann das Eigenkapital mit einem entsprechend höheren Betrag festgesetzt werden, § 27 II 2 DMBilG. Gem § 27 II 3 DMBilG besteht daneben die Möglichkeit, den übersteigenden Betrag in eine Verlustrücklage einzustellen. Privatunternehmen werden also anders als ehemals volkseigene Betriebe auch im Falle eines Eigenkapitalüberhangs nicht mit einer Ausgleichsverbindlichkeit belastet. 2

Läßt die in DDR-Mark aufgestellte Schlußbilanz erkennen, daß das Privatunternehmen bei Umstellung der Einzelposten auf D-Mark-Werte nicht über die für die Anpassung an die neuen Eigenkapitalverhältnisse erforderlichen Mittel verfügt, kommt eine vorläufige Kapitalneufestsetzung nach § 28 DMBilG in Betracht. Das Unternehmen kann in diesem Falle den sich aus der Gegenüberstellung von gezeichnetem und effektivem Eigenkapital ergebenden Minusbetrag als Kapitalentwertungskonto auf der Aktivseite der Eröffnungsbilanz einstellen. Allerdings ist die Möglichkeit einer vorläufigen Kapitalfestsetzung gem § 28 II 1 DMBilG ausgeschlossen, wenn der Differenzbetrag neun Zehntel des gezeichneten Eigenkapitals überschreiten würde. 3

Das Kapitalentwertungskonto ist gem § 28 II 4 DMBilG innerhalb von fünf Geschäftsjahren mit späteren Jahresüberschüssen oder durch Werterhöhungen infolge von Berichtigungen nach § 36 DMBilG auszugleichen, § 28 II 4 DMBilG. Neben diesen ausdrücklichen Tilgungsmöglichkeiten kommt ein Dividendenverzicht der Anteilseigner[3] oder eine Kapitalherabsetzung[4] in Betracht. 4

Der vorstehende, kursorische Überblick zeigt, daß die Privatunternehmen einem eigenständigen System der Kapitalaufbringung unterliegen. Aus Gläubigersicht bedenklich erscheint dabei insbesondere das Institut der vorläufigen Kapitalneufestsetzung nach § 28 DMBilG. Sie ermöglicht den Ausgleich einer Unterbilanz aufgrund eines fiktiven, weil nicht realisierbaren Aktivpostens, dem Kapitalentwertungskonto. Dieses gründet sich im Zeitpunkt seiner Einstellung auf die vage Aussicht, den das gezeichnete Kapital teilweise entwertenden Gegenposten 5

[1] Vgl allgemein zur Kapitalneufestsetzungsproblematik bei Privatunternehmen iSd § 27 DMBilG *Bormann/Demant* DB 1992 53, 54ff

[2] So die amtliche Begründung zu § 27 DMBilG, abgedruckt in *Claussen/Korth* D-Markbilanzgesetz, RWS-Dokumentation 4, S. 132.

[3] So *H. P. Müller* in: *Budde/Förster* DMBilG § 28 Rdn 6.

[4] *Bormann/Demant* DB 1992, 53, 54.

insbesondere durch eine günstige Geschäftsentwicklung ausgleichen zu können.[5] Das Kapitalentwertungskonto stellt demnach eine reine Bilanzierungshilfe dar, ohne die materielle Unterkapitalisierung zu beseitigen. Die somit durch § 28 DMBilG eröffnete Möglichkeit, ein Unternehmen praktisch ohne Stammkapital fortzuführen, steht jedoch im klaren Widerspruch zu den seit dem 1. 7. 1990, spätestens aber mit der Feststellung der DM-Eröffnungsbilanzen[6] im Grundsatz auch für Unternehmen mit Sitz im Gebiet der ehemaligen DDR geltenden Regeln der ordnungsgemäßen Unternehmensfinanzierung. Diese beinhalten zugleich das handelsrechtliche Verbot, ein offenbar unterkapitalisiertes Unternehmen am Markt auftreten zu lassen. Ein Verstoß gegen dieses Verbot führt nach herrschender Literaturmeinung zur persönlichen Haftung der Gesellschafter.[7] Aber auch nach der einem umfassenden Haftungsdurchgriff zurückhaltend gegenüberstehenden Rspr kommt eine Ersatzpflicht aus culpa in contrahendo und insbesondere § 826 BGB in Betracht, wenn die Gläubiger infolge einer völlig unzureichenden Eigenkapitalausstattung der Gesellschaft einen Schaden erleiden.[8] Für bisher nicht eingetragene, jedoch gleichwohl werbend auftretende Unternehmen kommt zudem eine auf den Stichtag der Eintragung berechnete Unterbilanzhaftung in Betracht.

6 Ein zumindest teilweiser Ausschluß der hier nur kurz skizzierten Haftungsrisiken läßt sich freilich dann vertreten, wenn § 28 DMBilG nicht nur eine Bilanzierungshilfe, sondern – wofür alles spricht – zugleich auch eine (vorläufige) Ausnahme zum Verbot der offenbaren (materiellen) Unterkapitalisierung bezweckt. Das Ziel des Gesetzgebers war es augenscheinlich, auch Privatunternehmen ebenso wie Unternehmen iSd § 24 I 1 DMBilG die Möglichkeit einer Betriebsfortführung einzuräumen, wenn der gesetzlich vorgeschriebene Stammfonds zwar nach den Werten der D-Markeröffnungsbilanz nicht erreicht, jedoch angesichts der zu diesem Zeitpunkt prognostizierten Geschäftsentwicklung erreichbar erscheint. Diese Zielsetzung wäre jedoch obsolet, wenn etwa die Gesellschafter einer noch nicht im Handelsregister eingetragenen GmbH die auf den Eintragungsstichtag berechnete Unterbilanz sofort auszugleichen hätten. Die über fünf Jahre gestreckte Pflicht zur Tilgung des Entwertungskontos erscheint vielmehr nur sinnvoll, wenn sie mit einer Einschränkung[9] der Kapitalschutzvorschriften einhergeht. Damit stehen die Gläubiger einer unterkapitalisierten Gesellschaft nicht etwa schutzlos dar. Die Gesellschafter wie auch die Geschäftsleiter machen sich zum einen nach § 826 BGB schadensersatzpflichtig, sofern die Voraussetzungen für eine vorläufige Kapitalneufestsetzung umgangen wurden, so insbesondere dann, wenn bereits das in der Schlußbilanz ausgewiesene gezeichnete Kapital in Wahrheit nicht den bisherigen Mindestbeträgen entsprach. Weiterhin muß eine Privilegierung entfallen, wenn die Organe der Gesellschaft schuldhaft gegen die in § 28 II DMBilG aufgeführten Tilgungspflichten verstoßen. Insoweit kommt zudem eine Haftung der Gesellschaft gem §§ 823 II, 31 BGB in Betracht, da die Erfüllung der Tilgungsfristen zugleich auch dem Interesse der Gläubiger an der Bildung einer ausreichenden Haftunterlage des Unternehmens dient. Schließlich ist an eine Schadensersatz-

---

[5] *H. P. Müller* in: *Budde/Förster* DMBilG § 28 Rdn 5. Es handelt sich insoweit um eine deutliche Abkehr vom Realisationsprinzip.

[6] *Lutter* RWS-Forum 7, S. 61, 65f.

[7] *Lutter/Hommelhoff* § 13 Rdn 9; *Ulmer* GmbHR 1984, 256, 262; *Immenga* Die personalistische Kapitalgesellschaft, 1970, S. 403, 416; *Wiedemann,* Gesellschaftsrecht I, 1980, § 4 III 1 b (S. 224ff), § 10 IV 3 b (S. 570ff); ebenso *BSG* ZIP 1984, 1217.

[8] Vgl BGHZ 29, 100, 104; 75, 96, 106; 87, 27, 32ff; 100, 19, 24; NJW 1979, 2104; 2105; zustimmend *K. Schmidt* Gesellschaftsrecht, 2. Aufl 1991, § 9 IV 4b (S. 206f).

[9] Wohlgemerkt: Nicht mit einem Wegfall.

pflicht aus § 826 BGB zu denken, wenn das fortgeführte Unternehmen nicht sanierungsfähig ist und die Anteilseigner bzw die Geschäftsleiter dies erkannt haben oder bei Anwendung der Sorgfalt eines ordentlichen Geschäftsmannes hätten erkennen können. Dies gilt auch dann, wenn die gesetzlichen Erfordernisse für eine vorläufige Kapitalneufestsetzung gegeben waren. Denn die in § 28 DMBilG aufgestellten Voraussetzungen für die Bildung eines Kapitalentwertungskontos stellen keinen gleichwertigen Ersatz für die bei volkseigenen Unternehmen ausdrücklich vorgeschriebene Sanierungsfähigkeitsprüfung dar. Inbesondere dürfte ein effektiver Eigenkapitalbestand von einem Zehntel des gezeichneten Kapitals kein zuverlässiges Indiz für die Überlebensfähigkeit des Unternehmens bilden. Bei dieser Sachlage trifft die Anteilseigner in entsprechender Anwendung des § 24 I 1, III 1 DMBilG die Pflicht, die Überlebensfähigkeit des Unternehmens einer sorgfältigen Prüfung zu unterziehen und im Falle einer negativen Prognose von einer vorläufigen Kapitalneufestsetzung abzusehen,[10] und zwar auch dann, wenn dies die Einstellung des Betriebs nach sich zieht.

---

[10] Die Geschäftsleiter haben zur Vorbereitung dieser Entscheidung gem §§ 43 I GmbHG, 93 I AktG, eine hinreichende Datenunterlage zu schaffen.

Kapitel VI. Stellung der Banken im Gesamtvollstreckungsverfahren

Übersicht

Schrifttum: *Heß/Binz,* Gesamtvollstreckungsordnung, 1991; *Haarmeyer/Wutzke/Förster,* Gesamtvollstreckungsordnung, 2. Aufl 1992; *Obermüller,* Handbuch Insolvenzrecht für die Kreditwirtschaft, 4. Aufl 1991

A. Kreditgeschäft bei Gesamtvollstreckung

I. Kredite in der Krise

Die im Hdb unter § 89 Rdn 1–28 dargestellten Sachverhalte werden von den **1**
Spezialvorschriften des Insolvenzrechts nicht berührt und sind lediglich nach den Bestimmungen des bürgerlichen Gesetzbuches zu beurteilen. Dieses ist durch den Einigungsvertrag zwar nicht in vollem Umfang, wohl aber mit den hier interessierenden Vorschriften im Gebiete der ehemaligen DDR mit Wirkung vom 3. 10. 1990 in Kraft gesetzt worden, so daß die erwähnten Ausführungen uneinge-

schränkt auch für Geschäfte in der ehemaligen DDR gelten, die nach diesem Stichtag getätigt wurden (vgl Art 230 Abs 2, 232 § 10 EGBGB).

II. Kredite im Antragsverfahren zur Gesamtvollstreckung

2 Wenn ein Gericht nach Antrag auf Eröffnung der Gesamtvollstreckung vorläufige Sicherungsmaßnahmen anordnet oder die Verfügungsbefugnis des Schuldners an seine Zustimmung knüpft oder auf andere Weise, zB durch Einsetzung eines Sequesters beschränkt (§ 2 Abs 3 GesO), handelt es sich um relative Veräußerungsverbote.[1] Deren Wirkung richtet sich nach §§ 136, 135 BGB, auf die zurückgegriffen werden darf, weil die Gesamtvollstreckungsordnung keine ausdrückliche Regelung enthält (Einigungsvertrag, Anlage II, Vorbem Abs 4). Damit sind die Auswirkungen von vorläufigen Sicherungsmaßnahmen nach § 2 Abs 3 GesO genauso zu beurteilen wie die eines allgemeinen Veräußerungsverbots, das aufgrund von § 106 KO erlassen wird. Demgemäß kann für das Kreditgeschäft im Antragsverfahren auf die obigen Ausführungen (Hdb § 89 Rdn 29, 30) in vollem Umfang verwiesen werden. Das gleiche gilt für die Finanzierung von Konkursausfallgeld; die diesbezüglichen Vorschriften (§§ 144a–n AFG) sind durch den Einigungsvertrag auch im Beitrittsgebiet ohne Änderungen in Kraft gesetzt worden (vgl Hdb § 89 Rdn 38–41).

III. Kredite nach Eröffnung des Gesamtvollstreckungsverfahrens

3 **1. Kreditzusagen.** Kreditzusagen erlöschen im Gesamtvollstreckungsverfahren anders als im Konkurs nicht automatisch, vielmehr unterliegen sie dem Wahlrecht des Verwalters (§ 9 GesO). Demgemäß könnte der Verwalter sich für die Erfüllung entscheiden,[2] was allerdings zur Folge hätte, daß die Forderungen der Bank aus dem Kredit zu den vorab zu begleichenden Ansprüchen (§ 13 Abs 1 Nr 1 GesO) gehören würden. Einem Auszahlungsverlangen des Verwalters kann sich die Bank durch Kündigung ihrer Kreditzusage (§ 610 BGB, Nr 18 AGB-Banken 1993) entziehen.

4 **2. Ausgezahlte Kredite.** Ausgezahlte Kredite werden durch die Verfahrenseröffnung nicht automatisch fällig. Die Gesamtvollstreckungsordnung enthält nämlich keine Parallelen zu § 65 KO. Die Bank muß also kündigen, wenn sie die Fälligkeit des Kredits herbeiführen will. Zur Aufrechnung gegen etwaige Guthaben des Kunden kann die Bank diese Forderung allerdings nicht verwenden, da die Gesamtvollstreckungsordnung verlangt, daß – abgesehen von der Aufrechnungserklärung – alle Voraussetzungen der Aufrechnung nach Bürgerlichem Recht (§§ 387ff BGB) schon vor Verfahrenseröffnung erfüllt sein müssen; die Gesamtvollstreckungsordnung enthält keine Vorschrift zur Erleichterung der Aufrechnung wie die Konkursordnung in ihren §§ 54 und 65. Praktische Bedeutung besitzt diese Abweichung allerdings nur, wenn die Bank ausnahmsweise nicht ihre Allgemeinen Geschäftsbedingungen vereinbart und dadurch ein Pfandrecht an der gegen sie gerichteten Guthabenforderung (Nr 14 AGB-Banken 1993 bzw Nr 19 AGB – Kreditgenossenschaften, Nr 21 AGB-Sparkassen) erworben hat.

5 **3. Neue Kredite.** Neue Kredite kann der Verwalter mit der Bank vereinbaren und ggf auch Sicherheiten bestellen. Die Kreditforderungen gehören dann zu den

[1] *Schmidt-Räntsch,* DtZ 1990, 344 für das insoweit gleichlautende Verfügungsverbot des § 5 Nr 1 GesO.

[2] Einzelheiten s. *Obermüller,* Handbuch Insolvenzrecht für die Kreditwirtschaft Rn 1142ff.

vorab zu begleichenden Ansprüchen (§ 13 Abs 1 Nr 1 GVO). Dazu benötigt der Verwalter die Zustimmung des Gläubigerausschusses (§ 15 Abs 6 Satz 4 GesO).

IV. Kapitalersetzende Gesellschafterdarlehen

Die Vorschriften über kapitalersetzende Darlehen gelten im Gebiet der ehemaligen DDR in gleicher Weise wie in den alten Bundesländern, so daß auf die obigen Ausführungen (Hdb § 89 Rdn 42–61) verwiesen werden kann. 6

B. Auswirkungen der Insolvenz auf Bankvertrag und Kontobeziehung

I. Bankvertrag

Der allgemeine Bankvertrag wird durch die Eröffnung des Gesamtvollstreckungsverfahrens anders als durch die Konkurseröffnung nicht beendet. Eine Sondervorschrift für Geschäftsbesorgungsverträge wie § 23 Abs 2 KO enthält die Gesamtvollstreckungsordnung nicht. Die Auswirkungen zeigen sich bei den verschiedenen Kontoarten: 1

II. Kontoverträge

Für Sparkonten, Termingeldkonten und Währungskonten ergeben sich gegenüber der Lage im Konkurs (vgl Hdb § 90 Rn 8, 9) keine Abweichungen. 2

Beim Kontokorrent sind dagegen einige Besonderheiten zu beachten: 3

Durch die Eröffnung des Gesamtvollstreckungsverfahrens erlischt der Kontokorrentvertrag nicht. Der Verwalter hat jedoch das Wahlrecht, ob er das Kontokorrent fortführt oder nicht (§ 9 GesO). Für die Fortführung sollte er sich schon deshalb nicht entscheiden, weil dadurch etwaige Ansprüche der Bank aus dem Kontokorrent den Rang der vorab zu begleichenden Ansprüche (§ 13 Abs 1 Nr 1 GesO) erhalten würden.

III. Verfügungsbefugnis

1. Einzelkonten. Die Verfügungsbefugnis über Einzelkonten, die im Zeitpunkt der Eröffnung eines Gesamtvollstreckungsverfahrens bestehen, geht auf dem Verwalter über. Dies gilt uneingeschränkt für Kontokorrent-, Spar- oder Terminkonten. Läßt die Bank in Unkenntnis von der Verfahrenseröffnung Verfügungen zu, so wird sie anders als im Konkurs (§ 8 Abs 2, 3 KO) nicht geschützt (§ 7 Abs 4 GesO). 4

2. Gemeinschaftskonten. Der Kontokorrentvertrag wird durch die Eröffnung des Gesamtvollstreckungsverfahrens über das Vermögen eines der Kontoinhaber nicht beendet (BGH WM 1985, 1059). Einen debitorischen Saldo aus dem Gemeinschaftskonto kann die Bank im Gesamtvollstreckungsverfahren in voller Höhe geltend machen, da die Kontoinhaber als Gesamtschuldner haften. Weist das Gemeinschaftskonto ein Guthaben auf, so kann der Verwalter darüber in gleicher Weise wie der Schuldner verfügen, dh bei gemeinschaftlicher Verfügungsbefugnis zusammen mit dem solventen Kontoinhaber, bei Einzelverfügungsbefugnis auch ohne dessen Mitwirkung. Allerdings kann der andere Kontoinhaber dem Verwalter zuvorkommen und sich das Guthaben auszahlen lassen. Die Eröffnung eines Gesamtvollstreckungsverfahrens hat auf die Einzelverfügungsbefugnis nämlich keine unmittelbare Wirkung. 5

6 **3. Konten für Gesellschaften bürgerlichen Rechts.** Da die GesO anders als die Konkursordnung auch ein Gesamtvollstreckungsverfahren über das Vermögen der Gesellschaft bürgerlichen Rechts und nicht nur über das Vermögen der Gesellschafter kennt, steht die Verfügungsbefugnis über die Gesellschaftskonten allein dem Verwalter zu. Demgemäß gelten die oben unter II. für das Einzelkonto aufgeführten Rechtsfolgen.

7 **4. Konten im Drittinteresse.** Für die Behandlung von Treuhandkonten, Anderkonten, Sonderkonten, Sperrkonten, Tankstellenkonten, Konten zugunsten Dritter und Minderjährigenkonten ergeben sich aus der Gesamtvollstreckungsordnung keine Abweichungen gegenüber der Lage im Konkursverfahren, so daß auf die Ausführungen im Hdb (§ 90 Rdn 13ff) verwiesen werden kann.

8 **5. Schrankfächer und Verwahrstücke.** Schrankfachmietverträge und Verträge über Verwahrstücke bestehen auch nach Eröffnung des Gesamtvollstreckungsverfahrens über das Vermögen des Schrankfachmieters bzw des Hinterlegers fort (§ 9 Abs 3 GesO). Einen Schrankfachmietvertrag kann der Verwalter unter Einhaltung der gesetzlichen Frist kündigen (§ 9 Abs 3 GesO), die Fortsetzung eines Verwahrvertrages kann er ablehnen (§ 9 Abs 1 GesO). Die Rechte aus diesen Verträgen kann nur noch der Verwalter geltend machen. Dies gilt insbesondere für die Rechte auf Zutritt und Herausgabe des Inhalts bzw des Verwahrstücks. Läßt die Bank in Unkenntnis von der Verfahrenseröffnung den Kunden verfügen, so wird sie nicht geschützt (§ 7 Abs 4 GesO).

9 **6. Depotverträge.** Über Wertpapierdepots des Kunden kann nach Eröffnung des Gesamtvollstreckungsverfahrens nur noch der Verwalter verfügen. Gibt die Bank in Unkenntnis von der Verfahrenseröffnung die Wertpapiere dem Kunden heraus, so wird sie nicht geschützt (§ 7 Abs. 4 GesO).

IV. Anordnung vorläufiger Maßnahmen

10 Ordnet das Gericht nach dem Antrag auf Eröffnung eines Gesamtvollstreckungsverfahrens als vorläufige Sicherungsmaßnahme ein Veräußerungsverbot an, so richten sich dessen Wirkungen nach §§ 136, 135 BGB.[3] Damit hat dieses Veräußerungsverbot die gleiche Wirkungen wie ein Veräußerungsverbot im Konkursantragsverfahren, so daß auf die Ausführungen im Hdb (§ 90) verwiesen werden kann.

C. Zahlungsverkehr bei Insolvenz

I. Überweisungsverkehr

1. Gesamtvollstreckung gegen den Überweisungsauftraggeber

1 **a)** Vor der Anordnung vorläufiger Maßnahmen nach dem Eröffnungsantrag und vor Verfahrenseröffnung kann der Bankkunde wirksam Überweisungsaufträge erteilen. Im Fall der Ausführung kann die Bank das Konto des Kunden mit dem Überweisungsbetrag belasten.

2 **b)** Nach Anordnung vorläufiger Maßnahmen gelten in den neuen Bundesländern die gleichen Regeln wie in den alten, da das Veräußerungsverbot nach § 2

---

[3] *Schmidt-Räntsch,* Dtz 1990, 3; *Heß/Binz,* Gesamtvollstreckungsordnung, 1991, § 7 Rdn 6; *Haarmeyer/Wutzke/Förster,* GesO, 2. Aufl 1992, § 2 Rdn 68.

Abs 3 GesO mit dem Veräußerungsverbot im Konkursantragsverfahren identisch ist (s im Hdb § 91 Rdn 5).

c) Anders als die Konkurseröffnung führt die Eröffnung eines Gesamtvollstrekkungsverfahrens nicht von selbst vor Beendigung des allgemeinen Bankvertrages und des Kontokorrentvertrages. Das Schicksal dieser Verträge hängt vielmehr davon ab, wie der Verwalter sein Wahlrecht ausübt (§ 9 GesO). Auf Überweisungsaufträge, die rechtlich nur als Weisung im Rahmen des Girovertrages anzusehen sind, wirkt sich dies wie folgt aus: 3

– Neue Überweisungsaufträge zulasten seines vom Gesamtvollstreckungsverfahren betroffenen Kontos kann nur noch der Verwalter, nicht aber der Schuldner erteilen. Wenn die Bank versehentlich oder in Unkenntnis von der Verfahrenseröffnung einen Auftrag des Schuldners ausführt, wird sie von ihrer Schuld aus einem etwaigen Guthaben des Kunden nicht befreit (§ 7 Abs 4 GesO). Bei Zahlung aus einem debitorischen Konto erwirbt die Bank dagegen einen Aufwendungsersatzanspruch, der eine nicht bevorrechtigte Forderung (§ 17 Abs 3 Nr 4 GesO) darstellt.[4] 4

– Unerledigte Überweisungsaufträge darf die Bank während der Schwebezeit bis zur Entscheidung des Verwalters nicht ausführen. 5

2. Gesamtvollstreckung gegen den Überweisungsempfänger. Die Berechtigung und die Verpflichtung einer Bank zur Gutschrift im Verhältnis zum Überweisungsauftraggeber angesichts eines drohenden oder schon eröffneten Gesamtvollstreckungsverfahrens des Überweisungsempfängers ergibt sich aus den Bestimmungen des bürgerlichen Rechts und des Handelsrechts, so daß die obigen Grundsätze (Hdb § 91 Rn 14ff) auch in den neuen Bundesländern uneingeschränkt Anwendung finden. 6

Insolvenzrechtlich gibt es jedoch einige Unterschiede im Vergleich zu den alten Bundesländern:

a) Vor Zahlungseinstellung oder Eröffnungsantrag eingehende Überweisungen hat die Bank in das Kontokorrent einzustellen und am Ende der Rechnungsperiode zu verrechnen. Eine Anfechtung ist grundsätzlich nicht möglich, denn die in diesem Zeitraum allein in Betracht kommende Absichtsanfechtung (§ 10 Abs 1 Nr 1 GesO) betrifft nur Rechtshandlungen des Schuldners, nicht aber Rechtshandlungen Dritter.[5] 7

b) Nach Zahlungseinstellung oder Eröffnungsantrag für den Kunden eingehende Zahlungen muß die Bank seinem Konto gutschreiben. Die Verrechnung beim nächsten ordentlichen Rechnungsabschluß oder bei Beendigung des Kontokorrents durch die Weigerung des Verwalters, den Girovertrag fortzusetzen, ist zulässig. Die Aufrechnungserklärung kann nämlich auch noch nach Verfahrenseröffnung abgegeben werden (§ 7 Abs 5 GesO), solange nur die übrigen Voraussetzungen der Aufrechnung nach bürgerlichem Recht bereits vor Verfahrenseröffnung vorlagen. Anders als im Konkurs ist in der Gesamtvollstreckung eine Anfechtung der Verrechnung oder Aufrechnung stets ausgeschlossen, da die Aufrechnungslage auf der Rechtshandlung eines Dritten beruht, die Gesamtvollstreckungsordnung jedoch nur die Anfechtung von Rechtshandlungen des Schuldners zuläßt.[6] 8

---

[4] Einzelheiten s *Obermüller,* Handbuch Insolvenzrecht für die Kreditwirtschaft Rdn 520.

[5] *Haarmeyer/Wutzke/Förster,* aaO, § 10 Rn 55.

[6] *Haarmeyer/Wutzke/Förster,* aaO; Einzelheiten s *Obermüller,* Handbuch Insolvenzrecht für die Kreditwirtschaft Rn 527ff).

9 **c)** Nach Anordnung eines Veräußerungsverbots gelten im Gesamtvollstreckungsverfahren die gleichen Regeln wie im Konkursantragsverfahren (s im Hdb § 91 Rn 24), jedoch ist eine Anfechtung nicht möglich (s o Rdn 8).

10 **d)** Nach Verfahrenseröffnung eingehende Überweisungen kann die Bank dem Kunden zwar gutschreiben, jedoch nicht zur Rückführung eines debitorischen Saldos verwenden (§ 7 Abs 5 GesO).

II. Einlösung und Einzug von Schecks

11 **1. Gesamtvollstreckung gegen den Scheckaussteller.** Vor der Anordnung vorläufiger Maßnahmen und vor Eröffnung eines Gesamtvollstreckungsverfahrens über das Vermögen des Bankkunden kann die Bank dessen Schecks einlösen (zum Zeitpunkt der Einlösung siehe oben § 91 Rn 33) und das Konto mit dem Scheckbetrag belasten. Nach Anordnung eines allgemeinen Veräußerungsverbots ist dies jedoch nicht mehr zulässig. Sofern die Bank das Veräußerungsverbot nicht kennt, wird ihr guter Glaube geschützt (§§ 2 Abs 3 GesO, 136, 135, 407 BGB).[7] Nach Eröffnung des Gesamtvollstreckungsverfahrens darf die Bank Schecks, die ihr Kunde vor oder nach Verfahrenseröffnung ausgestellt hat, nicht mehr einlösen. Sofern sie dennoch einen Scheck bezahlt, wird sie von einer etwaigen Guthabenschuld gegenüber dem Kunden bzw. dem Verwalter selbst dann nicht befreit, wenn ihr die Verfahrenseröffnung nicht bekannt war. Anders als im Konkursverfahren wird ihr guter Glaube nämlich nicht geschützt (§ 7 Abs 4 GesO).

2. Gesamtvollstreckung gegen den Scheckeinreicher

12 **a)** Vor Zahlungseinstellung oder Eröffnungsantrag erteilte Aufträge zum Einzug von Schecks muß die Bank ausführen und den Gegenwert dem Konto ihres Kunden gutschreiben. Den gutgeschriebenen Betrag kann sie mit einem etwaigen Debetsaldo verrechnen. Dabei kommt es trotz der banküblichen Vorbehaltsgutschrift[8] nicht auf den Zeitpunkt an, in dem der Scheck von der Bank des Ausstellers eingelöst wird. Vielmehr ist der Zeitpunkt der Einreichung des Schecks maßgebend, da die Bank schon dann Sicherungseigentum an dem Scheck erwirbt, aufgrund dessen sie sich aus dem Scheck wegen ihrer Forderungen gegen den Kunden abgesondert befriedigen kann (s im Hdb § 91 Rn 37 und BGH WM 1992, 1083). Die Verrechnung ist nur dann anfechtbar, wenn der Kunde der Bank den Scheck in der Absicht zum Inkasso gegeben hat, seine übrigen Gläubiger zu benachteiligen und der Bank diese Absicht bekannt war (§ 10 Abs 1 Nr 1 GesO). Dies ist bei einem Scheckinkasso im üblichen Geschäftsverkehr in der Regel nicht der Fall.

13 **b)** Nach Zahlungseinstellung oder Eröffnungsantrag kann die Bank weiterhin Einzugsaufträge annehmen und ausführen. Den Gegenwert des Schecks kann sie zwar auch mit einem etwaigen debitorischen Saldo verrechnen, ist insoweit jedoch einer Anfechtung ausgesetzt (§ 10 Abs 1 Nr 4 GesO), sofern ihr die Zahlungseinstellung oder der Eröffnungsantrag bekannt war oder den Umständen nach bekannt sein mußte.

14 **c)** Nach Anordnung eines Veräußerungsverbots im Antragsverfahren darf die Bank keine Scheckinkassoaufträge des Kunden mehr annehmen, es sei denn, daß ein Sequester eingesetzt ist und zustimmt. Über den Erlös darf nur der Sequester im Rahmen seiner Befugnisse verfügen. Wenn der Bank jedoch weder die Zah-

[7] Einzelheiten s *Obermüller*, Handbuch Insolvenzrecht für die Kreditwirtschaft Rn 712.
[8] Einzelheiten s *Obermüller*, Handbuch Insolvenzrecht für die Kreditwirtschaft Rn 647.

lungseinstellung noch der Eröffnungsantrag noch das Veräußerungsverbot bekannt sind und ihre Unkenntnis auch nicht auf grober Fahrlässigkeit beruht, erwirbt sie gutgläubig Sicherungseigentum an dem Scheck (§§ 2 Abs 3 GesO, 136, 135 Abs 2, 932 BGB) und kann demgemäß den Scheckbetrag zur Rückführung eines Debetsaldos verwenden.

d) Nach Verfahrenseröffnung kann die Bank von dem Kunden keine Scheckin- 15
kassoaufträge mehr annehmen. Sofern ihr die Verfahrenseröffnung nicht bekannt ist und sie deshalb den Auftrag durchführt, wird sie durch eine etwaige Auszahlung des Gegenwertes an den Kunden nicht befreit. Ihr guter Glaube wird nämlich anders als im Konkurs nicht geschützt (§ 7 Abs 4 GesO). Daran ändert auch die Tatsache nichts, daß die Bank an dem Scheck das Sicherungseigentum erworben hat, wenn ihr die Verfahrenseröffnung nicht bekannt war und ihre Unkenntnis auch nicht auf grober Fahrlässigkeit beruhte (§§ 5 Nr 1 GesO, 136, 135, 929, 932 BGB).[9] Dies berechtigt sie zwar zur Verwendung des Gegenwertes zur Rückführung eines debitorischen Saldos, nicht aber zur Auszahlung an den Kunden. Denn wenn sie das Sicherungseigentum mangels eigener Forderungen nicht benötigt, entsteht der Rückgewähranspruch, von dem sie sich nur durch Leistung an den Verwalter befreien kann (§ 7 Abs 4 GesO).

III. Einlösung und Einzug von Wechseln

Die insolvenzrechtliche Problematik beim Einzug und bei der Einlösung von 16
Wechseln ist im wesentlichen die gleiche wie beim Inkasso von Schecks, so daß auf die obigen Ausführungen verwiesen werden kann.

IV. Einlösung und Einzug von Lastschriften

1. Gesamtvollstreckung gegen den Zahlungspflichtigen

a) Vor der Eröffnung eines Gesamtvollstreckungsverfahrens bzw der Anord- 17
nung vorläufiger Maßnahmen nach dem Eröffnungsantrag (§ 2 Abs 3 GesO) kann die Bank Lastschriften, für die ihr Kunde einen Abbuchungsauftrag oder eine Einzugsermächtigung erteilt hat, einlösen und sein Konto entsprechend belasten. Daran ändert auch das Widerspruchsrecht des Kunden nichts, das ihm im Einzugsermächtigungsverfahren zusteht. Zwar steht der Aufwendungsersatzanspruch der Bank unter der auflösenden Bedingung des Widerspruchs seitens des Kunden.[10] Eine auflösend bedingte Forderung berechtigt jedoch sofort und nicht erst mit dem Ausfall der Bedingung zur Aufrechnung.[11] Demgemäß kommt es nicht darauf an, ob die Genehmigung vor oder nach Verfahrenseröffnung erteilt wird; das Aufrechnungsverbot des § 7 Abs 4 GesO kommt nicht mehr zum Zuge.

b) Nach Anordnung eines allgemeinen Veräußerungsverbots im Antragsverfah- 18
ren darf die Bank keine Lastschriften mehr einlösen, ist jedoch geschützt, wenn ihr das Veräußerungsverbot nicht bekannt war.[12]

c) Nach Verfahrensöffnung darf die Bank Lastschriften nicht mehr einlösen. 19
Denn ihren Aufwendungsersatzanspruch kann sie mit einem etwaigen Guthaben auf dem Konto des Kunden nicht verrechnen (§ 7 Abs 4 GesO). Letzteres gilt auch dann, wenn der Bank die Verfahrenseröffnung nicht bekannt war; einen Gutglau-

---

[9] Einzelheiten s *Obermüller,* Handbuch Insolvenzrecht für die Kreditwirtschaft Rn 737.
[10] BGH WM 1979, 829; 1985, 905; 1989, 520).
[11] OLG Celle OLGZ 1972, 275; *Palandt/Heinrichs,* § 387 Rn 11.
[12] Einzelheiten s *Obermüller,* Handbuch Insolvenzrecht für die Kreditwirtschaft Rn 791.

bensschutz gibt es anders als im Konkursverfahren in der Gesamtvollstreckung nicht.

2. Gesamtvollstreckung gegen den Zahlungsempfänger

20 **a)** Lastschriften, die der Kunde seiner Bank vor seiner Zahlungseinstellung oder einem Antrag auf Eröffnung eines Gesamtvollstreckungsverfahrens zum Einzug einreicht, kann die Bank einziehen und den Gegenwert seinem Konto gutschreiben. Die Gutschrift steht unter zwei Bedingungen, nämlich dem Vorbehalt des Eingangs als aufschiebender und – im Einzugsermächtigungsverfahren – dem Ausfall des Widerspruchs als auflösender Bedingung.[13] Dieser doppelt bedingte Charakter der Gutschrift verhindert eine Verrechnung mit einem debitorischen Saldo nicht, sofern die Gutschrift vor Verfahrenseröffnung endgültig wird. Das Aufrechnungsverbot des § 7 Abs 5 GesO greift erst mit Verfahrenseröffnung ein, ein im Antragsverfahren erlassenes Veräußerungsverbot steht einer Aufrechnung nicht entgegen.[14] Auch kommt eine Anfechtung nicht in Betracht, da die Einlösung der Lastschrift bzw die Genehmigung der Kontobelastung auf einer Rechtshandlung des Zahlungspflichtigen beruht, während § 10 Abs 1 GesO nur die Anfechtung von Rechtshandlungen des Kunden zuläßt.

21 **b)** Wird die Gutschrift nach Eröffnung des Gesamtvollstreckungsverfahrens endgültig, so ist wie folgt zu unterscheiden:

- Wird die Lastschrift nach Verfahrenseröffnung eingelöst, tritt also die aufschiebende Bedingung erst nach Eröffnung ein, so verhindert das Verbot des § 7 Abs 5 eine Aufrechnung.
- Hat die Zahlstelle die Lastschrift dagegen schon vor Verfahrenseröffnung eingelöst, wird aber die Genehmigung der Kontobelastung durch den Zahlungspflichtigen erst nach Verfahrenseröffnung erteilt, so ist die Aufrechnung zulässig; denn die Aufrechnung mit oder gegen auflösend bedingte Forderungen ist schon nach Bürgerlichem Recht statthaft und bietet in der Insolvenz keine Besonderheit.[15]

D. Leasing

I. Insolvenz des Leasingnehmers

1 Im Gesamtvollstreckungsverfahren bestehen Mietverhältnisse des Schuldners fort und zwar anders als im Konkursverfahren ohne Rücksicht darauf, ob die Mietsache dem Mieter vor der Verfahrenseröffnung überlassen worden ist oder ob sie sich noch im Besitz des Vermieters befindet. Die Ansprüche des Leasinggebers für die Zeit nach Verfahrenseröffnung sind vorab zu begleichen (§ 13 Abs 1 Nr 1 GesO). Rückstände fallen in den letzten Rang (§ 17 Abs 3 Nr 4 GesO).

Der Verwalter ist unabhängig von der Laufzeit des Leasingvertrags zur Kündigung unter Einhaltung der gesetzlichen Frist berechtigt (§ 9 Abs 3 GesO). Kündigt der Verwalter, so stellen nur die Leasingforderungen für die Zeit von der Verfahrensöffnung bis zum Ende der Kündigungsfrist vorab zu begleichende Ansprüche dar.

---

[13] Einzelheiten s *Obermüller,* Handbuch Insolvenzrecht für die Kreditwirtschaft Rn 865, 820.
[14] BGH WM 1987, 603; OLG Düsseldorf WM 1986, 626.
[15] RGZ 143, 192; BGH WM 1978, 883.

II. Insolvenz des Leasinggebers

Die Eröffnung eines Gesamtvollstreckungsverfahrens über das Vermögen des Leasinggebers berührt die Leasingverträge nicht (§ 9 Abs 3 GesO). Der Verwalter ist an den Vertrag gebunden und erwirbt auch kein außerordentliches Kündigungsrecht. 2

E. Bürgschafts- und Garantiegeschäft

I. Insolvenz des Avalauftraggebers

Wenn die Bank einen Avalauftrag ihres Kunden erhält, bei Eintritt der Krise aber noch nicht ausgeführt hat, wird sie den Auftrag in der Regel ablehnen, es sei denn, der Kunde kann ihr ausreichende Sicherheiten für den Aufwendungsersatzanspruch einräumen. Die Besicherung stellt ein anfechtungsfreies Bargeschäft (s im Hdb § 49 Rdn 17) dar. 1

Wenn die Bank eine Bürgschaft oder Garantie im Verhältnis zu dem Begünstigten schon übernommen hat, kann sie sich aus diesen Verpflichtungen wegen der Krise des Avalauftraggebers grundsätzlich nicht mehr befreien (Ausnahmen s *Obermüller,* Handbuch Insolvenzrecht für die Kreditwirtschaft Rn 1608, 1609). Wird sie aus der Bürgschaft bzw Garantie vor Verfahrenseröffnung über das Vermögen des Avalauftraggebers in Anspruch genommen, so kann sie mit ihrem Rückgriffsanspruch gegen ein etwaiges Guthaben des Kunden aufrechnen. Dies gilt auch bei Inanspruchnahme nach Anordnung eines allgemeinen Veräußerungsverbots, da ein Veräußerungsverbot eine Aufrechnung nicht hindert.[16] Bei Inanspruchnahme nach Verfahrenseröffnung ist eine Aufrechnung dagegen ausgeschlossen (§ 7 Abs 5 GesO). Die Bank kann jedoch auf das Pfandrecht nach Nr 14 AGB-Banken (1993) zurückgreifen.

II. Insolvenz des Begünstigten

Im Gesamtvollstreckungsverfahren gegen den Begünstigten ergeben sich nur insoweit Abweichungen vom Konkursverfahren (s dazu Hdb § 93 Rdn 19), als die Bank nach der öffentlichen Bekanntmachung der Verfahrenseröffnung selbst dann nicht mehr mit befreiender Wirkung an den Begünstigten leisten kann, wenn sie von der Verfahrensöffnung nichts wußte (§ 7 Abs. 4 GesO). 2

F. Devisentermingeschäfte

1. Devisentermingeschäfte vor Verfahrenseröffnung. Für den Abschluß und die Erfüllung von Devisentermingeschäfte sowie die Rechtsfolgen der Nichterfüllung vor der Eröffnung eines Gesamtvollstreckungsverfahrens gelten die gleichen Grundsätze wie im Konkurs (s Hdb § 94 Rdn 1–5).[17] 1

2. Devisentermingeschäfte nach Verfahrenseröffnung

a) Nach Eröffnung des Gesamtvollstreckungsverfahrens kann nur noch der Verwalter neue Devisentermingeschäfte abschließen. Forderungen der Bank aus solchen Geschäften sind aus der Masse vorab zu begleichen (§ 13 Abs 1 Nr 1 GesO). 2

[16] BGH WM 1987, 603; OLG Düsseldorf WM 1986, 626.

[17] Begründung s *Obermüller,* Handbuch Insolvenzrecht für die Kreditwirtschaft Rn 1953.

3 **b)** Bestehende Devisentermingeschäfte, von denen sich die Bank bei Verfahrenseröffnung noch nicht gelöst hat (s im Hdb § 94 Rn 6), enden nicht automatisch durch die Verfahrenseröffnung. Anders als die Konkursordnung enthält die Gesamtvollstreckungsordnung nämlich keine Sondervorschrift für Fixgeschäfte. Demgemäß kann der Verwalter wählen, ob er die Erfüllung des Geschäfts fordert oder ablehnt (§ 9 Abs 1 GesO).

4 Wählt er die Erfüllung, so sind die daraus entstehenden Ansprüche vorab zu befriedigen (§ 13 Nr 1 GesO). Lehnt der Verwalter die Erfüllung ab, so ist die Bank auf einen Schadensersatzanspruch verwiesen, der eine nicht bevorrechtigte Forderung (§ 17 Abs 3 Nr 4 GesO) darstellt. Die Schadensberechnung vollzieht sich nicht nach der strengen Regelung des § 18 KO, derzufolge der Markt- oder Börsenpreis am zweiten Werktag nach der Verfahrenseröffnung unabhängig vom konkreten Schaden maßgebend ist und ggfs auch der Kunde einen Anspruch gegen die Bank auf Herausgabe der Vorteile erwirbt, die sie aus der vorzeitigen Vertragsauflösung gezogen hat. Vielmehr sind die zivilrechtlichen Regeln maßgebend (§§ 325, 326 BGB, 376 Abs 2, 3 HGB). Die Bank kann demgemäß zwischen konkreter und abstrakter Schadensberechnung wählen.[18] Etwaige Vorteile, die sie aus der vorzeitigen Beendigung des Geschäfts gezogen hat, braucht sie dem Verwalter nicht herauszugeben.

---

[18] Einzelheiten s *Obermüller,* Handbuch Insolvenzrecht für die Kreditwirtschaft Rn 1956, 1957.

Kapitel VII. Arbeits- und sozialrechtliche Besonderheiten

Übersicht

A. Grundsätze des Arbeitsrechts im Gesamtvollstreckungsverfahren

I. Überblick

Das Gesamtvollstreckungsverfahren in den neuen Bundesländern kennt grundsätzlich ebensowenig wie das Vergleichs- und Konkursverfahren der alten Bundesländer ein insolvenzspezifisches Arbeitsrecht. Dies ist für das Gesamtvollstreckungsverfahren zumindest genauso massiv kritisiert worden wie schon zuvor im Hinblick auf das Insolvenzrecht der alten Bundesländer.[1] Gleichwohl ist zu betonen, daß das Fehlen eines insolvenzspezifischen Arbeitsrechtes den zwingenden wirtschaftsrechtlichen Standards in der Bundesrepublik entspricht, weil bei Eingreifen eines derartigen Arbeitsrechtes, soweit ein Unternehmen „notleidend" geworden ist, die dann zwangsläufig geltenden, insolvenzspezifisch gemilderten arbeitsrechtlichen Bedingungen zu einer gefährlichen Wettbewerbsverzerrung führen müßten. Das in die Insolvenz geratene Unternehmen würde arbeitsrechtlich privilegiert und könnte auf diese Weise ungerechtfertigte Vorteile erringen, da die Arbeitsbedingungen zugleich Wirtschaftsbedingungen sind. 1

Zudem darf nicht übersehen werden, daß die modifizierte Einführung des bundesrepublikanischen Arbeitsrechts in den fünf neuen Bundesländern eine zusätzliche, erhebliche Erschwerung erfahren hätte, wenn neben den ohnehin – allerdings befristet – bestehenden Modifikationen das gerade erst eingeführte arbeitsrechtliche System weitere Durchbrechungen im Gesamtvollstreckungsverfahren hätte 2

---

[1] *Hess/Binz* § 9 Rdn 95; *Dörner/Widlak* NZA 1991, Beil 1, 43 (48f); zu den alten Bundesländern: *Hess/Kropshofer* Anh I Rdn 2; *Heinze* § 95 Rdn 2.

dulden müssen. Die katastrophale wirtschaftliche Situation in den fünf neuen Bundesländern hätte dadurch keine wesentliche Hilfe erfahren, wohl aber hätte der Arbeitnehmerschutz Beeinträchtigungen hinnehmen müssen, die eher zu einer Verschlimmerung als zu einer Verbesserung der wirtschaftlichen und sozialen Situation beigetragen hätten.

3 Immerhin hat der Gesetzgeber durch Suspendierung des § 613a BGB im Gesamtvollstreckungsverfahren zutreffend den wirtschaftsspezifischen Besonderheiten der Umwandlung, der Auf- und Abspaltung ehemals staatseigener Betriebe in Treuhandunternehmen bzw. in privatrechtlich verselbständigte Unternehmen Rechnung getragen. Die Vielzahl der Veräußerungs- und Übertragungsvorgänge der notleidenden Unternehmen erforderte insoweit in der Tat eine insolvenzspezifische Berücksichtigung, um die neugebildeten, privatrechtlichen Unternehmenseinheiten nicht zuletzt unter dem Gesichtspunkt der Erhaltung einer Mindestzahl von Arbeitsplätzen für den Erwerb neuer Unternehmensträger zu öffnen. Die keineswegs unumstrittene Suspendierung des § 613a BGB im Gesamtvollstreckungsverfahren[2] war insoweit eine angemessene Antwort des Gesetzgebers.

II. Der Einfluß der Gesamtvollstreckung auf bestehende Arbeitsverhältnisse

4 Vergleichbar § 106 I 2 KO sieht § 2 III GesO vor, daß in der Zeit zwischen Antragstellung und der gerichtlichen Entscheidung über die Eröffnung der Gesamtvollstreckung das Gericht durch Beschluß vorläufige Maßnahmen zur Sicherung einer Gesamtvollstreckung, insbesondere die Sicherung einzelner Vermögenswerte, Guthaben oder Forderungen des Schuldners anordnen sowie die Verfügungsbefugnis des Schuldners von der Zustimmung des Gerichts abhängig machen oder auf andere Weise beschränken kann. Insbesondere ist folglich das Gericht befugt, die Verwaltung des Schuldnervermögens durch einen zeitweiligen Verwalter als Sequester anzuordnen.

5 Die Sequestration hat – wie in der KO, so auch in der GesO – auf das Bestehen der Arbeitsverhältnisse keinen Einfluß, da dem Sequester weder eine originäre noch eine vom Schuldner abgeleitete Rechtsmacht auf dem Gebiete des Arbeitsrechts zusteht. Der Sequester ist regelmäßig nur zur Ausübung von Sicherungsmaßnahmen berechtigt, weshalb der Schuldner allein Arbeitgeber bleibt. Nur ihn treffen die arbeitsrechtlichen Rechte und Pflichten sowohl im Rahmen des Arbeitsvertragsrechtes wie im Rahmen des Betriebsverfassungsrechtes, des Gesetzes oder des Tarifrechtes. Ob der Schuldner als Arbeitgeber zur Rechtsausübung bzw. zur Durchführung arbeitsrechtlicher Maßnahmen überhaupt der Zustimmung des Sequesters bedarf, entscheidet sich allein nach dem Inhalt der vom Gericht angeordneten Sequestration, führt aber zu keiner Verlagerung arbeitsrechtlicher Rechte und Pflichten auf den Sequester.

6 Von der bloßen Sequestration gem § 2 III GesO ist die weitergehende Unterbrechung des Gesamtvollstreckungsverfahrens gemäß dem Gesamtvollstreckungs-Unterbrechungsgesetz (GUG) zu unterscheiden. Gleichwohl tangiert die Unterbrechung zunächst ebenfalls nicht die Arbeitgeberstellung des Schuldners, es sei denn, daß gem § 9 GUG das Gericht die Verfügungsbefugnis auf einen vorläufigen Verwalter überträgt, weil dann der vorläufige Verwalter die Arbeitgeberfunk-

---

[2] Vgl. *Smid* Gesamtvollstreckung, S. 60ff, insbes. S. 63f; *ders* AuA 1991, 361ff; *Weimar/Alfes* DB 1991, 1830ff; *Belling/Müsgen* NZA 1991, Beil 1, S. 7 (18); für eine generelle Supsendierung des § 613a BGB in den neuen Bundesländern: Sachverständigenrat zur Begutachtung der gesamtwirtschaftlichen Entwicklung, Sondergutachten v 13. 4. 1991, ZIP 1991, 547 (554).

tionen des Schuldners auszuüben hat. Nur in diesem Einzelfall gestaltet sich die arbeitsrechtliche Rechtslage so, als sei im Gesamtvollstreckungsverfahren bereits der Eröffnungsbeschluß ergangen.

Durch die Eröffnung des Gesamtvollstreckungsverfahrens über das Vermögen 7
des Schuldners (Arbeitgebers) werden die bestehenden Arbeitsverhältnisse im Grundsatz nicht tangiert, weshalb die gesetzlichen, tarifrechtlichen, betriebsverfassungsrechtlichen und arbeitsvertraglichen Vorschriften und Regelungen durch die Eröffnung des Gesamtvollstreckungsverfahrens unberührt weiter gelten. Dies ist zwar nicht ausdrücklich ausgesprochen, ergibt sich jedoch zwingend aus § 9 GesO, gemäß dessen Abs 1 der Verwalter ein Wahlrecht bezüglich der noch nicht in Vollzug gesetzten Arbeitsverträge hat und gemäß dessen Abs 2 der Verwalter – ebenso wie die Arbeitnehmer – das Arbeitsverhältnis unabhängig von einer vereinbarten Kündigungsfrist unter Einhaltung der gesetzlichen Frist kündigen kann. Sieht man von der Ablehnung aufgrund des Wahlrechtes gem Abs 1 ab, die wie eine fristlose Kündigung wirkt, bildet die Eröffnung des Gesamtvollstreckungsverfahrens weder einen Grund für eine außerordentliche Kündigung noch für eine ordentliche Kündigung. Ebenso uneingeschränkt gilt das Betriebsverfassungsrecht unbeeinflußt durch die Eröffnung des Gesamtvollstreckungsverfahrens bis hin zur Betriebsstillegung einschließlich der daran anknüpfenden Vorschriften der §§ 111ff BetrVG. Auch werden tarifliche und gesetzliche Regelungen, soweit sie hinsichtlich des konkreten Arbeitsverhältnisses einschlägig sind, durch die Eröffnung des Gesamtvollstreckungsverfahrens weder eingeschränkt noch erweitert.

Mit der Eröffnung des Gesamtvollstreckungsverfahrens verliert der Schuldner 8
gem. § 5 GesO, der § 6 KO entspricht, die Befugnis, sein Vermögen zu verwalten und über dieses zu verfügen. Sein Verwaltungs- und Verfügungsrecht wird nunmehr durch den vom Gericht ernannten Verwalter ausgeübt, weshalb dieser die dem Schuldner weiterhin zustehenden Rechte und Pflichten als Arbeitgeber an dessen Stelle wahrzunehmen hat. Der Schuldner bleibt Arbeitgeber, aber die Ausübung der dem Schuldner originär verbleibenden Arbeitgeberfunktionen mit allen damit zusammenhängenden Rechten und Pflichten ist nunmehr dem Verwalter zugewiesen. Deshalb ist der Verwalter auch umfassend an die bei Eröffnung des Gesamtvollstreckungsverfahrens bestehende und von ihm vorgefundene arbeitsrechtliche Rechtslage gebunden. Der Verwalter hat die einzelarbeitsvertraglichen Rechte und Pflichten ebenso wahrzunehmen wie diejenigen, die sich aus den arbeitsrechtlichen Gesetzen, den Betriebsvereinbarungen und Tarifverträgen ergeben. Insbesondere steht ihm nunmehr die Ausübung des Weisungsrechtes des Arbeitgebers (Direktionsrecht) gegenüber den einzelnen Arbeitnehmern zu, ohne daß durch die Eröffnung des Gesamtvollstreckungsverfahrens hier eine Erweiterung oder Einschränkung eingetreten wäre.

Dies darf allerdings nicht dahingehend mißverstanden werden, daß die Gesamt- 9
vollstreckung gänzlich ohne Auswirkungen auf die inhaltliche Konkretisierung des Direktionsrechtes bliebe. Die außerordentliche, schwierige wirtschaftliche Lage des Unternehmens im Gesamtvollstreckungsverfahren führt notwendigerweise dazu, daß sich auch der Inhalt des Direktionsrechtes, so wie es der Verwalter auszuüben hat, an dieser wirtschaftlichen Lage ausrichtet. In Frage kommt deshalb eine vorübergehende Übertragung von Arbeiten, die nicht in den eigentlichen, ursprünglich vertraglich vorgesehenen Tätigkeitsbereich des Arbeitnehmers fallen, bis hin zur vorübergehenden Zuweisung von geringwertiger Arbeit. Dies bedeutet keine Bejahung eines gesamtvollstreckungsrechtlich-spezifischen Direktionsrechtes, vielmehr nimmt das Direktionsrecht hier innerhalb der Gesamtvoll-

streckung wie außerhalb durchaus realitätsbezogen auf die jeweiligen wirtschaftlichen Rahmenbedingungen des Arbeitsverhältnisses Bezug.[3]

10 Es ist dringend anzuraten, daß der Verwalter unverzüglich nach Eröffnung des Gesamtvollstreckungsverfahrens die Arbeitnehmerschaft des Schuldners über die Situation des Unternehmens und über die insolvenznotwendigen Vorhaben (Betriebsstillegung, Betriebteilstillegung, über Möglichkeiten der Unternehmensfortführung, über Geringfügigkeit des Vermögens im Verhältnis zu den Kosten des Verfahrens usw.) informiert. Des weiteren hat der Verwalter der Belegschaft gegenüber den weiteren Gang der Ausübung der ihm übertragenen Arbeitgeberfunktionen zu erläutern und auf bevorstehende, die Interessen der Belegschaft berührende Maßnahmen hinzuweisen.

11 Unverzüglich hat des weiteren der Verwalter anhand des Stellenplanes unter Rückgriff auf die Personalakten festzustellen, ob und inwieweit welche Arbeitnehmerschutzvorschriften eingreifen, welche finanziellen Belastungen aus Arbeitnehmeransprüchen resultieren und zu erfüllen sind und welche Arbeitnehmergruppen besonderen Kündigungsschutz genießen. Außerdem hat er einerseits die Pflichten gem der §§ 141a ff AFG idF des Gesetzes über Konkursausfallgeld (insbes Ausstellen einer Verdienstbescheinigung, ggf Errechnen und Auszahlen des Konkursausfallgeldes) sowie beispielsweise die besonderen Mitteilungs- und Auskunftspflichten gegenüber dem Träger der Insolvenzsicherung, dem Pensionssicherungsverein, gem § 11 BetrVG zu beachten. Da die Eröffnung des Gesamtvollstreckungsverfahrens die betriebsverfassungsrechtlichen Rechte und Pflichten des Arbeitgebers nicht suspendiert, hat der Verwalter die Mitwirkungs- und Mitbestimmungsrechte des Betriebsrats unverändert weiter einzuhalten. Bestehende Betriebsvereinbarungen sind auf etwaige Kündigungsmöglichkeiten zu überprüfen, ansonsten uneingeschränkt zu erfüllen. Besondere Bedeutung kommt schließlich den Vorschriften zum Wirtschaftsausschuß (§§ 106ff BetrVG), zum Interessenausgleich, Sozialplan und Nachteilsausgleich bei Betriebsänderungen (§§ 111–113 BetrVG) zu, da auch diese Vorschriften im gesamten Vollstreckungsverfahren uneingeschränkt Anwendung finden, allerdings nicht das Sozialplangesetz vom 20. 2. 1985. Uneingeschränkt treffen den Verwalter auch alle tarifvertraglichen Rechte und Pflichten gegenüber den Arbeitnehmern, so wie sie dem Arbeitgeber obliegen.

III. Der Arbeitnehmerbegriff

12 Die Gesamtvollstreckungsordnung verweist bezüglich des Arbeitnehmerbegriffes in § 9 Abs. 2 GesO mangels eigener Begriffsbestimmung auf den allgemeinen Arbeitnehmerbegriff des Arbeitsrechtes. Deshalb sind zur Feststellung der Arbeitnehmereigenschaft die im Arbeitsrecht allgemein anerkannten Kriterien zugrunde zu legen, denen zufolge Arbeitnehmer ist, wer aufgrund eines privatrechtlichen Vertrages (Arbeitsvertrages) unselbständige, fremdbestimmte Arbeit leistet.[4] Arbeitnehmer sind Arbeiter und Angestellte; ihnen sind die zu ihrer Berufsausbildung Beschäftigten gleichgestellt.

13 Die GesO hat folglich gerade nicht den Rechtsbegriff des DDR-Arbeitsrechts „Werktätiger“ übernommen, sondern zwingend und umfassend auf den arbeitsrechtlichen Arbeitnehmerbegriff der Bundesrepublik verweisen. Damit enthält die GesO zugleich eine Absage an die dem DDR-Arbeitsrecht eigene, beispielhaft im

[3] Zum Direktionsrecht des Arbeitgebers in besonderen Unternehmenssituationen: *Söllner*, Grundriß des Arbeitsrecht § 28 IV 1 mwN.

[4] Vgl nur BAG AP Nr 1, 3, zu § 611 Abhängigkeit.

LPG-Gesetz fixierte Verbindung von Vermögens- und Arbeitsbeziehungen, nach der Rechte und Pflichten der LPG-Mitglieder nicht isoliert als Nur-Eigentümer oder als Nur-Werktätige qualifizierbar waren, sondern nur zusammengenommen eine einheitliche Rechtsstellung bildeten. Diese Betrachtungsweise hat die GesO konsequent aufgegeben, weshalb nunmehr beispielsweise bezüglich der LPG-Mitglieder – vergleichbar dem Gesellschafter-Geschäftsführer – Mitgliedschaftsverhältnisse strikt zu trennen sind von den gleichzeitig bestehenden Arbeitsverhältnissen und der darin begründeten Arbeitnehmereigenschaft. Im Rahmen der GesO ist deshalb in diesen Fällen zu unterscheiden zwischen den Arbeitsrechtsbeziehungen eines LPG-Mitgliedes einerseits und den Mitgliedschaftsverhältnissen, insbesondere der Eigentümerstellung andererseits. Das Zusammentreffen von zwei gegensätzlichen Rechtsstellungen in einer Person ist dem geltenden Recht schon seit langem keineswegs fremd und bietet deshalb auch keine Gelegenheit, Sonderentwicklungen zu bejahen oder gar das Bestehen von arbeitsvertraglichen Beziehungen zu leugnen.[5]

IV. Im Gesamtvollstreckungsverfahren neu entstehende Arbeitsverhältnisse

Von den bei Eröffnung des Gesamtvollstreckungsverfahrens bestehenden Arbeitsverhältnissen sind solche zu unterscheiden, die der Verwalter in Wahrnehmung der abgeleiteten Arbeitgeberfunktionen zu Lasten des schuldnerischen Arbeitgebers neu begründet. Diese für Rechnung des in die Gesamtvollstreckung fallenden Vermögens zur Wahrnehmung von Aufgaben im Geschäftsbetrieb des Schuldner-Arbeitgebers neu eingestellten Arbeitnehmer begründen Arbeitsverhältnisse zum Schuldner-Arbeitgeber, so daß die daraus resultierenden Forderungen vorab gem § 13 Abs 1 Nr 1 GesO zu befriedigen sind. Soweit diese Arbeitsverhältnisse nicht befristet sind oder gekündigt werden, bleiben sie auch nach Beendigung des Gesamtvollstreckungsverfahrens als „normale“ Arbeitsverhältnisse zum Schuldner-Arbeitgeber weiter bestehen. Hiervon sind aber wiederum die Arbeitsverhältnisse zu unterscheiden, die bezüglich des Verwalters als Arbeitgeber begründet worden sind oder begründet werden. Die Löhne und Gehälter dieser Angestellten und Mitarbeiter des Verwalters gehören zu den durch die Verwaltervergütung abgegoltenen allgemeinen Geschäftsunkosten des Verwalters. Der zugrundeliegende Arbeitsvertrag wird in diesen Fällen vom Verwalter nicht in Wahrnehmung abgeleiteter Arbeitgeberfunktionen, sondern kraft eigener Arbeitgeberstellung abgeschlossen, so daß der Schuldner durch diese Arbeitsverhältnisse nicht berührt ist. Die zum Verwalter als eigenständigem Arbeitgeber begründeten Arbeitsverhältnisse bleiben deshalb im Gesamtvollstreckungsverfahren umfassend außer Betracht. 14

Im übrigen kann auf die Ausführungen im Hdb (§ 95) entsprechend verwiesen werden.

B. Kündigung und Kündigungsschutz im Gesamtvollstreckungsverfahren

I. Überblick

Soweit Arbeitsverträge seitens des Schuldners noch vor Eröffnung des Gesamtvollstreckungsverfahrens abgeschlossen worden sind, die betreffenden Arbeitneh- 1

[5] Zur Frage der Arbeitnehmereigenschaft der sog. Genossenschaftsbauern vgl auch *Haarmeyer/Wutzke/Förster* § 9 Rdn 26ff; *Oetker* BB 1991, 1559ff; *Stolze* ZIP 1991, 566ff.

mer ihre Arbeit aber zum Zeitpunkt der Eröffnung noch nicht aufgenommen haben, greift das Wahlrecht des § 9 GesO ein: Wählt der Verwalter Erfüllung, wird das Arbeitsverhältnis in Vollzug gesetzt. Nur in diesem Falle kann sich die Frage nach einer Beendigung des Arbeitsverhältnisses im Rahmen des Gesamtvollstreckungsverfahrens stellen. Wählt der Verwalter dagegen Nichterfüllung des noch nicht in Vollzug gesetzten Arbeitsverhältnisses, so wird das Arbeitsverhältnis in der Weise umgestaltet, daß an die Stelle der gegenseitigen Ansprüche der einseitige Anspruch des Arbeitnehmers gegen den Schuldner auf Schadensersatz wegen Nichterfüllung tritt. Die Erfüllungsablehnung steht somit bei noch nicht in Vollzug gesetzten Arbeitsverhältnissen einer fristlosen Kündigung in ihren Rechtswirkungen gleich.

2 Bei in Vollzug gesetzten Arbeitsverhältnissen kommen als Endigungstatbestände (a) Aufhebungsvetrag gem § 305 BGB, (b) Zeitablauf, wenn eine fest bestimmte Zeit vereinbart ist, oder Zweckerreichung, wenn das Arbeitsverhältnis zu einem bestimmten Zweck eingegangen ist (§ 620 BGB), und (c) Kündigung in Frage. Die weiteren Endigungsgründe (Tod des Arbeitnehmers, lösende Aussperrung oder Abkehren des Arbeitnehmers nach supendierender Aussperrung) sind demgegenüber nur selten praxisrelevant. Keine Endigungstatbestände im eigentlichen Sinne sind dagegen die Anfechtungsmöglichkeiten nach §§ 119 ff BGB sowie gemäß § 10 GesO.

II. Ordentliche Kündigung durch den Verwalter

3 Die ordentliche Kündigung eines Arbeitsverhältnisses zwischen dem Schuldner und einem Arbeitnehmer ist an die Einhaltung der Kündigungsfristen gebunden. § 9 Abs 2 GesO erklärt unabhängig von einer vereinbarten Kündigungsfrist die Kündigung unter Einhaltung der gesetzlichen Kündigungsfrist als zulässig. Falls das Kündigungsschutzgesetz eingreift, muß die ordentliche Kündigung darüber hinaus sozial gerechtfertigt sein (§ 1 KSchG).[6] Bestimmte Arbeitnehmergruppen genießen weiterhin einen besonders strengen Kündigunggsschutz, sei es, daß die ordentliche Kündigung überhaupt ausgeschlossen ist, sei es, daß sie an bestimmte zusätzliche Voraussetzungen gebunden ist. § 9 Abs 2 GesO läßt die arbeitsrechtlichen Voraussetungen des Kündigungs- und Kündigungsschutzrechtes völlig unberührt; die Vorschrift trifft allein eine Sonderregelung für die bei der ordentlichen Kündigung einzuhaltende Kündigungsfrist.

4 Die gesetzliche Mindestkündigungsfrist beträgt gemäß § 55 I AGB-DDR in den neuen Bundesländern zwei Wochen, da die Vorschrift des § 55 AGB-DDR aufgrund des Einigungsvertrages hier unbefristet fortgilt.[7] Ausnahmen gelten für Schwerbehinderte gem § 16 SchwbG aufgrund der danach festgelegten Mindestkündigungsfrist bei einer Kündigung durch den Arbeitgeber von vier Wochen.

5 Gem § 55 II AGB-DDR verlängert sich jedoch die gesetzliche Mindestkündigungsfrist bei Kündigung durch den Arbeitgeber und einer fünfjährigen Betriebszugehörigkeit auf einen Monat zum Monatsende. Bei zehnjähriger Betriebszugehörigkeit erhöht sich die Kündigungsfrist auf zwei Monate zum Monatsende und bei zwanzigjähriger Betriebszugehörigkeit auf drei Monate zum Quartalsende, wobei für die Fristberechnung die Beschäftigungszeiten vor Vollendung des 25. Lebensjahres außer Betracht bleiben.

6 Zwingend ist gem § 55 III AGB-DDR allerdings nur die Mindestkündigungsfrist von zwei Wochen ausgestaltet: Durch Tarifvertrag können die verlängerten

[6] Vgl auch BAG ZIP 1983, 205 = AP Nr 4 zu § 22 KO; *Hess/Binz* § 9 Rdn 159 ff.
[7] Einigungsvertrag Kap III, Art 9 II iVm Anl II, Kap VIII, Sachgebiet A, Absch III Nr 1 a).

Kündigungsfristen für langjährig Beschäftigte verkürzt werden, nicht dagegen durch Arbeitsvertrag, sofern nicht gleichzeitig für die tarifgebundenen Arbeitnehmer eine entsprechende tarifvertragliche Verkürzung vereinbart ist. Andererseits ist eine Verlängerung aller gesetzlichen Kündigungsfristen nicht nur tarifvertraglich, sondern auch im einzelnen Arbeitsvertrag möglich. Jedoch darf im Arbeitsvertrag für die Kündigung durch den Arbeitnehmer keine längere Frist vereinbart werden als für die Kündigung durch den Arbeitgeber, § 55 IV AGB-DDR.

Für die Bestimmung der gesetzlichen Kündigungsfrist gem § 9 Abs 2 GesO gilt 7 deshalb grundsätzlich die Mindestkündigungsfrist von zwei Wochen, es sei denn, sie wäre tarifvertraglich verlängert worden. Dann würde die tarifvertragliche Frist als gesetzliche Frist bei Tarifgebundenheit iSv § 9 II GesO eingreifen. Soweit dagegen die verlängerten Kündigungsfristen für langjährig Beschäftigte durch Tarifvertrag verkürzt sind, gilt die verkürzte tarifvertragliche Frist als gesetzliche Frist iSd § 9 II GesO. Eine einzelvertraglich verlängerte Kündigungsfrist ist dagegen im Rahmen des § 98 Abs 2 GesO unbeachtlich.

III. Besonderer Kündigungsschutz

Einen besonderen Kündigungsschutz sieht § 58 I a AGB-DDR für Kämpfer ge- 8 gen den Faschismus und Verfolgte des Faschismus (beispielsweise ehemalige Gefangene in Konzentrationslagern) vor, denen nur im Falle einer Betriebsstillegung mit Zustimmung des zuständigen Arbeitsamtes ordentlich gekündigt werden kann. Dieser besondere Kündigungsschutz gilt in den neuen Bundesländern unbefristet, auch wenn er dort in der Praxis keine große Bedeutung besitzt.

Gem § 58 I b AGB-DDR kann schließlich Müttern bzw Vätern, deren Kind vor 9 dem 1. 1. 1991 geboren wurde sowie alleinerziehenden Arbeitnehmern, deren Kind vor dem 1. 1. 1992 geboren wurde, nur im Falle der Stillegung von Betrieben oder Betriebsteilen nach vorheriger schriftlicher Zustimmung des zuständigen Arbeitsamtes gekündigt werden. Wie lange der Freistellungszeitraum nach dem Wochenurlaub dauert, folgt aus § 246 I, II AGB-DDR. Diese Norm gilt jedoch nur noch für Kinder, die vor dem 1. 1. 1991 geboren sind und verliert mit dem 31. 12. 1993 die Wirkamkeit.[8] Dann gelten statt dessen die Regelungen des Bundeserziehungsgeldgesetzes auch in den neuen Bundesländern.

Dieser besondere Kündigungsschutz gilt auch im Falle der außerordentlichen 10 Kündigung durch den Verwalter. Im übrigen ist auf die Ausführungen zu § 96 des Handbuchs umfassend zu verweisen.

IV. Außerordentliche Kündigung durch den Verwalter

Hier bestehen keine Besonderheiten in den neuen Bundesländern.[9] Dies gilt 11 ebenso für den Weiterbeschäftigungsanspruch und für die Massenentlassung.

C. Betriebsübergang, Betriebsaufspaltung, Betriebsstillegung

I. Überblick

Zunächst ist jedoch darauf hinzuweisen, daß gem § 16 Abs 2 Nr 1 des Gesetzes 1 über die Spaltung der von der Treuhand verwalteten Unternehmen (SpTrUG) § 613a BGB bis zum 31. 12. 1992 nicht bei einer Betriebsübertragung im Gesamt-

[8] Einigungsvertrag Kap III, Art 9 II iVm Anl II, Kap X, Sachgebiet H, Absch III Nr 1 a), b).
[9] Vgl auch *Hess/Binz* § 9 Rdn 315 ff; *Schaub*, Arbeitsrechthandbuch S. 869.

vollstreckungsverfahren anwendbar ist. Dadurch hat der deutsche Gesetzgeber für das Insolvenzrecht der neuen Bundesländer befristet die auf der EG-Richtlinie 77/187/EWG[10] beruhende Geltung des § 613a BGB insgesamt – also auch in seiner im Geltungsbereich der fünf neuen Bundesländer modifizierten Form – im Gesamtvollstreckungsverfahren ausgeschlossen. Dieser Ausschluß der Geltung des § 613a im Gesamtvollstreckungsverfahren ist auch europarechtlich unbedenklich, da der EuGH bereits in der Rechtssache Abels[11] ausgeführt hat, daß aufgrund der Unterschiedlichkeit der Insolvenzverfahren in den einzelnen Mitgliedstaaten und aufgrund der fehlenden ausdrücklichen Nennung des Insolvenzfalles in der Richtlinie eine zwingende Notwendigkeit für die Mitgliedsstaaten nicht bestehe, die Richtlinie 77/187/EWG auch auf den Insolvenzfall bei Umsetzung der Richtlinie ins nationale Recht zu erstrecken.[12]

2 Erscheint deshalb der Ausschluß der Geltung des § 613a BGB im Gesamtvollstreckungsverfahren als prinzipiell unbedenklich, so ist gleichwohl nach der Entscheidung des EuGH vom 25. 7. 1991[13] fraglich geworden, ob der Ausschluß der Geltung des § 613a BGB gem § 16 Abs 2 Nr 1 SpTrUG auch für den Fall Geltung beanspruchen kann, wenn die Gesamtvollstreckung nach dem Gesamtvollstreckungs-Unterbrechungsgesetz zum Zwecke der Betriebsfortführung unterbrochen wird.

3 Schon in der Rechtssache Abels hatte der EuGH darauf hingewiesen, daß insolvenzverwandte Verfahren dann, wenn sie auf Betriebsfortführung ausgerichtet sind, durchaus in den Anwendungsbereich der Richtlinie und folglich unter den Geltungsbereich des § 613a BGB fallen. In der Entscheidung vom 25. 7. 1991 hat der EuGH diese Rechtsprechung vertieft und nunmehr eindeutig klargestellt, daß die Richtlinie 77/187/EWG zum Betriebsübergang auch dann Geltung beanspruche, wenn das Unternehmen seine Aktivitäten in einem lediglich insolvenzverwandten Verfahren fortführe. Hieraus könnte gefolgert werden, daß der Ausschluß des § 613a BGB im Gesamtvollstreckungsverfahren dann nicht gilt, wenn die Gesamtvollstreckung mit dem Ziel der Betriebsfortführung nach den Vorschriften des Gesamtvollstreckungs-Unterbrechungsgesetzes unterbrochen wird.[14] Hiergegen bestehen jedoch erhebliche Bedenken, da das im Streitfall vor dem EuGH zu beurteilende „Verfahren der außerordentlichen Verwaltung" nach italienischem Recht Besonderheiten aufweist, die einer Unterbrechung der Gesamtvollstreckung nach dem Gesamtvollstreckungs-Unterbrechungsgesetz fremd sind. Darüber hinaus ist im wesentlichen – auch nach der Rechtsprechung des EuGH – darauf abzustellen, ob das vorrangige Ziel des Insolvenzverfahrens, die Gläubigerbefriedigung, auch die Unterbrechung der Gesamtvollstreckung nach dem Gesamtvollstreckungs-Unterbrechungsgesetz beherrscht oder nicht. Ersteres ist zu bejahen, da der Sanierungszweck gem § 2 des GUG ausweislich § 7 des Gesetzes allein der insolvenzbedingten Gläubigerbefriedigung dient. Deshalb ist von der Zielvorstellung des Gesamtvollstreckungs-Unterbrechungsgesetzes jeher die Anwendbarkeit des § 613a BGB auch während der Unterbrechung europarechtskonform ausgeschlossen.[15] Entsprechendes wird für das zukünftige Reorganisationsverfahren nach der Insolvenzrechtsreform gelten müssen.

---

[10] ABl EG Nr L 61 vom 5. 3. 1977, S. 26.
[12] Vgl EuGH, Slg 1985, 469.
[12] Dazu auch *Langer-Stein* EuZW 1992, 505f; vgl ferner *Smid* AuA 1991, 361 (362ff).
[13] Rs 362/89 (Giuseppe d'Urso/Ecole Marelli Elettromecanica Generale SpA), Slg 1991, 4139.
[14] So wohl *Langer-Stein* EuZW 1992, 505 (506) und *Rodegra/Gogrewe* DtZ 1991, 353 (359).
[15] Anders *Weimar/Alfes* DB 1991, 1830 (1832).

II. Sonderfälle nach dem Spaltungsgesetz und der Unternehmensrückgabeverordnung

Der Geltungsausschluß des § 613a BGB im Gesamtvollstreckungsverfahren führt in der Praxis jedoch dort zu erheblicher Rechtsunklarheit, wo Tatbestände vorliegen, die im Ergebnis einem Betriebsübergang gleichen, ohne jedoch die Tatbestandsmerkmale des § 613a BGB zu erfüllen. Liegt beispielsweise eine formwechselnde Umwandlung gem der §§ 362ff AktG vor, dann fehlt bereits das Tatbestandsmerkmal des rechtsgeschäftlichen Betriebsüberganges, da der Arbeitgeber unverändert in der juristischen Person erhalten bleibt. Aus rechtlicher Sicht besteht nach wie vor „derselbe" Arbeitgeber, wenn auch in anderer Rechtsform, weshalb die Arbeitsverhältnisse unverändert bestehen bleiben.[16] Dasselbe Ergebnis tritt ein, wenn der sog. Unternehmens- bzw. Betriebsübergang mittels Anteilserwerbes dergestalt erfolgt, daß die Eigentumsverhältnisse an der juristischen Person, sei es eine GmbH, sei es eine Aktiengesellschaft, Änderungen erfahren. Der Wechsel der Aktionäre einer Aktiengesellschaft betrifft ebensowenig die Identität der Aktiengesellschaft wie der Wechsel der Gesellschafter diejenige der GmbH. Der Rechtsträger bleibt als juristische Person identisch, mögen sich auch die tatsächlichen Eigentums- und Machtverhältnisse bezüglich des Rechtsträgers völlig verändert haben.[17] Der Geltungsaussschluß des § 613a BGB im Gesamtvollstreckungsverfahren ändert folglich nichts daran, daß die Arbeitsverhältnisse unverändert erhalten bleiben, weshalb insbesondere die zugunsten des Arbeitgebers vorgesehenen Erleichterungen in kollektivrechtlicher Hinischt gem § 613a Abs 1 S. 2–4 BGB im Gesamtvollstreckungsverfahren ebenfalls keine Geltung besitzen. Andererseits gilt im Rahmen dieser Fallgruppe zugunsten des Arbeitgebers, daß weder der Wechsel der Rechtsform noch der Wechsel der Eigentumsverhältnisse für sich eine Betriebsänderung im Sinne des § 111 BetrVG darstellt, so daß folglich bereits die Tatbestandsvoraussetzungen einer Sozialplanpflichtigkeit fehlen.[18] 4

Beruht dagegen der Unternehmens- bzw. Betriebsübergang wie beispielsweise im Erbfall, bei Verschmelzung von Kapitalgesellschaften gem der §§ 339ff AktG, bei der Übertragungsumwandlung gem § 359 AktG oder bei Umwandlung einer Kapitalgesellschaft in eine Personalgesellschaft gem § 1 UmwG auf Gesetz, so folgt aus dem gesetzlichen Nachfolgetatbestand zugleich die Anordnung einer Gesamtrechtsnachfolge,[19] so daß sich mit der gesetzlichen Unternehmens- bzw. Betriebsnachfolge uno actu die Nachfolge in die Arbeitnehmerstellung der bestehenden Arbeitsverhältnisse vollzieht.[20] In diesen Fällen tritt der neue Rechtsträger des neuen Unternehmens kraft Gesetzes in die arbeitgeberseitigen Rechte und Pflichten ein, so daß der Ausschluß des § 613a BGB im Gesamtvollstreckungsverfahren hier keine Wirkung zeigt, da der Rechtsfolgetatbestand sich kraft Gesetzes 5

---

[16] MünchKomm/*Schaub* BGB, § 613a Rdn 14, 16; *Schmalenberg* NZA 1989, Beil 3, S. 14 (15); siehe auch BAG AP Nr 4 zu § 128 HGB; BGHZ 44, 229 (231); *Wendling* Rechtsgeschäftlicher Betriebsübergang und Arbeitsverhältnis, 1980, S. 91f; *Bauer* Unternehmensveräußerung und Arbeitsrecht, 1983, S. 27f.

[17] *Heinze* in: Arbeitsrecht der Gegenwart, 1991, S. 79 (80f); *Richardi* NZA 1991, 289 (290); vgl auch BAG, NZA 1991, 63f.

[18] *Heinze* (Fn 17) S. 84; *Fitting/Auffarth/Kaiser/Heither* BetrVG, § 111 Rdn 13 für die Umwandlung nach den §§ 339ff AktG; ebenso *Palandt/Putzo* BGB § 613a Rdn 12.

[19] MünchKomm/*Schaub* BGB § 613a Rdn 147; *Soergel/Kraft* BGB § 613a Rdn 39; *Weimar/Alfes* BB 1991, Beil 9, Folge 21 S. 16 (17).

[20] MünchKomm/*Schaub* BGB § 613a Rdn 148.

und nicht aufgrund Rechtsgeschäftes, wie es § 613a BGB voraussetzt,[21] vollzieht. Infolge der Nichtanwendbarkeit des § 613a BGB im Rahmen der vorliegenden Fallgruppe kommt es deshalb auf den Ausschluß des § 613a BGB im Gesamtvollstreckungsverfahren von vornherein nicht an.

6 Um Mißverständnisse der Praxis zu vermeiden, ist klarstellend – wie schon zur ersten Fallgruppe – auch im Rahmen dieser zweiten Fallgruppe zu wiederholen, daß die hier vom Geltungsausschluß des § 613a BGB im Gesamtvollstreckungsverfahren unabhängige Nichtanwendbarkeit der Vorschrift keine Besserstellung des Nachfolgers beinhaltet, sondern im Gegenteil eine Schlechterstellung, weil in beiden Fallgruppen alle kollektivrechtlichen Normen als solche fortgelten und deren Änderung sich allein nach den jeweiligen Vereinbarungen, dem Tarifvertrag oder der Betriebsvereinbarung richtet. Vor allem die erleichterte Änderung der kollektiven Normen gem § 613a Abs 1 S. 2–4 BGB ist ausgeschlossen.

7 Mit Inkrafttreten des Spaltungsgesetzes, das nunmehr das neue Instrumentarium für die Treuhandanstalt schafft, die von ihr zu privatisierenden Unternehmen durch Spaltung umzuwandeln, sind zwei neue Formen, die Aufspaltung und die Abspaltung, geschaffen worden. Eine Kapitalgesellschaft kann ihr Vermögen nach dem Spaltungsgesetz wie folgt übertragen: 1. Im Wege der Aufspaltung zur Neugründung unter Auflösung ohne Abwicklung der übertragenden Gesellschaft, durch gleichzeitige Übertragung ihrer Vermögensteile jeweils als Gesamtheit auf (mindestens zwei) andere neue Kapitalgesellschaften, die dadurch gegründet werden;[22] oder 2. im Wege der Abspaltung zur Neugründung unter Fortbestand der übertragenden Gesellschaft durch Übertragung eines Teils oder mehrerer Teile des Vermögens dieser Gesellschaft jeweils als Gesamtheit auf eine oder mehrere dadurch gegründete neue Kapitalgesellschaften.[23] In jedem Falle erfolgen Aufspaltung wie Abspaltung gegen Gewährung von Geschäftsanteilen oder Aktien der neuen Kapitalgesellschaften an die Treuhandanstalt oder im Falle der mittelbaren Inhaberschaft von Geschäftsanteilen an die Gesellschaft, in deren Hand sich die Geschäftsanteile der übertragenden GmbH befinden.[24]

8 Zwar formuliert das Gesetz unnötigerweise eine übertragende Spaltung und nicht nur eine formwechselnde Spaltung, weshalb das Gesetz von einer Nachfolge, einer beschränkten Universalsukzession im Unterschied zu den früheren Spaltungsvorgängen nach der Verordnung zur Umwandlung von volkseigenen Kombinaten, Betrieben und Einrichtungen in Kapitalgesellschaften vom 1. 3. 1990 und infolge des Gesetzes zur Privatisierung und Reorganisation des volkseigenen Vermögens (Treuhandgesetz) vom 17. 6. 1990[25] – ausgeht. Aber ausweislich der klaren Vorschrift des § 10 SpTrUH beruht die beschränkte Universalsukzession auf gesetzlichem Übergang mit konstitutiver Wirkung, während der Spaltungsplan gerade dieser konstitutiven Wirkung entbehrt.[26] Deshalb liegt allein ein Fall der gesetzlichen Rechtsnachfolge mit der notwendigen Konsequenz vor, daß der Ab-

---

[21] BAG AP Nr 24 zu § 613a BGB mit kritischer Anm v *Lüke* = DB 1992, 1168 mit Anm v *Meilicke; Schaub* Arbeitsrechtshandbuch § 118 II 2.

[22] Siehe § 1 S. 2 SpTrUG; ferner *K. Schmidt,* Gesellschaftsrecht S. 327; *Horn,* Das Zivil- und Wirtschaftsrecht in den neuen Bundesländern 1991, S. 377; *Weimar/Alfes* NZA 1991, S. 33ff, *dies* BB 1991, Beil 9, Folge 21, S. 16 (20); *Kübler* FS f F. Merz, S. 346.

[23] Siehe § 1 S. 2 Nr. 1 SpTrUG; hierzu *Kübler,* FS für F. Merz S. 346; *Horn* (Fn 22), S. 377; *Weimar/Alfes* BB 1991, Beil 9, Folge 21, S. 16 (20).

[24] Siehe § 1 S. 2 SpTrUG; hierzu *Horn* (Fn 22), S. 377; *Kübler* FS f F. Merz, S. 346; ferner die Begründung des Regierungsentwurfes vom 19. 2. 1991, BT-Drucks 12/105, S. 7ff.

[25] GBl I Nr 14, S. 107 und GBl I Nr 33, S. 300; dazu *Heinze* (Fn 17), S. 31; *Strobel* BB 1991, 636 (638); vgl auch Begründung des Regierungsentwurfs (Fn 24), S. 8.

[26] *Oetker/Busche* NZA 1991, Beil 1, S. 18 (20); ausführlich *Heinze* (Fn 17), S. 81f.

schluß der Geltung des § 613a BGB im Gesamtvollstreckungsverfahren wiederum keine Bedeutung zukommt, da es bereits an der Tatbestandsvoraussetzung des rechtsgeschäftlichen Betriebsübergangs fehlt.[27] Die Arbeitgeberstellung im Rahmen des Spaltungsgesetzes ist folglich dahingehend zu konkretisieren, daß für Unternehmens- und Betriebsaufspaltungen vor Inkrafttreten des Spaltungsgesetzes weder Singular- noch Universalsukzession zu bejahen ist, sondern eine weiterbestehende Teilidentität der auf- bzw. abgespaltenen Unternehmen vorliegt. Aber auch für Auf- und Abspaltung nach dem Spaltungsgesetz ist aufgrund der gesetzlichen Übergangsregelung des § 10 SpTrUG als lex specialis zu § 613a BGB davon auszugehen, daß mangels Vorliegens des Tatbestandsmerkmales des rechtsgeschäftlichen Betriebsübergangs der Ausschluß des § 613a BGB im Gesamtvollstreckungsverfahren ohnehin ohne Wirkung bleibt, da die Arbeitgeberstellung rechtlich unverändert weiterbesteht.

Diese rechtliche Beurteilung ändert sich allerdings dann, wenn man die Fall- 9
gruppe der Betriebs-Unternehmensverkäufe der umgewandelten Gesellschaften insbesondere durch die Treuhandstelle in die Betrachtung einbezieht. Erneut ist jedoch zu differenzieren, je nachdem, ob die Betriebs- oder Unternehmensübernahme durch Erwerb der Aktien bzw. der Gesellschaftsanteile erfolgt, also durch Wechsel der Eigentumsverhätltnisse an der juristischen Person, oder durch rechtsgeschäftlichen Erwerb der einzelnen, der im Betrieb oder Betriebsteil konstituierenden und gegenständlich strukturierenden Bestanteile, Rechte und Sachen, weil nur in letzterem Falle der Ausschluß des § 613a BGB Wirkung entfaltet. Letzteres gilt dann, wenn – wie in der Praxis keineswegs selten – der Eigentumgswechsel sich auf der Basis einer Sacheinlage vollzieht, derzufolge ein Betrieb oder Betriebsteil in die juristische Person eingebracht wird.[28] Dies ist praktisch dann der Fall, wenn ein Westunternehmen mit einem Ostunternehmen ein Gemeinschaftunternehmen gründet und zugleich seitens des Ostunternehmens eine Sacheinlage getätigt wird. Hier wäre das Tatbestandsmerkmal des § 613a BGB bezüglich des rechtsgeschäftlichen Betriebsübergangs erfüllt, so daß insoweit der Ausschluß des § 613a BGB im Gesamtvollstreckungsverfahren greift.

Schließlich ist zur Arbeitgeberstellung im Rahmen der Unternehmensrückgabe- 10
verordnung,[29] insoweit die Rückübertragung eines Unternehmens an den Berechtigten den Bestimmungen des Vermögensgesetzes unterfällt, darauf hinzuweisen, daß der Gesetzgeber hier eine Anwendbarkeit des § 613a BGB bei der Rückübertragung eines Unternehmens im Rahmen des Vermögensgesetzes und der Unternehmensrückgabeverordnung zwingend durch § 16 VermG ausgeschlossen hat, ausweislich dessen Abs. 2 der Berechtigte grundsätzlich in alle in Bezug auf den jeweiligen Vermögenswert bestehenden Rechtsverhältnisse eintritt.[30] Hierdurch hat der Gesetzgeber klargestellt, daß es nicht auf die einzelnen Übertragungsakte und ihre rechtliche Qualität ankommt, sondern daß unabhängig von den Übertragungs- und Übernahmevorgängen der Berechtigte stets kraft Gesetzes in die schuldrechtlichen Rechtsverhältnisse zu Dritten eintritt. Dadurch stellt sich § 16 VermG sowohl als lex specialis gegenüber § 571 BGB wie auch als lex specialis zu

[27] *Heinze* (Fn 17), S. 81f; *Haarmeyer/Wutzke/Förster,* § 9 Rdn 40; *Schaub* AuA 1991, 225 (226f); *Oetker/Busche* NZA 1991, Beil 1, S. 18 (20); *Worzalla* DtZ 1992, 306 (308); *Commandeur* NZA 1991, 705 (710); *ders* AuA 1992, 169 (171); a. A.: *Weimar/Alfes* NZA 1991, 833ff.; *dies BB* 1991, Beil 9, Folge 21, S. 16 (29); *Ising/Thiell,* DB 1991, 2082; vgl auch BR-Drucks 71/91, S. 19.

[28] *Borngräber,* Arbeitsverhältnis bei Betriebsübergang, 1977 S. 51f.

[29] BGBl I S. 1542.

[30] Ausgenommen Fälle der einvernehmlichen Regelung, § 9 URüV, vgl *Weimar/Alfes* BB 1991, Beil 9, Folge 21, S. 16 (19); aA: *Commandeur* NZA 1991, 705 (709f).

§ 613a BGB dar, so daß es auf den – befristeten – Ausschluß des § 613a BGB im Gesamtvollstreckungsverfahren wiederum nicht ankommt. § 613a BGB kann ohnehin im Rahmen der Übertragungsvorgänge des Vermögensgesetzes und der Unternehmensrückgabeverordnung keine Anwendung finden. Der neue Betriebsinhaber tritt stets gem § 16 VermG in die bestehenden Arbeitsverhältnisse ein.

11 Dies gilt uneingeschränkt auch insoweit, als die §§ 6, 6b VermG ein vereinfachtes Verfahren zur Durchführung einer vor der Rückgabe etwa notwendigen Entflechtung vorsehen, die im Wege der Spaltung erfolgen kann. § 613a BGB scheidet erneut von vornherein aus, weil die Spaltung hier nur unter Einschaltung der zuständigen Verwaltungsbehörde erfolgt. Der Betriebs- oder Betriebsteilübergang wird folglich allein durch eine behördliche Entscheidung bewirkt, die auf Antrag des Berechtigten oder Verfügungsberechtigten ergeht, wobei der Eintritt des Berechtigten in die bestehenden Arbeitsverhältnisse wiederum gem § 16 VermG, also kraft Gesetzes automatisch erfolgt.[31] Soweit durch Bescheid des zuständigen Landesamtes der Berechtigte in den Besitz des Unternehmens unter bestimmten Voraussetzungen gem § 6a VermG vorläufig eingewiesen wird, gilt das bisher Ausgeführte: Auch hier ist von vornherein § 613a BGB aufgrund des fehlenden Tatbestandsmerkmales des rechtsgeschäftlichen Betriebsüberganges sowie aufgrund des gesetzlichen Rechtsnachfolgetatbestandes des § 16 VermG ausgeschlossen.[32]

12 In den genannten Fallgruppen ist folglich zu beachten, daß der befristete Ausschluß des § 613a BGB im Gesamtvollstreckungsverfahren unbeachtlich ist, da es in jedem Falle an dem Tatbestandsmerkmal des rechtsgeschäftlichen Betriebsüberganges fehlt. Die Arbeitgeberstellung bleibt rechtlich unberührt, so daß die aus den bestehenden Arbeitsverhältnissen sich ergebenden Rechte und Pflichten uneingeschränkt auch und gerade im Gesamtvollstreckungsverfahren Geltung beanspruchen.

D. Ansprüche der Arbeitnehmer, Geltendmachung und Befriedigung

I. Überblick

1 Auch im Gesamtvollstreckungsverfahren gelten wie im Konkursverfahren die zu § 98 dargestellten Grundsätze der Geltendmachung und Befriedigung von Ansprüchen der Arbeitnehmer. Nur wenige abweichende Besonderheiten sind für das Gesamtvollstreckungsverfahren aufzuführen:

2 Lohn- und Gehaltsansprüche der Arbeitnehmer im Unternehmen des Schuldners, die nach Eröffnung des Gesamtvollstreckungsverfahrens entstanden sind oder die höchstens für einen nicht länger als 6 Monate vor der Eröffnung der Gesamtvollstreckung zurückliegenden Zeitraum sowie für den Zeitraum, für den Arbeitnehmer von ihrer Beschäftigung infolge einer Kündigung durch den Verwalter freigestellt sind, entstanden sind, werden als Masseschulden gem § 13 I Nr. 3a GesO im Rang hinter den allgemein aufgrund der Verwaltung entstande-

---

[31] *Oetker/Busche* NZA 1991, Beil 1 S. 18 (19); *Weimar/Alfes* BB 1991, Beil 9, Folge 21, S. 16 (19); *Worzalla* DtZ 1992, 306 (308f); aA: *Commandeur* NZA 1991, 705 (711).

[32] *Weimar/Alfes* BB 1991, Beil 9 Folge 21, S. 16 (19f), mit Ausnahme des Falles, daß die Parteien ohne behördliche Entscheidung eine vorläufige Nutzung vereinbaren, vgl. auch *Scheifele* BB 1991, 629 (633) und *Haarmeyer/Wutzke/Förster*, § 9 Rdn 41 und § 16 Rdn 32; aA: *Commandeur* NZA 1991, 705 (711), er hält das Tatbestandsmerkmal des „Rechtsgeschäftes" für erfüllt, da die Vorschriften über den Pachtvertrag entsprechend anzuwenden sind.

nen Verbindlichkeiten gem § 13 I Nr. 1 GesO und den Gerichts- und Verfahrenskosten einschließlich der Verwaltervergütung gem § 13 I Nr. 2 GesO befriedigt. In Abweichung zu § 59 I Nr. 3 KO soll die Rückstufung der Arbeitnehmeransprüche als Masseschulden hinter die Verfahrenskosten die Masse entlasten und somit einer seit langem in der Insolvenzrechtsreform erhobenen Forderung gerecht werden.[33]

Mit gleichem Rang wie die vorbezeichneten Arbeitnehmeransprüche werden gem § 143 I Nr. 3b GesO auch die Ansprüche der Träger der Sozialversicherung und der Bundesanstalt für Arbeit auf Beiträge einschließlich Säumniszuschläge und auf Umlagen wegen der Rückstände für die letzten 6 Monate vor Eröffnung der Gesamtvollstreckung als Masseschulden befriedigt. Hiervon sind jedoch die Ansprüche gem § 13 II GesO sorgfältig zu trennen. 3

Soweit die Arbeitnehmer für den Zeitraum der letzten 3 Monate vor Eröffnung des Gesamtvollstreckungsverfahrens Konkursausfallgeld beantragen, gehen die Ansprüche der Arbeitnehmer auf Arbeitsentgelt, die den Anspruch auf Konkursausfallgeld begründen, gem § 141m AFG mit Stellung des Antrages auf die Bundesanstalt für Arbeit über. Gem § 13 II GesO kann die Bundesanstalt für Arbeit dann die auf sie übergegangenen Lohn- und Gehaltsansprüche der Arbeitnehmer nicht im Rahmen des § 13 GesO, sondern nur als bevorrechtigte Forderung im Rang des § 17 III Nr 1a GesO geltend machen.[34] Entsprechendes gilt für den Übergang der Ansprüche gem § 9 III S. 1 VorruhestandsG und für diejenigen Beitragsansprüche der Sozialversicherungsträger, die nach § 141n II S. 1 AFG gegenüber dem Schuldner bestehen bleiben. 4

Lohn- und Gehaltsansprüche der Arbeitnehmer, die in dem Zeitraum der letzten 7 bis 12 Monate vor Eröffnung der Gesamtvollstreckung entstanden sind, werden gem § 17 III Nr 1a GesO als bevorrechtigte Forderung befriedigt. Lohn- und Gehaltsansprüche der Arbeitnehmer, die länger als 12 Monate vor der Eröffnung des Gesamtvollstreckungsverfahrens entstanden sind, sind demgegenüber einfache, nicht bevorrechtigte Forderungen. 5

Zu den bevorrechtigten Forderungen gehören auch die Forderungen der Träger der Sozialversicherung der Bundesanstalt für Arbeit wegen der Rückstände für die letzten 7 bis 12 Monate vor der Eröffnung des Gesamtvollstreckungsverfahrens auf Beiträge einschließlich Säumniszuschläge und Umlagen gem § 17 III Nr 1b GesO. Weiter zurückliegende Forderungen der Sozialversicherungsträger sind einfache, nicht bevorrechtigte Forderungen. 6

Im übrigen ist zum Begriff der Lohn- und Gehaltsansprüche der Arbeitnehmer ebenso wie zu dem Begriff der Forderungen der Sozialversicherungsträger auf die Ausführungen zu § 98 umfassend zu verweisen. 7

II. Besonderheiten bei den Sozialplanansprüchen

Während das Gesetz über den Sozialplan im Konkurs- und Vergleichsverfahren[35] das Insolvenzverfahren in den alten Bundesländern bestimmt, ist das Gesetz über den Sozialplan im Konkurs- und Vergleichsverfahren für die fünf neuen Bundesländer ausweislich des Einigungsvertrages außer Kraft gesetzt. Statt dessen trifft § 17 III Nr 1c GesO eine Spezialregelung, derzufolge Forderungen aus einem vom Verwalter vereinbarten Sozialplan, soweit die Summe der Sozialplanforde- 8

[33] Vgl *Haarmeyer/Wutzke/Förster,* GesO § 13 Rdn 13; *Gravenbinder Kreis* ZIP 1990, 476.

[34] Zur Frage der Einstufung, wenn Konkursausfallgeld nicht in Anspruch genommen wird, siehe OLG Hamm EWiR § 59 KO 1986, S. 1121 einerseits, *Hess/Binz,* GesO § 13 Rdn 56 andererseits.

[35] Gesetz v 20. 2. 1985 (BGBl I S. 369) mit späteren Änderungen.

rungen nicht größer ist als der Gesamtbetrag von drei Moantsverdiensten der von einer Entlassung betroffenen Arbeitnehmer und ein Drittel des zu verteilenden Erlöses nicht übersteigt, als bevorrechtigte Forderung im gleichen Verhältnis innerhalb des Ranges des § 17 III GesO zu befriedigen sind.[36] Das gleiche gilt für außerhalb eines Sozialplans zu gewährende Leistungen, womit vor allem Abfindungen gem §§ 9, 10 KSchG und Nachteilsausgleichsansprüche gem § 113 BetrVG einbezogen sind. Im Vergleich zur Rechtslage im Konkursverfahren wird damit trotz weitgehender Übereinstimmung mit den Grundsätzen des Gesetzes über den Sozialplan im Konkurs- und Vergleichsverfahren ein bemerkenswerter Unterschied deutlich. Denn aus den SozplG folgt eine dreistufige Unterscheidung von Sozialplänen für die alten Bundesländer, je nach dem Zeitpunkt ihrer Aufstellung. Deshalb sind nach diesem Gesetz für die konkursrechtliche Beurteilung von Sozialplanansprüchen solche Ansprüche aus Sozialplänen, die (1) nach Eröffnung des Konkursverfahrens aufgestellt werden, gegenüber (2) Sozialplänen, die bis zu drei Monaten vor dem Antrag auf Eröffnung des Konkursverfahrens oder – im Falle des Anschlußkonkurses – vor dem Antrag auf Eröffnung des Vergleichsverfahrens aufgestellt worden sind, schließlich solche (3) Sozialpläne zu unterscheiden, die früher als drei Monate vor dem Antrag auf Eröffnung des Konkurs- oder Vergleichsverfahrens aufgestellt worden sind. Demgegenüber kennt die Rechtslage im Gesamtvollstreckungsverfahren ausweislich § 17 III Nr 1 c GesO nur das „Alles oder Nichts"-Prinzip: Soweit die Ansprüche der Arbeitnehmer auf einem vom Verwalter vereinbarten Sozialplan beruhen, folglich nach Eröffnung des Gesamtvollstreckungsverfahrens durch Vereinbarung zwischen Verwalter und Betriebsrat bzw. durch Spruch der Einigungsstelle entstanden sind, greift das Vorrecht des § 17 III Nr 1 c GesO ein. Ansprüche aus Sozialplänen dagegen, die vor Eröffnung des Gesamtvollstreckungsverfahrens aufgestellt sind, genießen kein Vorrecht und sind demgegenüber wie alle übrigen Forderungen allein nach § 17 III Nr. 4 GesO als nichtbevorrechtigt zu befriedigen. Mit anderen Worten fehlt die vermittelnde Lösung des SozplG bezüglich solcher Sozialpläne, die bis zu drei Monaten vor dem Antrag auf Eröffnung des Insolvenzverfahrens aufgestellt worden sind. Dieses „Alles oder Nichts"-Prinzip für den Geltungsbreich der Gesamtvollstreckungsordnung befriedigt nicht, auch wenn nicht zu verkennen ist, daß das Mißtrauen gegenüber vor Eröffnung des Gesamtvollstreckungsverfahrens aufgestellten Sozialplänen aus sachlichen Gesichtspunkten nur aufgrund der bisher gewonnenen Erfahrungen keineswegs als unbegründet erscheint. Gleichwohl wird diese „radikale" Lösung den insolvenzspezifischen Interessen der betroffenen Arbeitnehmer nicht hinreichend gerecht; zudem wird bei dieser Lösung verkannt, daß eine vorherige – leider nicht seltene – „Verarmung" des Unternehmens die Arbeitnehmer um berechtigte Sozialplanansprüche bringen kann. Die berechtigten ordnungspolitischen Aspekte verlieren hier den berechtigten sozialpolitischen Kern der Sozialplanansprüche der Arbeitnehmer zu weitgehend aus dem Auge.

9 Gleichwohl ist die Regelung des § 17 III Nr 1 c GesO eindeutig und läßt deshalb nur eine Differenzierung zwischen nach Eröffnung des Gesamtvollstreckungsverfahrens wirksam begründeten Sozialplanansprüchen und solchen vor Eröffnung des Gesamtvollstreckungsverfahrens begründeten Ansprüchen zu. Erstere sind im Rang nach § 17 III GesO bevorrechtigt, letztere nicht. Ansonsten ist umfassend auf die Ausführungen zu § 98 Nr 57 ff des Handbuchs zu verweisen. Im übrigen steht es dem Verwalter nach § 10 GesO frei, vor Eröffnung des Gesamtvollstrek-

---

[36] Es müssen die §§ 111 ff BetrVG Anwendung finden; in betriebsratslosen Betrieben können Sozialpläne nicht vereinbart werden.

kungsverfahrens begründete Sozialpläne anzufechten. Insoweit ist auf die Ausführungen zu Kap III 7 A bis F zu verweisen.

E. Mitbestimmung im Konkurs

Die Ausführungen des Handbuchs zu § 99 gelten uneingeschränkt im Rahmen 1
des Gesamtvollstreckungsverfahrens. Abweichungen sind insoweit auf den Geltungsbereich des Gesamtvollstreckungsverfahrens in den fünf neuen Bundesländern nicht ersichtlich und nicht rechtlich begründet.

F. Arbeitsrechtliche Besonderheiten im Gesetz über die Unterbrechung von Gesamtvollstreckungsverfahren (GUG)

Da das Insolvenrecht in den fünf neuen Bundesländern kein Vergleichsverfahren 1
wie in den alten Bundesländern kennt, kommt dem Gesetz über die Unterbrechung von Gesamtvollstreckungsverfahren (GUG)[37] besondere Bedeutung zu, da nach diesem Gesetz die Unterbrechung des Verfahrens der Gesamtvollstreckung im Rahmen vorläufiger Maßnahmen geregelt wird. Zu den Einzelheiten zum Gesamtvollsteckungs-Unterbrechungs-Gesetzes siehe die Ausführungen oben zu Kap IV.

Die arbeitsrechtlichen Konsequenzen während der Unterbrechung des Gesamt- 2
vollstreckungsverfahrens nach dem GUG sind völlig andere als sie im Rahmen des Geltungsbereiches der Vergleichsordnung die alten Bundesländer betreffen. Zwar bewirkt die Unterbrechung eine befristete Aussetzung des Gesamtvollstreckungsverfahrens gem § 2 GUG, aber dies hat arbeitsrechtlich allein die Folge, daß die arbeitgeberseitigen Rechte und Pflichten uneingeschränkt weiterhin zu erfüllen sind, als ob eine insolvenzrechtlich relevante Situation nicht bestehen würde. Insoweit ist das Gesetz über die Unterbrechung von Gesamtvollstreckungsverfahren (GUG) weithin und fast ausschließlich arbeitsrechtsneutral. Zu berücksichtigen ist insbesondere, daß durchaus in Parallele zum Vergleichsverfahren die Arbeitgeberstellung des Schuldners keine Einschränkung erfährt, sondern durch die Unterbrechung und durch den Antrag auf Eröffnung des Gesamtvollstreckungsverfahrens insgesamt unberührt weiter besteht. Spezifische arbeitsrechtliche Konsequenzen resultieren allein zunächst aus § 7 GUG, demzufolge von der Zustellung des Beschlusses an der Garantiegeber verpflichtet ist, die während der Unterbrechung entstehenden Forderungen gegen den Schuldner aus bestehenden oder neu angegangenen Verträgen zu garantieren, was insbesondere für Arbeitsverträge gilt. Mit anderen Worten entsteht eine Erfüllungsgarantie des Garantiegebers bezüglich der arbeitsvertraglichen Ansprüche und Rechte der Arbeitnehmer, aber nicht nur bezüglich dieser. Auch die kollektivrechtliche Ebene bleibt völlig unberührt: Tarifvertragliche und betriebsverfassungsrechtliche Rechte und Pflichten des Arbeitgebers werden hierdurch nicht tangiert, sondern sind vom Garantiegeber voll und „mittels des Schuldners" zu erfüllen. Die arbeitsrechtliche Lage ändert sich weder individualarbeitsvertraglich, noch betriebsverfassungsrechtlich, noch tarifvertragsrechtlich durch die Unterbrechung des Gesamtvollstreckungsverfahrens. Die betriebsverfassungsrechtlichen Mitwirkungs- und Mitbestimmungsrechte des Betriebsrats bleiben ebenso wie die tarifvertraglichen Rechte und Pflichten des Arbeitgebers/Schuldners unberührt.

[37] Gesetz v 23. 5. 1991 (BGBl I S. 1191).

3 Nur soweit gem § 9 GUG das Gericht die Verfügungsbefugnis auf einen vorläufigen Verwalter übertragen hat, ist die Ausübung der Arbeitgeberfunktionen dem Verwalter auch in arbeitsvertraglicher, betriebsverfassungsrechtlicher und tarifvertraglicher Hinsicht übertragen. In diesem Falle treffen den Vewalter alle arbeitsvertraglichen Pflichten, er hat auch alle betriebsverfassungsrechtlichen und tarifvertraglichen Rechte und Pflichten wahrzunehmen, wie sie oben bereits für das Gesamtvollstreckungsverfahren ausgeführt worden sind. Insoweit ist auf die Ausführungen zu den Arbeitgeberfunktionen des Sequesters im Rahmen der alten Bundesländer zu § 99 Rdn 4, 8 des Handbuches umfassend zu verweisen. Demgegenüber finden die Darlegungen der arbeitsrechtlichen Besonderheiten im Vergleichsverfahren gem § 100 des Handbuchs im Unterbrechungsverfahren der Gesamtvollstreckung keine Anwendung; sie sind allenfalls hilfsweise und ergänzend zur Erläuterung der unterschiedlichen Rechtspositionen heranzuziehen.

G. Soziale Sicherung und Insolvenz

1 Da die Sonderregelungen zur sozialen Sicherung der Arbeitnehmer in den fünf neuen Bundesländern zwischenzeitlich weitgehend außer Kraft getreten sind, ergibt sich nunmehr im Grundsatz eine uneingeschränkte Geltung der oben zu § 101 dargestellten Prinzipien und Rechtsfolgen der sozialen Sicherung der Arbeitnehmer für das Gesamtvollstreckungsverfahren. Die insoweit noch bestehenden Übergangsregelungen bezüglich der weitgehenden Übernahme des bundesdeutschen Sozialrechts in den fünf neuen Bundesländern haben praktisch keine Auswirkungen auf das Gesamtvollstreckungsverfahren, sie weisen insbesondere keine insolvenzspezifische Bedeutung für das Gesamtvollstreckungsverfahren auf. Unter Berückichtigung der geringfügigen Änderungen primär des Einigungsvertrages zur Sozialversicherung, aber darüber hinaus auch bezüglich der weiteren Sozialleistungsträger finden die zu § 101 des Handbuchs dargestellten Ausführungen uneingeschränkt Anwendung.

Kapitel VIII. *(Kein Beitrag im Nachtrag)*

Kapitel IX. Steuerrechtliche Besonderheiten

Übersicht

I. Steuerrechtliche Stellung von Schuldner, Verwalter und Sequester

Der *Schuldner* verliert mit der Eröffnung des Gesamtvollstreckungsverfahrens das Recht, sein der Gesamtvollstreckung unterliegendes Vermögen zu verwalten und hierüber zu verfügen (§ 5 Nr 1, 2 GesO); beides geht auf den Verwalter über (§ 8 II GesO). Der Schuldner bleibt jedoch, bis zur Verfügung durch den Verwalter, Eigentümer des der Gesamtvollstreckung unterliegenden Vermögens. 1

Für die steuerliche Stellung von Schuldner und Verwalter folgt hieraus, daß der Schuldner materiellrechtlich Steuerpflichtiger bleibt; die Besteuerungsgrundlagen des der Gesamtvollstreckung unterliegenden Vermögens sind ihm zuzurechnen. Er ist daher Schuldner der Steuern (insbesondere Einkommen-/Körperschaftsteuer, Gewerbesteuer und Umsatzsteuer; Vermögensteuer und Gewerbekapitalsteuer wird in den neuen Bundesländern gegenwärtig nicht erhoben) auch insoweit, als diese Steuern durch Handlungen des Verwalters verursacht sind.

Der *Verwalter* übt das Verwaltungs- und Verfügungsrecht für den Schuldner aus; steuerlich treffen die Folgen seiner Handlungen daher den Schuldner. Infolge seines Verwaltungs- und Verfügungsrechts ist der Verwalter Vermögensverwalter iSd § 34 III AO; er hat daher bezüglich des der Gesamtvollstreckung unterliegenden Vermögens des Schuldners alle steuerlichen Pflichten zu erfüllen. Er hat daher insbesondere die Steuererklärungen abzugeben. 2

Die steuerliche Stellung von Schuldner und Verwalter nach der Gesamtvollstreckungsordnung entspricht daher der von Gemeinschuldner und Konkursverwalter nach der Konkursordnung (vgl Hdb § 23 XII).

§ 2 III GesO ermächtigt das Gericht, nach Stellung des Antrags auf Eröffnung des Gesamtvollstreckungsverfahrens vorläufige Maßnahmen zu treffen, und ermöglicht damit die Sequestration. Der *Sequester* ist, wenn ihm das Verwaltungs- und Verfügungsrecht übertragen wurde, ebenfalls Vermögensverwalter iSd § 34 III AO. Vgl hierzu sowie zu den steuerlichen Folgen der Sequestration Hdb § 116 I Rdn 3. 3

II. Steuerforderungen im Gesamtvollstreckungsverfahren

Steuerforderungen sind im Gesamtvollstreckungsverfahren wie zivilrechtliche Forderungen geltend zu machen. 4

Nach § 13 I Nr 1 GesO sind vorab die *durch die Verwaltung* entstandenen *notwendigen Ausgaben* zu begleichen. Dazu gehören auch die Steuerforderungen, die sachlich an das der Gesamtvollstreckung unterliegende Vermögen und an die Zeit ab Eröffnung des Gesamtvollstreckungsverfahrens anknüpfen. Hierzu gehören insb (s Hdb § 113 I):

- Umsatzsteuer für Umsätze, die der Verwalter bewirkt hat; dies gilt auch für Umsatzsteuer auf die Verwertung von Sicherungsgut, das zu dem der Gesamtvollstreckung unterliegenden Vermögen gehört;
- Rückforderungsansprüche aus dem Rückgängigmachen des Vorsteuerabzugs;
- Einkommen- und Gewerbesteuer, wenn die Gewinne während der Zeit der Verwaltung durch den Verwalter erzielt worden sind; hierzu gehören auch Gewinne aus der Aufdeckung der stillen Reserven bei Veräußerung von Vermögensgegenständen;
- Grundsteuer für zum Vermögen gehörende Grundstücke ab der Zeit der Verfahrenseröffnung;
- Kraftfahrzeugsteuer für zum Vermögen gehörende Kraftfahrzeuge ab der Zeit der Verfahrenseröffnung.

5 *Steuerforderungen,* die *vor der Eröffnung des Gesamtvollstreckungsverfahrens* begründet sind, fallen unter § 17 GesO; sie sind nach Begleichung der in § 13 GesO genannten Ansprüche zu befriedigen. Hierzu gehören auch Haftungsansprüche. Dabei steht Steueransprüchen, die im letzten Jahr nach Eröffnung der Gesamtvollstreckung fällig geworden sind, ein Vorrecht zu. Die Regelung entspricht der für Konkursforderungen nach der KO (vgl Hdb § 112 I–III). Zur Behandlung der einzelnen Steuerarten s Hdb § 114 zur Einkommensteuer, § 115 zur Lohnsteuer, § 116 zur Umsatzsteuer, § 117 zu sonstigen Steuern (wobei die Besonderheit zu beachten ist, daß Vermögen- und Gewerbekapitalsteuer in den neuen Bundesländern gegenwärtig nicht entsteht) und § 88 I zur Körperschaftsteuer.

6 In der Gesamtvollstreckungsordnung fehlt eine ausdrückliche Vorschrift für *steuerliche Nebenleistungen* für die Zeit ab Eröffnung des Verfahrens; nach § 63 KO ist deren Geltendmachen im bestimmten Umfang (insb Zinsen und Zwangsgelder) ausgeschlossen (vgl Hdb § 112 IV). Bei der Gesamtvollstreckung können diese Ansprüche daher geltend gemacht werden, wenn nicht § 63 KO analog angewandt wird. Die Nebenforderungen genießen aber in keinem Fall das Vorrecht, da sie keine Steuern sind.

7 Nach § 1 I GesO ist auch die Personengesellschaft gesamtvollstreckungsfähig. Zu den dabei auftretenden ertragsteuerlichen Problemen s Hdb § 88 II.

III. Steuerrechtliche Verfahren in der Gesamtvollstreckung

8 Steueransprüche, die als *Ausgaben der Verwaltung* unter § 13 I Nr 1 GesO fallen, sind ohne Einschränkung durch Steuerbescheid geltend zu machen (s Hdb § 118 II 2).

9 Steuerforderungen, die unter *§ 17 III GesO* fallen, dürfen nur nach den Vorschriften der Gesamtvollstreckungsordnung geltend gemacht werden. Sie sind nach § 5 Ziff 3 GesO beim Verwalter nach Grund, Höhe und Vorrecht anzumelden; daraus folgt, daß Steuerfestsetzungsverfahren, Rechtsbehelfsverfahren und Gerichtsverfahren nicht fortgesetzt werden dürfen.

10 Wird die Steuerforderung nicht bestritten, wird sie in das Vermögensverzeichnis nach § 11 I GesO aufgenommen und gemäß § 17 II, III GesO befriedigt. Soweit keine Befriedigung erfolgt, wirkt die Eintragung in das Vermögensverzeichnis nach § 18 III GesO als vollstreckbarer Titel.

11 Wird die Anmeldung nach Grund, Höhe und/oder Vorrecht bestritten, muß der Steuergläubiger entsprechend § 11 GesO die Feststellung seiner Forderung betreiben. War über die Steuerforderung bereits ein Steuerbescheid ergangen, geschieht die Feststellung durch Fortsetzung des Rechtsbehelfsverfahrens oder des gerichtlichen Verfahrens. War noch kein Steuerbescheid ergangen, ist die Steuerforderung nach § 251 III AO durch Feststellungsbescheid geltend zu machen, gegen den der Einspruch gegeben ist.

Das Verfahren entspricht dem Verfahren nach der KO (s Hdb § 118 II).

IV. Steueransprüche nach Beendigung des Verfahrens

Nicht befriedigte Steueransprüche sind nach Beendigung der Gesamtvollstreckung im Verwaltungswege nach §§ 259ff AO beizutreiben. Grundlage hierfür ist, soweit kein Widerspruch erfolgt ist, die Eintragung in das Vermögensverzeichnis nach § 11 GesO. Hatte der Schuldner dagegen widersprochen, ist das Steuerfestsetzungsverfahren nach Beendigung der Gesamtvollstreckung aufzunehmen; Grundlage der Beitreibung ist dann, je nach Lage des Verfahrens, der vor Eröffnung des Verfahrens erlassene oder der jetzt zu erlassende Steuerbescheid (s Hdb § 118 IV). 12

Soweit nach Beendigung des Verfahrens noch Steuerbescheide zu erlassen sind, sieht § 171 XIII AO für Konkursverfahren eine Hemmung der Festsetzungsfrist bis zu drei Monaten nach Konkursbeendigung vor. Diese Regelung ist entsprechend auf die Gesamtvollstreckung zu übertragen, da auch die Gesamtvollstreckung die Steuerfestsetzung verhindert; Steuerbescheide können also, ohne Rücksicht auf die Festsetzungsfrist, bis zu drei Monate nach Beendigung der Gesamtvollstreckung erlassen werden. 13

Entsprechendes gilt für Steuerzahlungsansprüche; für den Fall des Konkursverfahrens sieht § 231 AO eine Unterbrechung der Verjährung durch Anmeldung der Steuerforderung im Konkursverfahren vor. Dies gilt entsprechend auch für die Anmeldung im Gesamtvollstreckungsverfahren. 14

Nach § 18 II 3 GesO findet nach Beendigung der Gesamtvollstreckung eine Vollstreckung wegen nicht befriedigter Forderungen nur statt, wenn der Schuldner über ein angemessenes Einkommen hinaus zu neuem Vermögen gelangt. Diese Einschränkung der Erhebung und Vollstreckung gilt auch für Steuerforderungen; diese Steuerforderungen bleiben zwar bestehen, können aber nicht beigetrieben werden, soweit der Schuldner kein neues Vermögen erlangt. 15

Kapitel X. *(Kein Beitrag im Nachtrag)*

Kapitel XI. Internationales und interlokales Gesamtvollstreckungsrecht

Übersicht

A. Internationales Gesamtvollstreckungsrecht

I. Allgemeines

1. Gesetzliche Regelung. a) Eine Vorschrift für die Gesamtvollstreckung mit Auslandsberührung ist erst anläßlich der Neufassung der Gesamtvollstreckungsverordnung vom 6. 6. 1990 eingeführt worden.[1] 1

[1] *Lübchen/Landfermann,* Das neue Insolvenzrecht der DDR, ZIP 1990, 829, 838; *dies,* Neuregelung der Gesamtvollstreckung, NJ 1990, 396.

2 **b)** § 22 I bis III GesVVO übernahm für die damalige DDR das Prinzip der Universalität des Auslandskonkurses, das sich in der neueren Rechtsentwicklung der (alten) Bundesrepublik Deutschland durchgesetzt hatte (s Hdb § 121 Rdn 26 bis 28, § 122 Rdn 12ff) und das auch der geplanten Regelung des Internationalen Insolvenzrechts (IIR) im Rahmen der gesamtdeutschen Insolvenzrechtsreform zugrunde gelegt werden soll.[2]

3 **c)** Die Vorschrift wurde bei Herstellung der deutschen Einheit für die neuen Bundesländer aufrechterhalten und ist unverändert in die bundesrechtliche Gesamtvollstreckungsordnung in der Fassung der Bekanntmachung vom 23. 5. 1991 eingegangen.[3]

4 **2. Anwendbarkeit des deutschen Internationalen Insolvenzrechts. a)** Die GesO beschränkt sich darauf, durch wenige Grundregeln die Richtung anzugeben, wie in ihrem Geltungsbereich (s u B Rdn 1) durch Auslandsberührung hervorgerufene insolvenzrechtliche Fragen gelöst werden sollen.

5 **b)** Innerhalb dieses Rahmens auftretende internationalinsolvenzrechtliche Einzelprobleme sind auch in den neuen Bundesländern, soweit nicht Besonderheiten des Gesamtvollstreckungsrechts entgegenstehen, nach den Regeln des deutschen IIR (Hdb Kap XI) zu lösen (s auch Rdn 12).[4] Diese – vornehmlich von Rechtsprechung und Wissenschaft entwickelten (vgl Hdb § 121 Rdn 23 bis 28) – Normen gelten grundsätzlich auch für die neuen Bundesländer, weil der Einigungsvertrag, von bestimmten Ausnahmen abgesehen, die Rechtseinheit für Gesamtdeutschland auf der Grundlage des Bundesrechts hergestellt (Art 8 EV; vgl auch die allgemeinen Maßgaben in Anlage I Kapitel III Sachgebiet A Abschnitt III Nr 28 EV) und alte wie neue Bundesländer zu einem einheitlichen Rechtspflegegebiet zusammengefaßt hat. Die Aufspaltung des materiellen und formellen Insolvenzrechts setzt sich somit im Bereich des IIR nicht fort.

II. Universalität des Insolvenzverfahrens

6 **1. Anerkennung des Auslandskonkurses. a)** Im Sinne des Universalitätsprinzips (s o Rdn 2) legt § 22 I 1 GesO grundsätzlich fest, daß ein ausländisches Gesamtvollstreckungs- und Konkursverfahren ohne weiteres (dh ohne daß zuvor die ausländische Eröffnungsentscheidung durch ein inländisches Gericht für vollstreckbar erklärt werden müßte)[5] auch das im Geltungsbereich der GesO belegene Vermögen des Schuldners erfaßt. Diese Vorschrift wird allen ausländischen Verfahren zugute kommen, die unter den (weiteren) Konkursbegriff des IIR fallen, also auch Vergleichs- und Reorganisationsverfahren einschließen (s Hdb § 121 Rdn 19 bis 22, § 123 Rdn 23).[6]

---

[2] Zur Entstehung der Vorschrift *Landfermann,* Das Internationale Insolvenzrecht in der Gesamtvollstreckungsordnung, in *Stoll* (Hrsg), Stellungnahmen und Gutachten zur Reform des deutschen Internationalen Insolvenzrechts, 1992, 314; zur geplanten Regelung des IIR vgl Entwurf einer Insolvenzordnung (InsO), Neunter Teil, §§ 379 bis 399 (BT-Drucks 12/2443 S. 68ff).

[3] Der durch den Einigungsvertrag angefügte neue Abs 4 stellt eine interlokale Regelung dar (s u B Rdn 6, 40).

[4] Ebenso *Landfermann.* (Fn 2) S. 317. Er meint, bei der Auslegung des § 22 GesO sei auch die im Referentenentwurf eines Einführungsgesetzes zum Gesetz zur Reform des Insolvenzrechts vorgeschlagene Regelung des Internationalen Insolvenzrechts zu berücksichtigen, da sie als Vorbild gedient habe. Der internationalinsolvenzrechtliche Abschnitt des am 1. 9. 1990 vom Bundesministerium der Justiz vorgelegten Referentenentwurfs (veröffentlicht im Bundesanzeiger Verlag, Köln) deckt sich weitgehend mit dem Neunten Teil des Regierungsentwurfs einer InsO (vgl Fn 2).

[5] Allgemein zu Bedeutung und Verfahren der Anerkennung Hdb § 122 Rdn 28–37.

[6] Im folgenden wird der Begriff „ausländischer Konkurs" in dem weiteren Sinne des IIR verwendet. –

b) Aus dem Wortlaut des § 22 I 1 GesO ist nicht zu folgern, daß nur die Beschlagswirkung eines Auslandskonkurses anerkannt würde. Vielmehr können sich grundsätzlich (s u Rdn 12) alle „insolvenztypischen" Rechtsfolgen (zu dieser Abgrenzung s Hdb § 121 Rdn 13), welche Eröffnung und Durchführung des Konkursverfahrens gemäß dem Insolvenzrecht des Eröffnungsstaates (entspr der lex fori concursus als der „Grundnorm" des IIR, die jedoch Ausnahmen erfährt – s Hdb § 122 Rdn 87 ff)[7] nach sich ziehen, auf den Anwendungsbereich der GesO erstrecken (insb der Übergang der Verwaltungs- und Verfügungsbefugnisse hinsichtlich des Schuldnervermögens auf den ausländischen Verwalter). 7

Da auch Vergleichs- und Reorganisationsverfahren unter den Begriff „ausländisches Gesamtvollstreckungs- oder Konkursverfahren" iSd § 22 I GesO fallen (s o Rdn 6), ist im Geltungsbereich der GesO die Universalität eines ausländischen Vergleichs- und Reorganisationsverfahrens anzuerkennen, so daß sich die Wirkungen nicht nur eines Zwangsvergleichs, sondern auch eines konkursabwendenden Vergleichs oder eines Reorganisationsplanes auf die neuen Bundesländer erstrecken, obwohl die GesO den Vergleich zur Abwendung des Konkurses selbst nicht kennt (zu den grundsätzlich zu beachtenden Regeln des deutschen Internationalen Vergleichsrechts s Hdb § 123; vgl auch Rdn 12).[8] 8

c) Als Gründe, aus denen die Anerkennung eines Auslandskonkurses abgelehnt werden darf, läßt § 22 I 2 GesO nur zu: die internationale Unzuständigkeit des Eröffnungsstaates[9] und die Unvereinbarkeit des ausländischen Verfahrens mit den Grundprinzipien des inländischen Rechts.[10] 9

Diese – der Wahrung öffentlicher Interessen dienenden – Versagungsgründe sind von Amts wegen zu beachten. Die internationale Zuständigkeit für Insolvenzsachen als Voraussetzung der Anerkennung von ausländischen Insolvenzwirkungen wird – entsprechend den Regeln des IIR (s Hdb § 122 Rdn 3, 7) – durch die örtlichen Gerichtsstände der GesO vermittelt. Danach ist die Zuständigkeit der Gerichte des ausländischen Staates anzuerkennen, auf dessen Territorium der Schuldner seinen Wohnsitz oder Sitz hat (entspr § 1 II GesO).[11] 10

Zur Einbeziehung des amerikanischen Reorganisationsverfahrens BGH IPRax 1991, 183 = RIW 1990, 222; LG Frankfurt MDR 1989, 747 = RIW 1990, 141; ferner *Flessner,* Zusammenhänge zwischen Konkurs, Arrest und internationaler Zuständigkeit, IPRax 1991, 163; dagegen OLG Hamburg RiW 1992, 941 (kein Konkurs, da Sanierung Verfahrensziel); dazu ablehnend *Flessner* IPRax 1992, 151). Reine Sanierungsverfahren sind dagegen keine Konkursverfahren iSd IIR (Hdb § 121 Rdn 20).

[7] Der von *Smid/Zeuner* (§ 22 Rdn 19, 20) vertretenen Ansicht, § 22 I 1 GesO schreibe vor, daß die anzuerkennenden Wirkungen sich ausschließlich und uneingeschränkt nach ausländischem Konkursrecht richten sollten, ist nicht zuzustimmen.

[8] Aus der Maßgabe Anlage II Kapitel III Sachgebiet A Abschnitt II Nr 1 c (Verweisung im Bundesrecht auf Vergleichsordnung unbeachtlich) läßt sich nichts Gegenteiliges herleiten.

[9] Nur die internationale Kompetenz aller Gerichte des Staates der Konkurseröffnung, nicht die örtliche oder sachliche Zuständigkeit des bestimmten Eröffnungsgerichts ist in § 22 I 2 Nr. 1 GesO gemeint, auch wenn der Wortlaut auf „das Gericht" abstellt (richtiger wäre die Verwendung der Mehrzahl „die Gerichte"); vgl *Landfermann* (Fn 2) S. 318 m Fn 15.

[10] Als Voraussetzungen der Anerkennung erwähnt § 22 I GesO nicht, daß nach dem Konkursrecht des Eröffnungsstaates auch das Auslandsvermögen des Schuldners für die Masse in Anspruch genommen wird und daß die ausländische Eröffnungsentscheidung nach dem Recht des Eröffnungsstaates wirksam (dh vollziehbar, nicht aber rechtskräftig) sein muß (vgl demgegenüber den Katalog im Hdb § 122 Rdn 16, 17). Diese Voraussetzungen verstehen sich aber – ebenso wie die Bedingung, daß das ausländische Verfahren überhaupt als Konkurs anzusehen ist – von selbst; denn ein Verfahren kann keine Wirkungen in einem anderen Land hervorrufen, die ihm im „Herkunftsland" selbst nicht zukommen. In der Praxis sind die beiden Voraussetzungen regelmäßig gegeben. Wie ein Versagungsgrund wirkt sich die Anhängigkeit eines auf das inländische Vermögen beschränkten Gesamtvollstreckungsverfahrens aus (s u Rdn 20, 25).

[11] Das Vorhandensein von Vermögen (§ 22 II GesO) genügt für die Anerkennung der Universalität nicht (Mangel der „Sachregelungskompetenz" vgl Hdb § 122 Rdn 24). Zur Zuständigkeitskonkurrenz

11 Der zweite Versagungsgrund kann nur gegeben sein, wenn der deutsche ordre public verletzt ist; einen spezifischen ordre public für den Anwendungsbereich der GesO gibt es nicht. Den Grundprinzipien der inländischen Rechtsordnung (vgl Art 6 EGBGB; § 328 I Nr 4 ZPO) kann die ausländische Maßnahme, um deren Anerkennung es geht, wegen ihres Inhalts oder wegen des Verfahrens, in dem sie zustandegekommen ist (zB der Eröffnungsbeschluß ist ohne Anhörung des Schuldners ergangen; im Konkursverfahren werden Deutsche diskriminiert), widersprechen (s Hdb § 122 Rdn 18 bis 20).

12 **d)** § 22 I GesO legt die Universalität des Auslandskonkurses als Grundsatz fest, wie dies der Rechtslage in den alten Bundesländern nach dem Grundsatzurteil des BGH vom 11. 7. 1985 (BGHZ 95, 256 = NJW 1985, 2897; s o Rdn 2, 6) entspricht. Diese Grundregel bedeutet nicht, daß alle Wirkungen eines Auslandskonkurses genauso, wie sie das Recht des Eröffnungsstaates anordnet, bedingungs- und schrankenlos für den Geltungsbereich der GesO zu übernehmen wären. Die Anerkennung muß vielmehr in das Gesamtgefüge des Gesamtvollstreckungsrechts eingebettet und mit der inländischen Rechtsordnung vereinbar sein (s Hdb § 122 Rdn 15). Dieser „Einpassung“ dienen nicht zuletzt die Regeln des IIR, die als Ergänzung zu § 22 I GesO heranzuziehen sind (s o Rdn 4, 5).[12] Soweit nach diesen Normen bestimmte Rechtsfolgen des Auslandskonkurses überhaupt nicht oder nur eingeschränkt übernommen werden können oder vom ausländischen Konkursrecht – entgegen der Grundnorm des IIR – zugunsten zwingender inländischer Regelungen abgewichen werden muß (Hdb § 122 Rdn 90 ff), ist bei einer solchen Anpassung an das inländische Recht auf in den neuen Bundesländern geltende rechtliche Besonderheiten zu achten (zB § 7 IV, §§ 9, 10, 12, 13 GesO; arbeits- und sozialrechtliche Unterschiede gegenüber dem allgemeinen Bundesrecht). Wirkungen des Auslandskonkurses, deren Übernahme mit der inländischen Rechtsordnung schlechterdings unvereinbar wäre, werden schon durch den Vorbehalt des ordre public (s o Rdn 9, 11) von der Anerkennung ausgeschlossen.

13 **2. Universalität des inländischen Gesamtvollstreckungsverfahrens. a)** Auch wenn dies – ebensowenig wie in der KO (s Hdb § 122 Rdn 55) – nicht ausdrücklich festgestellt wird, ist dem § 1 I 2 GesO und – im Wege des Umkehrschlusses – dem § 22 II GesO zu entnehmen, daß für die inländische Gesamtvollstreckung auch das im Ausland belegene Vermögen des Schuldners beansprucht wird, wenn die örtliche Zuständigkeit des Kreisgerichts wegen des Wohnsitzes oder Sitzes des Schuldners (§ 1 II GesO) und damit zugleich die internationale Zuständigkeit der Gerichte im Geltungsbereich der GesO gegeben sind.

14 **b)** Die Universalität des Gesamtvollstreckungsverfahrens verpflichtet den Verwalter, alle (rechtlich zulässigen und wirtschaftlich sinnvollen) Anstrengungen zu unternehmen, um die im Ausland belegenen Vermögensstücke des Schuldners oder deren Wert zur Masse zu ziehen (§ 8 II GesO). Er kann vor (allen) deutschen Gerichten Ansprüche geltend machen, die sich auf das im Ausland belegene Ver-

---

deutscher und ausländischer Gerichte, zB bei doppelten Wohnsitz des Schuldners, s Hdb § 122 Rdn 9 m Fn 7. Dagegen für Anwendbarkeit des § 71 II KO *Smid/Zeuner* § 22 Rdn 9.

[12] Es geht vor allem um die Wahrung der Rechtssicherheit, des Vertrauensschutzes im Rechtsverkehr, rechtsstaatlicher Grundsätze oder sozialer Rechte. Beispiele (s Hdb § 122 Rdn 92 ff, § 123 Rdn 17 ff): Aufrechterhaltung der inländischen sachenrechtlichen Ordnung, insbesondere der Sicherungsrechte; Schutz des guten Glaubens bei Verfügungsbeschränkungen; Eintragungsfähigkeit ausländischer Konkursakte, insb der Eröffnung in inländische Register (dazu *Gottwald,* Auslandskonkurs und Registereintragung im Inland, IPRax 1991, 168); Konkursanfechtung; Einwirkung der Konkurseröffnung auf Rechtsverhältnisse, insbesondere Arbeitsverhältnisse. Zum Erfordernis der Vollstreckbarerklärung konkursrechtlicher Vollstreckungstitel und der Anordnung einer Postsperre s Hdb § 122 Rdn 35 – 37.

mögen des Schuldners beziehen, wenn dafür ein Gerichtsstand im Inland gegeben ist; dabei kommt es nicht darauf an, ob der (deutsche) Vollstreckungstitel im Staate der Belegenheit des Vermögens anerkannt werden kann (BGHZ 68, 16 = NJW 1977, 900; 88, 147 = NJW 1983, 2147; s auch Hdb § 122 Rdn 58).

c) Allerdings hängt es allein vom Recht des ausländischen Staates ab, in dem sich das Vermögen des Schuldners befindet, ob der Verwalter die Vermögensgegenstände auch tatsächlich für die Masse in Anspruch nehmen kann, zu der sie nach deutschem Recht gehören.[13] 15

Da das in der GesO geregelte Verfahren der Gesamtvollstreckung nach Funktionen, Struktur und Wesensmerkmalen zweifellos ein Konkursverfahren darstellt, kann von einem ausländischen Staat erwartet werden, daß er das Verfahren als Konkurs im Sinne des IIR qualifiziert. 16

d) Hat während eines inländischen Gesamtvollstreckungsverfahrens ein Gläubiger dem Schuldner gehörende, im Ausland belegene Vermögensstücke gepfändet, so erhebt sich die Frage, ob der Gläubiger im Inland das durch die ausländische Einzelvollstreckung Erlangte an die Masse des Gesamtvollstreckungsverfahrens abzuliefern hat. Diese Frage ist entsprechend dem Urteil des BGH vom 13. 7. 1983 (BGHZ 88, 147 = NJW 1983, 2147) zu bejahen, weil ein solcher Erwerb mit der Universalität der inländischen Gesamtvollstreckung und mit Sinn und Zweck der gesamtvollstreckungsrechtlichen Pfändungswirkung (§ 7 GesO) nicht zu vereinbaren ist (s Hdb § 122 Rdn 77, 78; vgl auch die Bedenken gegen eine Ablieferungspflicht in Rdn 79 bis 86; § 383 Entwurf einer InsO – Fn 2 – sieht eine Herausgabepflicht vor). 17

e) Einstweilige Anordnungen zur Sicherung, die zwischen Antragstellung und Eröffnung ergehen, werden in den internationalen Beziehungen in aller Regel nicht anerkannt; es erscheint zu riskant, in Rechtspositionen auf Grund solcher ausländischer Maßnahmen einzugreifen, die vor einer Entscheidung über die Konkurseröffnung nach einer nur summarischen Prüfung ergehen und lediglich vorübergehenden Bestand haben (s Hdb § 122 Rdn 26).[14] Deshalb werden Sicherungsmaßnahmen, die ein Beschluß zur Unterbrechung des Gesamtvollstreckungsverfahrens enthält (§§ 3, 6, 9 GUG iVm § 2 III, IV GesO), oder sonstige Rechtsfolgen der Unterbrechung nicht für eine Erstreckung auf ausländisches Gebiet in Betracht kommen (s auch Rdn 33). 18

III. Rechtsverfolgung im Geltungsbereich der Gesamtvollstreckungsordnung trotz Auslandskonkurses

1. Inländische Gesamtvollstreckung. a) Ein gegenständlich auf das inländische Vermögen des Schuldners beschränktes Insolvenzverfahren läßt die GesO weitergehend als die KO (§ 238) zu.[15] Die Eröffnung eines Gesamtvollstreckungsverfahrens über das im Inland belegene Vermögen eines Schuldners, der seinen Wohnsitz oder Sitz im Ausland (also weder in einem neuen noch in einem alten Bundesland) hat, setzt eine Niederlassung oder ein Landgut im Geltungsbereich der GesO nicht 19

---

[13] Vgl die Übersicht zur Rechtslage in den wichtigsten Ländern Hdb § 122 Rdn 60–73; ferner zum Vorgehen im Ausland mit privatrechtlichen Mitteln Hdb § 122 Rdn 74–76.

[14] Auch der Entwurf einer InsO (Fn 2) nimmt vorläufige Maßnahmen ausländischer Gerichte, die vor der Verfahrenseröffnung ergehen, grundsätzlich von der Anerkennung aus (Begründung zu § 384 – BT-Drucks 12/2443 S. 241).

[15] Trotz seines engen Wortlauts ist diese Folgerung aus § 22 II GesO zu ziehen; vgl *Landfermann* (Fn. 2) S. 318f. Ebenso wohl auch – trotz grundsätzlicher Bedenken – *Smid/Zeuner* § 22 Rdn 10.

voraus (anders § 238 KO). Es genügt das Vorhandensein von Vermögensgegenständen in diesem Gebiet;[16] die Frage, ob ein Gegenstand dort belegen ist, beurteilt sich nach deutschem Recht (vgl § 23 ZPO). Das inländische Vermögen muß aber zumindest einen solchen Wert haben, daß die Gesamtvollstreckung nicht von vornherein wirtschaftlich sinnlos erscheint (Verbot zweckloser Vollstreckung); auf jeden Fall müssen die Kosten des Verfahrens gedeckt sein (arg § 4 II GesO).

20 **b)** Die Eröffnung eines auf das Inlandsvermögen beschränkten Gesamtvollstreckungsverfahrens setzt nicht die Anhängigkeit eines Insolvenzverfahrens im Wohnsitz- oder Sitzstaat des Schuldners voraus. Andererseits steht einem solchen Inlandsverfahren, wie § 22 II GesO ausdrücklich klarstellt, nicht entgegen, daß ein – selbst anerkennungsfähiges – (Haupt-) Insolvenzverfahren in diesem Staate bereits eröffnet ist; dem anerkennungsfähigen ausländischen Hauptkonkurs kommt also ein Vorrang nicht zu.

21 **c)** Ist ein Konkursverfahren im Ausland vorher anhängig geworden, so erübrigt sich für die Eröffnung des auf das inländische Schuldnervermögen beschränkten Gesamtvollstreckungsverfahrens der Nachweis eines Eröffnungsgrundes (iSd § 1 I 1 GesO).

Die gesetzliche, unwiderlegliche Vermutung des § 22 III GesO soll die möglichst rasche parallele Erfassung des Inlandsvermögens im Interesse der Gleichbehandlung aller Gläubiger erleichtern. Sie geht insofern über § 238 III KO hinaus, als sie auch den Eröffnungsgrund der Überschuldung einschließt.[17]

22 § 22 III GesO besagt nicht ausdrücklich, daß „die Übernahme" der ausländischen Entscheidung zum Eröffnungsgrund die Anerkennungsfähigkeit des ausländischen Konkurses nach § 22 I voraussetzt. Gleichwohl wird § 22 III GesO dahingehend auszulegen und auch zu verlangen sein, daß der Grund, auf den die Eröffnung des Auslandskonkurses gestützt wird, der Zahlungseinstellung und Überschuldung iSd § 1 I GesO in etwa entspricht.[18] Damit wird der Gefahr von Mißbrauch und Manipulation vorgebeugt.

23 Die Vermutung des § 22 III GesO greift nicht ein, wenn Zahlungsunfähigkeit oder Überschuldung Tatbestandsmerkmale einer anderen gesamtvollstreckungsrechtlichen Bestimmung (zB § 10 I Nr 4 GesO; entspr gilt für Vorschriften auf anderen Rechtsgebieten wie etwa § 64 GmbHG, § 92 AktG) sind.[19]

24 **d)** Für den Fall, daß der ausländische Hauptkonkurs bereits anhängig ist, wird die Ansicht vertreten, ein Gläubigerantrag auf Eröffnung eines (beschränkten)

---

[16] Dem § 22 II GesO ist – in Erweiterung des § 1 II GesO – eine örtliche Zuständigkeit des Kreisgerichts zu entnehmen, in dessen Bezirk sich Vermögen des Schuldners befindet. Damit ist auch eine internationale Zuständigkeit des Vermögens gegeben; jedoch wird wegen der „schwachen Anknüpfung" das Auslandsvermögen nicht für die Masse in Anspruch genommen (vgl zu § 238 KO Hdb § 122 Rdn 4, 56). AA offenbar *Smid/Zeuner* § 22 Rdn 24.

[17] Die Einbeziehung des Eröffnungsgrundes der Überschuldung bedeutet, daß nicht wie zu § 238 KO (bei Erheblichkeit dieses Grundes) darauf abzustellen ist, ob die Verbindlichkeiten gerade das im Inland belegene Vermögen des Schuldners übersteigen. Die Vermutung berührt nicht die Besonderheiten bei der Überschuldung von Treuhandunternehmen (so Kapitel II B Rdn 10); allerdings wird über das Vermögen solcher Unternehmen kaum ein anerkennungsfähiger Konkurs im Ausland anhängig werden.

[18] Anerkennungfähigkeit setzt auch § 396 III Entwurf einer InsO (Fn 2) voraus (Begründung zu § 396 – BT – Drucks 12/2443 S. 246). Die weitere Bedingung einer Vergleichbarkeit der Eröffnungsgründe ist geboten, weil die ausländische Feststellung die inländische Feststellung der Zahlungsunfähigkeit oder Überschuldung ersetzt und diese Wirkung nicht eintreten kann, wenn die ausländische Entscheidung einen anderen Inhalt hat.

[19] Zur Prüfung der Zahlungseinstellung eines weltweit tätigen Unternehmens mit Zweigniederlassung im Inland vgl. BGH NJW 1992, 624 = KTS 1991, 589.

inländischen Gesamtvollstreckungsverfahrens sei mangels Rechtsschutzinteresses zurückzuweisen, wenn der Gläubiger nicht dartun könne, daß die Durchsetzung seiner Ansprüche im ausländischen Verfahren auf besondere Schwierigkeiten stoßen würde.[20] Da durch die Eröffnung des inländischen Gesamtvollstreckungsverfahrens das im Inland belegene Vermögen dem ausländischen Hauptkonkurs (mit Wirkung ex nunc) entzogen wird (s u Rdn 25), vermeidet die besondere Anforderung an das Rechtsschutzbedürfnis des Antragsstellers, daß die Anerkennung des Auslandskonkurses infolge der großzügigen Zuständigkeitsregelung des § 22 II GesO (s o Rdn 19) zu stark eingeschränkt wird; überdies wird das mit erheblichen Nachteilen (Mehraufwand an Kosten, Zeit und Arbeit; widersprüchliche Behandlung von Gläubigerrechten; Gefahr von Manipulationen) verbundene Nebeneinander von Insolvenzverfahren über das Vermögen desselben Schuldners auf die notwendigen Fälle beschränkt. Andererseits ist die zusätzliche Voraussetzung nicht recht vereinbar mit der Bestimmung des § 22 III GesO, nach der zwingend vom Vorliegen eines Eröffnungsgrundes auszugehen ist; entgegen dem Interesse an einer beschleunigten Eröffnung des inländischen Parallelverfahrens (s o Rdn 21) wird die Einleitungsphase dieses Verfahrens mit oft schwierigen Prüfungen belastet und verzögert. Hinzu kommt, daß die Teilnahme am Auslandskonkurs für die einzelnen Gläubigergruppen (zB Gläubiger mit Mobiliarsicherheiten, Arbeitnehmer) durchaus unterschiedliche Probleme mit sich bringen und so die Eröffnung oder Nichteröffnung des Verfahrens davon abhängen kann, welcher Gläubiger gerade den Antrag stellt. Diese Gesichtspunkte legen es nahe, jedenfalls nicht zu hohe Anforderungen an das Rechtsschutzinteresse zu stellen und ein inländisches Gesamtvollstreckungsverfahren zu eröffnen, wenn ein besonderes inländisches Verfahren – auch von Umfang und Zusammensetzung des Inlandsvermögens her gesehen – im Interesse von Gläubigern im Inland geboten erscheint.[21]

e) Das gegenständlich beschränkte Gesamtvollstreckungsverfahren erfaßt das gesamte Inlandsvermögen des Schuldners, auch soweit Gegenstände außerhalb des Bezirks des Eröffnungsgerichts, selbst im Geltungsbereich der KO belegen sind. Wie dem Inlandskonkurs nach § 238 KO (s Hdb § 122 Rdn 57) kommt dem Gesamtvollstreckungsverfahren nach § 22 II GesO insoweit der Charakter eines allgemeinen Verfahrens zu, als es für alle Forderungen in- und ausländischer Gläubiger offen steht. **25**

f) Den im Auslandskonkurs erlangten Betrag muß der Gläubiger im inländischen Gesamtvollstreckungsverfahren auf seine Forderung (nicht auf seine Quote) anrechnen lassen, so daß er nur auf die verringerte Forderung die inländische „Dividende" erhält.[22] **26**

2. Einzelvollstreckung. a) Eine dem § 237 KO entsprechende Vorschrift, welche die Einzelvollstreckung in das inländische Vermögen des Schuldners während eines Auslandskonkurses ausdrücklich für zulässig erklärt, findet sich in der GesO nicht. Daraus wird gefolgert, die Anerkennung eines Auslandskonkurses schließe die Einzelvollstreckung im Bereich der GesO aus; für diese Ansicht wird darauf **27**

---

[20] *Landfermann* (Fn 2) S. 319 unter Hinweis auf die geplante Regelung; vgl. § 396 II Entwurf einer InsO (Fn 2).

[21] Zweck des beschränkten Inlandsverfahrens ist der Schutz inländischer Gläubiger, die mit Rücksicht auf das hier befindliche Vermögen dem ausländischen Schuldner Kredit gegeben haben und bei der Verweisung auf den ausländischen Konkurs, zu dem das inländische Vermögen gezogen wird, das Nachsehen haben könnten (so BGH NJW 1992, 624 unter Hinweis auf die Gesetzesmaterialien).

[22] Entsprechend Hdb § 122 Rdn 47. Weitergehend – Anrechnung auf die Quote – § 383 II Entwurf InsO (Fn 2).

hingewiesen, daß auch das künftige deutsche Insolvenzrecht die Einzelvollstrekkung nicht mehr zulassen werde.[23]

28 **b)** Dieser Vorgriff auf eine geplante Regelung ist nicht unbedenklich. Die Frage, ob § 237 KO wenigstens in bestimmten Grenzen beibehalten werden soll, gehört zu den umstrittensten Fragen des IIR.[24] Mit dem rechtsstaatlichen Gebot effektiven Rechtsschutzes wäre es nicht zu vereinbaren, wenn der in der Zivilprozeßordnung zugesicherte Rechtsschutz durch individuelle Vollstreckung einem Gläubiger wegen Eröffnung eines Auslandskonkurses stets versagt und der Gläubiger auf die Teilnahme am ausländischen Konkursverfahren verwiesen würde, obwohl ihm die Geltendmachung seines Anspruchs im Auslandskonkurs aus rechtlichen oder tatsächlichen Gründen nicht zuzumuten wäre. In der jetzigen Übergangszeit würde es auch dem Gebot der Gleichbehandlung und der Rechtssicherheit in Gesamtdeutschland widersprechen, wenn die Rechtsverfolgung durch Klage und Einzelvollstreckung gegen denselben Schuldner in den alten Bundesländern zugelassen würde, in den neuen Ländern dagegen nicht.

29 Diese Gründe sprechen dafür, die Lücke in der GesO durch eine entsprechende Anwendung des § 237 KO zu schließen und dabei die Auslegung dieser Vorschrift durch die Rechtsprechung zu berücksichtigen (s Hdb § 122 Rdn 38 bis 42).[25]

30 **3. Unterbrechung eines inländischen Rechtsstreits durch Auslandskonkurs. a)** Auch die weitere für die Rechtsverfolgung im Inland erhebliche Frage, ob ein vor einem Prozeßgericht eines neuen Bundeslandes anhängiger Rechtsstreit durch die Eröffnung eines anerkennungsfähigen Auslandskonkurses unterbrochen wird, ist nach (deutschem) IIR und damit ebenso wie für die Prozeßgerichte in den alten Bundesländern zu beurteilen. Ohnehin gelten die zivilprozessualen Vorschriften über die Unterbrechung des Rechtsstreits durch Konkurs (§§ 240, 248ff ZPO) für alte und neue Bundesländer gleichermaßen.[26]

31 **b)** Nach Ansicht des BGH (NJW 1988, 3036) unterbricht die Eröffnung eines Auslandskonkurses trotz dessen grundsätzlicher Anerkennung einen im Inland gegen den Gemeinschuldner geführten Prozeß nicht (vgl zu dieser weitgehend abgelehnten Entscheidung Hdb § 122 Rdn 108, 109).

IV. Abkommen auf dem Gebiete des Internationalen Insolvenzrechts

32 **1. Deutsch-österreichischer Konkurs- und Vergleichsvertrag. a)** Der Vertrag vom 25. 5. 1979 zwischen der Bundesrepublik Deutschland und der Republik Österreich auf dem Gebiet des Konkurs- und Vergleichs- (Ausgleichs-)rechts (BGBl 1985 II 410, 712) ist auf die neuen Bundesländer (einschließlich des Landes Berlin) ausgedehnt worden (Art 11 EV). Für die Anwendung des Konkursvertrags (s Hdb § 124 Rdn 1 bis 32) ist ein Verfahren der Gesamtvollstreckung einem

---

[23] *Landfermann* (Fn 2) S. 319f; *Smid/Zeuner* § 22 Rdn 19; *Hess/Binz* § 22 Rdn 11 (mißverständlich). Zur geplanten Regelung vgl Begründung zum Entwurf einer InsO, Neunter Teil, Internationales Insolvenzrecht, Allgemeines, Nr 5d (BT-Drucks 12/2443 S. 238).

[24] Vgl. *Flessner,* FS Heinsius, 1991, S. 111, 120ff (rechts-vergleichend); *Lüderitz* JZ 1986, 96; *Grasmann,* Effets nationaux d'une procédure d'exécution collective étrangère, Revue critique de droit international privé, 1990, 421ff, 460ff; Hdb § 122 Rdn 38–42. Vgl auch *Flessner,* FS Merz, 1992, S. 93 (Arrest).

[25] Zur Problematik neuerdings *Flessner* (Fn 6) S. 162f unter Hinweis auf BGH IPRax 1991, 183.

[26] Str ist, ob und inwieweit die Prozeßunterbrechung prozeß- oder konkursrechtlich zu qualifizieren ist (vgl. *Riegel,* Prozeßunterbrechung nach § 240 ZPO im Fall ausländischer Konkurseröffnung, RIW 1990, 546). Für Unterbrechung OLG Karlsruhe WM 1990, 1590; RiW 1992, 940. Der Entwurf einer InsO sieht die Unterbrechung vor (§ 391 – Fn 2).

deutschen Konkursverfahren gleichzuachten, so daß die in der GesO festgelegten Wirkungen sich nach Maßgabe der Art 1 bis 24, 26 bis 34 des Vertrags auf das österreichische Gebiet erstrecken. Wie in der Begründung zum Einigungsvertrag ausgeführt wird,[27] kann der Konkursvertrag nicht so ausgelegt werden, daß er sich nur auf Verfahren beziehen würde, die förmlich als „Konkursverfahren" bezeichnet werden; er ist vielmehr auch auf ein Verfahren anwendbar, das wie das Gesamtvollstreckungsverfahren nach Funktion, Struktur und Ausgestaltung ein Konkursverfahren darstellt.

b) Da der Vertrag sich nur auf eröffnete Verfahren bezieht (Art 1), können vorläufige Maßnahmen, die zur Sicherung einer Gesamtvollstreckung nach Eingang des Eröffnungsantrags und vor Eröffnung ergehen (§ 2 III, IV GesO), nicht auf Grund des Vertrags in Österreich wirksam werden. Danach würden Wirkungen einer Unterbrechung des Gesamtvollstreckungsverfahrens im Rahmen vorläufiger Maßnahmen gemäß § 2 III GesO, die das Gesamtvollstreckungs-Unterbrechungsgesetz vorsieht, nicht von der vertraglichen Regelung erfaßt. Demgegenüber kann aber geltend gemacht werden, daß das Vorverfahren nach den §§ 79 bis 91 öster Ausgleichsordnung (AO) in den Vertrag einbezogen worden ist, obwohl es ebenfalls der Eröffnung des eigentlichen Ausgleichs- oder Konkursverfahrens vorausgeht (vgl § 24 des deutschen Ausführungsgesetzes – DöKVAG).[28] Vorverfahren und Verfahren bei Unterbrechung der Gesamtvollstreckung weisen Parallelen auf; beide Verfahren sollen vor Beginn eines Insolvenzverfahrens die Erhaltung eines insolventen Unternehmens fördern, insbesondere die Beschaffung des für eine Sanierung benötigten Fremdkapitals durch Garantiegeber (in Österreich: Fortführungsgarantie) erleichtern.[29] Der formale Unterschied, daß das Vorverfahren in der Ausgleichsordnung selbst, die Unterbrechung des Gesamtvollstreckungsverfahrens dagegen in einem besonderen insolvenzrechtlichen Gesetz geregelt ist, kann kein Grund dafür sein, das Vorverfahren in den Vertrag einzubeziehen, das Verfahren der Unterbrechung dagegen auszuklammern; GesO und GUG stehen in einem inneren Zusammenhang. Das Unterbrechungsverfahren erfüllt überdies in gewissem Umfang die Funktion eines konkursabwendenden Vergleichsverfahrens, das es in den neuen Bundesländern im Gegensatz zu den alten Ländern und zu Österreich (Ausgleichsverfahren) nicht gibt.[30] 33

c) Die internationale Zuständigkeit der Kreisgerichte für Gesamtvollstreckungsverfahren, die in den Anwendungsbereich des deutsch-österreichischen Vertrags fallen, richtet sich unmittelbar nach den Art 2, 3 des Vertrags (s Hdb § 124 Rdn 3 bis 5; vgl auch die Erweiterung nach § 1 DöKVAG). Hat ein mit einem Eröffnungsantrag befaßtes Kreisgericht zu prüfen, ob eine vorrangige Zuständigkeit nach den abgestuften Anknüpfungstatbeständen des Art 2 des Vertrags gegeben ist, so muß es darauf achten, daß alte und neue Bundesländer zusammen das deutsche Vertragsgebiet bilden und die internationale Zuständigkeit sich auf alle deutschen Gerichte bezieht. Deshalb hat ein Kreisgericht die internationale Zu- 34

[27] Erläuterungen unter C zu Anlage I Kapitel III Sachgebiet A Abschnitt III Nr 18 (Ausführungsgesetz zum deutsch-österreichischen Konkursvertrag) – BT-Drucks 11/7817 S 29.

[28] Vgl *Arnold,* Der deutsch-österreichische Konkursvertrag, 1987, S. 32, 192, 198f. – Vgl auch die (allgemeine) Bemerkung in der Begründung zu § 384 des Entwurfs einer InsO (Fn 14 S. 241), daß im Rahmen eines ausgebildeten Vorverfahrens ergangene Maßnahmen wohl anerkannt werden könnten.

[29] Zum öster Vorverfahren vgl *Jelinek,* Das neue österreichische Vorverfahren, ZIP 1984, 495; *Arnold,* Die Sanierung insolventer Unternehmen nach dem österreichischen Insolvenzrechtsänderungsgesetz 1982, RIW 1983, 328.

[30] Vgl *Vortmann,* Gesamtvollstreckungsrecht in den neuen Bundesländern, KTS 1991, 237ff, 252ff; *Landfermann,* Sanierungsförderung und Gesamtvollstreckung, ZIP 1991, 826ff, 829ff.

ständigkeit im Sinne des Vertrags zB anzunehmen, wenn der Schuldner in einem alten Bundesland den Mittelpunkt seiner wirtschaftlichen Betätigung (Art 2 I des Vertrags) hat. Ob das Kreisgericht oder ein Amtsgericht innerhalb der deutschen internationalen Zuständigkeit das Verfahren zu eröffnen und durchzuführen hat, hängt von der interlokalen (su B Rdn 15ff) und der örtlichen Zuständigkeit ab.

35 Bejaht ein Kreisgericht die internationale Kompetenz auf Grund des Vertrags, so richtet sich seine örtliche Zuständigkeit nach der GesO (§§ 1 II, 22 II). Hat der Schuldner im Geltungsbereich der GesO lediglich Vermögen (ohne, daß eine Niederlassung vorhanden ist), in Österreich (und auch in den alten deutschen Bundesländern) ebenfalls Vermögen, aber nicht einmal eine Niederlassung (iSd Art 2 III des Vertrags), so steht der Vertrag der Eröffnung eines beschränkten Gesamtvollstreckungsverfahrens im Gerichtsstand des § 22 II GesO nicht entgegen. Vermögensgegenstände könnten allerdings nicht unter Berufung auf den Vertrag aus Österreich zur Masse gezogen werden.[31]

36 **d)** Mit dem Vertrag mußte für die neuen Länder auch das Ausführungsgesetz zum deutsch-österreichischen Konkursvertrag (DöKVAG) vom 8. 3. 1985 (BGBl I 535, 780) in Kraft gesetzt werden, das die Anwendung der einzelnen Vertragsbestimmungen auf deutscher Seite näher regelt. Eine Maßgabe zum Ausführungsgesetz (Anlage I Kapitel III Sachgebiet A Abschnitt III Nr 18 EV)[32] stellt ausdrücklich klar, daß die das (deutsche) Konkursverfahren betreffenden Ausführungsbestimmungen im Anwendungsbereich der GesO auf das Gesamtvollstreckungsverfahren entsprechend anzuwenden sind. Soweit der Vertrag (zB Art 10) oder das Ausführungsgesetz (zB §§ 17, 20) die Zuständigkeit des Amtsgerichts festlegen, tritt an dessen Stelle das Kreisgericht (vgl die Gleichstellungsklausel in Anlage I Kapitel III Sachgebiet A Abschnitt III Nr 1b EV). Die Vollstreckungsklausel für eine österreichische Entscheidung, die nach Art 22, 23 des Vertrags im Anwendungsbereich der GesO zu vollstrecken ist, hat das Bezirksgericht (es tritt nach der Gleichstellungsklausel an die Stelle des Landgerichts) in entsprechender Anwendung der §§ 1 bis 16 des Ausführungsgesetzes zum deutsch-niederländischen Anerkennungs- und Vollstreckungsvertrag vom 15. 1. 1965 (BGBl I 17; BGBl 1976 I 3281) zu erteilen (vgl § 19 DöKVAG).

37 **2. Besonderheit des Vertrags über Anerkennung und Vollstreckung von Schuldtiteln mit den Niederlanden.** Abweichend von den Anerkennungs- und Vollstreckungsabkommen, welche die Bundesrepublik Deutschland mit fremden Staaten geschlossen hat, bezieht der deutsch-niederländische Vertrag vom 30. 8. 1962 über die gegenseitige Anerkennung und Vollstreckung gerichtlicher Entscheidungen und anderer Schuldtitel in Zivil- und Handelssachen (BGBl 1965 II 26) auch konkursrechtliche Titel ein. Dieser Art 16 I c) und d) ist noch in Kraft; insoweit ist der bilaterale Vertrag nicht durch das multilaterale Brüsseler EuGVÜ verdrängt worden (Näheres s Hdb § 124 Rdn 35, auch dazu, daß der „negative" Teil von Vergleichen anzuerkennen ist). Der deutsch-niederländische Anerkennungs- und Vollstreckungsvertrag gilt, soweit er aufrechterhalten ist, auch für die neuen Bundesländer (Art 11 EV).[33]

---

[31] Ohnehin wird für ein solches beschränktes Gesamtvollstreckungsverfahren keine „universelle" Wirkung in Anspruch genommen (so Rdn 19; vgl auch Hdb § 124 Rdn 7).

[32] Die Geltung des Ausführungsgesetzes für den „beitretenden Teil des Landes Berlin" ergibt sich aus der Auffangklausel Anlage I Kapitel III Sachgebiet A Abschnitt IV Nr 4 EV (so Erläuterungen zu den Anlagen zum Einigungsvertrag unter C Kapitel III der Anlage I Sachgebiet A zu Abschnitt IV Nr 4 – BT-Drucks 11/7817 S 36).

[33] Allgemein zur Erstreckung der Anerkennungs- und Vollstreckungsverträge auf die neuen Bundesländer *Arnold* BB 1991, 2240ff.

3. Abkommen Sachsens mit der Schweiz. a) In der Zeit des Deutschen Bundes (1815 bis 1866) hatte – neben anderen deutschen Bundesstaaten (s Hdb § 124 Rdn 36 bis 42) – das damalige Königreich Sachsen mit 19 Schweizer Kantonen eine konkursrechtliche Vereinbarung getroffen. 38

b) Diese Übereinkunft zwischen dem Königreich Sachsen und der Mehrzahl der schweizerischen Kantone „in Bezug auf gleiche Behandlung der beiderseitigen Staatsangehörigen in Concursfällen" vom 18. 2./26. 4. 1837 (Gesetz- und Verordnungsblatt für das Königreich Sachsen 1837 S. 65)[34] beschränkte sich darauf, den Angehörigen der vertragsschließenden Staaten die Gleichbehandlung mit Inländern in Konkursverfahren zuzusichern und so in ihren Beziehungen die damals übliche „Hintansetzung" von Einwohnern fremder Staaten auszuschließen. 39

c) Die Übereinkunft ist nicht mehr in Kraft.[35] Auf eine schweizerische Anfrage hatte das Ministerium der Justiz der DDR am 29. 6. 1988 mitgeteilt, daß die Übereinkunft von 1837 für die DDR keine Gültigkeit besitze, „weil sie nicht zu den übernommenen völkerrechtlichen Verträgen gehöre".[36] Die Vereinbarung wäre auch ohne praktische Bedeutung,[37] weil die Gleichbehandlung nach deutschem und schweizerischem Konkursrecht gewährleistet ist. 40

4. Konkursrechtliche Abkommen der DDR. Übereinkommen oder Verträge mit internationalinsolvenzrechtlichen Vorschriften aus der DDR-Zeit existieren nicht. 41

B. Interlokales Gesamtvollstreckungsrecht

I. Allgemeines

1. Wesen und Aufgabe. a) Da der Einigungsvertrag darauf verzichtet hat, für das Insolvenzwesen sogleich die Rechtseinheit herzustellen (so Einführung Nr 1, 2), zerfällt die um das Beitrittsgebiet erweiterte Bundesrepublik Deutschland vorläufig in zwei insolvenzrechtliche Teilgebiete: in den aus den alten Bundesländern (einschließlich der westlichen Bezirke des neuen Landes Berlin, die vorher ein Land der alten Bundesrepublik waren) bestehenden Geltungsbereich der Konkurs- und Vergleichsordnung sowie in den Geltungsbereich der Gesamtvollstreckungsordnung und des Gesetzes über die Unterbrechung von Gesamtvollstreckungsverfahren; diesen Bereich bilden die neuen Bundesländer, beim neuen Land Berlin nur die (östlichen) Bezirke, die früher zur DDR gehörten.[1] 1

---

[34] Die Vereinbarung, der im Jahre 1859 noch der Kanton Glarus beigetreten war (auch die Schweizer Eidgenossenschaft war damals ein Bund souveräner Staaten, den Kantonen), ist abgedruckt bei *Meili,* Moderne Staatsverträge über das internationale Konkursrecht, Zürich 1907, S 30f.

[35] Die Fortgeltung der Übereinkunft war bereits nach dem Inkrafttreten der Reichs-Konkursordnung von 1877 umstritten. Das OLG Dresden (LZ 1910, 174) hatte eine ähnliche Vereinbarung zwischen Sachsen und Österreich für weiterhin anwendbar erklärt. Gegen diese Ansicht *Tetzner* (LZ 1910, 450 – Reichsjustizgesetze brechen Partikularstaatsverträge); ebenso *Kleinfeller* Zeitschrift für Internationales Privat- und öffentliches Recht Bd XIII (1903), 549ff, 556 Fn 9. *David,* In Vergessenheit geratene Staatsverträge, Schweiz. Juristen Zeitung 69 (1973), 84ff vertrat die Ansicht, daß auch die Übereinkunft mit Sachsen noch fortgelte.

[36] Das Schreiben ist bei *Bürgi,* FS 100 Jahre SchKG, Zürich 1989, S. 175 (Fn 10) angeführt.

[37] Anders die noch geltenden weitergehenden Übereinkünfte Bayerns und Württembergs (s Hdb § 124 Rdn 36 bis 42).

[1] Das Einführungsgesetz zur Konkursordnung vom 10. 2. 1877 und das Gesetz über den Sozialplan im Konkurs- und Vergleichsverfahren vom 20. 2. 1985 finden in den neuen Bundesländern ebenfalls keine Anwendung. Das gleiche gilt für das Einführungsgesetz zu dem Gesetz betreffend Änderungen

2 **b)** Das Nebeneinander unterschiedlicher Insolvenzordnungen mit jeweils territorial beschränktem Anwendungsbereich wirft folgende Fragen auf: Für welche Insolvenzsachen gelten die Teilrechte, insbesondere welcher Insolvenzordnung sind die auf einen „insolvenztypischen Tatbestand" (s Hdb § 121 Rdn 13) anzuwendenden Vorschriften zu entnehmen, der Beziehungen zu beiden Teilrechtsgebieten aufweist; erstrecken sich Rechtsfolgen eines Gesamtvollstreckungsverfahrens oder eines Konkurs- (Vergleichs-)verfahrens auf das jeweils andere Gebiet?

3 Damit stellen sich ähnliche Abgrenzungs- und Rechtsanwendungsprobleme wie bei Insolvenzsachen mit Auslandsbezug. Sie können aber nicht durch unmittelbare Anwendung der Normen des Internationalen Insolvenzrechts (Hdb Kap XI) gelöst werden. Die Anwendungsbereiche der GesO und der KO gehören zu ein- und demselben Staat. Deshalb greifen die Regeln des Interlokalen Insolvenzrechts ein.[2]

4 **c)** Für das Interlokale Privatrecht ist allerdings anerkannt, daß die Gleichartigkeit der Funktionen den Rückgriff auf Methoden und Prinzipien des Internationalen Privatrechts gestattet.[3] Auch für das Interlokale Insolvenzrecht kann das Internationale Insolvenzrecht als „Analogiebasis" dienen.

5 Die Zugehörigkeit beider Insolvenzrechtsgebiete zur Bundesrepublik Deutschland als einheitlichen Lebens-, Wirtschafts- und Rechtsraum stellt aber besondere Anforderungen an die Lösung interlokaler Probleme. Ungeachtet der unterschiedlichen Insolvenzgesetze muß der finanzielle Zusammenbruch einer Wirtschaftseinheit mit Wirkung für das ganze Bundesgebiet umfassend, schnell und in Einklang mit der gemeinsamen Rechtsordnung bereinigt werden. Dieser Notwendigkeit zur universellen Wirkung und einheitlichen Abwicklung kann das Interlokale Insolvenzrecht in einem weit über die Möglichkeiten des Internationalen Insolvenzrechts hinausgehenden Maße nachkommen. Beide deutschen Insolvenzordnungen sind Bundesgesetze, daher gleichwertig und gleichrangig in die gesamtdeutsche Rechtsordnung eingefügt, die von Widersprüchen frei zu halten ist.[4] In beiden Teilrechtsgebieten sind für die Anwendung des Insolvenzrechts Organe derselben (deutschen) ordentlichen Zivilgerichtsbarkeit zuständig, deren Entscheidungen in der ganzen Bundesrepublik als einheitlichem Rechtspflegegebiet ohne weiteres wirksam und vollstreckbar sind (§ 160 GVG). Dem Einigungsvertrag ist zu entnehmen, daß in Insolvenzsachen die für Gesamtdeutschland hergestellte Einheit der Rechtsprechung nicht durchbrochen werden soll, obwohl den gerichtlichen Maßnahmen (vorläufig noch) unterschiedliches formelles und materielles Insolvenzrecht zugrunde liegt (näher Rdn 23, 24, 39, 52ff).

6 **2. Rechtsquellen. a)** Die insolvenzrechtlichen Vorschriften mit interlokaler Bedeutung, die sich im Einigungsvertrag finden, sind für alte und neue Bundesländer

---

der Konkursordnung vom 17. 5. 1898; jedoch ist sein Art IV für das Beitrittsgebiet in Kraft gesetzt worden, um es auch den neuen Bundesländern zu ermöglichen, juristische Personen des öffentlichen Rechts, zB Fernsehanstalten, für „konkursunfähig" zu erklären. Eine besondere Maßgabe stellt hierbei sicher, daß eine Konkursunfähigkeitserklärung zugleich auch die Gesamtvollstreckungsunfähigkeit und umgekehrt eine Gesamtvollstreckungsunfähigkeitserklärung zugleich auch die Konkursunfähigkeit nach sich zieht (Anlage I Kapitel III Sachgebiet A Abschnitt I Nr 2, 3, 5 und Abschnitt III Nr 17 EV).

[2] Allgemein zum Interlokalen Recht vgl *Raape/Sturm,* Internationales Privatrecht, Bd I, 6. Aufl 1977, § 20 A; *von Bar,* Internationales Privatrecht, Bd 1 1987, § 4 mwN. Zum „sogenannten interzonalen Konkursrecht" vgl *Jaeger/Jahr* §§ 237, 238 Rdn 527–530.

[3] Vgl BGHZ 85, 16 = NJW 1983, 279 = FamRZ 1982, 1189ff; ferner Begründung zum Entwurf eines Gesetzes zur Neuordnung des Internationalen Privatrechts, B. Grundzüge des Entwurfs, Nr 2 Leitgedanken (BT-Drucks 10/504 S. 30).

[4] Auf die Gleichrangigkeit wird schon durch die Umwandlung der Gesamtvollstreckungsverordnung in „Gesamtvollstreckungsordnung" sowie in § 22 I 1 GesO („Gesamtvollstreckungs- oder Konkursverfahren") hingewiesen (vgl ferner die in Rdn 11 angeführten Verweisungen, insbesondere die des § 1 IV 2 GesO).

getrennt und mit etwas unterschiedlichem Wortlaut formuliert (vgl die Vorschrift in Anlage II Kapitel III Sachgebiet A Abschnitt II Nr 1 b) nn, mit der ein neuer Absatz IV dem § 22 GesO angefügt worden ist, und die Bestimmung derselben Anlage unter Nr 1 d, nach der sich die Wirkungen eines Gesamtvollstreckungsverfahrens auf die alten Bundesländer erstrecken).

Diese Abweichungen sind aber eher gesetzestechnischer Art und hauptsächlich mit der Anordnung der Bestimmungen an unterschiedlichen Stellen im Regelwerk der Deutschen Einigung zu erklären. Entscheidend ist, daß die Vorschriften inhaltlich aufeinander abgestimmt und gleichsam „spiegelbildlich" einander zugeordnet sind. Daher ist dem Einigungsvertrag zu entnehmen, daß die Spaltung des materiellen und formellen Insolvenzrechts sich nicht im Interlokalen Insolvenzrecht fortsetzen soll.[5] Die – wie die beiden Insolvenzordnungen selbst dem Bundesrecht zuzuordnenden – Normen des Interlokalen Insolvenzrechts bilden, auch soweit sie von Rechtsprechung und Lehre zu entwickeln sind (su Rdn 8), eine Einheit und sind im ganzen Bundesgebiet gleichermaßen zu beachten. Dem steht nicht entgegen, daß Vorschriften des materiellen oder formellen Insolvenzrechts, an welche Regeln des Interlokalen Insolvenzrechts anschließen, unterschiedlich sind (zB örtliche Gerichtsstände, welche die interlokale Zuständigkeit vermitteln). 7

b) Der Einigungsvertrag beschränkt sich auf wenige Grundregeln. Innerhalb dieses allgemeinen Rahmens sind Einzelprobleme interlokaler Art von Rechtsprechung und Lehre zu klären (entsprechend dem Internationalen Insolvenzrecht – s Hdb § 121 Rdn 26 bis 28; ferner so A Rdn 5). Dabei sind Ziele und Grundsätze des Einigungsvertrags, die gesamtdeutsche Rechtsordnung und das Gesamtgefüge des Insolvenzrechts ebenso wie die Eigenart der beiden Insolvenzordnungen zu berücksichtigen. Methoden und Regeln des (deutschen) Internationalen Insolvenzrechts können herangezogen werden (so Rdn 4), ohne daß Eigenart und Bedürfnisse der interlokalen Beziehungen übersehen werden dürfen. 8

II. Abgrenzung des Anwendungsbereichs der Insolvenzordnungen

1. Anwendbarkeit der GesO. a) Die räumliche Abgrenzung des Geltungsbereichs der GesO (vgl Maßgabe Anlage II Kapitel III Sachgebiet A Abschnitt II Nr 1 a iVm Art 3 EV) bedeutet, daß die Gerichte der neuen Bundesländer (wegen Besonderheiten für das Land Berlin vgl Anlage II Kapitel III Sachgebiet A Abschnitt IV Nr 2 EV)[6] – im Einklang mit der auf dem lex fori-Prinzip beruhenden „Grundnorm" des Internationalen Insolvenzrechts (s Hdb § 122 Rdn 87 bis 89) – ausschließlich das Gesamtvollstreckungsrecht anzuwenden haben, wenn sie mit einem Insolvenzfall befaßt werden. Somit folgt die Anwendbarkeit der GesO der Zuständigkeit der Gerichte der neuen Bundesländer für Insolvenzsachen (su Rdn 15, 18, 21). 9

---

[5] Die vor allem zum Familienrecht entstandene Frage, ob es für Übergangsfälle ein „gespaltenes" Interlokales Privatrecht gibt (vgl *Henrich*, Probleme der deutschen Rechtseinheit im Familienrecht, FamRZ 1991, 873 mwN Fn 6), spielt hier keine Rolle.

[6] Die GesO gilt in dem Teil Berlins, den früher die DDR beanspruchte. Zu beachten ist, daß im ganzen Land Berlin sofort eine einheitliche Rechtspflege hergestellt und die in West-Berlin vorhandene Gerichtsorganisation auf den beigetretenen Teil Berlins erstreckt worden ist (*Brachmann*, Die Gerichtsverfassung im Übergang – Zur Regelung auf dem Gebiet der ehemaligen DDR nach dem Einigungsvertrag, DtZ 1990, 298ff, 305). Daher tritt im Land Berlin an die Stelle des Kreisgerichts das Amtsgericht und kommt die GesO auch dann zur Anwendung, wenn ein Amtsgericht (oder ein höheres Gericht) mit Sitz im (bisherigen) West-Berlin für eine Insolvenzsache aus dem beigetretenen Teil Berlins zuständig ist. – Allgemein zur fortschreitenden Anpassung der Gerichtsorganisation der neuen Bundesländer an das allgemeine Recht vgl. Rechtspflege-Anpassungsgesetz vom 26. 6. 1992 (BGBl I 1147) und dazu *Rieß* DtZ 1992, 226.

10 **b)** Die Anwendbarkeit des GUG ergibt sich ohne weiteres daraus, daß die Unterbrechung sich nur auf das Gesamtvollstreckungsverfahren bezieht und lediglich im Rahmen vorläufiger Maßnahmen in der Eröffnungsphase eines solchen Verfahrens (zwischen Eröffnungsantrag und Eröffnung) angeordnet werden kann (§§ 1, 3 I, 9 GUG).

11 **c)** Die Weitergeltung der GesO (GUG) in den neuen Bundesländern wirft die Frage auf, welche der beiden Insolvenzordnungen anzuwenden ist, wenn Bundesgesetze, die auf das Beitrittsgebiet erstreckt worden sind oder später für Gesamtdeutschland erlassen werden, auf Konkursrecht oder konkursrechtlich geregelte Tatbestände (zB Konkurseröffnung – § 131 Nr 3, 5 HGB; Forderungsanmeldung im Konkurs – § 209 II Nr 2 BGB; Zugehörigkeit von Vermögensbestandteilen zur Konkursmasse – § 283 d I StGB) verweisen. Hierzu stellt § 1 IV 2 GesO klar, daß in deren Geltungsbereich die entsprechenden Vorschriften der GesO zugrunde zu legen sind. Eine entsprechende Maßgabe sieht die Anlage II Kapitel III Sachgebiet A Abschnitt II Nr 1 c EV für Verweisungen auf die VglO vor; dabei kommt auch die sinngemäße Anwendung von Vorschriften des GUG in Betracht. Verweisungen auf die VglO werden aber, wie in den Erläuterungen zu der Maßgabe (BT-Drucks 11/7817 S. 60) bemerkt wird, vielfach „leerlaufen", weil Vorschriften der Gesamtvollstreckung nicht passen.

12 Verweisungen in anderen Bundesgesetzen können dazu führen, daß Gerichte in den alten Bundesländern Bestimmungen der GesO zu beachten haben (umgekehrt auch Gerichte der neuen Bundesländer Vorschriften der KO oder VglO). Dies kann zB in einer Konkursstrafsache der Fall sein, wenn das Insolvenzverfahren auf Grund der gerichtlichen Zuständigkeit in einem neuen Bundesland durchzuführen war oder durchzuführen gewesen wäre.

13 Allerdings sind die Bestimmungen des § 1 IV 2 GesO oder der Maßgabe des Einigungsvertrags für Verweisungen auf die KO oder VglO nicht den Kollisionsnormen des Interlokalen Insolvenzrechts zuzurechnen (für das Internationale Insolvenzrecht s Hdb § 121 Rdn 12, 13). Die Verweisungen sind in außerinsolvenzrechtlichen Gesetzen enthalten und knüpfen an konkurs- oder vergleichsrechtliche Sachverhalte (in den neuen Ländern an solche der Gesamtvollstreckung) nicht „insolvenztypische" Rechtsfolgen, sondern zB solche des Gesellschafts-, Berufs- oder Gerichtsverfassungsrechts.[7]

14 **2. Anwendbarkeit der KO und VglO.** Die Gerichte der alten Bundesländer (einschließlich der westlichen Bezirke Berlins; vgl aber Rdn 9 m Fn 6) haben – wie vor der Einigung – die KO und die VglO anzuwenden, wenn sie mit einem Antrag auf Eröffnung eines Konkurs- oder Vergleichsverfahrens befaßt sind und bei Vorliegen der Voraussetzungen, insbesondere ihrer Zuständigkeit ein solches Verfahren zu eröffnen und durchzuführen haben.

III. Interlokale Zuständigkeit

15 **1. Abgrenzung zwischen den Gerichten der Teilrechtsgebiete. a)** Die interlokale Zuständigkeit bestimmt im Verhältnis zwischen den beiden Teilrechtsgebieten, welche Insolvenzsachen vor die (Gesamtheit der) Insolvenzgerichte im Gel-

---

[7] § 1 IV 1 GesO hat eine andere Bedeutung. Er stellt klar, daß die GesO durch (der Sache nach) konkursrechtliche Vorschriften ergänzt wird, die sich im Handels- und Wirtschaftsrecht für Personen- und Kapitalgesellschaften finden (vor allem Vorschriften über die Konkursantragspflicht von Gesellschaftsorganen). Auch diese Ergänzungsvorschrift berührt nicht das Gebiet des Interlokalen Insolvenzrechts.

tungsbereich der GesO und welche vor die (Gesamtheit der) Insolvenzgerichte im Geltungsbereich der KO (VglO) gehören.

b) Selbständige Regeln für eine solche Abgrenzung gibt es nicht. Daher wird die interlokale Kompetenz – ebenso wie die internationale (s Hdb § 122 Rdn 3) – durch die örtliche Zuständigkeit vermittelt. 16

c) Die interlokale Zuständigkeit hängt nicht davon ab, daß sich (genügend) Vermögen im jeweiligen Teilrechtsgebiet befindet.[8] Wenn auch das Fehlen von Vermögen nicht die Unzuständigkeit des Gerichts zur Folge hat, kommt es doch zur Abweisung eines Eröffnungsantrags, allerdings mangels Masse (§ 4 II GesO; § 107 I KO). 17

2. Die interlokalen Zuständigkeiten. a) Die Gerichte im Geltungsbereich der GesO sind interlokal (dh in Abgrenzung zu den die KO anwendenden Gerichten) zuständig, wenn der Schuldner seinen Wohnsitz oder Sitz im Bereich eines Kreisgerichts eines neuen Bundeslandes hat (§ 1 II GesO). 18

b) Die interlokale Zuständigkeit der Gerichte im Geltungsbereich der KO (VglO) ist gegeben, wenn der Gemeinschuldner seine gewerbliche Hauptniederlassung oder in Ermangelung einer solchen seinen allgemeinen Gerichtsstand (§§ 13ff ZPO) im Bezirk eines Konkurs- (Vergleichs-)gerichts hat (§ 71 KO; § 2 VglO). 19

c) Die Gerichtsstände der GesO und der KO weichen zwar in der Formulierung etwas voneinander ab. Dies wird aber bei der Ableitung der interlokalen Zuständigkeit nicht zu Schwierigkeiten führen, weil der Sitz iSd § 1 II GesO sich weitgehend mit der Niederlassung als Zentrum der geschäftlichen Betätigung (§ 71 I KO) deckt.[9] 20

d) Eine zusätzliche interlokale Zuständigkeit ergibt sich – entsprechend der internationalen Zuständigkeit (s o A Rdn 19 m Fn 16; Hdb § 122 Rdn 4) – für die Gerichte der neuen Bundesländer aus dem Gerichtsstand des Vermögens, der dem § 22 II GesO zu entnehmen ist (s o A Rdn 19 m Fn 16), und für die Gerichte der alten Bundesländer aus dem in § 238 KO vorgesehenen Gerichtsstand der (Zweig-) Niederlassung oder des Landguts (s Hdb § 122 Rdn 4, 43 ff). Diese besonderen Gerichtsstände finden nur Anwendung, wenn der Schuldner seinen Sitz (seine Hauptniederlassung) oder seinen Wohnsitz (allgemeinen Gerichtsstand) im Ausland (also weder in einem neuen noch in einem alten Bundesland) hat. 21

Auch wenn die besonderen Gerichtsstände bei schwerpunktmäßig im Ausland abzuwickelnden Insolvenzfällen eingreifen, so haben sie doch auch interlokale Bedeutung. Hat zB ein Kreisgericht gegen einen „ausländischen" Schuldner ein Gesamtvollstreckungsverfahren im Gerichtsstand des Vermögens (§ 22 II GesO) eröffnet, so erfaßt dieses Verfahren das im gesamten Bundesgebiet belegene Vermögen des Schuldners (A Rdn 25) und ein Konkursgericht darf über das in den alten Bundesländern befindliche Schuldnervermögen einen beschränkten Konkurs nicht mehr eröffnen, selbst wenn der Schuldner dort eine Zweigniederlassung oder ein Landgut hat (s u Rdn 25–27, 36, 37). Die gegenständliche Beschränkung 22

---

[8] Offenbar aA *Zeuner,* Die Restschuldbefreiung ist eingeführt – ein Beitrag zum interlokalen Recht der alten und neuen Bundesländer, RIW 1991, Beilage: Supplement Deutsche Einigung – Rechtsentwicklungen, Folge 23, S. 10ff.

[9] Ebenso *Smid,* § 1 Rdn 45, 46; *Landfermann,* Das Internationale Insolvenzrecht in der Gesamtvollstreckung, in *Stoll* (Hrsg), Stellungnahmen und Gutachten zur Reform des deutschen Internationalen Insolvenzrechts, 1992, S. 320 m Fn 21 (§ 1 II GesO ist in Anlehnung an die ausführlichere Regelung der KO auszulegen).

eines im besonderen Gerichtsstand des § 22 II GesO oder des § 238 KO (A Rdn 19, 25; Hdb § 122 Rdn 56, 57) eröffneten Gesamtvollstreckungs- oder Konkursverfahrens gilt nur im Verhältnis zum Ausland.

23 **3. Kein nur auf ein Teilrechtsgebiet beschränktes Insolvenzverfahren. a)** Im Verhältnis zwischen beiden Teilrechtsgebieten ist aus § 22 II GesO und § 238 KO keine beschränkte interlokale Zuständigkeit abzuleiten, die ein Insolvenzverfahren nur über das im jeweiligen Teilrechtsbereich belegene Vermögen ermöglichen würde. Innerhalb des Bundesgebietes darf – je nach der interlokalen Zuständigkeit der Gerichte der neuen oder der alten Bundesländer – nur ein einheitliches Gesamtvollstreckungs- oder ein einheitliches Konkursverfahren durchgeführt werden, gleichgültig ob dabei auch das im Ausland belegene Schuldnervermögen in Anspruch genommen wird oder nicht.[10]

24 **b)** Die Unzulässigkeit eines gesonderten Gesamtvollstreckungsverfahrens über das im Geltungsbereich der GesO belegene Vermögen eines Schuldners, der seine Hauptniederlassung (Sitz) oder seinen allgemeinen Gerichtsstand (Wohnsitz) im Geltungsbereich der KO hat und dessen Insolvenz somit von einem Konkursgericht für das gesamte Bundesgebiet bereinigt werden soll,[11] ergibt sich aus § 22 IV 2 GesO (eingefügt durch Anlage II Kapitel III Sachgebiet A Abschnitt II Nr 1b nn EV). Die parallele Vorschrift für die Gerichte im Geltungsbereich der KO findet sich in der Maßgabe d der Anlage II Kapitel III Sachgebiet A Abschnitt II Nr 1 EV; sie untersagt es den Konkursgerichten der alten Bundesländer, ein gesondertes Konkursverfahren über das im Geltungsbereich der Konkursordnung befindliche Vermögen eines Schuldners durchzuführen, gegen den ein Gesamtvollstreckungsverfahren eröffnet ist oder gemäß den Zuständigkeitsvorschriften des § 1 II GesO eröffnet werden kann.[12]

25 **4. Interlokale Zuständigkeiten als unmittelbare Kompetenzen. a)** Beide Insolvenzrechtsgebiete sind Inland und unterliegen der Gesetzgebung des Bundes. Anders als bei der internationalen Zuständigkeit (Hdb § 122 Rdn 7) hindern den Bundesgesetzgeber keine Staatsgrenzen, die Kompetenzen der Insolvenzgerichte für beide Teilrechtsgebiete gleichermaßen unmittelbar und verbindlich voneinander abzugrenzen. Die aus den bundesrechtlichen örtlichen Gerichtsständen abgeleiteten Regeln des Interlokalen Insolvenzrechts verteilen deshalb unmittelbar die Insolvenzsachen auf beide Teilgebiete. Das Interlokale Recht legt die interlokale Zuständigkeit (in bezug auf das jeweils andere Teilgebiet) nicht lediglich als Voraussetzung für die Anerkennung von insolvenzrechtlichen Wirkungen fest (so die Anerkennungs- oder indirekte Zuständigkeit des Internationalen Insolvenzrechts – s Hdb § 122 Rdn 7, 8); die interlokalen Zuständigkeitsvorschriften sind vielmehr weitergehend unmittelbare Kompetenznormen, welche die Insolvenzgerichte beider Teilrechtsgebiete sogleich bei der Einleitung eines Verfahrens zu beachten haben, so daß sie einen Eröffnungsantrag als unzulässig abzuweisen haben, wenn ihnen die interlokale Zuständigkeit fehlt.

26 Durch die Festlegung direkter Zuständigkeiten wird für die gesamte Bundesrepublik die „Einheit des Insolvenzverfahrens“ (s Hdb § 121 Rdn 2) verwirklicht,

---

[10] Vgl. Erläuterungen zu den Anlagen zum Einigungsvertrag – BT-Drucks 11/7817 S. 60 (zu Kapitel III der Anlage II Sachgebiet A Abschnitt II Nr 1).

[11] Unzulässig ist ein (paralleles) Gesamtvollstreckungsverfahren auch, wenn ein Konkursgericht über das Vermögen eines Schuldners, der im Inland keinen „allgemeinen Konkursgerichtsstand“ hat, bereits einen beschränkten Inlandskonkurs eröffnet hat (vgl Rdn 22, 27, 37).

[12] Konkurrieren die „besonderen“ Gerichtsstände des § 238 KO und des § 22 II GesO miteinander, so kommt es auf die Priorität der Eröffnung an (s u Rdn 27). Jedoch erfaßt das Verfahren immer das ganze Inlandsvermögen.

auch wenn dieses einzige, einheitlich wirkende Insolvenzverfahren im Teilrechtsgebiet nach von den Regelungen des anderen Gebiets abweichenden Insolvenzrecht durchgeführt wird. Damit wird die deutsche Insolvenzrechtspflege vor Überschneidungen konkurrierender Verfahren, Mehraufwand an Kosten und Zeit, Doppelarbeit, widersprüchlichen Entscheidungen und vor anderen Schwierigkeiten bewahrt; Manipulationen und Vermögensverschiebungen wird entgegengewirkt.

b) Sind die Insolvenzgerichte in beiden Teilrechtsgebieten interlokal zuständig 27 (zB weil der Schuldner in jedem Gebiet einen Wohnsitz hat – § 7 II BGB), so kommt es – in entsprechender Anwendung des § 71 II KO – darauf an, bei welchem Gericht die Eröffnung des Verfahrens zuerst beantragt worden ist. Die Priorität des Antrags ist auch dann maßgebend, wenn die interlokale Zuständigkeit des Vermögens (§ 22 II GesO) mit der des Landguts oder der Zweigniederlassung (§ 238 KO) konkurriert (so Rdn 21, 22, 24); diesen Zuständigkeitskriterien des § 238 KO kommt gegenüber dem allgemeineren Vermögensgerichtsstand des § 22 II GesO kein Vorrang zu.

5. Prüfung der interlokalen Zuständigkeit. a) Seine interlokale Zuständigkeit 28 hat das Kreisgericht als Gericht der Gesamtvollstreckung ebenso wie das Konkurs- (Vergleichs-)gericht vor Eröffnung eines Verfahrens von Amts wegen zu prüfen. Die interlokale Unzuständigkeit ist (wegen ihrer Tragweite auf Grund der unterschiedlichen Insolvenzordnungen) noch in der Beschwerdeinstanz von Amts wegen zu beachten. Ist das Verfahren rechtskräftig eröffnet, kann die interlokale Zuständigkeit nicht mehr in Frage gestellt werden (su Rdn 36 bis 38, 43).

b) Der Vereinbarung der Parteien ist die interlokale Zuständigkeit – ebenso wie 29 die internationale oder örtliche (Hdb § 122 Rdn 6) – entzogen.

c) Die eine interlokale Zuständigkeit begründenden Umstände müssen im Zeit- 30 punkt des Eingangs des Eröffnungsantrags vorliegen. Auf diesen Zeitpunkt ist abzustellen, um Manipulationen und Verzögerungen bei der Eröffnung entgegenzuwirken (vgl für die örtliche Zuständigkeit Hdb § 18 Rdn 3).[13]

6. Verweisung wegen interlokaler Unzuständigkeit. a) Ist ein angegangenes 31 Kreisgericht als Gericht der Gesamtvollstreckung oder ein Amtsgericht als Konkursgericht interlokal unzuständig, so hat es auf Antrag des Antragsstellers dessen Eröffnungsantrag an das zuständige Insolvenzgericht des anderen Teilrechtsgebiets zu verweisen (zur Verweisung wegen örtlicher Unzuständigkeit s Hdb § 18 Rdn 7). Die Verweisung ist zulässig, weil alle Insolvenzgerichte, gleichgültig ob sie in einem alten oder in einem neuen Bundesland ihren Sitz haben, zum einheitlichen deutschen Rechtspflegegebiet gehören und Organe der deutschen Gerichtsbarkeit sind.[14] Konkursordnung und Gesamtvollstreckungsordnung weisen nach Struktur, Funktion und Ausgestaltung nicht so tiefgreifende Abweichungen voneinander auf, daß eine Verweisung auszuschließen wäre (Die GesO kann „im wesentlichen als verkürzte, vereinfachte und daher leichter handhabbare Fassung

---

[13] Einen Mißbrauch der in der GesO vorgesehenen „Restschuldbefreiung" (§ 18 II 3) durch willkürliche Herbeiführung zuständigkeitsbegründender Tatsachen befürchtet *Zeuner* (Fn 8) S. 12ff; dagegen *Arnold,* West-Ost-Wanderung zwecks Schuldbefreiung?, BB 1992, 2227ff.

[14] Darin liegt der Unterschied zur „internationalen Verweisung" über Staatsgrenzen hinweg, die fast einhellig abgelehnt wird (vgl *Stein/Jonas/Schumann* Einl XV F Rdn 777, 779). Einen „internationalen Zuständigkeitsrenvoi" hält dagegen für zulässig *Milleker,* Der negative Internationale Kompetenzkonflikt, Schriften zum Deutschen und Europäischen Zivil-, Handels- und Prozeßrecht, Bd 82, 1975, S. 80ff.

der KO bezeichnet werden"; so die Begründung zum Entwurf einer InsO A. Allgemeines Nr 5e – BT-Drucks 12/2443 S. 104); ohnehin erfolgt diese zu Beginn des Verfahrens und auf Initiative des Antragsstellers.

32 **b)** Zweifelhaft kann sein, ob für die Verweisung wegen interlokaler Unzuständigkeit die Bestimmungen des § 281 ZPO herangezogen werden können oder ob wegen der unterschiedlichen Insolvenzgesetze eine analoge Anwendung der mit mehr Kautelen versehenen Rechtswegverweisung nach §§ 17 bis 17b GVG geboten ist.

33 Für die Anwendung des § 281 ZPO spricht, daß alle Insolvenzgerichte in neuen und alten Bundesländern Organe der ordentlichen Zivilgerichtsbarkeit sind und sich die Verweisung wegen örtlicher Unzuständigkeit sowohl im Geltungsbereich der KO als auch im Bereich der GesO nach dieser zivilprozessualen Vorschrift richtet.

34 **c)** Die Verweisung durch bindenden Beschluß an das interlokal zuständige Insolvenzgericht im Geltungsbereich der anderen Insolvenzordnung ermöglicht es, den Antrag in „Wirksamkeit zu halten", damit Anfechtungschancen (u a § 10 I Nr 4 GesO; § 30 KO) zu wahren und bereits nach Eingang des Antrags angeordnete Sicherungsmaßnahmen in den Teilrechtsgebieten aufrechtzuerhalten.[15]

35 **7. Bestimmung des zuständigen Gerichts.** Bei einem interlokalen Zuständigkeitskonflikt – vor allem kommt ein negativer Konflikt in Betracht – kann das zuständige Insolvenzgericht in sinngemäßer Anwendung des § 36 Nr 5, 6 ZPO bestimmt werden. Die Bestimmung ist Sache des BGH, der sowohl den Gerichten der alten als auch denen der neuen Bundesländer übergeordnet ist. Damit wird insbesondere eine rechtsstaatswidrige Verweigerung des Rechtsschutzes in Insolvenzsachen im Verhältnis der beiden Teilgebiete vermieden.[16]

36 **8. Anerkennung der Anhängigkeit eines Insolvenzverfahrens. a)** In den Beziehungen beider Teilrechtsgebiete ist die anderweitige Anhängigkeit eines Insolvenzverfahrens zu beachten. Ist vor dem Gericht eines neuen Bundeslandes ein Gesamtvollstreckungsverfahren anhängig, darf in einem alten Bundesland ein Konkurs- und auch ein Vergleichsverfahren[17] gegen denselben Schuldner und über dasselbe Vermögen nicht stattfinden. Der Anhängigkeit eines Gesamtvollstreckungsverfahrens steht es gleich, wenn das Kreisgericht eine Unterbrechung der Gesamtvollstreckung gemäß § 3 GUG beschlossen hat (s u Rdn 55, 56).

37 **b)** Umgekehrt dürfen die Gerichte in den neuen Bundesländern ein Gesamtvollstreckungsverfahren nicht eröffnen oder auf einen Eröffnungsantrag die Unterbrechung eines solchen Verfahrens nicht beschließen, solange ein Konkurs- oder ein Vergleichsverfahren in einem alten Bundesland anhängig ist (s u Rdn 53).

38 **c)** Diese Anerkennung der Anhängigkeit ist eine Folge davon, daß der für beide Teilrechtsgebiete kompetente Bundesgesetzgeber unmittelbar die interlokale Zu-

---

[15] Allgemein zur bindenden Verweisung zwischen Prozeßgerichten der alten und neuen Bundesländer vgl BGH DtZ 1991, 297 und 439. Die (bindende) Verweisung einer Insolvenzsache von einem Kreisgericht an ein Konkursgericht hält auch *Zeuner* (Fn 8) S. 14 für zulässig. – Bei Unterbrechung des Gesamtvollstreckungsverfahrens kommt eine Verweisung nicht in Betracht. Ein solcher Beschluß setzt die Zuständigkeit des Gerichts voraus (vgl § 3 I GUG); ohnehin ist eine solche Unterbrechung nur im Geltungsbereich der GesO und des GUG möglich. Auch ein Vergleichsverfahren kann nicht an ein Kreisgericht als Gericht der Gesamtvollstreckung verwiesen werden.

[16] Allgemein zur Zuständigkeitsbestimmung bei Unzuständigkeitserklärungen der Gerichte eines alten und eines neuen Bundeslandes vgl BGH DtZ 1991, 297.

[17] Dies gilt, obwohl die neuen Bundesländer ein konkursabwendendes Vergleichsverfahren nicht kennen (s u Rdn 52).

ständigkeit für die Insolvenzgerichte in beiden Bereichen festgelegt hat und im gesamten Bundesgebiet nur ein einheitliches Insolvenzverfahren über das (in alten und neuen Bundesländern belegene) Schuldnervermögen durchgeführt werden darf, dagegen auf ein Teilgebiet beschränkte Verfahren nicht zulässig sind (so Rdn 23, 24).

IV. Erstreckung der Rechtsfolgen einer Gesamtvollstreckung oder eines Konkurses auf das jeweils andere Teilgebiet

1. Erstreckung kraft Gesetzes. a) Im Verhältnis zu den alten Bundesländern bestimmt die Maßgabe in Anlage II Kapitel III Sachgebiet A Abschnitt II Nr 1 d EV, daß ein Gesamtvollstreckungsverfahren auch das im Geltungsbereich der Konkursordnung befindliche Vermögen des Schuldners erfaßt. Die Erstreckung gesamtvollstreckungsrechtlicher Wirkungen (su Rdn 46 ff) wird von keinerlei Voraussetzungen abhängig gemacht. Dies entspricht den Zielen des Einigungsvertrags, auch im Bereich der Rechtspflege die deutsche Einheit wiederherzustellen; mit dieser wäre es nicht vereinbar, wenn entgegen § 160 GVG (so Rdn 5, 23, 24) Entscheidungen deutscher Gerichte nicht automatisch, sondern nur unter besonderen formellen oder materiellen Voraussetzungen in Teilen der Bundesrepublik wirksam wären. 39

b) Der die Erstreckung gesamtvollstreckungsrechtlicher Wirkungen anordnenden Maßgabe entspricht als Parallelvorschrift § 22 IV GesO; er bestimmt für den umgekehrten Fall, daß ein Konkursverfahren, das im Geltungsbereich der KO eröffnet wird, auch das im Geltungsbereich der GesO befindliche Schuldnervermögen erfaßt. 40

c) Zwischen beiden einander zugeordneten interlokalen Vorschriften besteht eine gewisse Diskrepanz; indem der vierte Absatz des § 22 GesO auf den ersten Absatz dieser Vorschrift Bezug nimmt, wird die Erstreckung der konkursrechtlichen Wirkungen auf die neuen Bundesländer – wie beim Auslandskonkurs – davon abhängig gemacht, daß eine entsprechende Anwendung des § 1 II GesO auf das Gebiet der KO eine (interlokale) Zuständigkeit des Konkursgerichts ergibt und daß das Konkursverfahren den Grundprinzipien des inländischen Rechts nicht widerspricht. Obwohl auch der Absatz IV des § 22 GesO durch den Einigungsvertrag (Anlage II Kapitel III Sachgebiet A Abschnitt II Nr 1 b nn) eingeführt worden ist, besteht kein Anlaß, die beiden korrespondierenden Regelungen dadurch zur Deckung zu bringen, daß die Voraussetzungen des § 22 I 2 Nr 1, 2 GesO in die Maßgabe für die Erstreckung gesamtvollstreckungsrechtlicher Wirkungen „hineininterpretiert" würden. Die Fassung des § 22 IV GesO ist offensichtlich darauf zurückzuführen, daß die Regelung der Gesamtvollstreckung noch zur Zeit der Trennung in zwei deutsche Staaten konzipiert und die „interlokale Ergänzung" in die Vorschrift über die „Gesamtvollstreckung bei Auslandsberührung" eingestellt worden ist. 41

Nach Herstellung der deutschen Einheit haben die beiden am Internationalen Insolvenzrecht orientierten Voraussetzungen, von denen § 22 I 2 Nr 1, 2 GesO die Anerkennung konkursrechtlicher Wirkungen abhängig macht, in den interlokalen Beziehungen ihre Bedeutung verloren, auch wenn das Insolvenzrecht des Beitrittsgebiets noch von dem der alten Bundesländer abweicht. 42

Seine interlokale Zuständigkeit hat das Konkursgericht an Hand der unmittelbaren interlokalen Zuständigkeitsnormen von Amts wegen zu prüfen (so Rdn 28); die interlokale Unzuständigkeit können die Beteiligten mit dem im Konkursver- 43 fahren gegebenen Rechtsbehelfen geltend machen. Die konkursrechtlichen Gerichtsstände, auf denen die interlokale Zuständigkeit der Konkursgerichte beruht, entsprechen inhaltlich denen der GesO (so Rdn 20). Im einheitlichen Rechtspflegegebiet sind die (Insolvenz-) Gerichte der neuen Bundesländer an die (ausdrückliche oder stillschweigende) Zuständigkeitsentscheidung des das Konkursverfahren eröffnenden Konkurs- oder Beschwerdegerichts ebenso gebunden wie die anderen (Konkurs-) Gerichte im Geltungsbereich der KO (so Rdn 28, 36 bis 38). Die im gesamten Bundesgebiet anzuerkennende Rechtskraft des Eröffnungsbeschlusses[18] schließt es aus, daß in einem neuen Bundesland gegen die (erstreckten) Rechtsfolgen der Konkurseröffnung eingewandt werden könnte, die Eröffnung beruhe auf einem Irrtum des Konkursgerichts über seine interlokale Zuständigkeit (so Rdn 28).[19]

44 Der weitere Versagungsgrund der Verletzung des ordre public kann im Verhältnis zwischen den beiden deutschen Teilrechtsgebieten keine Rolle spielen,[20] selbst wenn die umstrittene Frage bejaht wird, ob die Berufung auf den ordre public zwischen Teilgebieten ein- und desselben Staates überhaupt zulässig ist.[21] Auf Grund von Vorschriften der KO, auch wenn diese vom Gesamtvollstreckungsrecht abweichen, kann ein Konkursverfahren nicht zu Ergebnissen führen, die in den neuen Bundesländern als Widerspruch zu den Grundprinzipien des inländischen Rechts gewertet werden könnten. Das gleiche gilt umgekehrt für die Gesamtvollstreckung. Beide Insolvenzordnungen werden ungeachtet ihrer Unterschiede vom Willen des Bundesgesetzgebers getragen, sind von ihm gebilligt und als gleichrangig und gleichwertig in die deutsche Rechtsordnung eingefügt worden.[22]

45 Erscheint eine konkursrechtliche Entscheidung wegen ihrer Auswirkungen oder der Art ihres Zustandekommens als untragbar (etwa als Verletzung eines Grundrechts, weil der Konkurs ohne Gewährung des rechtlichen Gehörs eröffnet wurde, oder als Verstoß gegen den Gleichheitsgrundsatz), so ist sie mit Hilfe der im Konkursverfahren zur Verfügung stehenden Rechtsbehelfe, gegebenenfalls mit der Verfassungsbeschwerde, zu korrigieren. Eine zusätzliche Abwehr unter Berufung auf einen speziellen ordre public ist in den neuen Bundesländern ausgeschlossen; ein auf den Vorbehalt des ordre public gestütztes Unwerturteil gegen eine inländische Gerichtsentscheidung wäre mit der Einheit der Rechtspflege und der damit verbundenen gegenseitigen Akzeptanz von gerichtlichen Akten unvereinbar. Die Rechtslage im Verhältnis zwischen alten und neuen Bundesländern ist insoweit nicht anders als die zwischen den Gerichten innerhalb eines Bundeslandes.[23]

---

[18] Arg. Art 8 EV iVm § 160 GVG; vgl allgemein *Rosenberg/Schwab* § 9 VI. Die Bundesrepublik als einheitliches Rechtspflegegebiet.

[19] Selbst zur internationalen Zuständigkeit wird ganz überwiegend die Ansicht vertreten, ein Verstoß werde durch die formelle Rechtskraft der ergangenen Entscheidung geheilt (ua RGZ 126, 199; 150, 268; *Stein/Jonas/Schumann* Einl. XV F Rdn 775f, 780; aA *Milleker* – Fn 14 – S. 26 Fn 31; ders ZZP 80 [1967], 288ff, 299 Fn 46 m weit Nachw).

[20] Auch *Landfermann* (Fn 9) S. 320 meint, daß § 22 I 2 Nr 2 GesO „im Verhältnis zwischen den Konkursrechten beider Teile Deutschlands nicht zur Anwendung kommt".

[21] Im Verhältnis zur ehemaligen DDR konnte auf den Vorbehalt des ordre public nicht verzichtet werden, weil trotz des grundsätzlichen Ausgangspunktes von der fortbestehenden staatlichen Einheit Deutschlands die tiefgreifenden Unterschiede im Rechtssystem und in der Gerichtsbarkeit der beiden (Teil-)Staaten nicht übersehen werden konnten (BGHZ 84, 21). Nach Herstellung der deutschen Einheit, auch auf dem Gebiete der Gerichtsbarkeit und der Gesetzgebung, sind die Grundlagen des Rechts für ganz Deutschland einheitlich.

[22] Erläuterungen zu den Anlagen zum Einigungsvertrag – BT-Drucks 11/7817 S. 60.

[23] Zum gleichen Ergebnis kommt für das interkantonale Recht der Schweiz *Niedermann,* Die ordre

2. Erstreckung aller insolvenzrechtlichen Wirkungen. a) § 22 IV GesO und die korrespondierende Maßgabe des Einigungsvertrags (Anlage II Kapitel III Sachgebiet A Abschnitt II Nr 1 d) bestimmen, daß das Gesamtvollstreckungs- bzw das Konkursverfahren auch das im jeweils anderen Teilrechtsgebiet belegene Vermögen des Schuldners erfaßt (dazu, daß ein auf das Inlandsvermögen beschränktes Insolvenzverfahren, das im Gerichtsstand des § 22 II GesO oder des § 238 KO eröffnet wird, das im jeweils anderen Teilgebiet belegene Schuldnervermögen ergreift, s o A Rdn 25; B Rdn 22). Damit wird die wichtigste insolvenzrechtliche Wirkung in den Beziehungen der beiden Teilrechtsgebiete ausdrücklich anerkannt, die in der Beschlagnahme des Schuldnervermögens zwecks Befriedigung der Gläubigergemeinschaft besteht. Der Verwalter kann die ihm nach der GesO (vor allem § 8) zustehenden Befugnisse auch in den alten Bundesländern ausüben, dort belegene Vermögensgegenstände des Schuldners in Besitz nehmen, verwalten und verwerten (zB Außenstände des Schuldners von Drittschuldnern in alten Bundesländern einziehen). Die Unpfändbarkeit eines Gegenstandes, die diesen von der Beschlagnahme ausnimmt (§ 1 I 2 GesO), richtet sich im ganzen Bundesgebiet nach der ZPO und anderen bundesrechtlichen Vorschriften; sollten besondere nur in einem (oder allen) neuen Bundesland (-ländern) geltende Schutzvorschriften die Pfändbarkeit ausschließen, kommt es auf deren räumlichen Geltungsbereich und die Belegenheit des Vermögensgegenstandes an. Entsprechendes gilt für die Befugnisse des Konkursverwalters nach der KO (vor allem § 6), wenn er Vermögen des Gemeinschuldners in den neuen Bundesländern zur Masse zu ziehen hat. 46

b) Der Eintritt der insolvenzrechtlichen Beschlagswirkung im ganzen Bundesgebiet und der dem Einigungsvertrag zu entnehmende Grundsatz, daß ein Insolvenzfall in einem einheitlichen Insolvenzverfahren – gleichgültig, ob dieses nach der GesO oder KO durchzuführen ist – für das gesamte Inland zu bereinigen ist (s o Rdn 5, 23), haben zwangsläufig zur Folge, daß alle Rechtswirkungen, die das Recht der Gesamtvollstreckung oder das des Konkurses an die Eröffnung eines Gesamtvollstreckungs- oder Konkursverfahrens, an weitere insolvenzgerichtliche Entscheidungen oder sonstige Maßnahmen zur Durchführung oder Beendigung eines solchen Verfahrens knüpfen (durch insolvenztypische Tatbestände ausgelöste insolvenztypische Rechtsfolgen – entsprechend Hdb § 121 Rdn 13), sich ebenfalls auf das jeweils andere Teilrechtsgebiet erstrecken. Für das Verbot der Einzelvollstreckung wird die Erstreckung im Einigungsvertrag ausdrücklich klargestellt (vgl Maßgabe Anlage II Kapitel III Sachgebiet A Abschnitt II Nr 1 d; vgl auch zur Unzulässigkeit eines weiteren beschränkten Inlandsverfahrens Rdn 23, 24). 47

c) Die Publizität im Inland, welche die umfassende Erstreckung der Wirkungen gebietet, stellt die Veröffentlichung des Eröffnungsbeschlusses im Bundesanzeiger sicher, die § 6 I GesO und § 111 II KO gleichermaßen vorschreiben. Auf unmittelbares Ersuchen des Kreisgerichts der Gesamtvollstreckung oder auf Antrag des Verwalters haben ein Grundbuchamt oder ein Registergericht eines alten Bundeslandes die Eröffnung des Gesamtvollstreckungsverfahrens in das Grundbuch oder ein Register einzutragen, wenn dort der Schuldner etwa als Eigentümer eines Grundstücks, als Inhaber eines Rechts oder Handelsgeschäfts (Niederlassung) eingetragen ist; entsprechendes gilt für den umgekehrten Fall, daß für ein Konkursverfahren ein Grundbuch- oder Registereintrag in einem neuen Bundesland erforderlich wird. 48

---

public – Klauseln in den Vollstreckungsverträgen des Bundes und den kantonalen Zivilprozeßgesetzen, Diss Zürich 1976 (insbesondere S. 133: Kein kantonaler – interlokaler – ordre public).

49 **d)** Da beide Insolvenzordnungen gleichwertige und gleichrangige Bestandteile des bundesdeutschen Rechtssystems sind, erstrecken sich die Wirkungen der Gesamtvollstreckung oder des Konkurses uneingeschränkt und ohne Modifikationen auf das jeweils andere Teilgebiet. Anders als in den internationalen Beziehungen (Hdb § 122 Rdn 15, 92ff; s o A Rdn 12, B Rdn 5) wäre es im Verhältnis zwischen alten und neuen Bundesländern nicht – auch nicht unter dem Gesichtspunkt der Rechtssicherheit oder des Vertrauensschutzes – gerechtfertigt, Rechtswirkungen von der Anerkennung auszuschließen oder ihre Anpassung zu verlangen, weil sie abweichend von den entsprechenden Rechtsfolgen der „eigenen" Insolvenzordnung geregelt sind (zB Schutz des noch an den Schuldner Leistenden – § 7 IV GesO, § 8 KO; Anfechtung von Rechtshandlungen, auch von Grundstücksgeschäften, wenn das Grundstück im anderen Teilrechtsbereich belegen ist; Einwirkung auf Arbeitsverhältnisse, selbst wenn die Arbeit für den Schuldner im anderen Gebiet zu leisten war,[24] oder auf Miet-[Pacht-]verträge über Grundstücke im anderen Bereich). Sogar die weitergehenden gesamtvollstreckungsrechtlichen Folgen für bereits eingeleitete, aber noch nicht abgeschlossene Maßnahmen der Einzelvollstreckung (§ 7 III GesO; so Kapitel III 4. Abschnitt B Rdn 12ff) haben die Vollstreckungsorgane eines alten Bundeslandes zu beachten, in dem gepfändet worden ist; allerdings kommt eine Verweisung an das Gericht der Gesamtvollstreckung gemäß § 7 III 2 GesO allenfalls in Betracht, wenn ein Gericht als Vollstreckungsorgan tätig ist, einer Verweisung durch andere Vollstreckungsorgane (insbes Gerichtsvollzieher) steht das dezentralisierte System der ZPO – Vollstrekkung entgegen, das sich vom Vollstreckungsrecht der aufgehobenen DDR – ZPO von 1978, auf das § 7 III 2 GesO offensichtlich zugeschnitten ist, grundlegend unterscheidet. Die Bestimmungen des § 12 GesO über Gegenstände, an denen Dritten Eigentums- oder Pfandrechte zustehen, gelten auch, wenn das Vermögensstück sich im Geltungsbereich der KO befindet oder wenn der Eigentümer oder Pfandgläubiger eines im Geltungsbereich der GesO belegenen Gegenstandes in einem alten Bundesland seinen Aufenthalt hat. Die Aufforderung nach § 5 Nr 4 GesO hat für einen in einem alten Bundesland ansässigen Eigentümer oder Inhaber eines Pfandrechts Bedeutung. Die ausschließliche Zuständigkeit des Gerichts, bei dem die Gesamtvollstreckung durchgeführt wird, für Feststellungsklagen (§ 11 III 3 GesO) haben die Gerichte im Geltungsbereich der KO zu beachten.

50 **e)** Eine Wirkung der Gesamtvollstreckung, die sich auf die alten Bundesländer erstreckt, stellt die Beschränkung des Nachforderungsrechts der Gläubiger (§ 18 II 3 GesO) dar (so Kapitel III 10. Abschnitt E Rdn 1ff).[25] Die Vollstreckung

---

[24] Dazu, daß „die Anwendung von § 613a BGB während des Gesamtvollstreckungsverfahrens ohne Einschränkungen ausgeschlossen" sein soll, vgl *Oetker,* Übergang der Arbeitsverhältnisse beim Betriebsinhaberwechsel in den neuen Bundesländern, VIZ 1991, 7ff, 8; *Landfermann* ZIP 1991, 826ff, 832. Zur interlokalen Anwendung führt *Oetker* aus, daß die Ausschlußklausel (Art 232 § 5 II Nr 1 EGBGB idF des Gesetzes über die Spaltung der unter Verwaltung der Treuhand stehenden Unternehmen vom 5. 4. 1991) eingreift, wenn der Betriebsinhaber seinen Sitz in einem der neuen Bundesländer hat (Sitz des Erwerbers dagegen unbeachtlich); es genüge nicht, daß lediglich der Betrieb in einem neuen Bundesland liege. Auch die Veräußerung eines außerhalb der neuen Bundesländer belegenen Betriebs im Gesamtvollstreckungsverfahren kann unter Art 232 § 5 II Nr 1 EGBGB fallen, wenn sich der Sitz des Betriebsinhabers (Schuldners) in einem neuen Bundesland befindet (so *Oetker* aaO; zur Einbeziehung des in einem alten Bundesland belegenen Betriebsvermögens in das Gesamtvollstreckungsverfahren so Rdn 46). Vgl ferner *Berscheid,* Konkurs – Gesamtvollstreckung – Sanierung, 1992, Betriebsfortführung, Rdn 38f.

[25] Für Erstreckung *Schmidt-Räntsch* DtZ 1990, 199ff, 204 (noch zur GesamtvollstreckungsVO vom 6. Juni 1990); unklar *Smid/Zeuner* § 22 Rdn 27 aE. Vgl. auch *Arnold* (Fn 13) S. 2227ff.; *ders,* Auswirkungen der Gesamtvollstreckung, insbesondere der gesamtvollstreckungsrechtlichen Schuldbefreiung auf

wegen einer nicht oder nur teilweise erfüllten Forderung ist auch dann eingeschränkt, wenn der Schuldner nach dem Ende des Gesamtvollstreckungsverfahrens sich in einem alten Bundesland niedergelassen hat und dort einen Neuanfang versucht. In der Übergangszeit, in der die Einheit des Insolvenzrechts noch nicht hergestellt ist und die wirtschaftlichen Verhältnisse zwischen alten und neuen Bundesländern unterschiedlich sind, verstößt es nicht gegen den Gleichheitsgrundsatz, wenn ein gleicher Vollstreckungschutz einem Schuldner, der ein Konkursverfahren durchlaufen hat, nicht zusteht, zumal die neuen Bundesländer den konkursabwendenden Vergleich nicht kennen. Die unterschiedliche Behandlung der Schuldner muß aber durch die geplante Insolvenzrechtsreform in absehbarer Zeit beseitigt werden.

V. Erstreckung der Wirkungen eines Vergleichsverfahrens auf die neuen Bundesländer; Erstreckung vorläufiger Maßnahmen bei Unterbrechung des Gesamtvollstreckungsverfahrens auf die alten Bundesländer

1. Wirkungen eines Vergleichsverfahrens. a) Weder § 22 GesO noch eine 51
Maßgabe des Einigungsvertrags stellen klar, ob die Rechtsfolgen eines gerichtlichen Vergleichsverfahrens zur Abwendung des Konkurses, das ein Vergleichsgericht eines alten Bundeslandes eröffnet und durchführt, in den neuen Bundesländern anzuerkennen sind. Auch in den Erläuterungen zum Einigungsvertrag findet sich hierzu kein Hinweis.

b) Die Erstreckung der vergleichsrechtlichen Wirkungen ist zu bejahen, auch 52
wenn in den neuen Bundesländern ein gerichtliches Vergleichsverfahren zur Abwendung des Konkurses nicht eingeführt worden ist. Wie zu der internationalinsolvenzlichen Norm des § 22 I GesO ausgeführt (so A Rdn 6), ist der in dieser Vorschrift verwendete Begriff „Konkursverfahren" weit auszulegen, so daß er auch das Vergleichsverfahren mitumfaßt. Hinzukommt, daß Konkurs und konkursabwendender Vergleich, auch wenn sie formell in zwei verschiedenen Gesetzen geregelt sind, in engem sachlichen Zusammenhang stehen und aufeinander abgestimmte Instrumente zur Bewältigung eines Insolvenzfalls darstellen. Nicht einzusehen wäre, warum die regelmäßig mit einschneidenderen Eingriffen und schwerwiegenderen Nachteilen für die Beteiligten verbundenen Wirkungen eines Konkurses sich auf die neuen Bundesländer erstrecken, dies aber für die meist schonendere und wirtschaftlich zweckmäßigere Bereinigung einer Insolvenz durch präventiven Vergleich nicht gelten sollte. Der im Einigungsvertrag festgelegte Grundsatz, daß in einem Insolvenzfall nur ein sich im gesamten Bundesgebiet einheitlich auswirkendes Verfahren stattfinden soll, ist auch für das Vergleichsverfahren erheblich, zumal dieses Prinzip dem Zusammenschluß aller Bundesländer zu einem einheitlichen Rechtspflegegebiet entspricht.

c) Somit wirken sich vor allem das Konkurs- und das Vollstreckungsverbot 53
(§§ 46, 47, 48 VglO), die ein in einem alten Bundesland eröffnetes Vergleichsverfahren zur Folge hat, in einem neuen Bundesland dahin aus, daß in dort belegenes Vermögen des Schuldners keine Gesamt- und auch keine Einzelvollstreckung zulässig sind.[26] Ein Vergleich wirkt für und gegen Vergleichsgläubiger in den neuen Bundesländern.

---

die Einzelvollstreckung, DGVZ 1993, 33ff (auch dazu, wie verfahrensrechtlich die sogen Restschuldbefreiung durchzuführen ist und wie Gläubiger und Schuldner ihre Rechte wahrnehmen können).

[26] Näher *Arnold* (Fn 25 – DGVZ) S. 34ff.

54 **2. Vorläufige Maßnahmen bei Unterbrechung des Gesamtvollstreckungsverfahrens. a)** Anders als in den internationalen Beziehungen (Hdb § 122 Rdn 26; so A Rdn 18) sind im Verhältnis zwischen den beiden zu einem einheitlichen Staats- und Rechtspflegegebiet gehörenden Teilrechtsbereichen keine Gründe zu sehen, die der Anerkennung vorläufiger Maßnahmen zur Sicherung von Schuldnervermögen im Interesse der Gläubigergemeinschaft (auch im Eröffnungsverfahren ergangener Anordnungen) entgegenstünden. Derartige Maßnahmen anordnende Beschlüsse stellen gerichtliche Entscheidungen dar, die im einheitlichen deutschen Rechtspflegegebiet ohne weiteres wirksam und durchsetzbar sind (zB dem Schuldner wird untersagt, über sein Konto bei einer Bank in einem alten Bundesgebiet zu verfügen).

55 **b)** Somit können vorläufige Maßnahmen, die ein Kreisgericht bei der Unterbrechung eines Verfahrens der Gesamtvollstreckung beschließt (§§ 1, 3, 6, 9 GUG), im Geltungsbereich der Konkursordnung belegene Vermögensgegenstände des Schuldners erfassen.

56 **c)** Eine Unterbrechung der Gesamtvollstreckung nach dem GUG, mit der die Sanierung eines Unternehmens in finanziellen Engpässen, auch in Form der übertragenden Sanierung gefördert werden soll, wird durch die Anerkennung von Sicherungsmaßnahmen in den alten Bundesländern unterstützt. Vermögensverschiebungen des Schuldners wird entgegengewirkt.

Sachregister

Die Zahlen hinter den Stichwörtern bezeichnen die Seiten

Register

Zahlen = Seiten